ホロコーストとジェノサイド

ホロコーストとジェノサイド

ガリツィアの記憶からパレスチナの語りへ

オメル・バルトフ
橋本伸也――訳

岩波書店

Genocide, the Holocaust and Israel-Palestine:
First-Person History in Times of Crisis

by Omer Bartov

First published 2023 by Bloomsbury Publishing Plc., London.
This Japanese edition published 2024
by Iwanami Shoten, Publishers, Tokyo
by arrangement with Bloomsbury Publishing Plc., London.

日本語版へのまえがき

私は、岩波書店が本書の日本語版の出版を決められたことを嬉しく思うとともに、橋本伸也教授の丹念な翻訳作業に感謝申し上げたい。日本の読者に向けたこのまえがきの目的は、イスラエルとガザにおける最近の出来事について最新情報を提供するとともに、長く苦痛に耐えてきたこの地域のために私たちが描きうる何らかの未来のシナリオにとって、これらの展開がどのような意味を有するのかを考えることである。

本書の英文による原著は、二〇二三年一〇月七日のハマースによるイスラエルへの襲撃の二ヵ月前に刊行されたが、この襲撃は、地域全体とこの地域の紛争に深刻な影響を及ぼした。だが、想起しておくべきなのは、イスラエルのユダヤ人とパレスチナ人の間の関係は、現在の危機に先立って何年にもわたり悪化を続けていたということである。事態が特に深刻化したのは、二〇二二年末にイスラエル政治上もっとも過激な右翼勢力との連立によりベンヤミン・ネタニヤフ政権が成立して以降である。そのひとつの帰結が、イスラエル国内のパレスチナ人の暮らす地域で急増する犯罪的暴力とギャング的抗争をイスラエルの警察がほぼ完全に無視したことであり、これがアラブ人系コミュニティ内の不安を著しく高めた。もうひとつは、占領地である西岸地区のパレスチナ人コミュニティへの入植者と軍による暴力の増大だった。両者とも、一〇月七日以降にさらに悪化した。

新政権の試みた「全面的司法改革」も、ユダヤ系イスラエル人社会内の緊張を新たな高みに導いた。毎週行われる大規模デモが要求したのは、行政権力による司法の乗っ取りと思われるものからイスラエルの民主主義が守られねばならないということだった。私自身も加わって何人かの同僚たちが二〇二三年八月四日に発出した公開書簡で指摘したとおり、イスラエルの最高裁判所を弱体化させるこの試みは、主として西岸における抑圧的占領政策の強化策と連動しており、最終目標は西岸地区の民族浄化と併合にあった。だが、抗議する人々のほとんどが懸念したのは、世俗的でリベラルなイスラエル市民としての自分たちの権利への脅威だけであり、占領の問題を取り上げるのは拒否していた。実際、イスラエルのこの種の人々と、成長中の右翼的で宗教的な多数派との間でギャップが拡大していたものの、ネタニヤフが多年にわたって論じてきた通り、一〇月七日以前のイスラエル社会には、パレスチナ問題は経済的・軍事的・政治的コストをさしてかけずとも操作可能という全体としての合意があった。分離壁とバイパス道路の向こうにパレスチナ人住民を閉じ込められたのだから、大半のユダヤ系イスラエル人にとっては占領の野蛮な現実を無視することがよりいっそう容易になった。

私たちの請願〔公開書簡〕で指摘した通り、占領を直視することは、イスラエルの民主主義が抱える根本の難問を克服するうえで中核をなすことである。現在、イスラエル支配下に置かれたヨルダン川と地中海の間の土地には、今なお民主主義を享受する七〇〇万人のユダヤ系市民と、民主主義的権利を一切持たず、あるいは二級市民扱いの七〇〇万人のパレスチナ人が暮らしている。その結果、西岸地区――二つの民族集団がまったく異なる法体系下に暮らしている――ではアパルトヘイト体制がすでに登場し、他方、ハマース統治下のガザ地区はずっとイスラエルの包囲にさらされてきた。だが、私たちの請願は、国際的に傑出した学者数千人の署名を集めたものの、イスラエル自体にはほとんど効き目がなかった。

そうした時にハマースの襲撃が発生し、過去の理解と未来への思いを一変させた。イスラエルのリベラルなユダヤ人の多くは、「酔い覚まし」の過程として語られるものを経験した。これは、従来抱いてきた平和と和解への希望という幻想から目覚めることを意味し、パレスチナ人は「たんに私たち全員を殺したいだけだ」と「認識した」ということである。イスラエル右翼の側ではハマースの襲撃を、ヨルダン川から海に至る土地全体で併合・入植を行い、パレスチナ人住民のすべてないし大半を除去する必要がついに確証された機会だと捉えた。

当初、パレスチナ人はハマースの襲撃を、軽武装の数千人の武装勢力がイスラエル国防軍の面目を潰したものとして歓迎し、かなり誇らしく感じていた。西岸地区における国防軍や入植者の暴力への深い無力感や徹底的な脆弱さの感覚、イスラエルによるガザ包囲が彼らにさらなる貧困と絶望を強いる中、長年にわたりフェンス越しで豊かなユダヤ人コミュニティを目にしてきたこと、こうしたことを考慮すれば、占領地のパレスチナ人によるこの反応はおよそ驚くようなことではない。イスラエル国内のパレスチナ人市民は、隣人であるユダヤ人の怒りの激しさと復讐衝動をよく知るだけに、自分たち自身の安全への不安をますます募らせて表現した。大学のような日常的にユダヤ人とパレスチナ人が交流する場でも、ガザの民間人住民への共感を表明するとたちまち、これまで自由な言論と統合の拠点であることを誇ってきた学長らにより放校処分を含む復讐にみまわれることもあった。

ガザで繰り広げられている悲劇は、今やほとんど理解しがたい。ナクバ(一九四八年のパレスチナ人の追放)以来、あれほどの規模のことは起こったためしがないし、ガザのナクバはもっとひどい形で終わるのかもしれない。二〇〇万人近いガザの人々が居場所を追われ、住居やインフラストラクチュアはほぼ壊滅状態にされた。二〇二四年六月初頭時点で、すでに三万六〇〇〇人以上が殺されてその多くは子ども、さらに数千人が瓦礫の下に埋まり、八万人以上が負傷した。無理やり追われた住民――ほとんどが一九四八年の難民の子孫――が避難する地域は縮小し、そこでは深刻な人道危機が繰り広げられている。この人道上のカタストロフィは巨大なパラダイムシフトを起こしており、行方は見通せない。

他所でも書いたように(2)、この危機の根はシオニズムの始まりと、ユダヤ人のパレスチナ入植に反応したパレスチナ民族運動の成長にまでさかのぼる。その歴史で最重要の契機は一九四八年の戦争とナクバであり、これはイスラエルのユダヤ人からはホロコースト後の国民的復活の瞬間として受け止められ、大方のパレスチナ人からは、攻撃的でよく組織されよく支持された、国民的で入植者植民地主義的なシオニスト運動が勝利した後の、民族的カタストロフィとして受け止められた。

過去についてのこのような二極化した認識は、現下の危機から抜け出す道を描く際にも決定的に重要である。確かに、この瞬間に私たちが目撃しているのは、リベラルなイスラエルのユダヤ人でさえその大半は、ガザにおける何万人もの無辜のパレスチナ人犠牲者に何らかの共感を示すことがほぼ全面的にありえないという事態であり、他方、パレスチナ人に加えられている暴力はきっと、イスラエルに復讐する思いを募らせた次世代の闘士を生みだすことだろう。それにもかかわらず、まさにこの破壊の規模ゆえに、そして一部の人々の抱く「正常」に戻りたいという願望にもかかわらず、事態が以前のようになることはありそうもない。パレスチナ問題はもはや操作可能ではなく、正面から向き合って解決されなければならないことは、誰であれ火を見るよりも明らかだろう。

だからといって、平和的解決策が手の届くところにあるわけではない。事態が悪からさらなる悪へと進むことも確かにありうる。権威主義と暴力の度合いを増すイスラエルの政権が、ユダヤ人住民のさらなる軍事化を見込んで、パレスチナ問題を火と剣をもって「解決」する好機として利用することをめざすこともありうる。これは、イスラエルの民主主義の終焉を意味し、パレスチナ人には筆舌に尽くしがたい苦難をもたらすだろう。ますます孤立化して貧困化し、占領地のパレスチナ人と自国市民であるパレスチナ人の双方に不寛容で暴力的なイスラエルは、世界中の多くのユダヤ人の支持ともっとも近しい同盟諸国の後ろ盾も失うだろう。長期的には内部矛盾に堪えられなくなりそうだが、それまでに巨大な苦痛と苦悩がユダヤ人とパレスチナ人の双方にふりかかることだろう。

だが、私たちが目にしているパラダイムシフトは反対方向に進む可能性もある。いずれの側も勝利できない闘争の中では、ずっと転移を繰り返す暴力の循環を封じる別の道を見つけなければならないと双方が認めあうことによってである。中東の出来事がますます制御不能の兆候を示しているからこそ、政治的対案を希求する現地アクターへの国際圧力が高まることも期待できる。だが、パレスチナ問題を敷物の下に隠したかのようにして戦略的・経済的同盟を構築しようとした一〇月七日以前のアメリカ、イスラエル、サウジアラビアの試みとは異なり、この種の地域再編はパレスチナ人を含まねばならないことが、今や一点の曇りもなく明らかである。実際、中東におけるこのような変革への関与を切望するアラブとヨーロッパの主要諸国が多くある。我が道を行くイランを孤立させ、ハマースを周辺化させ、より現実的で融和的なイスラエルの指導者の登場につながるような変革である。

過去数十年、イスラエル＝パレスチナ紛争は、主として双方の宗教的狂信者によって動かされてきた。この種の熱狂的な人々というのは、危機と不安と絶望の時代にはびこり、物理的安全、物質的満足、希望が大きな時代には減るものである。イスラームとユダヤ教はともに依拠すべき長い中庸の歴史を有しており、過激主義ばかりだったわけではない。教育を改革し宗派間の和解を前進させるなかで、その歴史を呼びだすことが可能なはずである。だが、このような変化はこの地域の政治・経済の変革次第であり、現在、多くの血を流すことで肥え太るユートピア的計画の名の下に、相互の狂乱を煽る過激主義者を捨て去れるかどうかにかかっている。

この変革は、イスラエルのユダヤ人とパレスチナ人がともに、双方の失格した指導者によって社会にもたらされた巨大な殺戮と破壊を認識し正面から向き合うとともに、もう一度、今度は暴力依存症からの「酔い覚まし」をする能力に依拠するものとなるだろう。これは歴史上最初の事例ではあるまい。支配と復讐を求める狂信的な意志に囚われた諸国民が、彼らと彼らの敵が積み上げてきた瓦礫の山と向き合わなければならなかった場合もあった。自分たちの力の限界を受け入れることを余儀なくされ、平和の祝福を認識することを学んだこともあった。平和の味は勝利の味より甘美であることをしぶしぶながらも認めなければならなかった事例もある。征服と抑圧よりも断念と和解のなかでこそ強さははっきりと現れるものだし、子どもたちの未来への希望はあれこれの神の名による殉教よりも深く感じられて永続的だということもあろう。私たちが努力すれば、このような転換もありうるのである。これは、追求するだけの価値のある目標である。

（1） "The Elephant in the Room," https://sites.google.com/view/israel-elephant-in-the-room/petitions/aug-23-elephant-in-the-room?authuser=0〔このサイトには、一〇月七日以降に発せられた請願も掲載されており、バイデン合衆国大統領にイスラエルへの武器供与停止を求めるものも含まれる〕.

（2） 例えば以下を参照。"Weaponizing Language: Misuses of Holocaust Memory and the Never Again Syndrome," Council for Global Cooperation, March 12, 2024, https://cgcinternational.co.in/weaponizing-language-misuses-of-holocaust-memory-and-the-never-again-syndrome/; "A political stalemate led to the bloodshed in the Middle East. Only a political settlement can truly end it," The Guardian, November 29, 2023, https://www.theguardian.com/commentisfree/2023/nov/29/israel-gaza-settlement-palestine-end-occupation?CMP=share_btn_tw; "The Hamas Attack and Israel's War in Gaza," Council for Global Cooperation, November 24, 2023, https://cgcinternational.co.in/the-hamas-attack-and-israels-war-in-gaza/; "What I Believe as a Historian of Genocide," *New York Times*, November 10, 2023.

謝辞

以下の出版社及び雑誌が、以前、私の公刊した論文やエッセーを加筆・改変・短縮の上、本書に再録することを認めてくださったことに感謝したい。**第一章**は、もともと*Probing the Ethics of Holocaust Culture*, edited by Claudio Fogu, Wulf Kansteiner, and Todd Presner (Cambridge, MA: Harvard University Press), 319–31に収められた"The Holocaust as Genocide: Experiential Uniqueness and Integrated History"であり、その内容と脚注にごくわずかの最新情報を加えた。copyright © 2016 by the president and fellows of Harvard College, used by permission, all rights reserved. **第二章**は、"Eastern Europe as the Site of Genocide," *Journal of Modern European History* 80, no. 3 (2008): 557–93に加筆・改変した新版である。**第三章**は、"The Voice of Your Brother's Blood: Reconstructing Genocide on the Local Level," in *Jewish Histories of the Holocaust: New Transnational Approaches*, edited by Norman J. W. Goda (New York: Berghahn Books, 2014), 105–34にしかるべく加筆・改変した新版である。**第四章**は、"Wartime Lies and Other Testimonies: Jewish-Christian Relationships in Buczacz, 1939–44," *East European Politics and Societies* 25, no. 3 (2011): 486–511の加筆・改変新版である。**第五章**は、"Guilt and Accountability in the Postwar Courtroom: The Holocaust in Czortków and Buczacz, East Galicia, as Seen in West German Legal Discourse," *Historical Reflections* 39, no. 2 (2013): 96–123に加筆した新版である。**第六章**は"Criminalizing Denial as a Form of Erasure: The Polish-Ukrainian-Israeli Triangle," in *Memory Laws and Historical Justice*, edited by Ariella Lang and Elazar Barkan (New York: Palgrave, 2022), 195–221を改変したものである。**第七章**は"The Return of the Displaced: Ironies of the Jewish-Palestinian Nexus,

1939–1949," *Jewish Social Studies* 24, no. 3(2019): 26–50の加筆・改変版である。**第八章**は、"My Twisted Way to Buczacz," in *The Holocaust: Voices of Scholars*, edited by Jolanta Abrosewicz-Jacobs(Cracow: Centre for Holocaust Studies, Jagiellonian University, Auschwitz-Birkenau State Museum, 2009), 95–104に加筆・短縮した新版と未公刊の論考"Writing in the Diaspora"の加筆・短縮版をつなげたものである。**第九章**はエッセー"From Building a City to Demolishing Homes: Origins and Their Outcomes," *Tikkun—The Jewish, Interfaith and Secular Progressive Voice for Justice, Peace and Environmental Sanity* 33, no. 4(2018): 62–6のいくつかの部分、"From Buchach to Sheikh Muwannis: Building the Future and Erasing the Past," in *Dilemmas of Diversity After the Cold War: Analyses of "Cultural Difference" by U.S. and Russia-Based Scholars*, edited by Michele Rivkin-Fish and Elena Trubina(Washington, DC: Woodrow Wilson International Center for Scholars, 2010), 50–79に加筆し大幅に短縮した新版、"National Narratives of Suffering and Victimhood: Methods and Ethics of Telling the Past as Personal Political History," in *The Holocaust and the Nakba*, edited by Bashir Bashir and Amos Goldberg(New York: Columbia University Press, 2019), 187–205の加筆・短縮版を許諾の上、再録してまとめたものである。copyright © 2019 Columbia University Press, reprinted with permission of Columbia University Press.

目　次

† 原注は（ ）付きの番号で、巻末に置く。訳注は＊付きの番号で、各章末に置く。

† 本文中の（ ）は原則として原文通り。〔 〕は訳者による補足。引用文中の〔 〕は引用者による補足。

序章

過去二〇年、ジェノサイドとホロコーストと両者の関係を論ずる研究者をくぎづけにするような討論がいくつかあった。これらの討論は当然のことながら、ドイツの記憶政治をめぐる諸問題や現在の国際紛争を理解する上でジェノサイドとホロコーストの枠組み《パラダイム》を用いることの有効性と並んで、イスラエル＝パレスチナの事例にまで及ぶことが増えてきた。論争への参加がまったく理論的なもので、専門家コミュニティに限られる場合もあった。だが、感情的で言い争いのような様相を呈して一般の人々にまで広がり、メディアで大きく取り上げられる場合もあった。

たとえば、ジェノサイド研究者であるダーク・モーゼスが口火を切った、二〇二一年のいわゆるカテキズム討論がその例だった。彼は、ドイツの知的・学問的エリートがホロコーストをめぐる記憶の崇拝《カルト》を生み、パレスチナ人へのイスラエルの抑圧政策について開かれた批判的議論ができなくなったと論じたのである。「歴史家論争」──一九八〇年代半ばに起こった、ホロコーストの唯一無二性《ユニークネス》をめぐるドイツの歴史家たちの有名な論争──をもう一度起こすことが、モーゼスや彼を支持する一部の人々の思惑だったようだが、「ドイツ・カテキズム」をめぐるその後の論争がこれに成功したかどうかは疑わしい。だが、このおかげで、「最終解決」に過度に焦点化することの悪影響を語る主張が息を吹き返したのは確かである。かつてドイツの保守派は、ホロコーストがドイツへの「道徳の棍棒」に使われていると論じたが、これに対して、新たに「ドイツ・カテキズム」に異を唱える人々の示唆によれば、ホロコーストの記憶に身勝手な都合で強迫的にかまけたために、国

内では社会的不正義が永続化され、特にドイツの対イスラエル外交政策が歪められたのである。(1)

広く物議を醸したもうひとつの歴史をめぐる討論は、ポーランドの歴史家バルバラ・エンゲルキングとヤン・グラボフスキが裁判にかけられた事例である。ポーランドのホロコーストについて地域レベルの詳細な研究を収めた共編著『夜は終わらない』(2)が、ポーランドの記憶法*1に違反したというのである。錚々たる顔ぶれのポーランド人学者が寄稿した同書の各章は、個人の記述や証言に基づくものも多く、ナチによるポーランド占領期に地元民が共犯者となってユダヤ人を告発し、狩りだして捕捉し、殺害した事例を数多くあばき出した。これら二名の学者は、特定個人への名誉毀損として起訴され、当初、「不正確な情報を提供したこと」が有罪とされて、その男の存命中の姪に陳謝するよう命じられた。そして、「法廷は歴史論議にふさわしい場ではない」として上級審が最終的に訴えを棄却したにもかかわらず、このエピソード全体が、ポーランドのいわゆる「難しい過去」の掘り起こしに従事する歴史家に萎縮効果を及ぼした。(3)そのうえ、反ユダヤ人暴力への地元民の共犯についての議論を禁じる、あるいは少なくとも制限する近年のポーランドの記憶法は、イスラエルの政府や世論との亀裂も生んだ。これらの法律は、ポーランド人地元民による見て見ぬふりに関する議論を封じ込めるように思われたし、そのために、ユダヤ人大量殺戮に無関心、あるいはこれに協力したキリスト教的ヨーロッパというイスラエル的な認識を逆撫ですることになったのである(第六章参照)。

ホロコーストの研究と追悼／記念《コメモレーション》と政治化をめぐるこれら近年の討論は、本書で取り上げる焦眉の問題の好事例であり、以下ではそれらを四つの異なる観点から検討する。第一に、本書ではホロコースト研究とジェノサイド・スタディーズとの緊張関係についての評価を試みる。両者は繰り返し切磋琢磨する一方で衝突してきたのである。第二に、大量殺戮の本質を把握するにあたり、地域の歴史や個人の証言の持つ重要性を論じる。第三に、個人による共犯と国民全体のそれを暴露する際にも、これを否定する場合も、法的言説がどのように機能してきたのかを検証する。最後に、本書は、私個人の軌跡に即して、第二次世界大戦中のユダヤ人の運命とイスラエル国家樹立前夜および直後のパレスチナ人の苦境とのつながりの輪郭を描く。要するに、これまで単一の著作で論じられることはまれだったにせよ、これら四つの観点は実は入り組んだ形でつながっており、相互の理解の糸口を与えてくれるのだということを提示しようと思う。つまり、ホロコーストとそれ以外のジェノサイドは、相互に関係する近現代のカタストロフィとして捉えられなければならないのである。これらの巨大な人間的悲劇を理解するには、地域や個人を尺度とした深い研究を行う必要がある。次にその理解が、人格的・伝記的内省を通じて成就されるはずの歴史的共感《エンパシー》を求める。最後に、真実を捉えた偏見なき厳格な内省なくしては歴史の理解はごまかしに堕しかねないが、このような内省こそが、ホロコーストとナクバ――一九四八年のパレスチナ人の大量逃亡・追放――の間にある、不愉快とはいえはっきりとしたつながりを明るみにだしてくれる。

本書は関連する二つの関心に導かれている。第一は、ホロコーストを、近現代のジェノサイドというより大規模な現象の一部として、同時にイスラエル＝パレスチナの歴史に多大の影響を及ぼした出来事として、この両面から理解する試みである。第二は、地域の歴史と一人称の歴史というプリズムを介してこのつながりを検証する、固有の方法論である。実際、本書を通じて私が特に気にかけているのは、大文字の歴史と小文字の歴史の間の関係である。ここで、大文字の歴史とは「上」から見た出来事の語り《ナラティヴ》であり、小文字の歴史とは、歴史が演じられる際の主役たちが目にして、経験して、語った歴史である。(4) この意味で、本書の各章を相互につないでいるのは、歴史における個人への着目である。荒れ狂う二〇世紀の最大の危機の瞬間に、これに抑え込まれながらも同時にその製作者でもあった人々の声に焦点を当てるのである。それなくしては理解困難で言葉にしかねるように思えるものを私たちがより良く理解できるのは、彼らの記述のおかげである。換言すれば本書は、歴史上の個々の出来事をより大きな相互に関連する基盤《マトリックス》上の一部として提示する試みであり、同時に、主役たちの目を通じて捉えた際にこのつながりが特によく見えることにこだわって、これらの出来事に光を当てる試みでもある。その主役のひとりは著者自身であり、その意味で本書は、過去二〇年間の私自身の知的・学問的な旅路をあとづけるものでもある。その間、第二次世界大戦史に始まり、一方では比較ジェノサイド論というより大きなテーマ、他方ではホロコーストのミクロヒストリーへと進み、ドイツ史から東欧の民族間関係へ、ユダヤ人史から現在進行中のイスラエル＝パレスチナ間の紛争へと移動してきたのである（特に第八章を参照）。

　本書では広い範囲の話題を扱うが、目標は、ジェノサイドとホロコースト、記憶法、ホロコーストとナクバの関連など、現在進行中の難しい討論のいくつかに簡潔で明解な手引きを提供することにある。あわせて、特に地域の歴史、証言の使用、一人称の歴史といった新しい手法や方法論を読者に紹介することもここでの目標である。以下、各章の短い要約を示すが、その意図は、各章の話題が相互にどうつながるのかを読者が知り、一般的・理論的議論から地域的で個人的なものに進むための一助とすることである。

　第Ｉ部「残虐行為を書く」は、ホロコーストとジェノサイドの関係とホロコーストの地理を扱う二つの章から構成されている。第一章で焦点を当てるのは、西洋の植民地主義と覇権を考えるためのパラダイムとしてのジェノサイド概念の登場である。この見方は、異論もあるかもしれないが、ヨーロッパ内部の出来事であるホロコーストを周縁化するか――この場合、ホロコーストの普遍的意義なる主張はヨーロッパ中心主義的と断言される――、あるいはヨーロッパのはるか遠くの諸帝国全体で犯された他事例と同類の植民地ジェノサイドとしてホロコーストを定義するか――この場合、ホロコーストの特殊ヨーロッパ的な根っこ、つまり、まさにこの大陸に見られる反ユダヤの長い遺産《レガシー》は切り捨てられる――、いずれかになりがちである。そこで本章では、「唯一無二性《ユニークネス》」と「統合《インテグレーション》」を競合する概念として考えるのではなく、むしろ両者は実は相互補完的なものとして理解されるべきなのだと提案する。歴史上の出来事はどれも唯一無二《ユニークな》の特徴を含むが、他方で、他の出来事との関係の中ではじめて理解可能である。ホロコーストは、いくつかのより長い複数の歴史の軌跡――ジェノサイドの歴史はそのひとつだが、それだけではない――の一部として捉えられねばならないが、そのことを受け入れつつも、私たちは、ホロコーストをそれ独自の相でも研究しなければならず、限定的な説明上の価値の文脈に押し込むことはあってはならない。最後に、統合と唯一無二性という言い回しは、大量殺戮のなかでの諸個人の運命にも関わりがある。個々の人間存在と彼らが属する集団の唯一無二の文化、さらに彼らの記憶さえ消そうとするジェノサイドの論理を掘り崩すためには、彼ら彼女らの唯一無二の物語がその出来事の再構成のなかに統合されなければならない。

第二章で吟味するのは、しばしば比較ジェノサイド研究では無視されるホロコーストの歴史的・地理的特異性である。ある種のヨーロッパは記憶談義がたけなわだが、東欧は、ユダヤ人とそのジェノサイドの歴史がことごとく抹消された無数の現場を抱え続けている。この章で示唆するとおり、最近まで加害者の観点とゲットー化・拘禁・殺戮後のユダヤ人への焦点化のいずれかで股裂き状態だったホロコースト研究に、このことがよく反映されていた。その結果、何十年にもわたって東欧は――世界でもっともユダヤ人が集中した地域を含み、大量殺戮の主たる現場でもあったにもかかわらず――、もっとも著名なホロコースト史家にとって未踏の地のままだった。さらにこの章では、共産主義の崩壊後、東欧の歴史研究と公的言説が二極間で綱引き状態になっていたことを提示する。その一方の極は、共産主義者のいう「反ファシズム」なる修辞のためにこれまで黙過されてきたコミュニティ内のジェノサイドという現実に向き合うことであり、もう一極は、ユダヤ人の殺戮に際してしばしばドイツ人に加担した自由の闘士を栄光化する(複数形の)ローカルな民族主義の復権である。東欧の複雑でしばしば一触即発の民族間関係がそこでのホロコーストの性格を大きく規定したのだから、この章では、かかる民族間関係を探究するための、よりいっそう地域に即した研究を提唱する。

それゆえ、第Ⅱ部「地域の歴史」の焦点は、地域レベルでホロコーストを研究すること、その種の地域研究《ローカル・スタディーズ》で歴史記録として証言を使用することである。第三章ではウクライナ西部、つまり旧東ガリツィアのブチャチという町で私の行った地域研究を紹介する。この章で論じるのは、この種の地域史のおかげで私たちは、加害者・犠牲者間で身近な者同士の遭遇――従来、歴史研究上の焦点は大規模ゲットーと絶滅収容所にあり、これらが特にその種の出会いの最少化を狙って考案されていたことから、ほとんど無視されてきた――が起こったことをよりよく理解できるし、戦前の民族間関係が大量殺戮の実行のされ方に及ぼした影響を把握する点でもこれが有益だということである。本章は、ブチャチ・チョルトクフ地区の六万人のユダヤ人を殺戮したドイツ保安警察の隊員二〇人は、広範な地元民の協力があってはじめて任務を遂行できたことを示している。大量殺人が始まるまで何カ月にもわたって、行政官の家族やその他の官吏も含む現地のドイツ人が地元のユダヤ人と広く接触していたことも提示する。犠牲者の半数以上は自分たちの町やその近郊で殺されたのだから、このジェノサイドは匿名でも秘密でもなく、むしろ身近で公然たるもので、地域社会全体がなんらかの形で関与した社会的な出来事だった。さらに、「最終解決」の犠牲者となったユダヤ人の約半分は類似の状況で殺されたのだから、この地域研究はホロコースト全体についてもまったく異なる理解を提供してくれる。

第四章で論ずるように、この種の地域研究は広く証言の使用に頼らなければならないが、ここで証言とは、歴史上の出来事の個々の主役たちの提供するあらゆる形式の証拠として定義されるものである。これには、同時代の記述や日記と並んで以下のものが含まれる。戦後のインタヴュー、書面・口述・オーディオテープやヴィデオテープに採録された証言、法廷での証人陳述、回想録である。本章では、これらの証言は歴史記録文書として扱わなければならず、実際、これらを提供した人々が、それなくしては記録されずに放置、あるいは加害者側文書のみで記録されかねない出来事の証拠として役立てることを意図していたことも論ずる。加えて、証言使用時の困難を克服するには、利用可能なすべての史料を使って、より大きな文書記録群の文脈にそれらを統合する必要のあることも示唆する。ホロコースト全体では明らかに無理だが、地域研究であれば、証言を統合してあるひとつの場におけるジェノサイドを肌理《きめ》細かくニュアンス豊かで立体的に再構成するよう促すことが可能だろうし、多様な主役たちや集団による理解の仕方や事後の記憶についても同じことがいえるだろう。こうして私たちのホロコースト全体の理解の質がおおいに高まることになる。

第Ⅲ部「正義《ジャスティス》／司法と否定論」で紹介するのは、ジェノサイドへの法による応報についての緊張をはらんだ諸問題であり、記憶の形式を法定してある一群の記憶を特権化し、それ以外は周辺化どころか犯罪化さえ行う試みである。第五章で示すように、ジェノサイド裁判、特に一九五〇年代末から七〇年代にドイツ連邦共和国〔西ドイツ〕で行われたそれは、ブチャチのユダヤ人大量殺戮をはじめとした地域の出来事を再構成する重要史料としても役立つものである。しかし同時に、これらの裁判は、ジェノサイド犯罪者を司法の場に引っ張り出す際の司法上の難しさとあわせて、かつて苦しめられた者と対面することで〔ホロコーストを〕生き抜いた人々《サヴァイヴァー》[*2]である目撃者に加わる心理的負担や、彼らの証言の価値に対して法廷の示した懐疑的態度も明るみにだす。畢竟、本章で論ずるのは、これらの裁判は、未来の歴史家のためにはかり知れぬほど貴重な文書群を積み上げながらも、法廷で有罪宣告された被告さえ「時代状況の犠牲者」風に描いたり、しばしば生存者を信憑性のない証人のように描写したりして、誤ったホロコースト像を生み出したということである。その上、戦後のジェノサイド立法の遡及適用をドイツが拒否した結果、これらの裁判ではドイツ刑法典を用いざるをえず、そのことを口実にして、あわせてナチ・ドイツを成人として生きた人々が裁判所職員だったという事実も相まって、戦争終結後に普通の生活に戻って何年もたってから被疑者が起訴された少数の事例、あるいは有罪とされたさらに数少ない場合でさえ、正当な処罰のなされることはほとんどなかったのである。

ジェノサイド犯罪者の訴訟では正義の歪められた例がおおくあったわけだが、これにたいして第六章では、どの犯罪が記憶されるべきであり、どれがそうではないのかを決定するために司法制度が使われた範囲、つまり、犯罪記憶を呼び戻すこと自体が法によって罰せられる際の範囲に光を当てる。ウクライナとポーランドとイスラエルの記憶法が、各国それぞれのトラウマ的過去を確実に記憶化する試みにどのように組み込まれているのかを検証するこの章は、これら三つの国家が同時に、自国の犯罪の摘発や追悼／記念に反対する立法により、犠牲者としての道徳的に優位な地位を主張する他国の試みを押し戻すのに懸命であることを論じる。この三者間関係はまた、一方の国家主導による記憶の政治と、他方の集団ないし個人による過去への取り組みとのあいだでバランスを取る難しい課題も含んでいる。ユダヤ人とウクライナ人とポーランド人——さらにイスラエルの場合、ユダヤ系イスラエル人とパレスチナ人市民——が個人としてあるいは家族内で記憶する可能性のあることは、国家が正統的記憶または非正統的記憶として法定するものと大きく異なる場合が多い。過去を再構成するにあたってこの種の個人的・集合的記憶を採用する歴史家は、それと同時に、「難しい過去」の記憶化を犯罪扱いする他国を非難することになるから、結果的に、記憶の抑圧を行う諸国家とみずから直接対峙させられていることに気づくかもしれない。

最後に、第Ⅳ部「記憶の訪れる時」は、ホロコーストとナクバのあいだのつながりを理解する際に、集団と個人が追放された現実とその記憶が及ぼす効果を扱っている。シオニストはホロコーストを、一九世紀末以来の彼らの主張を立証するものとして受け止めた。シオニストの歴史研究は、一九四八年の「独立戦争」を、権利と正義を求めるユダヤ人の長い探究の旅の極点として表現し、第二次世界大戦直後にその探究が山場を迎えたとする。しかし第七章で指摘するように、パレスチナへの定住はその当初から、ヨーロッパにおけるユダヤ人の運命と先住のパレスチナ人住民の運命のあいだに抜き差しならぬつながりを生むものだった。ヨーロッパ・ユダヤ人の虐殺がユダヤ人の国民国家を喫緊の必要として提示したのに対して、ユダヤ人の民族的覇権は、アラブ人多数派の大量追放によって一九四八年に確立した。ディアスポラの不可避の結果としてナチによるユダヤ人ジェノサイドを表現するシオニストは、パレスチナ人追放を「ユダヤ人問題」解決のための必然的な前提条件だと見なしていた。だが、追放されたユダヤ人がパレスチナ人を追放するやいなや、彼らは古くからの「問題」の新版を再生産した。土地は彼らのものになり、彼らは多数派になったが、立ち退きの論理の受け入れや故郷と土地の忘却をパレスチナ人が拒む以上、これまで議論の余地のなかった土地への権利がますます問われることになった。この二重の追放が意味するのは、この問題が解決されない限り、両集団ともに真に人心地つくことはないということである。

パレスチナ人とイスラエル・ユダヤ人の両方をこの土地に結《ゆわ》える複数形の複雑なつながりは、個人の記述を通じてもっとも良く理解できるし、おそらくその記述の共有が、和解と故郷への帰還に向かう唯一の道となりうるのだろう。シオニズムの成功として議論の余地のない一つは、新国家に生まれたユダヤ系イスラエル人市民の第一世代、つまり私が属する世代が登場したことである。第八章では私自身の軌跡を追う。ホロコースト生存者に囲まれて「ディアスポラの否認[*3]」とナクバの否定を毎日毎日吹き込まれた一九五〇年代のイスラエルにおける成長に始まり、学者として早い時期の「清廉潔白な軍隊」なるドイツ国防軍神話への取り組みを経て、ヨーロッパ東部境界地域の複数民族の共存するコミュニティがジェノサイドのコミュニティに変貌したことへの着目、さらに、最後は自分自身の世代の歴史の検証へと至る軌跡である。違った言い方をするならば、この章は、東部におけるドイツの戦争の「下からの歴史」を書くことに始まり、私の母の故郷であるブチャチという町の地域史、そして私自身のイスラエル人第一世代の一人称の歴史に及ぶ、私の学者としての移り行き《トランジション》を追っている。これらの研究分野間のつながりは個人的なものだが、同時に方法論的で歴史学的だというのが私の主張である。戦争中の兵士の行動や東欧における民族間関係の綻びの理解が、一九四八年とその後を研究するにあたって決定的な糸口を提供してくれるからである。

最終章で私は、ユダヤ系イスラエル人とこの国家のパレスチナ人市民の第一世代の物語を個人の政治史として書く着想について素描するが、目下、私が取り組んでいるのはこのプロジェクトである。故郷の町の由来についての「ノーベル賞作家」シュムエル・ヨセフ・アグノンの物語と、エルサレムに来ることでユダヤ人の移り行く生活に幕を下ろすという彼の観念を手始めとし、続いてウクライナにおけるアグノンの故郷の町の廃墟および私の子ども時代のパレスチナ文明の廃墟との出会いを熟考するこの章では、ホロコースト以前のディアスポラを認めぬことと、ナクバ以前のパレスチナを認めぬことという二つの本質的な否認を克服する過程として、この世代の土地との関係の変転を考える。だが、イスラエル・ユダヤ人の第一世代が、ユダヤ人の存在の偉大なる「正常化を果たす者《ノーマライザー》」として登場したのにたいして、この国家に生まれたパレスチナ人の第一世代は、自分たちの土地で自分たちを少数派にしたカタストロフィそのものが否定され、さらに文化的・民族的アイデンティティの否定によって周辺化されていた。これら二つの世代集団はこの国家とほぼ同年齢であり、それゆえ彼らの個人の伝記はこの国家自体の生成の物語を形づくるものである。本章で論じるように、パレスチナ人とユダヤ人両方のこの世代の物語に耳を傾けることで私たちは、何が彼らを土地へと結え、それを通じてお互いを結えているのかをよりよく理解することができる。とりわけ、しだいに過去との折り合いをつけて、これらの否定を克服していく物語に耳を傾けることにより、理解が進むだろう。その上、お互いの物語に耳を傾けて、それぞれの誕生の地への関係の変転を認識することは、和解への長い道のりの一歩になりうるだろう。私がいまも書きたいと願っているのは、このようなイスラエル＝パレスチナの一人称の複数形の歴史である。

訳注

＊1　ニコライ・コーポソフによれば、記憶法は広義には「過去についての集合的表象や共同想起《コメモレーション》の実践を統制する任意の法」、狭義には「歴史的テーマでのある一定の意見表明に刑事罰を課す」立法として定義される。コーポソフ、橋本伸也訳「フランス・ヴィールス」『思想』第一一五七号、二〇二〇年、一二頁。

＊2　本書ではこれ以降、(Holocaust) Survivor に「生存者」の訳語を当てる。

＊3　二〇世紀初頭までに成立したシオニズムの基本概念で、ディアスポラでのユダヤ人解放の可能性を否定し、パレスチナにおけるユダヤ人民族国家の形成を正統化する。

第I部　残虐行為を書く

第一章　歴史上の唯一無二性《ユニークネス》と統合された歴史

本章では、ジェノサイド・スタディーズの名で知られてきたものとホロコースト研究のあいだの複雑で時には緊張含みの関係について扱いたい。本来、ここには何であれ緊張などあるはずがない。いわゆる最終解決がジェノサイドであったことは明らかである。実際、「ジェノサイド」の語は、ホロコーストが起こっているさなかに、亡命ユダヤ系ポーランド人の法律家ラファエル・レムキンの鋳造したものだし、考案する際に彼は明らかにこの出来事の影響を受けていた。その後の一九四八年には、同じく直近のユダヤ人ジェノサイドの影を受けながら、ジェノサイド条約が国際連合の場で合意された。しかし同時に、レムキンと条約に同意した加盟国はともにホロコーストを、極端とはいえこの種の一連の出来事の流れの中であくまでジェノサイドの一事例にすぎぬものと理解していた。[(1)] 条約が意図したのはジェノサイドの再発防止だった。条約がこの任務に失敗したのも明らかである。だからこそ私たちは、ジェノサイドはホロコースト以前から起こっており、その後、何度も繰り返された現象だと言うことができる。それぞれのジェノサイドには独自の唯一無二《ユニークな》の性格がある。だが共通する特徴も多くあり、だからこそ同一現象の一部をなす。ユダヤ人ジェノサイドはそのうちのひとつだった。[(2)]

　これらはどれも自明でわかり切ったことに思えるかもしれない。だが、事情は面倒なことになってきた。私たちの二〇世紀史理解のなかでホロコーストの役割が進化したためでもあり、西洋の植民地主義と覇権を理解する枠組み《パラダイム》としてジェノサイド概念が浮上したためでもある。本章で私が指摘したいのは、ジェノサイドとホロコーストの関係を論じる文脈で「唯一無二性《ユニークネス》」と「統　合《インテグレーション》」という語は相互対立的に捉えられがちだが、実は相互補完的に理解するほうがよいということである。科学実験と異なり歴史上の出来事は厳密には再現不可能であることに大方の歴史家は同意するだろうし、他方、歴史学の方法は文脈と比較可能性に依拠する。だから、比較不能で文脈化もありえない唯一無二の出来事という発想は、歴史の綾からその出来事を引き抜いて、形而上学や神話の領域に放り出しかねない。逆に、過去を再構成する際には個々の行為者や経験の唯一無二性を認識することが決定的に重要だし、立場次第で見え方がずいぶん異なる極端な出来事を扱う場合は特にそうである。ジェノサイドのように、一方の側が他者を根絶やしにし、他者の過去の存在と破壊の記録さえ拭い去ろうとする場合がそれである。同様に、歴史を再構成するどんな場面であれ、複数の出来事とその視角を過去というより大きな基盤上に統合することが肝心だが、他方、歴史的方法では本来的に、微妙な差異を保ち、判断を促し、虚偽ないし軽率な類比に陥るのを避けるために、これらの出来事や視角を区別することも必要になる。

経験としての唯一無二性と歴史学的統合のあいだには生産的な緊張関係があると私は認識しているが、長年かけて私はこのことをますます意識するようになってきた。だが、その緊張が盲点や勘違いや諍いを生み出してきたのも明らかだ。一九八〇年、ドイツ現代史の学位請求論文を書くためにオックスフォードに到着したとき、ホロコーストは歴史学の教育課程に入っていなかった。当時は変だと驚くこともなかった。学部段階の教育を受けたイスラエルでも、ホロコーストはまだ主にユダヤ研究の諸部門で教えられており、ヨーロッパ史には組み込まれていなかった。ホロコーストは欧米のほとんどの大学で共通してヨーロッパ史の全体から除外されており、同じく歴史学の専門的著作《モノグラフ》にもこれが反映していた[(3)]。個人的には、各人のトラウマが巷に溢れかえりショアー[*1]の国家動員が強まる時代にイスラエルで育ったこともあり、いずれにせよ学問分野としてホロコーストを研究できるかどうかには懐疑的だった。その代わりに私が選んだのは、ドイツの戦闘部隊でなされた教えこみと、第二次世界大戦の東部戦線で彼らの行動にそれが及ぼした影響の研究だった。イスラエル軍で自分が経験したこともあって、この主題に関心を抱いたのである。

次の一〇年間に私が教えたり書いたりしたのは、ドイツ国防軍《ヴェアマハト》兵士の野蛮化、ソ連人戦争捕虜と市民の大量虐殺、悪魔的なユダヤ・ボリシェヴィキ＝敵という部隊内の精神に染みわたった幻影、東部戦線の絶滅戦争を隠蔽して「武器の清廉潔白《ピュアリティ・オヴ・アームズ》」＊2という国防軍神話を創造しようとするドイツの退役軍人や歴史家の熱心な試みである。その作業では「下からの見え方」、つまりいくつかの編隊を選んでこれに属する部隊内に見られる心性や行動を理解する試みに注力した。その際、感情を汲み取ること《エンパシー》にも努めた。つまり心のなかを掘り下げ、日々の経験を捉え、教えこまれたものの見方を内面化してあのような犯罪に走り、最後は自分たちもソ連の戦場で多数死んだ、あの若きドイツ人の男たちの動機を理解するための努力である[4]。

一九九〇年代までに私は、二〇世紀の戦争犯罪とジェノサイドというより広い文脈にいっそう関心を寄せていった。なかでも私が探求したのは、第一次世界大戦の工業的殺害《キリング》と第二次世界大戦の工業的殺戮《マーダー》とのつながり、特に個人の経験と表象としてのそれである。ひとつには、自分が現代《モダーン》の暴力の起源と性格に注目したこともあり、しだいに私は普通の人々が共有するホロコースト表象、特に合衆国のそれに幻滅するようになった。当時も書いたが、「反ユダヤ主義がナチズムにつながり、ナチズムがジェノサイドを実践し、両者が滅んで劇的な「ハッピー」エンドを迎えた」かのような「整った筋書き《プロット》としてホロコーストを捉える共通傾向」があり、この筋書きは「自分たちの世界についてひとりよがりを生み」、「私たちの生きる世界が、畢竟、ジェノサイドを生み出した(そして生み出し続けている)世界と同じ」という事実を曖昧にするだけのように私には思われた[5]。

ホロコーストは、他の多くの出来事のように歴史的過去に退くのを拒んだが、その理由のひとつは、熾烈な「犠牲者競争」のなかに置かれたことにある。そこでは、過去に犠牲者であったことがアイデンティティを主張し補償を要求する際の重要な参照点になり、ホロコーストは他のすべてのジェノサイドや人道への罪の事例のための棹秤《さおばかり》のような扱いをされるようになった。(6) 一九九八年に論じたことだが、「歴史上記録されたすべてを合算した以上の戦争・ジェノサイド・大虐殺の犠牲者を生んだ世紀にあって」、犠牲者は「現実の比喩であり同時に実像」だった。これは、「世界を眺める際の危険なプリズム」だったと私は思う。というのも、「犠牲者とは敵によって生み出されるものであり、敵が複数の種類いると、結局、それらが生み出す犠牲者の種類もより多くなるからである」。(7) こうした理由もあって私は、ホロコーストの唯一無二性という主張は無益で、実際は有害だと気づいた。犠牲者の序列化はどれも本来的に悪質で、果てしなき報復的暴力の悪循環にお墨付きを与えるおそれを潜ませているからである。(8)

振り返ってみると、長年かけて私は、異なりながらも関連するふたつの視角から現代の暴力の現象と格闘してきたように思える。ひとつは個人の経験という視角であり、これは大量破壊をしかけるために作動させられた巨大な力のためにしばし消し去られてきた。もうひとつは、暴力を生み出して合理化し、さらには記憶の政治のあり方さえ決定した社会文化的文脈にかかわるものだった。(9) 私は、個人の経験を唯一無二であり、同時に危機の時代に人間であることの運命を典型的に表現するものとして捉えるようになってきた。そして私は、地殻変動的な破壊の瞬間を歴史の記録に統合して、そのことによりそれらの瞬間をより良く理解する方途として、暴力的出来事の織りなすより大きな文脈を概念的に構想してきた。この二重の視角が広くいきわたった通念への対抗を意図するものだったことは明らかだろう。その観念は第一次世界大戦から生起した——その後遅ればせながらホロコースト後にさらに大きな力とともに練り上げられた——ものであり、この捉え方によれば、ある出来事は、それが極端で唯一無二だからこそ、歴史的説明を拒んで文化的に表象不能となり、永久に個人の経験として人に伝えることも叶わず、そのために人類全体にとって理解不可能であり続けることになってしまう。

人口に膾炙した道徳物語では唯一無二で比較不能と表象されたために、ホロコーストは過去の記録全体から本質的に除去され、もっと洗練された議論ではこの出来事は了解不能で言語を絶するとされたわけだが、私見では、この両方のために、ショアーをもっと大きな歴史的文脈につなぎとめることが必要になった。だが、ホロコーストの文脈とは何だったのだろうか。それはドイツ史とユダヤ史のどちらだったのだろうか。それはジェノサイドの現代史に属したのか、ひょっとして植民地・帝国主義戦争と戦争犯罪の歴史に属したのか。それはたんなるヨーロッパの一つの出来事にすぎなかったのか、それとも普遍的意味や含みを備えていたのか。最後の問いはもちろん古くからあり、特定の学問分野にホロコーストを位置づける際の居心地の悪さが長く続いたことから露見したものだった。(10) そしてどの文脈を選択した場合も、現代史上のこの出来事の位置づけや他のジェノサイドの事例との関係を解釈するうえで、明確な含意があった。私自身の採ってきたアプローチはまたもや二重である。今世紀最初の一〇年間、私はヨーロッパ東部境界地域における民族間の共存と暴力について何年もの研究プロジェクトを主導したが、このプロジェクトは、個別問題としてはこの地域の現代的暴力の比較的大きな文脈を語り、より一般的には複数民族からなるコミュニティとジェノサイドのあいだの関係を論ずるものだった。(11) これに続く一〇年間は、個人の経験に焦点を当てて、特定の場におけるコミュニティ内《コミュナルな》の暴力についてモノグラフを一点執筆した。ドイツ国防軍を扱う自著で最初に使った「下からの見え方」という方法を援用して、時間の枠を広げて複数民族からなる町の集合的「自画像」を探求し、この町をひとつにまとめてきたのはいったい何か、最終的にこの町を共存のコミュニティからジェノサイドのコミュニティに転化させたのは何なのか、を追究したのである。これ以外にも世界中で頻発するコミュニティ内の暴力の事例を私たちが理解するうえで、この研究には多方面への展開可能性が明らかに備わっている。(12)

　ホロコーストの生存者《サヴァイヴァー》が残した証言その他の個人の記述に熱心に取り組んできたことから、近年の私は、ホロコーストを含むジェノサイド研究の多くで見失われてきた個々の犠牲者の声という次元にいっそう意識が向かうようになった。最終解決を扱う初期の研究成果の多くは、おもに加害者側がジェノサイドを組織する仕方に焦点を当てていた[13]。加害者・犠牲者・傍観者という多様な観点を統合するもっと最近の試みは、おのずとひとつのジェノサイドに焦点を当てることになり、そこでもっとも頻繁に取り上げられたのがホロコーストだった[14]。逆に、多種多様なジェノサイドを比較の枠組みに統合しようと試みる研究では、加害者の視角を超えられぬように感じられる場合が多かった[15]。これは要するに方法論上の問題である。統合されたホロコースト研究の場合でも、例えば同時代の日記など特定の型の犠牲者の記述ばかり選ぶことが多く、事後の証言や回想は時間と外部からの影響で損なわれているとして除外することになろう。さらに、比較ジェノサイド研究でも、多少とも透明性のある範疇《カテゴリー》の組み合わせにあわせてある種の事例を選択し、他は外さざるをえなくなっている[16]。

だが、ここにきてさらに別の議論が作動し始めた。ホロコーストの「唯一無二性」の主張が他のジェノサイドの研究に影を落としており、それゆえホロコーストの適切な文脈化が必要だ、と主張する人々が出てきたのである。また、こうも言われるようになった。この唯一無二性の主張は、ヨーロッパのジェノサイドが他のジェノサイドと根本的に異なるとする西洋中心主義的な見方に発している。この見方は人文主義的言説の一種に発し、それ自体が植民地の拡大や従属とジェノサイドの根にある。この見方は、過去と現在のジェノサイドを非人間性の尺度上の二番手に格下げすることで、私たちのポストコロニアルの世界でも作用し続けている、というわけである。最後に、パレスチナ人の土地へのシオニストによる占領政策を正当化するのに、イスラエルの指導者と支持者たちがホロコーストへの注目を食い物にしていると仄めかす向きもあった[17]。

これらは軽々しく退けられるような議論ではないし、そんなことはすべきではない。他所でも述べてきた通り、歴史上の他のどの出来事も同じことだが、ホロコーストには絶滅収容所のような唯一無二の特徴と、コミュニティ内の虐殺のように他の多くのジェノサイドと共通する特徴の両方がある。ある民族にとってトラウマ的ないずれの出来事もそうであるように、ホロコーストは、民族的文脈では特にユダヤ人にとって、またある程度はドイツ人にとっても、唯一無二だったし今もそうである[18]。だが、私自身、ホロコーストをもっぱら唯一無二の出来事として提示すると、人類史の年代記上の具体的エピソードの一つとしての位置づけが犠牲になるとずっと考えているが、だからといって、必ずしもしっくりこない解釈枠組みに合わせるために歴史上固有の性格を捨ててよいわけでもない。他のジェノサイドにホロコーストの投ずる影が感知されたからといって、ホロコーストの規模を最小に見積ったり他のジェノサイドの事例と比較しやすくしたりするためだけに、発生した独自の文脈や状況からホロコーストを引き剝がすべきだということにもならない。反ユダヤ主義の長い歴史は最終解決の説明として不十分だが、それと同じことで、事実として植民地主義がホロコーストに先行したからといって、植民地主義がホロコーストの起源だったことを意味するわけではない。これは、ホロコーストが無比のもの《スイ・ゲネリス》と言っているわけではなく、あらゆる歴史上の出来事と同じくホロコーストには多くの起源があって、それにはナチ体制固有の政策や状況と並んで、帝国主義と植民地主義、反ユダヤ主義と科学的人種主義が含まれるというだけのことである。ヨーロッパでジェノサイドに及んだのが最小かつ最短命の植民地帝国ドイツであり、はるかに大規模で古くからの帝国を有するフランスやイギリスではなかったという事実自体、植民地的解釈の限界を示している。

　植民地でなされた犯罪とヨーロッパでのそれについてヨーロッパ人が異なる認識をする際に、西洋的偏見や人種主義が一役買ったのは確かである。だからこそ、（多くの植民地兵も巻き込まれたとはいえ）白人が他の白人を工業的に大量に殺戮した第一次世界大戦にヨーロッパ人はより大きな衝撃を受け、他方、白人が非白人を虐殺し、多くの人々が西洋の優越性の現れとしか考えなかった植民地戦争には、それほど衝撃を受けなかったのである。ヨーロッパ人にとって、ヨーロッパ人同士の殺害の連続が非ヨーロッパ人の殺害以上にトラウマ的だったのだから、文明化されたヨーロッパ国家として認識されてきた一国家が近代的・官僚的・工業的なやり方でヨーロッパ・ユダヤ人のジェノサイドを行ったことも、同じく衝撃的だった。そのうえ、自分たちのただ中からユダヤ人が「除去」されたことへの多くのヨーロッパ人の反応は、ユダヤ人がいまだにヨーロッパ社会で広範囲にわたり余所者・異質・潜在的危険と見られていたことも示していた。人々の抱く反ユダヤ主義ゆえにホロコースト時のユダヤ人「失踪」が軽く受け止められたわけだから、戦後になると、この感情の残滓が共犯者であったことへの羞恥と結びついて、ホロコーストをヨーロッパ文明の心臓部で起こった特に反ユダヤ主義な企てと捉えるよりも、むしろこれを普遍化する衝動へと駆り立てたのだと論じることも可能である。

やや違った立場からの議論では、ホロコーストの「唯一無二性の主張」は「自分たちの価値観を普遍化させる西洋の試みの長い伝統」と関連し、「世界の残余部分とヨーロッパとの暴力的相互作用の核心部にあった」のは、「あの普遍主義への要求そのもの」だとする主張もある。[19] 事実、ホロコーストを唯一無二とする主張が、「植民地戦争と帝国戦争」や数々の紛争への「寛容な見方」を生み、それが「ジェノサイドをヨーロッパ・ユダヤ人のホロコーストと等号で結ぶことにより、その問題を締め出している」と論じられることもあった。[20] 言い換えると、ホロコーストの普遍的(西洋的)含意を想起するにせよ、その唯一無二の極端さを強調するにせよ、いずれにしても植民地権力とポストコロニアル権力による犯罪が周縁化され最小化されたことが示唆されているのである。同時に、植民地ジェノサイドとホロコーストの直接のつながりを見つけようとする試みと、ホロコースト自体を植民地的企てとして提示する試みの両方がなされてきている。[21]

上述の通り、非西洋人の諸集団への暴力あるいは彼らによる暴力は、植民地時代にさかのぼる理由で西洋では周縁化されてきたし、いまもそれが続いていることは疑いない。その理由が、西洋が本来的に優越するとの感覚や非西洋人の堕落・後進性・暴力嗜好という根深い思い込みと関連しているのも明らかである。だが、ホロコーストの唯一無二性の主張がこのことと大きく関係するかどうかは、それほどはっきりしない。どこか別の場所の出来事と類似した植民地ジェノサイドとしてホロコーストを提示したとして、それが分析上大いに価値があるというのも完全に明らかなわけではない。他所で論じたことだが、「一九三九年から四四年にポーランドで起きたことと、たとえば一九〇四年にドイツ領南西アフリカで起きたこととの違いはとても大きく、両者をジェノサイド的植民地主義という同じ説明枠組みに押し込むことが特に有益とは思われない[22]」。もちろん、たとえ学者らが直接のつながりは立証困難とするにせよ、植民地ジェノサイドとホロコーストのあいだに多様なつながりが跡づけられる可能性を否定するものではない[23]。また、先行事例や実践の重要性を退けるべきでもない。事実、一九〇四年のジェノサイドには、アフリカ人集団の絶滅を公言する西洋近代的な軍事組織の手で実行されたこととあわせて、二〇世紀におけるこの種の最初の事例だったという際立った特徴があった。だが、植民地ジェノサイドとホロコーストを系統的に比較すると、類似性よりも相違のほうが多く見られるだろう。

ドイツの南西アフリカ専門家であるユルゲン・ツィンメラーは、ヘレロ・ジェノサイドとホロコーストの関連について思慮深い見立てを提供してきた。彼が指摘する通り、「ナチ犯罪は単一原因では説明できないし、ドイツ植民地主義からヨーロッパ・ユダヤ人虐殺へと一直線に進んだわけでもない」。むしろ「植民地の例が示すのは、ドイツの官僚的・軍事的諸制度中のある部分にすでに備わっていたジェノサイドの潜在的可能性である」。さらに、「植民地主義が文化的慣行という貯水槽を生み出し、ナチの悪党どもはそれを乗っ取ることができた」し、あるいは少なくとも「植民地時代との類似を示して自分たちの行動を正統化する」ことができた。したがって「国民社会主義の犯罪的政策に流れ込んだ数多くの道筋のうちの一つは植民地に発し、その道は細くも曖昧でもなかった[24]」。ここでツィンメラーが説くのは、ホロコーストの根を植民地に探ることの大切さとその限界の両方である。初期のホロコースト研究者の世代がこの重要な結びつきを見逃してきたことを、彼は正しく示している。それでも彼は、ふたつの出来事間の直接のつながりは確証できないし、実際は、確証する必要もないと認めている。ユダヤ人ジェノサイドはヨーロッパに深く根ざし、その根と海外植民地との関連は周縁的に過ぎないか、あるいはまったくないからである。

では、ホロコースト自体を植民地的企てとして、あるいはもっと大きな植民地化プロジェクトの一部として捉えることはできるのだろうか。確かにこれは、ナチ・ドイツと最終解決を研究する一部の学者が議論してきたことである。ユダヤ人ジェノサイドは、主としてスラヴ人住民を民族浄化して代わりに民族的ドイツ人をそこに入植させ、東欧の人口学的構成を一変させるという遠大な計画の一部だったことを、彼らは示してきた。ドイツがソ連相手の戦争に勝利する能力を持たなかったためにこの計画は成就できず、唯一、完遂されたのがユダヤ人絶滅だった、というわけである。本章はこの解釈を議論する場ではないが、この解釈はドイツの戦時及び植民地政策中にホロコーストを生産的に文脈化したものの、それでもなお、ナチによるユダヤ人ジェノサイドの原動力を包括的に説明する点でかなり限界があることが示されてきた。だが、従来の解釈に欠けていたナチの植民地主義的次元を付け加えたことは、私たちの理解にとって重要な貢献である[25]。

一部のジェノサイド研究者は、ドイツ人学者の大半が進むはるか先までこの解釈を推し進めている。ナチによるヨーロッパ占領は全体として海外植民地主義に類する植民地的企てであり、ヨーロッパ人は突然、自分たちがドイツ人から植民地住民並みの扱いをされているのに気付いて、その結果、抑圧と搾取に反旗を翻すことになった、というのである。この見方は、ドイツによるポーランドなど東欧諸国の占領と、フランスなど西欧諸国のそれとの間にある巨大な落差を考慮していないように思える。東欧は完全に破壊されたのに対して、西欧は公式にナチ体制と協力し、ドイツ人による被害の経験も比較的小さめだったからである。またこの見方では、ヨーロッパ・ユダヤ人へのナチの政策はユダヤ人以外への政策と基本的に同じであったかのように示唆されており、それだとすべてが植民地住民扱いだったことになるが、実際は、ユダヤ人はジェノサイドの標的にされ、はるかに小規模のシンティ・ロマ住民は別として、他のどのヨーロッパ人集団と比べても大きな人命喪失の被害をうけていた。あるジェノサイド研究者が書いているのだが、「ヨーロッパ人の多くにはナチによる反ボリシェヴィキ的大陸再編に加わる準備があったし、……植民地的なものとしてナチの略奪政策を経験して初めて彼らは非協力ないし抵抗に向かうことになった」。彼らは、「ナチが自分たちを――ユダヤ人も含めて――搾取・奴隷化・虐殺されて当然の植民地住民扱いした時に初めてナチに衝撃を受けたのだ」。だが、すべてのヨーロッパ人へのこの平等な処遇は、「ナチによるユダヤ人ジェノサイドを大規模ヘイト・クライムとして描いたために隠蔽されてしまった」という主張もなされてきた。さらにそこでは、その後「ホロコーストと似ていないという理由で世界中のジェノサイド的な出来事への無関心が広まることになったが」、これもまたユダヤ人にばかり関心を払ったためだとされていた[26]。

ナチによるヨーロッパ占領を扱う重要な研究のなかで歴史家のマーク・マゾワーは、ヨーロッパの海外帝国とヒトラーのヨーロッパについて有益な区別を提示した。前者は「全体として、それまで主として農村社会的なところで長い時間を経て育ってきた」のだと彼は書いている。これらの社会は「現地の土着支配者とのこみ入った順応や妥協を含んできたし、……、戦間期の緊張のなか、植民地の民族運動が出現したところから生じたものであった」。逆に、ヨーロッパを占領したドイツ人は、「戦争のさなかに唐突に自分たちの支配を押しつけて、……自前の国民的アイデンティティの感情を力強く形成し、すでに完成させていた都市化された社会にこれを課すことを選んだ。驚くべきなのは、ヨーロッパ人が抵抗したことではなく、その大半が抵抗に躊躇したことだ[27]」と彼は強調する。

したがってマゾワーは、現在のジェノサイド研究者の一部に思想的影響を与えてきたエメ・セゼールに批判的である。マゾワーはセゼールがこう論じたと書く。ヨーロッパ人は「ある意味、人種的偏見が生み出したものを里帰りさせるためにナチズムを必要とした。彼らは植民地主義の本性を捉え損ねたが、それは、抑圧された人々の窮状に共感するのを人種主義が邪魔したからであった。彼らは「それが自分たちに猛威をふるうまでは」ナチズムに寛容だった。「……なぜなら、そいつはそれまで非ヨーロッパ人に対してしか適用されていなかったからだ[28]」」。マゾワーの観察によれば、確かに「ヴィクトリア朝的国際法は植民地支配を正統化したが、それは解放の約束を与えることでそうしたのであった」。たとえこれが「普通、履行されぬことで初めて誉れとなるような理屈」だったにせよ、そうなのである。逆に、「ナチズムが断固退けたのは、最後は（つねに無内容だとしても）政治がつけを払うという約束だった」。ナチズムは「人種的ヒエラルヒーという不易の真理に依拠」し、「支配の代替物として想定された唯一のものは抑圧と民族の死だった」からである。この意味でナチスは、「一九世紀国際法の気高き表看板をことごとくかなぐり捨てた」[29]。

これは重要な区別である。マゾワーの示唆通り、ヨーロッパ人の多くは、実際のところ、ある種の植民地住民やより顕著にはユダヤ人の隣人ほどひどい虐待をナチスから受けたわけではないが、そのヨーロッパ人たちも結局は、ユダヤ人の姿が消えたら次は自分たちかもしれぬと思い至ったのである[30]。だが、こう付け加える必要がある。この種の思考は、もともとドイツ人に手荒い扱いを受けたポーランド人などある種のスラヴ系住民には妥当しても――ただし、例えばドイツと同盟関係のクロアチア人は違う――、西欧や北欧の人々にはまったく当てはまらない。彼らは絶滅の脅しを受けたことは一度もないし、多くの場合、諸手《もろて》を挙げて大歓迎でアーリア人帝国の仲間入りができただろう、と。そのうえ、最終解決への協力に抵抗する動きが広まったのは、ドイツの敗色が増すのを目にして、連合国による報復への恐怖が高まったためだった。

ホロコーストは過去の植民地ジェノサイドと関連させて理解できるし、それ自体、他のヨーロッパ諸国による植民地の冒険事業と同類のドイツによる植民地的企ての一部だったとする見方と隣りあわせで、ユダヤ人ジェノサイドと特に唯一無二性への執着は、シオニストによるパレスチナの植民地化の正当化に奉仕してきたという主張がある。これもまた空論に他ならない。イスラエルの政治上・教育上の修辞で「ネヴァー・アゲイン」が、ユダヤ人の安息の地である国家の存在を正統化するとともに、国家存続の護持に必要ならどんな手段を使っても良いとのお墨付きを与えるという、両方の目的で使われてきたことはほぼ疑問の余地がない、というわけである。イスラエルの指導者や宣伝係《プロパガンディスト》がPLOなどのパレスチナ人組織やハマースをナチスに擬えた事例は山ほどあるが、ちょうどそれと同じで、パレスチナの宣伝《プロパガンダ》や西洋にいる反イスラエルの代弁者とデモ参加者は、イスラエルの政策とナチのそれを並べて描く傾向がある。

この種の修辞が見られるのは主として政治的煽動、教化、過度の攻撃的イデオロギーなど、広く報じられる領域に限られている。確かに、イスラエルの右翼や入植者の話しぶりや行動には、植民地的で人種主義的な意図が潜んでいる。同時にイスラーム急進派やヨーロッパ左右両翼の反イスラエルの修辞には、明確に反ユダヤ的な意図が隠れている。ナチズムとホロコーストの影はすべての人に重くのしかかっており、ナチズムはその本性通り、これをご都合主義的に利用しようとするすべての者を毒する効果がある。しかし問題は、このような偏向した物言いがどの程度ホロコーストの歴史研究にも影響を及ぼしてきたのかにある。確かに、一九世紀以来、歴史家は自民族中心《エスノセントリック》のナショナリズムの創造と深い共犯関係にあり、実際、主役を演ずることも多かったし、イスラエルの歴史家も例外ではない。だが、ある学者のように、イスラエル人によるホロコーストの「歴史研究は世俗的研究だが、同時に倫理的言説であり実際は政治神学でもある」[31]と示唆するのは、明らかに誇張がすぎる。

「ホロコーストの意味と現代のグローバル・ヒストリーの進路について二つの語りが鬩《せめ》ぎ合い」、それらが明示的に言説の場を支配しているが、ホロコースト研究者のほとんどは自分がそのいずれに与しているのか分かるはずだという主張があるが、これも疑ってかかる必要がある。そこでいうふたつの語りのうちの一方は、「ホロコースト記憶を人権という普遍的価値とイスラエル固有の地政学的課題の両方に接続する」ものであり、もう一方は「ホロコーストを人種主義的動機による寄るべなき少数者へのジェノサイドよりもむしろ、シオニズムが体現する帝国的・人種的征服の論理的帰結とみなす」ものである[32]。これに対して私が言いたいのは、この主張はホロコーストの歴史研究をあっちかこっちかの二者択一で捉える浅薄な見方であって、ホロコーストを歴史上の出来事よりもむしろ動員された記憶として認識するジェノサイド研究者の一部にみられる傾向の反映だということである。この意味で、「人権とジェノサイド防止の達成に勝利したという、もっぱらユダヤ的・西洋的な語りの内部に閉じた意味づけの枠から」ホロコーストが「解き放たれるべき」だという要求は、ホロコーストが現代世界の不正義と闘う際の障害物に転じているように思われることへのいら立ちを反映しているように思われる[33]。

奇妙なことに、この論争を煎じ詰めると多くは歴史学固有の問題そのものになる。つまり、ナチスは支配下の他のいずれの集団とも根本的に違った仕方でユダヤ人をジェノサイドの標的にしたのか、という問いである。この純然たる事実問題はナチの政策を分析する際に重要だが、それにとどまらず、答え方の違いが唯一無二としてのホロコーストの地位にも影響するように思われる点からも重要である。ユダヤ人がナチの想像世界《イマジネア》で特異な役まわりを演じたこと、ドイツのユダヤ人政策が、虐殺と幻想《ファンタジー》からなるナチ的宇宙内部で彼らを別扱いにしたこと、これらを疑う余地はまずありえない[34]。だが、他のジェノサイドの場面では、明らかに他集団も同様の標的にされてきた。したがって、最終解決と他のジェノサイド的企てとの比較可能性を主張するのに、「ナチスがユダヤ人の完全破壊を意図したという唯一無二性の神話[35]」を持ち出す必要などない。なんといっても、ナチズム研究者・ホロコースト研究者のほとんどは、ナチのジェノサイド的プロジェクトがけっして神話でなかったとする点で意見が一致しているはずである[36]。だが、ジェノサイド研究者のすべてがこの点に同意しているわけではない。ある優れたジェノサイド史家の主張によれば、彼は「他のジェノサイドと比した際のホロコーストの極端さ、……国境を越えてユダヤ人を追撃するナチの情熱の極端さ、手の及ぶ限りすべてのユダヤ人を虐殺しようとする……欲望の全体性をずっと認識してきた」。こうして彼は正しくこのように結論を下す。「「最終解決」の範囲は……反ユダヤ主義によって決まったが、この反ユダヤ主義は、ナチ・ドイツによる他集団の虐殺を説明する人種主義やエスノナショナリズムを超えた、それ以上の別要素――「ユダヤ人」を世界にとって不倶戴天の敵集団と見なすという要素――に彩られていた[37]」。

確かにナチ帝国の文脈内に限れば、このことからホロコーストは唯一無二ということになるが――ヒトラー支配下でも、状況が違えば違った起こり方をした可能性はある――、もしも「犯罪中の犯罪」のような形容の仕方が可能なのだとしたら、確かにジェノサイドのきわめて極端な形ではあれ唯一無二ではない。「統合されたジェノサイド研究を妨げるヒエラルヒー[38]」を生み出すようなお墨付きが与えられるべきでないのも確かである。だが、ジェノサイド研究者らによるこの警句は傾聴すべきものだが、他方、この種のヒエラルヒーが（政治的修辞とは違って）学術界内部で維持されたところでそれほど危険とは思えない。難題はむしろ、ジェノサイドの統合された複数形の歴史――比較研究と並んで特定事例の歴史――を創造することにある。それぞれの主役たちの抱くすべてのものの見方を公正に扱い、同時に、私たちの世界にこれまでから疫病のように存在し、今も存在する各種各様のジェノサイドの差異と類似性を分析的に描き出す、そのようなジェノサイドの歴史である。

ホロコーストは、二〇世紀にいくつも見られた主だったジェノサイドのひとつである。すでに記したように、これは特に極端で、絶滅収容所が最たるものだが、いくつかの局面は当時も今に至るも空前である。他方、見るからに他のジェノサイドと類似の局面もあり、コミュニティ内の虐殺のように繰り返し起こったものもあった。ひとつの出来事としても非常に複雑で、ずいぶん異なる多種多様な文脈でホロコーストは発生した――ガリツィアの小さな町のユダヤ人殺害、パリからアウシュヴィッツへのユダヤ人移送、ルーマニア人によるトランスニストリア〔ドニエストル川左岸地域〕のユダヤ人大虐殺、ポーランド各地のゲットーにおけるユダヤ人の餓死。これらはすべて同じひとつのジェノサイドの構成部分だが、これらの残虐行為を経験したユダヤ人コミュニティ同様、実に多様だった。

私の思いでは、ホロコーストは二〇世紀中頃にヨーロッパで起こったジェノサイドであり、その歴史は世紀初頭にドイツ領南西アフリカで起こったヘレロ・ジェノサイドとも、世紀末に向かうなかルワンダで起こったそれともまったく違う。もちろん、関連を確証するのは困難な場合が多いにしても、これらは様々の仕方でつながっていた[39]。だが、これらはそれぞれ固有の歴史と関連し、特有の歴史的地理的文脈のなかで分析・理解されるべきものである。この目的のためには、ホロコースト研究者やジェノサイド研究者だけではなく、加害者と犠牲者の言語と歴史に通じた地域研究の専門家による研究も必要である。自分の学問の旅路の初発でそうだったように、今も私は、歴史家の出発点は、ある出来事ではなくむしろある場所とある時代を専門とすることでなくてはならないと信じている。もっとも大事なことは、特に、何百万人もの大量虐殺に関わる場合には、歴史家はそれらの事実に慎重かつ細心の注意を払うべきだということである。

現代の暴力の研究に何十年も費やしてきたけれども、いまだに私は統合されたジェノサイド史を書く難しさと格闘中である。長年にわたりつねに私は、歴史が演じられる場であるが、同時に歴史の作り手でもある個々の人間存在を捉えることをめざしてきた。唯一無二の出来事など一度も信じたことはないが、しかしつねに、集合的に人類史という織物を編み上げる単独者の人格としての経験に光を当ててきた。おそらく、近年は自分自身がひとつの町におけるコミュニティ内の暴力の歴史に専心してきたためなのだが、ますます意識するようになってきたことがある。しばらく前にそのことを次のように記した。

> 地方の観点からは、どのジェノサイドのことを書くのかはたいした問題ではない。私たちはしばしば、同じように民族的・宗教的に混在するコミュニティ、コミュニティ内の虐殺が勃発する引き金となる外力、共犯と救済、協力と抵抗の幾多の事例に出会うだろう。だが、このような出来事の目撃者たちは、個人としても、コミュニティ・集団・国民の一員としても、自分たちの経験の唯一無二性を言い募るだろう。殺人者のために否定されてしまった唯一無二《ユニークネス》の存在ということである。[40]

私見では、ジェノサイドは集団それ自体の破壊であり、だからこそ、たとえ歴史と記憶のなかであれ、これらの集団を忘却から救い出すのは歴史家の責務である。犠牲者の存在と記憶をともに忘却しようとするジェノサイド《ジェノシデール》の下手人たちの意思に対抗するひとつの方法は、犠牲者に語らせて彼ら彼女らの声に耳を傾けることである。犠牲者が求めているのは、声を聞いてもらいたい、その後には、語ったことを書き留め、歴史的記録に自分たちの声を統合し、その出来事をもっと完全に復元してほしい、ということだからである。歴史はつねに強者や勝者の物語だというのは真実ではない。踏みつけにされ破壊された人々の運命を集めて記録し、書き留めて統合するのは歴史家の責任である。(41)

訳　注

＊1　ホロコーストは、イスラエルではショアーと表現される。

＊2　軍事行動の倫理性を掲げたイスラエル国防軍倫理綱領の表現からの借用。

第二章　ジェノサイドの場としての東ヨーロッパ

記憶なき場《ノンメモリー》——場なき記憶

現在の東欧の多くの地域では、歴史の巨大な塊がことごとく消去された場が無数に見つかる。いまも記憶に留めている少数の人々と消えた過去を知るそれ以外の人々が、現場で見つけられる物理的痕跡はじつに乏しい。決定的証拠の断片——殺戮の場、追放された人々の家や地所、殺された人の遺骸——は、ほとんど見当たらない。確かに、焼かれてさえいなければ、遺骸は、殺された人々が暮らした場所からさほど遠くない集団墓地に葬られている。その地所には殺された人々の連行後に転居してきた者が暮らし、多くの場合、様子はほとんど変わっていない。一般に、生と死の場は、漠然とであれば知られている。だが、これらは記憶の場ではないし、そうであったことはかつて一度もない。実際は忘却の場なのである。

それゆえ、東欧の多くの町や都市におけるユダヤ人の生と死の記憶は、人々が生きて暮らした場所、殺害のなされた場所からは引き剥がされている。覚えている人あるいは知っている人はそこにはいない。その場にいる人々は覚えておらず、知りもしない（あるいは知りたいとも思わない）。だが、現在の住民が記憶に無関心というわけではあるまい。事実、彼らは自分たちなりの記憶の場の創造に勤しんでいる。その場では、かつての住民と犠牲者は露骨に不在であり、不在でなければならない。新しい記憶、新しい歴史、新しい追悼文化の創造を促すためである。特に西ウクライナなどの地域ではたちまち、ユダヤ人が生きて死んだ場は消え、その代わりに一面的で作り物の歴史、削除と修正を施した歴史が登場した。けっして起こったことのない出来事の歴史、あるいは、現在の記念のされ方とはずいぶん違ったふうに起こった出来事の歴史である。(1)記憶、記念《コメモレーション》／追悼、表象のおしゃべりがたけなわのある種のヨーロッパでは、これはやや思いがけない状況である。まごつくのも無理はない。一九九〇年代初頭以来、それまで使えなかった膨大な数の文書が、共産党による統制と検閲から解放された文書館で利用可能になったからである。だが、情報の自由はその濫用を予防するものではなく、共産党独裁からの解放は民族主義的な感情と忿懣と偏見まで解き放った。そのうえ、民族主義的に歪曲された新しい過去の語りは、それまで共産主義者の提供してきた歪曲された語りと交替しただけでなく、まったく同じ過去の要素を選んで隠蔽し忘却する場合もあった。当時消去する側だった多くの者が、理屈づけや目的は違うとはいえ、今も消去を続けている。それは、急減しているとはいえ、当時覚えていた人々が今も覚えているのとちょうど同じことである。

同時に、新築したり古いものを解体したりする資金が誰にもなかったというだけの理由で過去の名残が一部保存されてきたこの地域でも、生物の働きや自然の浸食、さらにある種の上向き経済が大打撃を与えている。これらの場の影のそのまた影さえもが、具体物の形であれ心の眼の中であれ、まもなく消え去るだろう。それに、記憶や記念に関する学問が多年取り組まれ、ユダヤ人ジェノサイドについて文字通り何百万頁も書かれたとはいえ、その後も、殺された人々が暮らし殺害された実際の地域は、歴史の場であれ記憶の場としてであれ、これまでほとんど注意を払われておらず、今も払われていない。これこそ歴史の狡智だろう。驚くべきことに、あの世界の破壊を身をもって経験した人々の声が記録されているにもかかわらず、歴史を生業《なりわい》とする者の多くからは猜疑の目で見られ、無視されることが最近まであまりに多かった。歴史家は、ナチ・ファイル由来のもっと客観的に見える文書を特権化して扱ったのである。思うにこれは、別の形の歴史家の裏切りとしか見なしえない。以下できるだけ手短かに、記憶と場、文書記録と忘却、専門家のしきたりと歴史の責任、これら相互の関係にかかわるこの難問に含まれる重要問題について、いくつか素描を試みる。

二つに分岐させられた学問

ホロコーストの歴史研究でより奇妙な側面のひとつは、ユダヤ人ジェノサイドの起こされた場と歴史研究上の主たる焦点づけとのあいだの関係である。ここ何十年、ホロコーストを扱ったもっとも影響力のある歴史書は、二つのタイプの主役に焦点を当てていた。加害者と犠牲者である。もちろん、多様な協力者の支援があったにせよ、主犯はドイツ人である。だから、加害者を扱う研究は、彼らをドイツ史やナチ体制によるユダヤ人政策の展開につなげて考えていた。(2) 逆に、ユダヤ人犠牲者の大半は実際は東欧出身だったのに、彼らがゲットーや収容所に閉じ込められてはじめて、研究者は彼らの運命によりいっそう関心を抱いた。この観点からは、ユダヤ人がどこから来たのかは問題ではなかった。周囲の住民からは切り離して想定されていたのである。(3)

このようにホロコースト研究が二分された結果、東欧は――世界でもっともユダヤ人の集中した場所としても、大量殺戮の場としても認知されていたにもかかわらず――ずっと、著名なホロコースト史家にとってほとんど未踏の地だった。(4) ポーランドのような決定的に重要な諸国のことを知らずとも、最終解決の官僚制や行政のあり方の研究は十分可能だった。これらの研究成果では、東欧諸地域に見られた反ユダヤ主義《アンチ・セミティズム》の広がりや影響とならんで、地域の複数の言語、歴史、政治、異なる民族集団・宗派間の関係への関心は乏しかった。実際には、特にホロコースト以前及びそのさなかのポーランド人・ユダヤ人関係について多くの学識が蓄積されてきたが、それらがホロコースト史研究上の大きな語りの伝統、あるいは解釈や歴史的観点の主流に大きく影響したようには見えなかった。(5) ある意味、ジェノサイドが実行された地域に暮らした諸民族がこのように無視されたことは、犠牲者を置き去りにしたホロコースト史を書く傾向と並行した。こうして歴史家の多くは、ドイツの指導者による意思決定過程を再構成し、あるいは下っ端の殺人者の動機を調査することは自分たちに課せられた義務だが、この出来事の説明にあたって絶滅させられたユダヤ人住民についての知識は一切不要と感じていたわけである。[6] そして実際、ひとたび犠牲者を無視できるとなると、犠牲者とその隣人であった異教徒《ジェンタイル》*1との関係に関心を寄せる理由などほとんどなかった。ジェノサイドの実行過程を説明するのに、異教徒はユダヤ人にもまして取り上げる価値がないように思われた。

　こうして提供されてきたホロコースト史研究は——現代の他のどのジェノサイドにもまして豊穣で斬新で洗練され多様性に富むと見なされる場合が多いが——、驚くほど狭量で窮屈に思える。畢竟、ホロコーストは一国の範囲をこえた《インターナショナル》プロジェクトであった。大陸中であのように発生し、ナチ・ドイツによる占領または同盟関係にあったヨーロッパ各国に居住した数百万の市民の登録、系統的略奪、移送、拘禁、殺害がこのプロジェクトには含まれた。それゆえこのジェノサイドの実行過程は、各国政府間の込みいった交渉、複雑な官僚的・行政的取り決め、法執行機関や軍当局間の調整、財産の強奪・配分とならんで無力な強制労働者を搾取する経済的措置の導入にまで及んだ。大量殺戮から得られた物質的利得は、ドイツ本国住民を買収し、財産を奪われた人々を殺害した報酬として支払われ、外国の土地を占領する費用の多くに充当され、占領地住民への賄賂として彼らを黙らせるのに使われた。占領地住民は、外国人支配に立腹しつつもジェノサイドの利益を享受したわけである。[7] このような搾取と手の込んだ仕組みが、あるひとつの民族の系統的殺戮に晒され、共犯となり、あるいはこれに抵抗したヨーロッパ中の住民を多様な意味でつないでいた。さらに、長く過小評価されてきたとはいえ、明々白々たる事実がある。つまり、実際の場面や法制とならんで、中世ヨーロッパと何世紀にも及ぶキリスト教の反ユダヤ的神学・動機づけ・デマゴギーにまで遡ってその心象・空想・情熱・恐怖心を捉えなければ、ホロコーストは理解できないということである。そこに生じた強力な想像世界《イマジネイア》が、程度の差こそあれ圧倒的多数のヨーロッパ人に共有されてきたことに疑う余地はない。[8]

　そうであれば、殺害された民族や殺害の起こった場所に生きる諸民族の文化・言語・伝統・政治について知識を持たずとも、あるいは犠牲者の大半が暮らした土地についての知識がたいしてなくても、歴史家はホロコーストの歴史を書けるはずだという想定自体、じつに瞠目に値する。だが、この発想はおそらくごく最近まで、ホロコーストを扱う学問の唯一のもっとも明瞭な特徴であり、公分母としてごく容易に確認できた。このジェノサイド的企ての地理的規模の巨大さによる面もあったとはいえ、この種の一面的な見方は、ある意味、出来事の性格そのもの以上に、むしろ再構成に取り組む学者たちのことをより多く明るみに出してきた。逆に、犠牲者にきちんと焦点を当てる作品の多くは、ユダヤ人の文化や伝統、ジェノサイドへの対応と生存のための苦闘に多大の注意を払うが、ユダヤ人住民とその地域で周囲にいる異教徒との関係が詳しく検証されることはまれである。異教徒について、反ユダヤ主義か救済か、対ナチ協力か抵抗かと一般化する主張は、告発型と弁明型の両方の著作に確認できる。だが、ユダヤ人、地元の異教徒、ドイツ人加害者の三者間関係の系統的分析はごくまれである。証言その他の個人の記述は、通常、厳密に検証を加えられるよりも、むしろ逸話的証拠として取り上げられるのが普通で、それゆえ驚きはないが、矛盾した解釈がそのまま放置されがちである。[9] 異教徒住民の多くが一枚岩であることはまずなく、往々にして対立する異なる民族集団・宗派帰属・階級（主として都市住民と農村住民の違いに関連する）に分かれていたという事実は、この種の文献でも見逃されることが多い。

だからといって、ホロコーストについて東欧の学問がこれまで皆無だったわけではない。実際、本章の最初の版が公刊された二〇〇八年以降、この種の著作は、特にポーランドでかなり増えてきた。もっとも、最近のこの国の右傾化がこの展開に悪影響を及ぼす可能性はある。*2 だが、ごく最近までこの種の文献はふたつの関連する問題を抱えてきた。第一に、第二次世界大戦以降、長年にわたり大陸がふたつのブロックに分裂させられたため、東欧の文書館での調査はあまりにも難しかった。その制約は、西欧・東欧両方の学者がともに感じていた。そのうえ、共産主義的な戦争の語りのために、ナチ占領期のユダヤ人の唯一無二の運命を語る余地はなく、その代わりに「ファシスト」犯罪と各国市民が犠牲者になったという一般的語りに組み込まれていた。東欧における社会主義なるものの樹立——実際の目的からすれば共産党独裁に他ならない——を正統化するには、住民の大多数を本来的に反ファシズムと述べる必要があったのである。薄皮一枚剝ぐと戦後期も反ユダヤ感情が残っていたことは脇に置くとしても、人々が何らかの形でユダヤ人ジェノサイドの共犯だったかもしれぬという考え方自体、東欧で樹立された共産党体制にとっては呪いの言葉であり、ソ連では受け入れ難かった。事実、誰の目にも明らかな現実的証拠があったにもかかわらず、この遺産が議論され公表されることはなかったから、ポーランドをはじめとした諸国では、反ユダヤ主義の爆発が戦後も続いていた。これには、クラクフやキェルツェのポグロム*3のようにホロコースト直後のものもあれば、一九六八年にヴワディスワフ・ゴムウカ政権の手で政治的道具として反ユダヤ主義が利用されたように、数十年を隔てたものもあった(10)。

第二に、ヨーロッパ大陸内の共産主義側という新たな装いであれ、大陸の後進地域という従来通りのイメージ――西の近隣諸国からはかろうじてヨーロッパ的と見なしてもらうのが精一杯――であれ、ホロコーストの歴史と記憶をめぐる議論の中で東欧は、真面目な学問的注目に値するものとは思われていなかった(11)。ホロコーストのあれこれの側面をめぐる激しい学術論争はことさらに東欧には沈黙し、総じて東欧産の学識への無関心を露呈し、大陸規模のジェノサイドの複雑な構図における東欧諸国の役割の検証をずっと渋っていた。逆に、ポーランドをはじめとした諸国が自国の過去をより批判的に捉えはじめた時でさえ、しばしば熱気を帯びたその論争が西側に響くことはほとんどなかった(12)。例えば、「意図派」と「機能派」という有力な学派の主張の主たる要素を、当初から採用された研究上の焦点とあわせて検証してみると、これら諸理論の成立に際して東欧の諸言語であれ、東欧の複数形の歴史や民族間関係であれ、なんら役立てられなかったことがわかる(13)。ホロコーストは(東)ヨーロッパの心臓部ではなくて、まるで別の惑星で起こったかのようだった。

付言すべきは、特にユダヤ人歴史家の場合、戦争直前ないしショアー生存者としてその地を立ち去ってきた例が多かったから、戦後初期の世代にはホロコーストの起こされた地域を熟知する研究者が多く含まれた点である(14)。だが、犠牲者の暮らした社会環境の内部でジェノサイドを文脈化しようとする際に、これらの歴史家の書いた学識のもたらした影響の問題はいまも答えが出ていない。それにはいくつか要因があった。第一に、これらの歴史家の一部はエルサレムのヤド・ヴァシェムとつながりを持ったのだが、この機関は、特にその初期には、ホロコーストの客観的研究は必然的にシオニズム的世界観の正統化に寄与すると主張するなど、シオニズムの政治的・イデオロギー的目標の追求への貢献を自任していた。この見立てをどう捉えるにせよ、ホロコーストとその社会文化的文脈を観察するための狭量なプリズムをこの機関が確立したのは明らかである。[15]

第二にこれらの学者の一部は、出自と経験ゆえに出身地への偏見を共有していた。言い換えると、身近でよく知るがゆえに、知識と一緒に俗見やバイアスを持ちこんだのである。ポーランド人異教徒への憤り、あるいは伝統的ユダヤ人へのそれのいずれに関するものであれ、「旧世界」からの輸入品であるこの種の先入見は、ホロコーストの社会的文脈への均衡の取れたニュアンスに富む見方に害を及ぼしかねないものだった。[16]第三に、客観的・心情的両方の理由があったに違いないが、この世代の歴史家の一部は、ナチズムとホロコーストに関するドイツの歴史研究の影響が大きかった。これがなおさら驚きなのは、これらの歴史家はドイツ人の同僚と意見の違う場合も多かったからである。ドイツ人歴史家はホロコーストとその解釈についてずいぶん異なる見方を提供し、特にあの出来事についての「ユダヤ的」研究全般と特に犠牲者の経験に焦点があると思われた点には、露骨に懐疑的態度を見せたのである。[17]ただ、ユダヤ人と地元の異教徒とドイツ人の三者間関係を研究することがまれという点では、年長世代のユダヤ人研究者はドイツ人の同僚と五十歩百歩だった。

ヤド・ヴァシェムがユダヤ人の経験に焦点化したことでユダヤ人史の重要な著作が生み出されており、その面ではヤド・ヴァシェムの歴史家はドイツ人研究者と好対照だった。[18]だが、客観的で専門的な学問としてのパラダイムを提供するというドイツ人歴史家――年長世代と若年世代いずれに属する場合も――の自己認識と、ホロコーストを再構成し理解する際の重要な要素として現地の民族間関係の検証を却ける彼らの態度は、ユダヤ人歴史家の年長世代にも若年世代にもおおいに影響を与えていた。そして、殺戮現場に根のある世代がゆっくり退場すると、跡を継いだ若き男女の歴史家は、その多くが東欧と特にポーランドへの強いバイアスを維持し同時に引き続きドイツに惹かれながらも、おおむね東欧との馴染みが薄まって必要な言語能力にも事欠くようになった。「加害者の国」のほうが、ジェノサイドの起こされた土地よりはるかに興味深く思われた。そこで生産された学問のほうがずっと魅力的なモデルを提供した。その後長く、東方ユダヤ人や異教徒の隣人よりもドイツ人加害者の方が注目を集めていたわけである。

パンドラの箱を開く

この状況には、特に共産主義の崩壊後に変化が訪れた。ホロコースト史を東欧史に接続(より一般的には、西中欧の歴史を東中欧の歴史と接続)する妨げであった二つの条件はもはやなくなった。第一に、東欧とロシアの文書館の利用がはるかに容易になった。ただし、ロシアではまたもや制約が強まってきた。第二に、史料の利用可能性の拡大とも関係して、ほとんど興味を抱けぬ場所という西欧的東欧観が変化を遂げた。西欧、アメリカ、イスラエルの若手研究者がこの大陸の「暗部」に注意を向け、山のような未検証のファイルと未回答の問い——問われてさえいない場合も実に多い——を発見し、とりわけ一緒に働くことを願う東欧の新世代の研究者と出会ったのである。共産党時代には、「ユダヤ人問題」に近づき、戦争とは区別される出来事としてホロコーストを研究し、ユダヤ人犠牲者の運命を他のナチズム犠牲者の運命と切り離して議論するのはタブーだったが、それがしだいに除去された。並行して、ホロコーストこそ重大とする西欧的コンセンサスが、加盟国にホロコーストの記念と教育を呼びかける欧州議会決議によって頂点に達した。この決定により、——西中欧の多くではすでに当然だったが——ホロコーストに真剣に取り組むことが、数十年にわたる共産党支配から脱し始めたばかりの諸国のほとんどにとって重要な政治目標である、欧州連合加盟の前提条件となった。[19]

古い偏見とバイアスや束縛が多少とも手付かずでこの新時代にまで持ちこまれたのでなければ、これは全体としてホロコーストの歴史研究にとって朗報だったのかもしれないが、そうはならなかった。そのうえ、このあまりにも順調な体制移行に付随して、旧共産党体制が何十年間も抑圧してきた深部のより古い心象と記憶の層が再浮上した。これには実に厄介な問題があった。共産主義者が支配する限り、彼ら自身がしばしば反ユダヤ的政策を追求したこともあり、ユダヤ人の運命をめぐる開かれた議論は一切許されなかった。だがひとたび共産主義者が姿を消すと、刷新された公の場でユダヤ人が関心事となったために、共産主義者がずっと封印し続けたパンドラの箱が開いてしまった。ドイツやフランスなどの諸国では、過去の神話や伝説が最終的にあばかれた結果、それらの神話は大きく信用失墜していた。だが、東欧の腐臭漂う古いデーモンが、殺戮的な過去について個人の記憶を持たず、乏しく歪んだ歴史知識に寄りかかりがちの新たな若い有権者の心を捉えた。装いも新たに現在の状況に適応したこれら飽くことなき作り話と陰謀理論が、新しいものと古いものの間にもうひとつのつながりを作り出した。このこともまた、何であれホロコーストの新たな議論に東欧を含める差し迫った必要性を明るみに出した。

もちろん、この必要がもっとも露骨に現れたのは、ヤン・グロスの研究書『隣人』とこれをめぐってポーランドで荒れ狂った論争である。*4 グロスはホロコーストのポーランド＝ユダヤ的側面にこだわったが、他方、それまで唯一追求する価値があるものとして学問上広く強調されてきたのは、ドイツ人とユダヤ人の直接の関係だった。隣人たるポーランド人によるユダヤ人殺戮を暴露するこのスキャンダルは、無辜ないし少なくとも無関心な傍観者を犯罪者に、隣人を殺人者に、そしてポーランド市民——伝統的に英雄的抵抗者であり同時に無辜の犠牲者と見なされてきた——をナチによるジェノサイド政策の道具に置き換えるものだった。[20] また、この論争は実に奇妙なものだった。イェドヴァブネの物語はそれまでも知られてこなかったわけではなく、地元の東欧の住民がユダヤ人大量殺戮に関与した事例は文書にきちんと記録されており、世論の目に触れる機会も増えていたはずだからである。[21] グロスは、各世代の歴史家・知識人・政治家・メディアによる嘘とごまかしの暴露にとどまらず、「傍観者」[22]という範疇自体にも強烈な一撃を加えた。実際、傍観者から加害者、受け身から関与、共感《エンパシー》から利益追求に転落する例があまりに多く、弁明風の言い換え以上の意味でこの語を使えなくなったのは、まさに東欧——ユダヤ人が人口稠密で殺害も大規模であり、非ユダヤ人が暴力・偏見・貧困ゆえに脅威を感じて野蛮化した場所——などの地域だった。

ここには、ホロコーストの場としての東欧の重大性にかかわる奇妙な側面がもうひとつある。一九九〇年代後半に痛みを伴うふたつの重要な論争があった。どちらも東欧のホロコーストに焦点を当て、いずれの場合も、新たに特定されたユダヤ人大量殺戮の加害者を非難する人々と、一九三九—四一年のソ連占領期に受けた蛮行への報復として、自分たちに暴力を振るったソヴィエトとその協力者と思われるユダヤ人の罪を問おうとする人々のあいだで、諍いが起こっていた。ひとつはイェドヴァブネ論争であり、これは、ポーランド人の無辜・英雄主義・受難という神話を破壊した。もうひとつのドイツ国防軍論争は、ドイツ軍は清廉潔白でナチ・イデオロギーやジェノサイドから距離があったという伝説を粉砕した。[23]国防軍をジェノサイド共犯者とする議論は、そこで取り上げられた出来事が東で発生したという限りでのみ東欧に関わるものだった。この議論は、ドイツのアイデンティティ・有責性・世代間対立と真正面から向き合うものだった。それらの町でなされた残虐行為に(主としてウクライナ人だが、ポーランド人も含めて)地元市民も手を下した事実は、ドイツの論争では一面をなすのにとどまった。

対するイェドヴァブネ論争は、ジェノサイドの場とこれを実行して利を得た者のあいだの関係を直接問うものだった。これもまた、アイデンティティと自己像、そして持続的だが虚偽である過去の語りをとりたてて扱っていた。だが、新しい語りはポーランド人を——他の東欧人まで広げてもよい——受け身の傍観者、犠牲者、あるいは抵抗者ではなく、むしろ自発的な主役としてホロコーストに取り込むものだった。この点でイェドヴァブネ論争は、ホロコーストの書き換えにとってドイツ国防軍論争よりもはるかに重要だった。

最後に、イェドヴァブネ論争はドイツのホロコースト史研究にほとんど影響しなかったように思われるが、それと同じく、第八章・第九章で詳論するように、ドイツ国防軍展をめぐる論争はウクライナのホロコースト研究にほとんど影響しなかったように思われる。実際、国防軍展で取り上げられた虐殺が起こった町のひとつであるズウォーチュフ(ゾーロチウ)〔現在はウクライナ西部、リヴィウの東にあるかつてのシュテットル〕では、町内の歴史展示は変更されることもなく、ウクライナ人をボリシェヴィキの犠牲者として描き、隣人によるこの町のユダヤ人住民の虐殺——実際の虐殺の規模はイェドヴァブネどころではない——についてはどこにも触れていない。(24)

コミュニティ内の虐殺

それでは、ホロコースト史研究に東欧を組み込んで、この出来事についての私たちの知識と理解を促し、同時に長く完全に分離されあるいは諍いや論争の瞬間しか交わってこなかった複数形の多様な歴史研究をひとつにつなげるには、どうすればよいのだろうか。たまたまジェノサイドの場になった地域という地理的観点にとどまらず、複数の民族・宗教が混在するコミュニティの一員としてヨーロッパ・ユダヤ人の大半が何世紀も暮らしてきた地域で大量殺人が起こったのだから、その地域的状況と特殊な性格を調べることからも、ホロコーストと東欧の関係を理解できるのだろうか。最後に、絶滅・民族浄化・強制追放を通じてこの地域は劇的に変容させられ、固有の豊かな遺産が存在したことさえ思いもよらぬほど、民族的に均質な空間に作り直された。他方で、他の民族的・宗教的集団の生存者は事実上世界中に放り出された。あの暴力の炸裂についての私たちの理解は、この事実にどの程度影響されてきたのだろうか。

この文脈では、ヨーロッパ・ユダヤ人の圧倒的多数はポーランドで殺されたということ、殺された圧倒的多数は東欧とソ連のユダヤ人であったということ、このことを繰り返し述べておきたい。さらに、殺されたうちの約半数は絶滅収容所で死んだわけではない。六〇万人以上のユダヤ人が、ドイツ占領下の東欧各地に設置された大小のゲットーで死んだ。だが、残りの多くは居住地やその近くで大量処刑により殺された。屋外の出来事であり、異教徒の住民が目撃することも多かった。町からやや離れた場所――森や墓地や採石場――で銃殺が行われた場合も、野蛮な狩り集め（アクツィオーネンないしアクツィア）はすべて公衆の面前だった。老人や病人は引きずり出されて辱めを受け、打擲の上射殺された。少女や女性はレイプされた。赤ん坊はバルコニーや窓から投げ捨てられ、頭を壁にぶつけられ、身体は引き裂かれた。保安警察や親衛隊が、対ナチ協力者である多数の補助警察部隊や地元の警察とともに職務遂行するのを、皆がただ見ていただけではなかった。殺された死体から盗みをはたらき、家や隠れ家を奪いとり、商売を乗っとる機会があったのである。

人の手が介在せず「清潔」に遠隔地で行われた工業的殺害というホロコースト像がますます一般化してきた――遺憾なことにこの像には人を慰める効果がある――けれども、それにもかかわらず、主に子ども・女性・病人・高齢者からなる何百万ものユダヤ人が、同じ場所で暮らしてきた住民の衆人環視のもとで殺されていた。ポーランドで、バルト諸国で、ベラルーシで、ウクライナで、ルーマニアで、ロシア西部で。それゆえこれら諸地域のホロコーストはまさにコミュニティ内のジェノサイドであり、これらの地域で生き抜いたすべての住民に傷痕を残した（ドイツ人をはるかに凌ぐように思える）。これら異常に凶暴な虐殺の影響は、人々の日々の暮らしと記憶の両方に及んだ。これは、ドイツや占領下の西欧とは大きく異なる状況だった。西ではユダヤ人は「東」に移送された「だけ」だったからである。追放された大半は戻らず、少数の戻った人々も「東」がどんな様子か話せぬ場合が多く、その気もなかった。どうせ進んで耳を傾ける人など、まず見つからなかっただろう。[25] 逆に、東欧の人々つまりユダヤ人と異教徒はともに、ほとんど「あたりまえ」と思えるほど単調な日常生活の一部としてジェノサイドをじかに目にしていた。ジェノサイドは、標的にされようとも見逃されようとも、彼らの戦争、彼らのリアリティ、彼らの生存の一部だった。ここではユダヤ人犠牲者の多くは、自分たちの話さぬ言語が使われ、どこの風景ともわからぬ異郷に連れてこられたわけではない。家族・友人・同僚の目の前で、先祖の葬られた墓地で、恋人とのデートや子連れのピクニックをした緑豊かな丘の上で、祈りを捧げてきたシナゴーグで、自宅や農園や地下貯蔵庫で、彼ら彼女らは殺されたのである。[26]

殺害された人々の家に隙をうかがうかのように転居してきた者の多くを、見知らぬ余所者《よそもの》と述べることもできなかった。年輩の住民のなかには、六〇年を隔てて尋ねられても、どこそこの家にかつて住んでいた人々の名前を思いだせる者がいた（ただし、自宅を略奪財産と認めた例はほとんどない）。なかには隣人が殺された場面を詳しく思いだせる者もいたから、これら目撃者の家の元々の住人や家内の多くのもの――ベッドに敷いた毛布、台所のポットや皿、壁にかけた絵画さえ――のことを不思議に思わずにはおられなかった。盗んだ財産の中で何世代も暮らし、殺された人々の椅子に座り、ベッドで寝《やす》み、皿から食事をとる。他方、それらの人々が追い立てられて処刑された際の様子をずっと生き生きと記憶し続ける。このようなことの心理的効果とははたしてどんなものなのだろうか。というのも、これはコミュニティ内の虐殺に本来的につきまとい、当然、ナチによるもっとも悪名高き発明品、つまり工業的で人の手の介在しないジェノサイドとは正反対だからである。「あなたは人を殺したうえに、その人の所有物を自分のものにしようとするのか」（旧約聖書「列王記　上」二一章一九節）[*5]という問いかけが古代の聖書にあるが、この問いが東欧の新たに浄化された町や村に留まる人々の心を避けて通ることはありえず、結局、それは戻ってきて付きまとうということ、このことを考えねばならない。コミュニティ内の虐殺は、犠牲者の生命を破壊するだけでなく、目撃したすべての者の精神を損ない歪めかねない。というのも、現実には受け身の傍観者は一人としておらず、つまり殺されるか生き残るか、猟師か餌食か、滅びるか利を得るか、いずれかである。あの当時のおよそ想像を絶する純然たる恐怖には、道徳的汚染、罪と忿怒、恥とテロル、自己欺瞞と否定が付け加えられねばならない。これらが世代を超えて浸透してきたのであり、いまも人々が過去を思い出し、話し、書く際のあり方を埋めつくしている。

東欧のホロコーストへのこうした観点は、ジェノサイドがどれほど身近で起こりうるのか、どれほど個人の人格に関わるのか、それゆえこれに接する者にとってどれほどトラウマ的であり同時にどれほど利をもたらすのか、こうしたことを私たちに思い出させてくれる。事実、このようなジェノサイド観が私たちに教えるのは、コミュニティ内のジェノサイドの場面では、近年普及している「傍観者」なる範疇は基本的に無意味ということである。なにしろこのような状況下では、無関心や受け身といった態度は実際にはありえない。自宅の窓のすぐ下で同級生が殺されたことに無関心だとして、それはいったい何を意味するのだろう。近くの森から銃撃の音や呻き声が聞こえた時、あるいは処刑されたと聞いたばかりの人々がいなくなったアパートに引っ越す時に、受け身であることにどのような含みがあるのか。隣人の銀の食器を使うのは無関心のしるしなのだろうか。隠された金《きん》を探して床板を剝ぎ取る時、これが意味するのは、受け身、共犯、それともたんなる貪欲だろうか。

殺害が日常生活の一部だったことは、数々の証言から明らかである。ある目撃者は、出来事から六〇年後にこう述べた。「ヒトラー主義者どもがどんな風にユダヤ人への犯罪を犯したのか、どのように彼らをフェーディル〔フェドル〕丘に生き埋めにしたのか、あの人たちがどうやって自分たちの墓穴を掘ったのか、よく覚えています。私の住んでいる通り（丘の反対側に位置する）からは、まだ死んでいない人たちの上で地面の動くのが見えました[27]」。これと同じ時間を隔てて、もうひとりの目撃者は次のように回想した。

ある日、……何かに引き寄せられて、町の中心つまり市役所側を向いた〔学校の〕窓に行きました。何が見えたかって。大通りの真ん中を通って、人の群れが市役所を回り込んでストリパ〔川〕の向こうにある橋に向かっていました。犬を連れた憲兵隊とゲシュタポ、六芒星〔ダビデの星。ユダヤ人であることを示す〕をつけた民警隊が群れを囲み、フェーディル丘へと急がせていました。どれほど怖ろしい光景だったでしょうか。女も男も老人も若者――同級生や友だち――もいました。みんな美しくて賢かったし、育ちも良くて若かったのです。生きて、愛して、働いていたはずだったのに……。近所の人も、知らない人もいました。でも、みんな人間だったのです。犬に先導されていたから、群れから落伍した人はいなかったでしょうね。あの日のことを思い出すと、今も心臓がドキドキします。[28]

殺人の純然たる恐ろしさとその身近さが、この目撃者によって鮮明に描かれている。誰もが野蛮な占領の犠牲者だったが、その一方で、学校に行った者もおれば、死に向かう者もいた。

一九四二年秋頃から一九四三年末にかけて、奴ら［ドイツ人］は、いつも金曜日にアクツィアと銃殺をするのが決まりでした。けれども、奴らは火曜日に始めることにしていました。火曜の夕方にユダヤ人の民警隊が宝石などの貴重品を集めることになっていたのです……［虐殺逃れをしようとする者からの賄賂として］。木曜の夕方には［保安警察地方本部のある近くのチョルトクフからドイツ人が］来ることになっていました。……奴らは実に恐ろしげでした――胸には……金属製のバッチがついていて、［これは］金属の鎖でぶら下がっていました。……頭には、頭蓋骨と骨を交差させた記章付きの嵩高《かさだか》で黒い帽子をかぶっていました。外見は、地獄から来た悪魔そっくりでした。奴らは夜通し「行動」ないし「業務」を行い、翌朝、私たちが学校に走っていく時に、その成果が見えました。女、男、子どもの死体が道にころがっていたのです。幼児の場合、バルコニーから舗装道路に投げ落とすことになっていました。その子らは、泥のなかに横たわって頭は粉々、脳みそが飛び散っていました。……フェーディル丘で何が起こっていたのか、推測は難しくありませんでした。機関銃を撃つ音が聞こえたし、エンジンの唸る音が添えられていたのです。でも、エンジン音で射撃音がかき消されることはなく、強まるばかりでした。[29]

だが、諸民族が混住する東欧のコミュニティの地元レベルでホロコーストを吟味すると、もうひとつの側面がある。これらの町や村に暮らすユダヤ人の大半が絶滅したのは、しばしば住民に告発され、地元の対ナチ協力者に殺される場合もまれではなかったためだが、他方、生き抜いた少数の人々はほぼ例外なく異教徒に助けられていた。実際、ユダヤ人以外から隠れ家や食べ物をもらわずに生き抜くことは事実上不可能だった。異教徒の助けなしで生き抜けたのは、ほとんどが若い男女の屈強で勇敢な者だった。彼ら彼女らは森のなかで自力で生きる決意をし、なんとかパルチザンになったが、その代わり、村人からの盗みや略奪で手に入れたもので生きながらえる場合も多かった。だが、これらパルチザン集団も多くはドイツ人とその協力者、他の非ユダヤ人パルチザンのいずれかに殺された(30)。

ホロコーストの「下からの見え方」とはこのようなものだが、多くの場合、ユダヤ人を匿ったまさにその同じ人々が結局は彼らを告発し、時にはみずから殺害することもあったという事実ゆえに、この見え方はさらに複雑になる。そもそも隠れ家を提供する際の動機が複雑だった。純然たる親切心や利他主義からそうした人々もいた。貪欲からという者もいた。さらに、助けている相手やその家族への忠義や義務感を感じている場合もあった。だが、人を匿うのは危険だし、食事を与えるにはたいへんな苦労があった。隠れている者の手持ちの金が尽きた時、あるいは誰かが裏切ったかもしれないと思った時には、多くの場合、解決策は追い払うか告発だった。ユダヤ人を匿っていると訴えられて残酷な罰を受けぬようにするためである。多くの場合、実際に匿っている者、あるいはそう噂される人々は、ドイツ人以上に隣人を恐れていた。ドイツ人がわざわざ地元民に話しかけることはまれだが、彼らと違って小規模な農業コミュニティや小さな町に暮らす住人には、見知らぬ人間はすぐに分かったし、隣人の振る舞いの変化を見れば、誰かを匿っている可能性がいつでも探れた。救い手から以前にうけた侮辱や傷らしきものへの腹いせとして、告発を解釈できる場合もあった。ドイツ人からの報酬を期待して動機とした場合もあったかもしれない。潜伏中の者を脅して、潜在的情報提供者への賄賂の上乗せを目論んだ可能性もある。ユダヤ人を匿う危険を冒すには、それだけの勇気か、あるいは強欲さが必要だが、そのような者たちが手に入れるように思われる金品を妬んで、告発が行われる可能性もあった。

一九四七年に一七歳のユダヤ人少年が行った証言は、この動態を鮮明に伝えてくれる。

> 農家に隠れている［ユダヤ人］は隠れ家のために高額を支払い、ばかな農民は町に行って欲しいものを何でもかんでも、ごまんと買いました。農民たちはお互いを妬むようになり、そのおかげでウクライナ人殺人者は仕事をやりやすくなりました。そうした農民を尾行して住んでいる場所を見つけると、家捜しを始めて屋根裏や地下蔵などでユダヤ人を発見しました。これらの犠牲者は、見つかるとその場の農民の畑で射殺されました。これをきっかけに、大規模な告発が起きました。農民たちは自分でユダヤ人を殺したり、追い払ったりし始めました。ユダヤ人を匿っているのが見つかると、誰であれ家族と一緒に処刑、家は燃やされるという噂があちこちを飛び交ったのです。信じた農民は、なんとかしてユダヤ人を摘《つま》みだそうとしたし、そのおかげで殺人者たちの仕事はずっとやりやすくなりました。ユダヤ人闘士たち［森のなかのパルチザン集団］は手を拱《こまね》くしかありませんでした。自分たちの命も危うくなりました。この頃、ありとあらゆる種類のギャング団が出来上がったからです。ウクライナ人の徒党（バンデラの子分たち［「バンデロフツィ」ないし「バンデリフツィ」］）やポーランド人部隊（A・K［アルミア・クラヨーヴァ＝国内軍［第二次世界大戦中に組織されたポーランド人地下軍事組織］］）、そして特にドイツ人・ウクライナ人の警察です。彼らは、ユダヤ人戦闘集団を破壊するためならできることは何でもしたのです。[31]

ジェノサイドの経済

最近の研究では、ホロコーストの実行に際し財産や資本のはたした決定的役割が指摘されてきた。[32] ユダヤ人からの大量略奪品が、大量殺戮だけでなくドイツの占領政策向け資金としても大規模に使われたことが示唆された。外国支配への服従の対価として、盗品であるユダヤ人財産や物品を使って占領地住民への多額の賄賂が広くなされた。驚くまでもなく、この大規模略奪作戦は戦後の政策や協定の重要な要素となった。各種の補償協定は、盗品への補償も処理しなければならなかったのである。[33] しかし同時に、東欧住民の手に落ちたユダヤ人財産の額は計りしれず、そのために賠償の議論は抑えこまれた。共産主義時代にこの問題が取り上げられることはまずなかった。だが、共産主義崩壊後には、略奪財産の返還や盗みへの補償要求のために当該各国とその経済が損なわれ、盗まれた家屋に暮らす幾千万の人々の生活が破壊されかねないとの危惧が語られた。実際、東欧でユダヤ人とホロコースト、賠償と和解への態度を理解するには、財産を奪われるおそれを想像したために生じた警戒心を考慮せずに始めることはできない。この警戒心は、盗品である財産に暮らしているという漠然とした思いから生じた不安とつながることが多かった。東欧のプリズムを介してはじめて私たちは、財産をめぐる虚実混淆の思いがこの地域の貧しい町や村でどれほど重要だったかを理解できる。ここでは第一次世界大戦前のもっとも栄えた時期でさえ、人々の物の豊かさへの期待は現在の西側社会で私たちが慣れ親しむものとはまったく桁違いだったのである。

だから私たちは、財産が恨みや強欲を生む大きな理由だったことを認識する必要がある。良い時であれ悪い時であれ、処遇は財産次第の場合が多かった。一九三九―四一年のソ連占領下では、民族や宗教と並んでその人の持つ財産が運命を決めた。[34] ナチスのもとでユダヤ人は、実際は赤貧状態に陥っていても、まるで打ち出の小槌を持つかのようにドイツ人と地元異教徒の両方から狙い撃ちにされることが多かった。この思い込みが、地元で発生した大量殺人という戦慄の出来事に、成金的浮かれ気分や社会経済的向上の次元を付加した。[35] このように、ジェノサイドは社会移動の装置として機能した。石造りの上等な家に引っ越し、商売を乗っ取り、妻や愛人に衣服や宝石を与え、子どもたちのためにおもちゃを手に入れたが、これらはいずれも流血でかなえられたものだった。(36)そして、一人ひとりの暮らしぶりの向上の根にある殺戮の記憶は、血痕がすぐに舗装から洗い流されて地中に染み込んだのと比べても消えにくい。窃取されたユダヤ人財産に今も暮らす何千何万、いや何十万もの東欧の人々は、この事実を議論するどころか思い出したくもないだろう。要するに、彼らの多くはこの財産を自分で盗んだわけではない。目を転ずると、仮想ユダヤ人の祝典としか呼びようのない、これとは異なる現象の見られる場所がある。(37)例えば、クラクフのカジミェシュ街ではすでに「ユダヤ人」復興が完了したが、今日、この街に足を踏み入れてレストランに入ると、ほぼすべてが略奪品の石油ランプや燭台、メノーラー、トーラー・ポインター*6が飾られているのが目に入るだろう。おそらくどれも蚤の市で二束三文で買ってきたのだろうし、ゲットーに続いて強制収容所、さらにガス室に移動させられた人々の家から持ち出されて、最終的には蚤の市行きになったわけである。だが、ポーランドのユダヤ人復興であろうと、西ウクライナにおけるユダヤ人の痕跡の抑圧であろうと、それらの背後の文脈は墓標さえない集団墓地であり、今も使用可能で役立つ略奪品や財産なのである。

この抑圧された記憶、あるいは異形化させられた記憶は、戸惑いや言い訳めいた語りを生んだ。それもまた、東欧をホロコーストの場として発掘する際に不可欠の一部であり、裕福な西側とはこの点でもずいぶん異なる。ある種の小説の語り口にもかかわらず、貧困が哀れみの情を生むことはまずない。ドイツ占領期にブチャチ市長を務めたイヴァン・ボビクは戦後、強いられた亡命先でこのように書いた。

［ハプスブルク以前のユダヤ人は］市当局から免責特権を得ていた。税は免除されたが、定期市や市場からは利を得ていた。……その結果、わが市民たちは貧しくなって町外れに引越さざるをえなくなった。……［それにもかかわらず市民は］ユダヤ人と良好な関係を保ち、ともに平和に暮らしていた。……［ユダヤ人はオーストリア］軍勤務を好まなかった。……［一九三九―四一年のソ連占領期に］ユダヤ人商人や知識人、

職人たちはボリシェヴィキ支配を歓迎しなかったが、……［他方、町の］共産党指導部が主としてユダヤ人であることは誰もが知っていた。……［ドイツ占領期には］ウクライナ人住民はユダヤ人の悲運に同情を寄せ、機会さえあればいつでも手を差し伸べようとして、みずから最悪の結果に晒されることになった。……だが、第二次世界大戦を扱うユダヤ人の出版物は、口を揃えてウクライナ人住民がドイツ人の手助けをしてユダヤ人を絶滅させたと糾弾しており、これはたいへん奇妙なことだ。地元のウクライナ人警察が護送役として警察行動に加わった例があるのは事実である。しかし、ガリツィアの別都市にはユダヤ人警察を持つところもあった。そのうえ、ウクライナ人警官が処刑に関与したことは一度もない。地元の警官がユダヤ人を迫害した個別事例はいくつかあったが、だからといってウクライナ人住民全体を糾弾する理由にはならない。ユダヤ人の一部がソ連内務人民委員部（NKVD）に協力して、［この町の］著名な市民を逮捕してシベリア送りにする手助けをしたからという理由で、ユダヤ人住民すべてを糾弾できるわけではないのと同じことだ。(38)

ボビク市長は一九七二年にブチャチとその近郊について書物を出版したが、一〇〇〇頁を超えるこの大著では、戦前そこに暮らした多数派であるユダヤ人にはほんの数頁しか当てられず、書かれた多くは、書かないほうが良かったかもしれぬようなものである。

だが、事実、ボビクは当時の状況をよく弁《わきま》えた情け深い人物だった。自分ではまったく承服していない犯罪に抗弁するためにボビクは、自分の友人であり、家族とともに潜んで生き延びたユダヤ人のイシドール・ゲルバルトが一九六九年に彼宛に書き送った書簡を引用している。ゲルバルトの書簡は、戦後彼が行った証言とともに、状況の許す限り適切に行動したというボビクの主張を裏付けている。さらに、教養豊かなこのユダヤ人目撃者は、ウクライナ人やポーランド人が家族や他のユダヤ人に差し伸べた助力も認めていた。だが、ボビクの叙述と大きく食い違ったのは、ゲルバルトの証言ではウクライナ人警察官による殺人協力に触れられ、残虐なドイツ人＝ウクライナ人警察組織と敵意剝き出しの住民の間で身動きできなくなった一群のユダヤ人の陥った絶望的な孤立が強調されている点である。例えばゲルバルトは、一九四一年七月初旬のドイツによるブチャチ進軍時の様子をこう伝えていた。

ウクライナ人警察部隊が結成され、その後すぐにユダヤ人女性は清掃業務のためにユダヤ人の家から引きずり出されて虐待を受けた。ウクライナ人と縁故でもあればまだ救いがあったかもしれない。ウクライナ人のイヴァン・ボビクが市長に任命され、幸い彼は善良で真っ当な偏見のない人物であり、ユダヤ人側に立ってできることは何でもしてくれた[39]。

だがゲルバルトは、ユダヤ人が狩り集められて近くの殺戮の場に送られ、ドイツ人保安警察とウクライナ人民警隊に射殺された際に、ボビクがその場に居合わせたことも記している。前回の狩り集め――この時はユダヤ人男性は強制労働に使役されただけだった――の際にゲルバルトはボビクに救われた。彼に気がついて、自宅に戻るよう言ってくれたのだ。一九四一年八月の二度目の狩り集め時には、ゲルバルトは行くものかと決心したが、彼の兄弟は、この町の数百人のユダヤ人知識人と一緒に殺されてしまった。一九四三年六月にゲルバルトと妻、二人の息子は、ウクライナ人農民のザハルチュークとポーランド人である彼の妻、二人の幼児とともにブチャチに近いツヴィトヴァ村に隠れ家を見つけた。一九四四年三月の赤軍によるこの地域の一度目の解放まで、彼らは農家の屋根裏に潜んでいた。その後まもなくこの地域はドイツに再占領され、隠れ家を出たユダヤ人のほとんど(ゲルバルトの推定は一五〇〇人、他の算定では八〇〇人近く)が捕まって殺された。だが、ゲルバルトと彼の家族はなんとかチェルノヴィッツ(チェルノフツィ)に逃げ出して助かった[40]。

ボビクとゲルバルトの記述は、現場の状況の複雑さの現れである。また、異集団に属しドイツ人占領者による処遇も異なるはずの人々が、それぞれ新たな状況に対応し、後にこれらの出来事について異なる記憶を形成した際の態度も反映している。国外に逃れたボビクには偏見と憐憫が同居したが、これに匹敵するものはソ連の歴史研究には見られなかった。ソ連の記述はユダヤ人の運命全体をひたすら無視して、ドイツ人に殺害されたソヴィエト市民のことばかり語り、それらの市民のなかに進んで隣人を殺した者がいたことには頬被《ほおかむ》りしている。例えば、一九八五年出版のイホル・ドゥダのブチャチ旅行ガイドは、手短かに次のように回想する。

> 一九四一年七月七日、ヒトラー主義者がブチャチを占領した。占領期を通じて彼らは、同市と郡内の村々で約七五〇〇人を絶滅させた。一八三九人の青年男女が強制労働のためにドイツ送りになった。建物一三七棟が、多数の工場や学校とともに破壊された。それにもかかわらず、住民がファシストに屈することはなかった。[41]

いかにも共産主義的・民族主義的・ウクライナ的な市史の語りだが、「ユダヤ人」の語はどこにも触れられなかった。

だが、共産主義崩壊以降の第二次世界大戦の記述は、直接の占領記憶を持たず数十年に及ぶソヴィエト的歴史観を刻み込まれた男女の手で、時間的にさらに離れたところで書かれたにもかかわらず、またもやボビク流の精神であの出来事を捉えるようになる。例えば、二〇〇〇年、西ウクライナの地方紙に掲載されたある記事は、ナチズムによるユダヤ人犠牲者への同情、ソヴィエト的情念《パトス》と作り話、民族主義者の矜持と弁明、そして無意識的偏見の恰好のお手本を奇妙に同居させていた。筆者であるテティアナ・パヴルィシンはこう論ずるのである。「いたるところからユダヤ民族の人々が「ブチャチに」来た」のは、この「古《いにしえ》の都市が……ずっと商業活動で利を得られる場所だったからである」。だが結果的には、「この人々は生まれながら商才に恵まれ」、「いつも気前よく金を貸してくれる」一方、「利子付きで金を取り戻す方法を知っていた」[42]。

このようにユダヤ人は、それまでからすでに豊かだった町に外から来て、地元住民を尻目に利を得る外来の異質な存在扱いで記述されている。いったんこの歴史的「事実」を確認した上でパヴルィシンは、ホロコースト時にブチャチで実際何が起こったのかの再構成を試みる。そのために彼女は、数人のウクライナ人目撃者に依拠する(歴史学の文献をどれか参照し、ポーランド人やドイツ人の証言を探すことは、彼女には思いもよらなかったようだ)。目撃者の一人はイヴァン・シネンキイ、戦時中に一六歳の少年だった。定期的な狩り集めを見たこと、その際、多くの人々が森の中で射殺されたことを、シネンキイは覚えている。森には死体が多くあって一部はまだ生きており、穴の上には薄い土の層が盛り上がっていた。ユダヤ人墓地でも別の大量射殺が行われており、シネンキイはこう記している。その後、「墓地のある斜面から漂う独特の匂いとともに、赤みを帯びた液体の流れが見えました――遺体の腐り方はひどいものでした。その後、あの液体が地元住民が使用する近くの貯水池に流れ込んだのです[43]」。

地元のユダヤ人虐殺について自論を示す代わりにパヴルィシンは、コミュニティ壊滅時にユダヤ人の示した反応を奇矯と解釈したシネンキイの説明を引用する。「ユダヤ人自身、奇妙な振る舞いでした。逃げようとする人も確かにいたけれどもまれでした。目には恐怖心が浮かんでいませんでした。この振る舞いは古い予言が現実になったものと説明する人もいました。地元民に向って、「私たちが先、次はあなたたちね」という人もいました[44]」。

こうしてシネンキイと、ひいては彼の言い分に追加コメントをせぬ記事の筆者は、虐殺について二通りの説明を提示する。最初の説明では、ユダヤ人が死んだのは「古い予言」のためであり、明らかにキリスト磔刑が念頭にある。これは伝統的な反ユダヤ的ホロコースト合理化論で、地元の多くのキリスト教徒の気持ちに浸透し、聖職者がけしかけた場合も多かった。しかし、二番目の説明には違った解釈が可能である。ひとたびユダヤ人ジェノサイドが済めば、ドイツ人は地元の異教徒に怒りの矛先を向けるはずだとして、ウクライナ人に警鐘を鳴らすもののようにも読めたのである。この論じ方は、ユダヤ人ジェノサイドを世界中に伝えるよう強く求めたポーランド人に広く見られた。彼らは、同じく無関心でいるとポーランド民族の絶滅を招きかねぬことを懸念したのである[45]。だが、「私たちが先、次はあなたたちね」という一文を、町なかを通るのを見物する異教徒の隣人への、今まさに殺戮の場に向かう人々による糾弾と捉えるのは容易なことだった。おそらくこの一文が記事に書き込まれたのは、自分たちのコミュニティに見殺しにされたユダヤ人の抱いた裏切られたとの思いを察し、あるいは少なくとも意識下で認めたこととの反映である。

ここで問われているコミュニティは、程度に差こそあれ、ユダヤ人への同情を抱いてきたはずである。だが人々には別の思いもあり、ユダヤ人はこれに十分気づいていた。町の住民は殺害から利を得ており、シネンキイは正直に「殺された人の衣服を安く売る店も市内にありました」と述べていたのである[46]。この不当利益は戦時に限られなかった。シネンキイによれば、両親と一二人の姉妹を失ったあるユダヤ人家族唯一の生き残りが戦後、町に戻って「自宅を取り戻そうと思ったけれども、……新所有者の決めた価格は法外で、彼は夢を諦めねばならず」、イスラエルに行くことになった。救済についてもシネンキイの語りはボビク市長より真相を穿っており、犠牲者を助けるのはこの上なく目立つ行為だったと記している。彼はこう指摘する。「地元の人は、とにかくユダヤ人との付き合いにとても気をつけていました。大半は自分の命のことでビクビクしていました。確かに助ける人もいたけれども、とても慎重でした」。「[集団]墓地を辛うじて脱出したユダヤ人の男」が真夜中にある地元民の家に来た時、「家の主はしかるべき助けは与えたものの、自宅に泊まらせることはできませんでした。その夜、男は森に逃げこんだのです[47]」。

証言と歴史

ホロコースト——戦後の記憶(と消去)や、大規模財産移転とならんで住民の絶滅や強制移住により生みだされた新しい社会経済的条件を含む——は東欧に、西欧・中欧諸国とは比較にならぬほど大きな全面的影響をもたらしたのであり、このことはどれほど強調しても足りない。西欧・中欧のユダヤ人人口ははるかに小規模だった。その殺害は居住地から遠く離れた場所で発生した。財産移転の規模は相当大きかったものの、彼らが追われた諸国に残した経済的・心理的痕跡はそれほど大きくなかった。それに、西欧・中欧諸国のユダヤ人住民は復活(東欧を追われた人々を吸収した場合が多い)し、再統合される場合が多かった。今日のフランスとイタリアのユダヤ人は一九三九年よりも多いのである。[48]ドイツのユダヤ人でさえ、ベルリンの壁の崩壊以降、増加が著しい。[49]逆にポーランドのユダヤ人は、共産主義の反ユダヤ的体制の下、戦後期を通じて減少を続けた。東欧の境界地域にあるウクライナその他のユダヤ人コミュニティも同様であり、やや例外はハンガリーだけである。東欧の一部、特にポーランドではユダヤ的生活が当座は復活中のように見えるが、それが文化やアイデンティティの問題なのか、それとも具体的な人口増や生きたコミュニティの刷新なのかははっきりしないままである。[50]

だが、どうすれば私たちは東欧のホロコーストの実相に近づけるのだろうか。最近のいくつかの研究は、東欧におけるナチの絶滅政策を再構成するのに歴史家の伝統的手法を採用しながらも、従来無視ないし手の届かなかった文書を扱うことが増えてきた。だが、これらの研究のほとんどは一国規模ないし地域的な概観を行っていて、占領者と加害者側の政策、あるいは侵略者と協力者の連携に焦点を当てがちだった。[51]これらの著作は、ジェノサイドの枠組みの提示には有効だが、当事者の住民——つまり、一方は絶滅の標的にされたユダヤ人、他方は外国占領下で苦労しながらも、一部はユダヤ人殺害やその他住民の虐殺と追放から利を得た隣人たち——にとっての現地の実相を描く点ではあまり有益ではない。実際、これらの研究の大半は証言をまったく使わず、あるいは使っても素描や逸話としての扱いである。また、地元レベルでユダヤ人の経験やユダヤ人と異教徒の間の関係について知見を示すこともほとんどない[52]。これらの研究は、主として占領者・加害者による公文書や二次文献に依拠しているのである。逆に、ユダヤ人の運命をきちんと検証する研究でも民族間関係はほとんど何も語られず、当該コミュニティによるホロコーストの経験の仕方は脱文脈化されがちで、歴史的再構成よりもむしろ追悼を狙いとする場合もある。これらの研究は、今後はもっと証言に依拠することになるだろうが、普通はユダヤ人目撃者の提供する証言に限定されるだろうし、彼らの観点は明らかに当時の環境や偏見に左右されていた[53]。

歴史記録としての証言の無視には多くの根がある。一般に職業歴史家はいわゆる主観的記述を、目撃された出来事を実際の経験からかなり経過した時点で伝えるものと見なしがちで、あまり信用していない。歴史家は、公印が押してあり、出来事の発生時に権限と責任を負った役人の作った文書、しかもきちんと整理された文書館所蔵資料として利用可能な文書を好むように躾けられている[54]。この種の文書からは、官僚組織が政策を策定し実行した際の様子を比較的正確に再構成することができる。だが、政策実施時に対象とされた人々はこれをどのように経験したのか、この点で得られる洞察はごく限られている。その上、この種の文書の過度に客観的な性質が判断を誤らせる可能性も高い。メモを書き、命令を下す役人がバイアスや偏見、文書の本音を隠す意図を免れていることはまずない。これらの文書は、習慣によるものにせよ、不埒ないし犯罪的とわかっている政策に関与させられるのを嫌った場合にせよ、官僚らしい婉曲表現を駆使して作られているものだ。

公文書につきもののこの難点はホロコーストの場合に特に深刻であり、歴史家はそのことを十分意識してきた[55]。それでもなお、ごまかしや婉曲表現による覆いを取り除いて出来事の実相を見抜く方法のひとつが、受け手側の人々に問うことだと結論できた者は、これまでほとんどいなかった。司法手続きは性格がまったく異なるから(ニュルンベルク裁判という重要な例外がある)、戦後のナチ犯罪者裁判では証言がはるかに多用されてきた[56]。事実、これらの裁判記録は、立案者によるジェノサイド描写(事のさなかとずっと後年に法廷で証言した際の両方)

と犠牲者による同じ出来事の記憶の間にある巨大な落差をさらけ出している。だが、警察捜査や裁判の記録が歴史学文献中で使われた場合でさえ本当なら、広範囲の証言文書との付きあわせをすれば、地元のジェノサイド現場に居合わせた犠牲者とそれ以外の人々の経験を再生させる一助となるはずなのだが、これは行われなかった。[57] というのも、これらの文献はいまだに殺人者側の動機に関心を寄せており、犠牲者に同情《シンパシー》を表明し多少の共感《エンパシー》を示しながらも、従来通りジェノサイドのたんなる標的扱いで、その思考・行動・記憶が出来事を左右する主役[58]とは見なしていないからである。

ホロコーストの再構成に際してユダヤ人証言の使用を躊躇する態度は、戦後早い時期まで遡る。ニュルンベルク裁判は犠牲者証言の使用を嫌い、ほぼ公文書(と被告の証言)にばかり依拠した。迫害された人々による証拠には偏りがあるように思われたし、そのために正統性にやや問題のあるこの法廷の基盤がさらに揺さぶられ、勝者の正義をふりかざす場であることを暴露されはしまいかと危惧したのである。当時は、出廷可能な目撃者が何千人もいて記憶も新鮮だったし、彼らの犯罪描写からは、無味乾燥で超然とした回りくどい文書証拠よりはるかに鮮明な像が提供されたはずなのだが、そうした事実にもかかわらずこの体たらくだった。その後のドイツの裁判、特に一九五〇年代末から六〇年代に行われた裁判では、犠牲者証言がはるかに広範囲で使われた。とはいえ、目撃者の多くは証言を強く望んだものの審理過程はしばしば屈辱的であり、その結果得られた判決文は、判決が出たといっても、ほとんどいつも笑止千万と思い知らされた。[59] 裁判の場で主に声を上げる存在として生存者が位置づけられ、司法手続き上中心的な座を占める権利が与えられたのは、一九六一年にエルサレムで行われたアドルフ・アイヒマン裁判だった。イスラエル人判事や他の傍聴人たち——特にハンナ・アーレント——は、被告に直接関係ない証拠を提示する戦略を検事が採用したのを批判したが、他方、この裁判は初めて生存者の語る残虐行為の記録を国際的に利用可能にした。[60] アイヒマン裁判の長期的成果は、個別には第二次世界大戦、より一般的には二〇世紀にとってのホロコーストの重大性が次第に認識された点にあった。[61]

同様に、アイヒマン裁判の少し前にドイツの裁判所が犠牲者証言を使用すると決定したこと、これらの裁判の準備中に大量の記録が集められたこと(ただしその結果は、結局は情けないものだった)、それらの記録がメディアで広く報じられたこと、これらが合わさって、ドイツのホロコースト観に長期的で強固な影響を及ぼした。ペーター・ヴァイスの『追究』が発表されてフランクフルト・アウシュヴィッツ裁判の概要が分かるようになり、ドイツ人の新世代が過去の犯罪を直視して、戦後最初の二〇年間ごまかしてきた偽善的な婉曲表現をはぎ取る発端となった[62]。これらの裁判が、ホロコーストの婉曲表現としてドイツ人が「アウシュヴィッツ」と呼んだものへの関心を高めるうえで重要な役割を果たしたことに疑問をさしはさむ余地はない。事実、これらの裁判がなければ、一九六八年世代が絶滅収容所に深く関心を寄せることは考えられなかっただろうし、ドイツで初めて——しかもドイツの裁判所のあの尊大な空間内で——ホロコーストの本当の恐ろしさが公然と暴露された際の様子もこれに大きく寄与しただろう[63]。

したがって、加害者を司法の場に引きずり出して世論の認識を変えるうえで、証言は大きな役割を果たしてきた。だが、歴史家はその使用にずっと慎重であり、露骨に敵意を見せる場合もあった。やっと今世紀初めにドイツのニコラス・ベルクが明るみに出した一事例は、ユダヤ人証言とホロコーストのことを書くユダヤ人歴史家が、戦後最初の数十年間に第三帝国とその犯罪を研究したドイツ人学者にとってどれほど脅威に思われたのかをよく示している。一九六〇年、影響力を誇ったミュンヘンの現代史研究所の所員・広報担当であり、後に所長も務めた歴史家マルティン・ブロシャートが、ユダヤ人研究者ヨゼフ・ヴルフによるワルシャワ・ゲットー研究を貶めるキャンペーンに乗り出した[64]。一面、これはブロシャート自身の近刊書と関係があった。同書は、ポーランドにおけるドイツの政策について、まったく異なる像を提示したのである[65]。ヴルフが、占領下にあるワルシャワの保健当局長官であったヴィルヘルム・ハーゲン博士を医師の倫理的義務を裏切った人物として提示したのに対し、ブロシャートは彼をナチスの殺人政策への抵抗者だと述べた。確かに、ブロシャートはハーゲンが伝染病からポーランド人を救ったと考え、ヴルフはハーゲンをユダヤ人殺害の共犯者だと述べていた。さらに、論争時にハーゲンが連邦共和国で高い地位にあったことから、メディアも大きな関心を寄せた。

だが、主だった争点は、ヴルフ自身が収容所を生き抜き、家族のほとんどをホロコーストで失ったポーランド出身のユダヤ人であっただけでなく、ワルシャワ・ゲットーで起こった出来事を記述する際に、ドイツ側の証拠と並んでユダヤ人の文書や証言を同じ重みで扱った事実にあった。当時のドイツ人研究者の大半と同じく、ブロシャートがヴルフの著作を学術的なものとして受け入れられなかったのは、これが理由だった。事実、ヴルフは自分がドイツの学術コミュニティで孤立していることを察しており、一九七四年にはとうとう自殺してしまった。皮肉なことに、ヴルフの死から何年も経った一九八九年に、つねに公文書の客観的・事実的価値の大きさを主張したブロシャートが実はナチ党員だったことが発見され、しかもその事実を彼は戦後の存命中に一度も認めたことがなかった。一九八〇年代中頃、歴史家ソール・フリードレンダーと公開でやり取りした場でブロシャートは、距離を取った節度ある学問的なナチズム史を擁護する論陣を張り、神話的でユダヤ的なホロコースト史研究と彼が見なしているものを退けた。彼はまた、自分はヒトラー・ユーゲント世代の一員であり、ナチズムに「確かに影響されたが、それほど大きくない」(zwar betroffen aber kaum belastet)かのように装った。実際にはブロシャートは、一九四四年四月四日、国民社会主義ドイツ労働者党(NSDAP)に入党していた。[66]

このように見てくると、歴史記録をごまかし歪曲する覆いとして客観性の議論がどれほど有用なのかが分かる。それらはイデオロギーとも関係がある。一九五八年、ヴルフとブロシャートの論争の三年前にラウル・ヒルバーグは、ヤド・ヴァシェムから届いた一通の書簡で、後にホロコーストに関する最重要の研究のひとつとして認知される著書の出版を一切支援できない旨を伝えられた。理由は、「本書はほぼドイツ側史料の権威にばかり依拠して」おり、「ナチ占領期の……ユダヤ人の抵抗について」の彼の「評価を留保」したためだった。[67]

ヒルバーグの記述が悲運の責任を犠牲者側に帰しているように思われるのを、ヤド・ヴァシェムは懸念したのである。しかしここでは、ヒルバーグとブロシャートの違いの大きさも確認できる。ヒルバーグは、ドイツ人がユダヤ人を殺害する際の組織のあり方について文書史料で周到に裏付ける最初の歴史を書いたのに対して、「ヒトラー国家」を論じてもっとも影響力のあったブロシャートの書物では、ホロコーストを直接扱う段落は一つしかなかったのである。(68)

このように、証言を使ったのかそれとも躊躇したのかによって、歴史記述としての良し悪しや、革新的か誤った判断に導くのかが決まるわけではない。だが、あの出来事のある面に焦点化して他の面は伏せることになるのは確かである。もしも証言にもっと真剣に取り組んでいたら、ヒルバーグは、ホロコースト時のユダヤ人の行動についての自分の概括(彼の著書をプリンストン大学出版会から出版するのを退けたハンナ・アーレントは、アイヒマン裁判を扱う自著では同書から好き放題に拝借した)がよく言って浅薄、おそらくたいへんな間違いであることを認識しただろう。あるいは、ベルリン中心の出来事の記述(彼の教え子のクリストファー・ブラウニングは、二〇〇四年の著書『最終解決の起源』でいまだにこれを繰り返している)から、ジェノサイドの起こった場へと焦点を移動させたはずだ。(69)そしてその場が東欧なのであり、証言の圧倒的多数はここに由来し、ジェノサイドへの個人やコミュニティの反応についてドイツ側文書以上にはるかに豊かでもっと複雑な像を提供してくれる。

このように証言使用を躊躇し、あるいはその能力がなくてドイツ側文書に自己限定すべきだとする主張があり、この選択には固有の制約や偏りも存在したわけだが、それにもかかわらず心惹かれるのは、証言文書が莫大な数残されており、なかには何十年も手付かずのままのものもあるということである。その重要な情報源のひとつはワルシャワにあるユダヤ史研究所(Żydowski Instytut Historyczny: ŻIH)*7であり、ここには、ホロコースト生存者の大人と子ども、七〇〇〇人近い個人の語りが残されている。(70)これらの証言の写しはエルサレムのヤド・ヴァシェムやワシントン特別区の合衆国ホロコースト記念博物館でも見ることができる。これらの証言にはたいへん詳細なものも、ごく短いものもあるが、複数言語で記録されており、その多くはナチ支配からポーランド領が解放された直後に集められていた。つまり多くの場合、大陸規模のジェノサイドの発生は知らないが、自分たちのコミュニティで起こったことは熟知した人々による、ホロコースト直後の生々しい回想である。ホロコーストの渦中や直後に個人の日記として書かれた、もっと長い記述もいくつかある。二番目に大きなコレクションはヤド・ヴァシェムにあり、戦争終結時からごく最近まで長期にわたって文字化された証言、戦後の元ナチス裁判のためにドイツの裁判に提出された目撃証言の記述、音声やヴィデオ証言を見ることができる。(71)三番目に重要な情報源はイェール大学のフォルトゥノフ・ヴィデオ・アーカイヴで、ホロコーストの生存者・目撃者・解放者による四四〇〇件にのぼるヴィデオ収録による証言コレクションである。(72)さらに、再発見されたデイヴィッド・ボーダー・コレクションも加えることができる。これは、一九四六年にヨーロッパの難民キャンプ[*8]で、初期のテープレコーダーを使って録音されたホロコースト生存者による一二〇件からなる瞠目すべきインタヴューであり、ボーダーは後に七〇件を文字起こしし、公開したのはわずか八件だった。(73)もうひとつ、近年の優れたコレクションに「記憶のアーカイヴ」があり、これには一九九五―九七年にブランデンブルク＝ベルリン地区のホロコースト生存者七八名を対象に行われたインタヴューが集められて分析されている。(74)最後に、スティーヴン・スピルバーグとロサンゼルスのショアー生存者財団が一九九四年に着手した大規模プロジェクトがある。同財団は、現在は南カリフォルニア大学ショアー財団ヴィジュアル歴史・教育研究院に置かれ、これまでに五六カ国で収集した五万五〇〇〇件の証言を収蔵している。(75)また合衆国ホロコースト記念博物館のアーカイヴも、特に東欧・ウクライナ・ロシア各地でマイクロフィルム化されたその他多数の文書と並んで、重要な証言コレクションを所蔵する。(76)

付言すると、一九三九―四一年にソ連によって強制移住させられ、あるいは大戦の最終段階と直後にウクライナ人によって民族浄化されたポーランド人による重要な証言コレクションもある。(77)これらの証言は、かつてポーランド領であった各地で発生した様々の出来事への貴重な洞察を提供し、食い違う場合もあるにせよ、当時のユダヤ人による記述を補完するものである。これら諸集団はそれぞれ異なる形で出来事を経験し、異なる運命に襲われ、各種占領当局から受けた打撃のあり方も違っていた。これらをまとめて使用することで、現地で起こったことのより均衡の取れた豊かな像が生まれる。これにはさらに、他の民族集団、東ガリツィアであれば主にウクライナ人だが、これらの集団の記述を付け加えるべきである。これらの地域の口述および書かれた記述は、多くの場合、収集方法も慎重さを欠き、ある種弁明調で編集されていて、そのために選別時に偏りを生んだ可能性のあるように思われるものもコレクション中に含まれている。[78]だが、重要なことは、既存の資料はなんであれ利用することであり、今ではほとんど不可能になったが、現地目撃者から聴き取ることである。例えば現在の西ウクライナの場合、戦後に到来した住民も多くいるとはいえ、過去数十年間、生涯ずっと同じ場所に留まって戦争の鮮明な記憶を持つ者が見つかるとしたら、それはほぼ例外なくウクライナ人である。[79]

数年前までであれば、当時すでに急減していたとはいえ、まだジェノサイドと民族浄化を生き抜いた人々――ガリツィアの場合はユダヤ人とポーランド人――のうち何人かに聴き取りが可能だった。記念図書、定期刊行物、不定期刊行物、回想録など移民コミュニティによる出版物――いずれも戦前のコミュニティの記憶とそれらを終焉させた恐怖の記憶の保存を意図したもの――は実に豊富にある。[80]移住者はヴロツワフ（ブレスラウ）などの比較的近場でも、イスラエルと合衆国、南アフリカとラテンアメリカ、ニュージーランドとオーストラリアと並んでカナダ、ロシアとフランス、イギリスとベルギー、オランダとスカンディナヴィア諸国などのもっと遠隔地でも見つかるだろう。

これらの証言に取り組むことで、個別にはホロコースト、より一般的にはジェノサイドのずいぶん無視されてきた側面への糸口が得られる。一九九〇年代にも見られたように、複数民族からなるコミュニティ内部での殺害はしばしば現代的ジェノサイドの重要側面をなし、場合によっては中核的な意義がある。これはもちろん、言葉の矛盾のように思えるだろう。複数民族からなるコミュニティこそ、異なる民族・宗教の人々がともに暮らせる例示として有益だと私たちは信じたがっている。頑迷な人種差別主義者《ビゴット》、人種主義者、完全ナショナリスト*9などの、民族の同質性や人種隔離を奉ずる人々が唱える本質論的修辞や非人間化をもたらす心象に対抗する防波堤の役割をこれに期待しているのである。しかし実際には、複数民族からなるコミュニティは、戦争・民族浄化・ジェノサイドの渦中ではしばしば爆発し、戦慄の暴力を起こしてしまう。防波堤どころか最悪でもっとも野蛮な――親密であるがゆえに――暴力の焦点として機能するのである。だから、これらのコミュニティの提示する事例は、犯罪者たちの目標にとって好都合である。コミュニティ内の殺戮を防ぐ唯一の解決策とは、望ましい民族の鋳型にあわない住民の選別・分離・追放・殺害――つまりコミュニティ内暴力を最初に流布させた者たちの提起した方針通りの均質的住民の創造――だということになるからである。

「記憶の場」としての東欧

このことは必然ではないし、事実、いつもそうなるわけではない。だが、カンボジア、ルワンダ、ボスニア――実は中東も――の例からは、極端なイデオロギーと本質主義的民族主義という条件が揃うと、この種の状況がほぼ防止困難でおよそ回避不可能であることが示されているように思われる。今では西欧でも見られるが、新住民が比較的急速に入ってくると、これが統合・同化政策への大きな不安を呼ぶ原因になる。コミュニティ間の関係のメカニズムを理解したければ、何世代にもわたって肩を並べて暮らしながら、複数の事情――ソ連とドイツの占領だけでなく、東欧における一九世紀末の民族主義や第一次世界大戦時の暴力及びその余波までさかのぼる――が結合して、コミュニティ内ジェノサイドという形で終焉を迎えたコミュニティに目を向けなければならない。

東欧のホロコースト研究をこの出来事を扱う研究全般に接続し、同時に、ホロコーストの歴史を東欧諸国の地域の歴史に接続すること、これは新世代の歴史家にとって挑戦的課題である。特定のコミュニティではすでにいくつか研究されて現在も進行中とはいえ、今もこの分野は幼児段階にある。洗練された包括的な形での証言使用はつい最近始まったばかりである。[81] 証言は、これまで歴史家によって逸話的証拠として使用され、不寛容に対抗することを教える教育プログラムの一部でもしだいに使われるようになった。[82] だが、ヒューマニズムを教えるために残虐行為の事例を使用することをどう考えるにせよ、それらはいずれも確かに学術的試みではなくむしろ教育的である。歴史的再構成について言えば、特定の事件について証言使用を試みた途端に、ジェノサイド的暴力の起源・性質・影響と、実際には証言の性質についても、一般論や従来の理論がどれほど多く破棄されねばならず、少なくともかなりの見直しを要するのかを悟ることになるだろう。

　特定の場所に焦点化した研究に証言を組み合わせることで、さらにどれほど多くのことが可能になるのかを認識するには、ヤン・グロスの『隣人』〔巻末原注第2章(10)参照〕、シモン・レドリッチの『ブジェジャヌィでともに、そして別れて』〔同(81)参照〕、そして筆者自身の『あるジェノサイドの解剖』〔同第1章(12)参照〕などの作品を考えれば十分である。実際、ホロコーストの場合、一九七〇年代・八〇年代に採用された地域研究《ローカル・スタディーズ》の歴史方法論に修正を施して立ち返り、東欧の特定の多民族コミュニティに適用してみるのがよいだろう。ドイツの小さな町で見られたナチによる「権力掌握」を扱うウィリアム・シェリダン・アレンの研究は、全国規模で発生したこの過程の性質について多くを私たちに教えてくれた。[83] あの出来事から数十年経過する中で、まったく異なる多彩な文脈で多様な証言が記録されてきたが、これらをより伝統的な文書記録の使用と組み合わせて、焦点を絞ったしかし複雑でニュアンスに富んだ地域研究を行うならば、私たちは、戦争とホロコーストの経験——危険をおして執務室を出ることなどほとんどない官僚たちではなく、実際に現場に身を置いてつぶさにそれを観察し体験した人々のそれ——のされ方を理解する手がかりを得られるだろう。

　上と下との関係*10——ホロコーストの場合であれ、他のジェノサイドと民族浄化や「人口政策」の例であれ

――がしだいに認識されてきているが、ここで私たちは、地域の視点からはもっと明瞭にこれを把握できると分かるだろう。例えば、財産、出世、政治家・専門家としての地位への執着を取り込むことで、動機の問題はより複雑だがもっと理解しやすくなるし、大量殺戮によって個人的成功に行き着く軌道を生む仕組みが存在したわけだから、その痕跡を消す必要とされるものを考慮した場合にも同様だろう。事実、地域レベルでは、現在が過去と折り合いをつけるのに躊躇する理由を示す特に鮮明な事例が得られる。高齢者、幼少者、イデオロギーで動く人、心の狭量な人以外は誰にとってであれ、いま目の前にあることの意味が明らかだからである。過去の不面目な物語を抑えこもうとする強い思いの土台には、現在を正統化する必要性のようなものがある。だが、過去を消去し抑圧する必要が広く認知されたとしても――はっきり述べられることはまれだが――、その上に構築された現在は浅薄で四面楚歌だし、今後もずっとそうだろう。胸を張ることのできる、自信に満ちた現在を建設する唯一の道は、過去に立ち返ってその秘密を明るみに出すことである[84]。そして、長く抑圧されてきた記憶を有する小さなコミュニティの内部でこれを行う唯一の道は、これらのコミュニティに属した人々の言葉の中にある。多くは亡命し、今は亡くなっているが、しかしみずから書き記し、口述筆記してもらい、オーディオテープやヴィデオカメラに向けて語った言葉を通じて、彼ら彼女らは語ることができるのだ。

　このように東欧は、ヨーロッパ・ユダヤ人の多くがそこに生き、そこで殺されたという物理的意味でのホロコーストの場で終わらせるわけにはいかない。面倒ごとはあったにせよ、ユダヤ教文明とキリスト教文明が肩を並べて生きる長い伝統を生んだ場であり、同時に、そこに織り上げられた社会・文化構造が、第二次世界大戦とホロコーストのなかで徹底的に粉砕された場でもあったという意味で、東欧はこれまでもホロコーストの核心だったし、今もそうである。東欧は、工業的で人の手の介在せぬ生産ライン的な大量殺戮の場であった「だけ」ではなく、ごく身近で人の手によって、だからこそもっとも野蛮な形でホロコーストの起こった場でもあった。果てしない数のコミュニティが殺戮の野《キリング・フィールド》に変えられたのだから、その野蛮さは幾千倍にものぼった。ここではホロコーストは、その記憶があれほど徹底して無視・抑圧されてきたがゆえに表層近くにとどまっており、だからこそ無傷でなんら弱められることなく再登場する。今日ガリツィアを旅して、今や急速に廃墟化しつつあるシナゴーグや草木の生い茂る墓地に目を向けると、ある文明の最後の所産を今もかいま見ることができる。その文明は頑ななまでに、生命ある創造的存在としてのみずからの過去を私たちに想起させようとする。その記憶は今も、黒々とした土中から廃墟が突き出すように存在する場にいる人々の生命を再生させ、豊穣化してくれる。もしもヨーロッパに本物の「記憶の場」といえるもの（そしてピエール・ノラと彼の仲間が凝視したとはとても思えぬもの）があるのだとしたら、それは東欧の野と丘、河岸と町にある。(85)

訳注

＊1　本書で「異教徒」の語は基本的にユダヤ人以外の諸民族、特にポーランド人やウクライナ人を指す場合が多い。

＊2　二〇二三年のポーランドの政権交代により、この評価には留保が必要である。第六章一七二頁も参照。

＊3　クラクフでは一九四五年八月、キェルツェでは翌年七月にポーランド人によるユダヤ人への襲撃や殺害が起こっており、同様の例は他都市にも広がった。

＊4　アメリカのポーランド系ユダヤ人であるヤン・グロスは、二〇〇〇年出版の同書で、独ソ戦初期の一九四一年七月にイェドヴァブネという小さな町で発生した多数のユダヤ人への暴行・殺戮にポーランド人が主体的に関与したと論じた。本章の原注12（巻末）も参照。

＊5　本書では新共同訳から訳文を取った。共同訳聖書実行委員会編『聖書：新共同訳』日本聖書協会、二〇一三年。

＊6　メノーラーは、ユダヤ教を象徴する七枝の燭台とその意匠。トーラー・ポインターはヘブライ語ではヤド。聖典《トーラー》を読む時に、直接指で触らずに文字をなぞって読む際の道具。

＊7　戦間期に設立されたユダヤ学研究所とユダヤ学図書館に由来し、幾度かの変転を経て一九九四年に文化芸術省令により設立された。二〇〇九年にエマヌエル・リンゲルブルーム・ユダヤ史研究所に改組。https://www.jhi.pl/en

＊8　第二次世界大戦後に一〇〇〇万人近くいたといわれた難民（DP＝displaced persons）のために各地に設けられたキャン

プ。ユダヤ人だけでなく東欧から逃れた諸民族がいた。
＊9 一九世紀にフランスで生成し、右翼作家シャルル・モーラスらが理論化した思想の信奉者。第三共和政を否定して王党派の立場に立ち、生物学的反ユダヤ主義を信奉した。右翼社会運動団体アクション＝フランセーズの指導理念となった。
＊10 ここで著者は、例えばベルリンなどの命令を下す上位の意思決定機関と、現地（本書の文脈で言えばチョルトクフやブチャチといった地域）のドイツ人地方当局との関係を想定している。

第II部　地域の歴史

第三章　地域からジェノサイドを再構成する

主はカインに言われた。「お前の弟アベルは、どこにいるのか」。カインは答えた。「知りません。わたしは弟の番人でしょうか」。主は言われた。「何ということをしたのか。お前の弟の血が土の中からわたしに向かって叫んでいる」。

（創世記四章九―一〇節）

ほとんどの人はホロコーストを、アウシュヴィッツに象徴される工業的な殺人事件だと思っている。つまり、合理的に組織された匿名的な大量殺戮の巨大事業ということである。実際は、ナチスが「ユダヤ人問題の最終解決」と呼んだものの犠牲者の半分は、絶滅収容所で死んではいない。自宅や街路、墓地とシナゴーグ、近くの丘や森や渓谷で殺されたのである。この殺害は匿名ではなく、合理的に組織されたものでもなかった。殺害者はしばしば犠牲者の名前を知っており、射殺直前まで顔をつき合わせていた。その死には、血塗られて身の毛もよだつ理不尽な残酷さがまとわりついていた。殺人者は、ドイツ人警察や親衛隊ないしそれに類するドイツ人だけではなく、犠牲者自身の暮らした地域や町の他民族集団の人々でもあった。級友や同僚や隣人として長年知り合いの場合も多かった。これらの出来事は秘密などではなかった。すべての者が何らかの役割を演ずる、衆人環視の日常の見世物だった。[1]

加害者の振る舞いは非人間化の結果だと説明されることが多い。無辜の者を殺す際の障壁は、彼らを人間ならざるものと捉えることで除去されるというのである。[2] このような大量殺戮観に立った場合、殺す者と殺される者が出会うおぞましい場面は議論せずに済むから、ジェノサイドの意思決定や細かな計画を突き放して分析できるよう、道が掃き清められることになる。私はこの種の議論を一度も受け入れたことがない。その代わりに、ホロコーストの真実を検証するために全然違うやり方で研究することに決めた——ベルリンというプリズムに頼らず、いずれか一方の目だけで見ることもしない。代わりに私が選んだのは、この出来事をある一つの場所でそれが起こった通りにそのまま再構成することである。

場所の選定は、典型としての価値や史料の利用可能性と関係した。最終的に私が選んだのは、名前には馴染みがあるものの、ほとんど何も知らない町である。ブチャチ、戦間期はポーランド東部、今はウクライナ西部に位置するこの町は、ノーベル文学賞受賞者のシュムエル・ヨセフ・アグノンの生地であり、彼の物語はイスラエルの学校で学んだことがあった。[3] たまさか私の母の故郷の町でもあったが、家族の歴史を書く意図はなかった。だが、町の伝記、つまりその場の主役たちの目を通した町の歴史を書くという発想には心惹かれるものがあった。この意味では、ブチャチとの個人的な縁が動機だったことは明らかである。それゆえ、分析的に距離をとる姿勢と共感的理解との間にある緊張関係が、私の研究プロジェクトにそもそも組み込まれていた。

ブチャチとチョルトクフのある地域では、少なくとも六万人のユダヤ人が殺害された。チョルトクフはブチャチの近くにある町で、この任務にあたる保安警察《ジッヒャーハイツポリツェイ》（ジポ）の分署が置かれていた。分署の二〇名の警官は、田園の環境を楽しみにきた愛人や妻、子どもや親を同伴しており、その快適な暮らしぶりはドイツの裁判文書館に保管された写真数百枚に捉えられていた。現地のドイツ人及びウクライナ人の憲兵と並んで、三五〇人に及ぶウクライナ人補助警察官（補助警察《シュッツマンシャフト》＝シュマの部隊に組織されていた）が補佐役を立派に務め、いわゆるゲットー警察《オルドヌンクスディーンスト》に徴用され、ユダヤ人評議会《ユーデンラート》*1から給与が支払われるユダヤ人警察官もいた。

地域の観点から見た時、ブチャチのホロコーストは一連の極度に暴力的な狩り集め《ラウンドアップ》として行われ、コミュニティ内の殺戮としての性格を帯びることもあった。一万人ほどの犠牲者の半分弱は列車でベウジェツ絶滅収容所に移送されてガス室で殺され、残りはその場で殺された。これは、第一次世界大戦以前に東ガリツィアとして知られ、一九四一年にドイツ人占領者によってガリツィエン県と呼ばれた地域全体に暮らす五〇万人のユダヤ人の運命を反映したものだった。すなわち、約二五万人がベウジェツでガス殺され、残りは暮らしたすぐ脇の場所で射殺されたのである。この大規模な流血の殺戮は、ニューヨーク州の面積の半分以下の地域内で一八カ月で遂行された。(4)

ユダヤ人にとってブチャチは、東欧のこれと似た他の多くの町と同じく、シュテットルだった。だが、純粋にユダヤ人の町としてのシュテットルという観念は、本当は、歴史的現実の反映というよりもむしろユダヤ人の伝承する空想の産物だった。マルク・シャガールの絵画やショレム・アレイヘム*2の物語に描かれた古風で美しいシュテットルは実際にはどこにも存在しなかった。(5)近代を通じて、ブチャチのユダヤ人住民比率が最高だったのは一九世紀後半で、町の人口の三分の二以上に及び、残りはポーランド人とウクライナ人だった。第一次世界大戦前夜には、深まる貧困のために生じた大規模移民とキリスト教徒の住民の増加が相まって、ユダヤ人住民比率は全体の半数強まで減った。(6)これは農村居住のウクライナ人が住民中多数を占めた東ガリツィア全体からすると特徴的な傾向だが、他方、町と市で優位なのはポーランド人と——特に小・中規模の都市的居住地では——ユダヤ人だった。(7)

異なる住民集団が混在するこの状態は、民族的・宗教的・政治的・国民的帰属の織りなす網の目が複雑でますます不安定化するなかで、ドイツによるユダヤ人ジェノサイドが発生したということを意味した。ヨーロッパ中で最終解決を実行するにあたりドイツは、まったく異なる各地の事情に恐くなるほど機敏に順応していた。そのうえ、こうした事情が殺害の方法・速度・範囲を大きく規定し、住民中の残りの人々への影響もそれで決まった。(8)先述の通り、地域レベルからホロコーストを研究する際には、傍観者という範疇は無意味化するというのが私たちの見立てである。侵略してくる勢力が地元のある種の者たちと協力して住民中のある部分を殺害する場合、完全協力から徹底拒否にいたるまで、関与の度合いの違いがあるだけである。この文脈内ではグレーゾーン[*3]が広く行き渡るのを確認できる。迫害された人々を匿う者が彼らを告発することもある。殺人者の間にも、犠牲者になりかねぬ人々を匿う者のいる場合がある。対ナチ協力者が抵抗運動に転ずる場合もある。隣人が射殺されるのを目撃し、その後彼らの財産を奪うのも無関心や受け身に含まれるのならいざ知らず、そうでなければ、この「傍観者という」主張は馬鹿げている。

ドイツ人が進軍してきたのは、共存の歴史と対立の歴史を長くあわせ持つ土地である。その歴史は占領者にはほとんど無縁だったが、当然、ジェノサイド実行時にはこれが役に立った。ガリツィアは、第一次世界大戦以前からポーランド人とウクライナ人が諍いを続けた場であり、起源は一六〇〇年代まで遡ることができる。ユダヤ人がこの地に定住した四世紀間に、しばしば不安定化する関係が遺産となり、暴力の爆発も時折起こっていた。それゆえ、第二次世界大戦期を通じてこの地域の主役たちの行動はいずれも何らかの形で集合的記憶に囚われており、行動の捉え方や規範をそこから手に入れていた。

ブチャチは、この地域で起こったジェノサイドの根深さの探究を可能にしてくれる。私たちは、ある単一の場で起こった大量殺戮を再構成するとともに、戦後に司法的言説や記憶、追悼行事を通じて競合した複数の語りを検証することができる。この種の研究は、ブチャチ住民の各世代に発言を許すという点で、集合的「伝記」と考えることができる。確かにこれは、統合失調症風の分裂を孕んだ「伝記」である。過去から届くこれら各世代の声は、みずからと隣人について、それぞれ異なる声音《こわね》で語ることが多いからである。しかしそれは典型的な「伝記」でもある。ヨーロッパ東部の境界地域のこれと似た町や地域の宇宙全体、つまり滅ぼされ忘却された世界を象徴するものだからである。この世界に関心を寄せるなら、破壊のされ方と原因だけでは済ませられない。その世界は豊かで、それ自体が変化していた。住民たちの複数形の声が沈黙を強いられたために、私たちはその世界のことをほとんど知らない。思慮深く透徹した地域研究であれば、たとえあの大惨事の理由を調べている時であれ、彼らに再度語らせることで、失われたものの豊かさを示せるはずだ。私たちの呪文でブチャチを蘇らせることができれば、その限りで殺害の悲劇性をよりよく理解できる。知りもしなかった命を悼むのは難しい。身近で共有した生の喪失を受け入れるのはもっと難しい(9)。

第二次世界大戦中にはついに外部者と仲間内による暴力が爆発したが、これは、多くの人々にとって衝撃的だが同時に不可避に思われた。だが、それは歴史の逆読みというものである。確かに、民族主義者であれテクノクラートであれ、相容れぬさまざまの民族・信仰・人種を「分けて純化《アンミックス》」する必要を語る先行例は多くあった(10)。しかし一九四一年時点でこれから起こることの規模や恐ろしさを予見できた者がいたはずはない。いまも問うべきことはこうだろう。あの空前にして戦慄の暴力が、同時に過去の様々の出来事の当然の帰結のように思われるのはなぜか。一九九〇年代のユーゴスラヴィアのジェノサイドで言われた表現を使えば、これは「地獄からの問題」、つまり当該地域固有のとめどなき暴力の問題だったのだろうか(11)。様々の民族集団は、お互いの喉元に飛びかかる絶好の機会を狙っていただけなのだろうか。この見方は、スロヴォダン・ミロシェヴィチのユーゴスラヴィアの場合でも不適切だが、一九四〇年代のブチャチなどの町の場合もそうである。この見方が暗に示唆するのは、ある種の社会にはひたすら暴力的な傾向があり、より文明化された諸国民に対処できることはほぼない、ということである。真相は、確かに暴力に向かう可能性が内在したにせよ、引き金を引いたのは外部からの侵略者だし、彼らこそが高度文明を自称して、占領地の人々の意思とは無関係に、戦火によってはじめて達成可能な目標を設定したのだった。

一七七二年、オーストリアがポーランド南東部を併合してガリツィアと呼ばれるようになった地方は、一八世紀初頭以来、大規模な暴力の爆発を経験しておらず、第一次世界大戦まで比較的穏やかな状態が続いた(12)。だが、一九四一年七月にドイツ人がこの場所に来た際に、暴力を誘発するためになすべきことはほとんどなく、まったく必要のない場合もあった(13)。共存から対立に至るこの変化は、詳細な地域史《ローカル・ヒストリー》、つまり中世末期にブチャチなどの町が建設された最初期から、第二次世界大戦で多民族コミュニティが最終的に破壊されるまで持続した不安定な民族間バランスの根をたどる地域史により、一部は理解可能である。この地域史は、そうすることで、その間に何世紀もかけてポーランド人とウクライナ人とユダヤ人が伝えて大きく分岐してきた過去の語りを再創造する。彼らが共有したこの町についてのまったく異なる複数の物語は、必ずしも敵対的なものではなかった。各集団は、自分たちなりの歴史と神話、記憶と伝説の物語を編みあげる際に、他集団を無視しただけという場合が多かった。しかし結局は、文化的・精神的・物質的差異という今も存在する基層的主張が、諸集団間の本質的で架橋不能な分裂の感覚を生んでしまった。

あるひとつの町に専心すると広範で多様な史料の駆使が可能になるが、これは、経時的に進化する社会的・文化的構造を再創造したうえで被写体にぐっと近づき、最終破壊という暴力的出来事をその複雑さのままに周到に再構成するのに資するだろう。従来、この僻遠のガリツィアの町ではごく乏しい文書記録と、さらに少ない個人的記述しか期待できなかったかもしれない。実際は、偏見や政治的バイアスだらけとはいえ、オーストリア、ポーランド、ソヴィエト、ナチの各体制の公式文書はあり余るほどだ。この町の居住者の早い時期の「複数の声」は、地方史や紀行文、物語と伝説、日記と回想録、フィクションやジャーナリズム作品から入手可能である――これらはどれも書き手の個人及び集団としての宗教的・社会的・倫理的・イデオロギー的観点を反映する。私たちが町の臨終の苦痛に立ち入るにつれて公文書は乏しくなり、人々の声は百倍にも増していっそう絶望に苛《さいな》まれてかん高くなる。これらの声は、世界中で蓄積された何百何千もの証言、出版された各種の貴重な回想録、莫大な数の裁判記録、この町のユダヤ人とウクライナ人による記念図書の中に記録されていて、不協和ながらもオーケストラ風にひとつの語りに統合されて私たちの手元に届く。矛盾や穴やいまだ未回答の問いだらけだが、それでも確かに従来手にしてきた何よりも豊かなものだ。(14)

もっとはるか遠くの茫漠たる過去からも、力と明瞭さを備えたいくつかの声が私たちの手元に届いている。

ナサン・ハノヴァーの『絶望の淵』は、ポーランド支配に抗う一六四八年の反乱時にボフダン・フメルニツキーとコサックのもたらした荒廃を生々しく描く目撃記述であり、ブチャチのポーランド人とユダヤ人の市民が市壁のところで肩を並べて戦う様子を物語る[15]。一六七二年には、ドイツ人旅行者ウルリヒ・フォン・ヴェルドゥムがブチャチを訪れ、オスマン軍勢による町の破壊にもかかわらず、ブチャチは「特にこの町に実に多数いるユダヤ人により大きく再建された」と書いている[16]。同年、町を見下ろす丘の巨大な菩提樹――この木は今も丘にある――の下で、オスマンのスルタンとポーランド王の間でブチャチ講和が調印された。だが、わずか四年後、フランス人旅行者フランソワ＝ポーラン・ダレラはさらなる戦闘の果てにブチャチの「破壊をトルコ人が成し遂げた」と報じた[17]。

だが、町はまたもや再建された。一六八四年のダレラ再訪時の観察では、ルテニア人*4の農民は「城門の隣、城の砲門の下」に丸太小屋を建てており、他方、壁の内側に「住むのはユダヤ人と少数のポーランド人だけ[18]」だった。この後の二〇〇年間、人口や職業構成は変わることがないだろう。一八世紀には平和と繁栄の時期が訪れた。大金持ちで奇矯ぶりでも名高いミコワイ・ポトツキ――宗教と芸術のパトロンにして、女たらしに呑兵衛で喧嘩早い――の治めたブチャチは、堂々たる市庁舎と修道院を得た。ポーランド人大貴族《マグナート》による権力の放恣も味わった。詩人のジグムント・クラシンスキが書いた通り、ポトツキは「女性を銃で撃ち、ユダヤ人を生きたまま焼いた」のである[19]。

早い時期のブチャチ史について私たちが知る多くは、アルメニア出身の狂信的ローマ・カトリックで熱心な年代記作家、司祭で歴史家のサドク・バロンチが一八八二年に出版した著作に由来する[20]。彼が引用する文書の多くはその後失われた。情熱を滾《たぎ》らせて収集したもうひとりは作家のアグノンである。大風呂敷を広げたそのブチャチ記述は、ユダヤ的なブチャチと摩訶不思議なラビの物語や伝説で溢れかえっている。アグノンの描く前近代のブチャチは、場所が同じという以外にはバロンチの描くそれと何ひとつ通ずるものがない[21]。

近代教育と社会統合を推進したユダヤ啓蒙《ハスカラー》は、ユダヤ教とキリスト教の交流拡大の推進を約束していた[22]。そして実際、ブチャチ出身の啓蒙運動家《マスキリーム》たちのなかには大学教育を受けて学者、同化主義者、シオニストになった者がいた。だが、一九世紀を通じて民族主義が人々の生活に浸透しはじめると、ある集団を他集団から区別する新たな基準が導入された。一九世紀末までの中心問題は、この町・地域・国家は自然的かつ本来的に誰のものか、だった。ポーランド人とウクライナ人がガリツィア所有権をめぐって格闘したので、ユダヤ人は同盟相手を次々に変えるしかなく、ますます覚束ぬ曖昧な立場に身を置くことになった[23]。

第一次世界大戦までのハプスブルク帝国は、ガリツィアの民族集団間の関係を比較的巧みに扱っていた。言葉が過熱して物理的暴力に転ずることはまれだった。その代わりに民族主義が識字の拡大を後押しし、文化活動や政治参加、経済的進歩を刺激した。このすべてが大戦争〔第一次世界大戦〕とその後の国民的イデオロギー闘争下で一変した。東部戦線の戦闘がブチャチのような民族混住コミュニティに及ぼした影響はほとんど書かれてこなかった。荒廃ぶりは一七世紀以降見られぬ規模だった。ブチャチから目と鼻の先で兵士が何万人も殺された。ブチャチはロシアに二度占領され、戦争中の相当期間、前線の近くだった。

ロシアによる占領は残虐なポグロムを伴った。一度目のロシア占領下に置かれたこの町については、ブチャチの男子学校校長で反ユダヤ的なポーランド民族主義者のアントニ・シェヴィンスキが、深刻なバイアスがあるとはいえ比類なき見方を提示している[24]。シェヴィンスキが一九一六年夏のロシアによる第二次攻勢に直面して逃走したちょうどその頃、ロシア・ユダヤ人の兵士アバ・レフが、勝利したコサック部隊の後を追ってブチャチに到着した。この町は、「破壊・乱暴狼藉・残酷の恐ろしい光景」を呈していると彼は書いた。さらに続けて、当地で起こったばかりのポグロムの身の毛もよだつ結果も描いた[25]。今では主に戯曲『ディブック』で知られる作家・脚本家・民族誌家のS・アン＝スキー*5は、一九一七年初頭にブチャチを訪れた。ロシアによる占領を扱う浩瀚な書物に書かれているように、「破壊されて焼け落ちた」ブチャチの「数ある大通り」を通った彼は、「死んだ都市の悲劇的光景」に衝撃を受けた。[26] 戦時下のブチャチについて残されたオーストリアやロシアの数少ない文書や写真は、この印象の裏づけである。[27]

第一次世界大戦終結がブチャチに平和をもたらすことはなかった。オーストリア・ハンガリー帝国が崩壊すると、ウクライナ人とポーランド人がこの地方をめぐり戦端を開いたのである。[28] この紛争はポーランドがすぐに勝利をおさめたが、その間、ポーランド民間人へのウクライナ人による多くの残虐行為が広く報じられた。[29] 並行して、ユダヤ人コミュニティへのポーランド人による一連のポグロムが発生し、二つの国際調査委員会が設置された。対ユダヤ人暴力の多くは、［ユダヤ人が］この争いで悪の側に加担している、いずれの側にも味方していない、シオニズムを奉じているという主張と結びついていた。いずれにせよ、ポーランド側であれウクライナ側であれ、新国民国家の構想にユダヤ人が適さぬことは明らかだった。[30]

さらにもうひとつの戦争、今度はポーランドとソヴィエト・ロシアという二国間の戦後国境をめぐる戦争だが、その戦後には、これらの国民的でイデオロギー的な民族間紛争が憤慨・猜疑・激怒の苦い遺産を残した。[31] 独立国家樹立をめざすウクライナ人の願いは、ポーランド統治下に置かれたために頓挫した。この地域の植民地化を狙うポーランド人の試みはウクライナ人の暴力的抵抗に遭遇し、それがさらなる抑圧政策に導いた。ポーランドへの統合をめざすユダヤ人の意思は、民衆からも当局からも反対を受けた。一九二九年創立のウクライナ民族主義者組織（OUN）は一九三〇年代までにいっそう急進化したが、これはまさに特にナチ・ドイツの影響を受けたものだった。[32] ポーランド当局は反ユダヤ施策を講じ、[33] 社会主義やシオニズムへと漂流する若いユダヤ人がますます増えた。[34]

大量にある警察調書、政治パンフレット、私信や日記、戦後の回想は、ブチャチのこうした趨勢をある程度反映している。[35] この町は戦間期にずっと政治的・文化的に活気があった。今見られるよりもはるかに多くのレストランとホテル、カフェとバーがあった。[36] ワルシャワ・ゲットーの歴史家であるエマヌエル・リンゲルブルームや「ナチ・ハンター」のサイモン・ヴィーゼンタールらの人物が、人生を踏み出したのはこの町だった。(37)だが、雰囲気はしだいに暗くなった。一九三〇年にブチャチを訪れたアグノンは、ユダヤ人コミュニティの衰退を目撃した。(38)立ち去る者も多かった。少数の労働者階級のユダヤ人青年は地元の共産党細胞〔末端組織〕に加わり、その後間もなくして、共産党の活動家たちは独自の暴力の可能性を見せていた。(39)もっと若いウクライナ人の多くはOUNに加わろうとしていた。後日、その一部はドイツ人に唆されて補助警察部隊の名簿に載るであろう。戦後の捜査と裁判では、彼らが隣人であるユダヤ人やポーランド人の殺害に関与したことが示されている。(40)

一九三九年にソ連がガリツィアを獲得すると、高揚と希望の刹那に続いて、政治的テロルと経済崩壊の二年間が訪れた。敵性民族と社会階級と完全ナショナリストへの猜疑心に動かされたソ連は、何万人ものポーランド人、ユダヤ人、ウクライナ人を追放した。これは完全に新たな規模の抑圧だったが、続いて一九四一年六月末にドイツが侵攻*6したのと時を同じくして、ほぼすべてのウクライナ人政治囚の大量処刑が行われた。(41)国家の命令によるこの殺害が民族間憎悪をひどく悪化させて、侵略してくるナチスの思う壺となった。すぐにいわゆるユダヤ=ボリシェヴィズムからの解放者を装って、殺害の罪責をユダヤ人に負わせたのである。これに続いて発生するユダヤ人住民の殺戮は、その深部の起源を少なくとも第一次世界大戦時までたどれるとはいえ、直接にはソ連の政策とナチのプロパガンダに起因するものと考えることができる。(42)

ドイツ占領下のブチャチで反ユダヤ暴力が日常茶飯事になるにつれてますます脆くなるこの共存のコミュニティは、ジェノサイドのコミュニティへと変貌させられた。従来描かれた型通りの叙述であてがわれた役割を、この町のすべての主役が果たしたわけではない。戦前から各種のウクライナ民族主義組織に属した若者の多くがナチの絶滅政策に直接加担したのに対して、年長で保守的なウクライナ人政治・宗教指導者の中には暴力防止に尽力する者がいた。(43)戦前のポーランド人エリートがユダヤ人排除を支持していたのに対し、現地のポーランド人は、おそらくウクライナ人の隣人やポーランド中心部のポーランド人のいずれにもましてユダヤ人を匿い、少なくとも同情したようだ。彼らもまた、暴力と民族浄化の標的となったからにほかならない。逆に、ウクライナ人がユダヤ人を匿うと、愛国者の隣人、地元の司祭、OUNメンバーやその支持者から、ポーランド人もユダヤ人もいないウクライナの創造という国民的大義への裏切り者扱いされる場合もあった(44)。多くの農民が殺害に加わったのは明らかだが、他方、人里離れた農場の一部の貧しい村民たちは、少額ないし無償でユダヤ人を匿った(45)。最後に、集団としてのユダヤ人を標的にしたのはドイツ人だが、ブチャチのユダヤ人評議会とユダヤ人警察は堕落ぶりで名高く、ゲシュタポの道具だとして嫌われていた(46)。だが、ユダヤ人警察幹部の何人かは、最終的にはレジスタンスに加わった(47)。

一九四二年秋から一九四三年夏にかけて、ブチャチと周辺の町や村のユダヤ人の圧倒的多数が殺害された。殺害のほとんどは、チョルトクフから来たジポ隊員の組織した数度の狩り集めの中で発生し、地元民の幅広い支援を受けて実行された。大量射殺は主として町の両側のいずれかにある二箇所で行われた。ギリシア＝カトリック教会バジル会修道院の裏手のフェドル〔フェーディル〕丘と、古来のユダヤ人墓地のあるバシュティ丘である。一九四三年六月の最後の狩り集めでは町のユダヤ人警察が標的とされ、その一部は反撃して森に逃げ込んだ(48)。これらの殺戮の生存者は、ほとんどが地元の村民に匿われたか、少数残っている労働収容所や地域内のあちこちの農場で雇用されたかのいずれかだった。

その後、一九四四年春にブチャチ周辺地域では、ますますカオス化する恐ろしい暴力の波が勃発した。三月に東ガリツィア各地から撤退を強いられたドイツ国防軍が、翌月、反攻に出て赤軍を押し戻した。ブチャチはふたたびドイツ統治下に置かれた。一度目の解放後に隠れ家を出た八〇〇人ほどのユダヤ人生存者のうち、赤軍が戻った一九四四年七月にまだ存命だったのは一〇〇人以下だった。その間、数カ月にわたり東欧僻遠のこの地域は破壊と荒廃、残虐と受難の場と化し、三年間に及ぶ総力戦とジェノサイドの果てに、最後の狂乱の如き激変が起こった。チョルトクフのジポ分署とウクライナ人補助警察は、一九四四年初頭に最終的に廃止されるまでユダヤ人を狩り出し、殺し続けていた[49]。ゲシュタポが撤収すると、地元の民警隊や徘徊する無法者、解体済のウクライナ人補助警察、殺意を滾らせた村民から居残ったユダヤ人住民を守ったのは、実際には、退却中の戦闘部隊であり、彼らと並んで現地にいた一部のドイツ人官吏だった。

この時期を通じて赤軍と国防軍の殺し合いが続いたこともあり、ウクライナ蜂起軍（UPA）——ステパン・バンデラが率いたOUNのより過激な派閥の戦闘部隊——が隣接するヴォルィニ地方で大規模なポーランド人民族浄化作戦をすでに実行し、ガリツィアでも同様の流血騒ぎに手を染めていた。UPAと出会った生き残りのユダヤ人は、誰かれかまわず殺された[50]。実際、退却中のドイツ人は東部地域のポーランド人救助を支援して、ポーランド中心部のもっと安全な場所に向かう列車に乗せた。七月についにドイツ軍の戦線を破った赤軍は、「ドイツ・ファシスト」の協力者でソヴィエト政権への反対者と見なされたウクライナ人民族主義者の軍事・政治組織を根絶する大規模掃蕩《そうとう》作戦に乗り出した[51]。ユダヤ人が解放と受け止めたものを多くのウクライナ人は再占領と捉えた。東ガリツィアの土地は血まみれだった。だが、誰がどんな理由で血を流したのかとの問いは、何十年も解釈が定まらず、ごまかされて歪曲されたままだった。

ポーランド旧東方領土をドイツが占領した最後の数カ月とソヴィエト支配の初期に東ガリツィアに残っていた少数のユダヤ人の運命は、これまでほとんど何も書かれていない。歴史家は、赤軍と内務人民委員部（ソ連の秘密警察）によるポーランド人の民族浄化[*7]やOUN-UPAへの弾圧を検証し始めたが、他方、ホロコースト史研究は、この地域に焦点化したものも含めて、決定的に重要なこの数カ月にあまり注目してこなかった[52]。その主たる理由と考えられるのは、公式文書の欠落と個人証言に依拠することへの躊躇が結びついて歴史家の作業を妨げたことである。ドイツ側文書は大半が破壊された。ソ連側記録は何十年も使用不可が続いて、今もつねに容易に入手できるわけでもなく、特に信頼できるわけでもない。ポーランド人やウクライナ人の地下組織の文書やパンフレットは各地に多数ある文書館に分散して所蔵されており、断片的でひどく党派的な情報しか提供してくれない。

だが、この地域のユダヤ人で大量殺戮からの数少ない生存者の場合、心にもっとも深く焼きつけられたのはまさに占領末期のこの数カ月であり、これが想起の仕方やホロコースト経験全体を語る際の観点を大きく規定した。これらユダヤ人の殺害と生存の語りは、ホロコースト史研究の主流で見失われているだけでなく、ウクライナ人やポーランド人による語りともずいぶん違っている。そうであれば、これら様々の主役があの出来事を実際に体験した際の違いは脇に置くにせよ、彼らの事後の語りと歴史的再構成の仕方が分岐したことが、政治的修辞から学術論争にいたる現在進行中の記憶戦争に寄与してきたのだと言える[53]。

実際には、日記や手紙、戦後の証言や書面による記述中にも、裁判記録や回想録にも、莫大な量の目撃報告が存在する。これらの個人による見方は、戦争全体の情報源として途方もなく豊かなものを提供し、公式記録を補完して地域レベルでジェノサイドの克明な図柄を描くことを可能にしてくれる。歴史家はこれまで、これらの記述はあまりに主観的であり同時に痛ましすぎると見なして、十分活用してこなかった。そのために、第二次世界大戦とホロコーストの決定的諸側面について私たちの理解はずいぶん貧しくなった。これらはこの世の地獄から寄せられた報告であり、そこには哀れみや赦しの余地はほとんどなかった。だが、地元住民ばかりか、注目すべきことに一部のドイツ人武官・文官による犠牲・憐憫・人間性の契機もそれらは含んでいる。

一九四三年六月、ドイツ人は、ブチャチと周辺の町村をユダヤ人除去済み《ユーデンフライ》と宣言した。農場や労働収容所が少数残っていたが、そこで使役されていないユダヤ人は全員その場で射殺されたはずだ。当時十代のエリアズ・ハルフェンが四年後に伝えたところでは、これが農家に潜んだユダヤ人を殺害する波をもたらした。犠牲者は、ウクライナ人警察に告発――その場で射殺――、あるいは、これまでかなりの支払いを得て隠れ家の提供に同意していた農民本人に殺された[54]。当時一八歳のエステル・グリンタルは一九九七年に、彼女の働く強制労働農場を「ウクライナ人の民警隊が通り抜け」る時に、いつも「便所に隠れて射撃音を数えていました。それで何人殺されたのか分かりました」と回想した。その後、「コサックその他のドイツ人に協力していた連中が」この地区に姿をみせて、ユダヤ人を「殺し始めました」。

　奴らは十分な数の銃を持たなかったから、首吊りにしたり斧で殺したりと色々でした。奴らは、村から何人か協力者を連れて私たちの収容所に来ました。奴らは[私たちを]空っぽの物置に入れると鍵をかけました。……奴らは私たちを殴り始めたのです。……奴らは、皆を一列に並ばせて一発の銃弾を撃ちました……が、銃弾は私まで届かなかったのです。私はもう一度並ばされましたが、またもや銃弾は私を殺せませんでした。それで奴らはナイフで皆殺しを始めました。私は三度刺されました。

数日後、グリンタルの手当てをしたドイツ人軍医は、「ウクライナ人のブタ野郎はお前に何をしたんだ」と言ったということである[55]。それらのウクライナ人が誰だったのか、正確なことは言えない。グリンタルの叙述からは、彼女の例に限っては、ドイツ人とともに戦った部隊の所属だったように思える。多くの証言がバンデロフツィないしバンデリフツィに言及するが、これはポーランド語・ウクライナ語ともに、指導者であるステパン・バンデラの名前に因んだOUN－UPA隊員の呼称である。この語は時折、パルチザンやレジスタンス闘士を無法者《バンディット》と呼ぶ一般的なドイツ語表現と混同された。だが、一九四三年、それまでドイツに協力してきたOUNは、接近中のソヴィエト軍を真の敵と見ながらも、ドイツ人に背を向け始めた。その戦闘部隊であるUPAの将兵は、それまでドイツの制服を着用して補助警察に勤務し、ユダヤ人大量殺害に加担した者だらけだった。その後、武装親衛隊「ガリツィエン」師団に勤務し、一九四四年夏に赤軍に粉砕されたウクライナ人もUPAに加わった。さらに、混乱状態をいいことに略奪・レイプ・強請《ゆすり》・殺人に走る本物の無法者や野蛮化した農民もおり、彼らにとってユダヤ人はもっとも手頃な標的にすぎなかった[56]。

完全に消えたわけではないにせよ、あのような暗黒時代に哀れみと共感はまれな感情だった。もはや期待できなかったからこそ、これらの感情が際立って見えた。追い詰められた人々の経験を野蛮と裏切りが支配するほうが多かった。アリエ・クロニツキは一九四三年の日記にこう書いた。「まわりの身近な人たちの憎悪には……見境というものがない。ユダヤ人は何百万も殺されてきたのに、まだ足りないのだ[57]」。ブチャチからさほど遠くない野原に潜んでいた彼と妻は、告発されてすぐに殺された。ヨアヒム・ミンツェルは日記に、近くのトルマチでは「監獄の構内で」一連の「処刑が起こった」と記した。加害者は「[ドイツ人]刑事警察の隊員と並んで主にウクライナ人警官」であり、「主犯はバンドロフスキという名の人物」で、「街路でユダヤ人を射殺するのを好んだ」のだと彼は力説した。バンドロフスキは、「[ユダヤ人評議会委員の]シュピッツァー博士の姉妹を自宅の庭で射殺」した。彼女を「告発したのは電気工場労働者のコレヴィチ青年」だった。この同じ「コレヴィチがフリードル・ハベルも射殺し、他方、彼の友達のシェトニクは、ヴァイシュレル家の年若い一四歳の娘を射殺[58]」した。ミンツェル自身は一九四三年に殺された。終戦時に一七歳だったヨエル・カッツは、農民たちが収容所を取り囲んで「ガキはみんな出てこい。俺たちが殺してやる」と叫んだ様子を、何年も後に生々しく回想した。斧で殺された者も、横並びで銃弾一発で射殺された者もいた[59]。

救済と裏切りという相反する記憶は、当時のカオスと運命の気まぐれを映し出している。解放時に一四歳だったエジャ・シュピルベルク＝フリットマンは、一九四一年七月初頭に叔母といとこがウクライナ人村民の一団に斧で殺されたことを覚えていたが、この一団には、子どもらの学校の女性教師も含まれた。赤軍撤退直後、ドイツ人が来る前のことだった。だが、占領終結間際まで、エジャは母や兄弟と一緒に「妻と四人の子どもがいる貧しい自作農」に匿われていた。その農婦は彼らに、「どんなに長くなってもかまわないからね。パンやじゃがいもを分けてあげる」と語ったということである。だが、その近くでエジャの親戚を匿っていた農民は裏切り、その親戚はウクライナ人警官に殺された。その後、エジャはドイツ軍部隊の洗濯婦として働いたが、仕事仲間のウクライナ人にユダヤ人だと告発された。ドイツ人司令官は、エジャと家族を殺すことなくソ連との境界線に連れて行って、「君たちみんな元気で生きていてほしい」と言った。「ウクライナ人は……ドイツ人以上にひどかった」と彼女は回想したが、これは、彼女の見立てでは家族の「八割が、友人であったウクライナ人に殺された」からにほかならない[60]。

一九四四年の春から夏までに、ガリツィアのユダヤ人は大半がすでに殺されていた。だが、これら個人の観点に立った史料がなければ、この時期のことはほとんど何もわからなかったはずだ。一九四八年、四九歳のモイジェシュ・シュピギエルは、一九四四年一月にウクライナ人の民警隊員が、当時彼の働く農場で生存していたユダヤ人一二〇人の大半を殺害し、彼の一四歳の息子もこれに含まれた、と証言した。彼は「この殺人はドイツ人のしわざじゃない。やったのはウクライナ人の警官と無法者だ。このことを言っておくのが肝心だ」と力説した。この時の殺戮を生き抜いた大半も、さらに別の無法者による襲撃で虐殺された。シュピギエルはこう記していた。「孤児の子どもたちは山積みにされ」、他の犠牲者は「はらわたがむき出しの状態でころがっていた」。現地のドイツ人行政官であるファティエ某は、労働者たちを守ろうと尽力していた。彼が去る時、「ユダヤ人が本気で泣いた」。だが、代わりに来た若いドイツ軍将校は、「私がここにいる限り、あなたたちに指一本触れさせない」とユダヤ人に約束したとシュピギエルは言う[61]。この将校の名前はわからない。彼について私たちの手元にある唯一の情報源は、彼に救われたユダヤ人によるものである。赤軍が来るまでこの将校はブチャチ近くのトルマチの町に駐在しており、そこには数百人の生存者が集まってきた。

個人の証言やインタヴューは何十年も後になされたものも多く、一部は年配のキリスト教徒の目撃者によるものだが、それらがこの絵柄をさらにふくらませることになる。二〇〇三年、ブチャチ住民で民族的ポーランド人のユリヤ・ミハイリヴナ・トレンバフが、自宅の窓から見たユダヤ人の大量殺戮の様子を恐ろしげに回想した。だが、彼女はしつこく次のようにも述べた。「私たちの民族、つまりウクライナ人とポーランド人」はユダヤ人を「なんとか助けようと努力したのですよ。地面に壕を掘ってあげて、ユダヤ人はそこに隠れたのです。こっそりと壕に食べ物を運ぶこともしました。私が自分でどれほどの食糧を買ったのかは、神様がご存知です」。ウクライナ人男性と結婚したトレンバフは、地元民がユダヤ人殺害の共犯だったことに触れなかった。彼女が言うには、ブチャチは「主にユダヤ人が住んでいました。教養があって、豊かで商才もある、知的な人たちでした。町の中心にあるいわゆる「石造りの家」は全部彼らのものでした。ユダヤ人が地元の知識層《インテリゲンツィア》だったのです[62]」。

民族的ウクライナ人のマリア・ミハイリヴナ・ホヴォステンコも同じく、衆人環視でなされたユダヤ人虐殺に慄いていた。だが彼女は、ドイツ人と並んで「六芒星をつけた警察」——つまり、地元のユダヤ人ゲットー警察の警官——の手でユダヤ人狩りがなされたことを想起する一方、はるかに多数のウクライナ人補助警察と正規警察が必ずこの種の大量殺害の場にいあわせ、しばしば加担した事実は省いていた。だが、数十年後に振り返るにあたって彼女は、現在広がっている無関心や記憶の消去を批判するのに遠慮がなかった。

> フェーディル丘の西側斜面には小さな森があり、そこには一九四二〜四三年にかけてドイツ人ファシストに殺されたユダヤ人コミュニティが埋められています。私たちの市——市だけでなく州や国も——が、ファシストがユダヤ人を殺害した場所に関心を向けてその記憶を大切にし、しかるべき記念碑や像を設置すべき時なのです。彼らは、この市とこの国の誠実な市民であり、私たちの土地と私たちの市を愛してそのために働き、罪もなく被害にあった人たちだったのですから……。二度と起こらぬようにするために、彼らを称えて、記憶しなければなりません[63]。

それから二〇年が経過したが、ブチャチはまだそうなっていない。

標的にされなかった一部の人々にとって、ジェノサイドは利を得る機会だった。ウクライナ人のギムナジウム教師であるヴィクトル・ペトリケヴィチは、一九四四年一月の日記にこう記した。ブチャチのほとんどの人が「空前の貧困」を経験していたが、「戦前にはほとんど稼ぎのなかった……者が今では儲けており、夢見たことがある以上の稼ぎだった」。この新しい富の出所はすぐに分かった。赤軍が近づくと、「以前ユダヤ人のものだった家に住む」多くの「商人や職人等々が引っ越している。……ユダヤ人の復讐を恐れているのだ(64)」。

確実なのは、ユダヤ人の復讐はなかったということである。ソ連による再掌握後ブチャチに戻った少数のユダヤ人は、間もなく去った。いくつかの記述によると、彼らは隣人たちの攻撃を恐れて全員一つの建物に暮らしていた。暴力的な時代だったのだ。OUN-UPAの闘士と地元の無法者のいずれかによるユダヤ人殺害の報告は、解放後何カ月も続いた。死者はもとより、生存者のことなど誰もたいして気にかけなかった(65)。広大な東欧のどこでも同じだが、ブチャチ地域でも、住民の多くは赤軍の帰還を解放と受け止めておらず、ソ連による地元の民族主義者――それまで自分たちの固有課題の前進を願ってドイツ当局に協力した――への弾圧を、ユダヤ人による復讐というずいぶん懸念した事態として考える場合が実に多かった。確かにユダヤ人が復讐を望むことは十分ありえただろうが、実際にできる立場ではなかったのに、そう思われたのである。ユダヤ人と共産主義者との連想は、ポーランドではジドコムナ*8と称されたが、これは、ユダヤ人が戻ってくるとその自宅に住みついた地元民に財産返還を求めかねないとの深刻な物的不安と結びついており、東欧でその後も継続する反ユダヤ暴力や戦後期をめぐり異なる記憶と歴史に分岐した理由は、これによって説明される(66)。

こうして、ソ連が戻って来るのにあわせて、ブチャチが均質なコミュニティに変貌する最終局面が訪れた。これまで使用できなかった豊富な文書のおかげで、今では一九四四―四九年にソ連当局が行った粛清・強制追放政策の再構成が可能になっている。多くのウクライナ人闘士が家族ともども収容所《グラーグ》送りやカザフスタンへの追放に見舞われた一方、生き残ったポーランド人の大半は、大規模なポーランド・ウクライナ間の住民交換によりポーランドに送還された。(67) 戦時期の野蛮化もその痕跡を残していた。ユダヤ人ジェノサイドの捜査は即決裁判で終了になる例が多くあった。ユダヤ人生存者のレネ・ズロフは一九九五年、新たに解放されたブチャチで起こった出来事をこう回想した。

市内では対ナチ協力者の首吊りもありました。ユダヤ教徒もキリスト教徒も、人々は誰が協力者かを盛んに言い立てて、協力者は狩り集められて町の広場で首吊りにされました。私は小さな少女でしたが、見せ物代わりによく首吊り場に行きました。あの恐かった対ナチ協力者が毎日吊るされるのを見に行って、とても楽しかった――奴らは犠牲者をズタズタにしたのですから。ぶら下げられて失禁するのを見たら、天にも昇る心地です。母が来て、私を引きずっていったけれど、毎日の見せ物が見たいとせがみました。証人付きの裁判なんてまったくなく、誰かが「奴はやった、吊るしてしまえ」と言ったのです。(68)

現在のブチャチ住民はもとからのウクライナ人住民とその子孫、戦後町に引っ越してきた村民、ポーランドから強制追放された民族的ウクライナ人である。大半は自分の町の過去をほとんど知らない。共産主義者は、ソ連の殉難とヒロイズムという一般的な語りにユダヤ人ジェノサイドを一括していた。(69) 〔独立後の〕ウクライナ西部の新しい当局は、第二次世界大戦時の民族主義者を英雄的人物として蘇らせ、隣人であるポーランド人やユダヤ人を滅亡させた際の彼らの役割を無視して語ろうとしない。こうしてユダヤ人の運命は公式の歴史の語りの外部に追いやられたままである。

だが、生存者と亡命者は、故郷の町をけっして忘れなかった。世界中の記憶のコミュニティがそれぞれ別々にその語りを保存し、子どもたちに手渡してきた。ヴロツワフの記念団体はポーランド人生存者による個人の記述を相次いで出版した。〔戦後に〕亡命した戦時期の元市長は、ウクライナ人としての観点から町と州の歴史を語る記念図書を編んだ。ユダヤ人によるブチャチの記念図書は、貴重な歴史的学識と多くの個人の証言を含むが、町のキリスト教徒住民のことはほとんど何も語らない(70)。

ブチャチではユダヤ人の生活は復活しておらず、犠牲者を追悼する試みも、これまではあまりうまくいっていない。そのために、ブチャチとその消滅の歴史は、別の場所で探さなければならない。ロシア、ウクライナ、オーストリア、ドイツ、フランス、イギリス、合衆国、イスラエルの何十箇所もの文書館には、この小さな辺境の町について九つの言語で書かれた莫大な量の情報が揃っている。インタヴューと並んで、裁判記録と文字やオーディオテープやヴィデオテープとして残された何百何千もの証言もあり、これらは、ブチャチの緊張した民族間関係と日常生活化したジェノサイドを再構成するうえで第一級の史料である。

一九九五年、私は母に故郷の町のことをインタヴューした。彼女は初めて自分の子ども時代のことを話し、この会話のために私は、歴史学的であり個人的でもある長途の旅に向かうことになった。私たちは一緒にブチャチを訪ねる計画だった。一九三五年に一一歳で離れてから、母は一度も足を踏み入れたことがなかったのである。だが、インタヴューから程なくして母は病に倒れ、三年後には他界した。やっと私がブチャチに行き着いた時、記憶の消去があまりに露骨なのを母が見ずにすんだことを嬉しく思った。だが、母や愛するこの町のことを何年もかけて一緒に話してきたその他多くの人々が、もはや存命でないのが悲しかった。彼らは、遠目には破壊前夜の無垢の時代と思われる、戦間期の子ども時代の大切な記憶を抱き続けていたが、彼ら彼女らの故郷の町の生と死の研究を私が仕上げた時には、すでに存命ではなかった。拙著『あるジェノサイドの解剖』はささやかながら、破壊され消去されたものを再構成し、失われたものの生と記憶を記録し、未来の世代のための忘れられた過去の記録として役立てる試みであった。というのも、もしもジェノサイドを巻き戻せないのだとしたら、私たちが今しなければならないのは、少なくともその足取りの隠蔽を許さぬことだからである。

訳注

＊1　ナチ占領下の東欧のゲットーに設けられたユダヤ人「自治」組織。

＊2　ロシア帝国領内のウクライナで生まれたイディッシュ語作家。映画・ミュージカル作品の『屋根の上のバイオリン弾き』の原作『牛乳屋テヴィエ』（西成彦訳、岩波文庫、二〇一二年）で知られる。

＊3　プリーモ・レーヴィの用語。収容所内における人間関係が、対ナチ協力の姿勢などのために、犠牲者と迫害者へと二分法的に単純化できない複雑さを呈したことを示す。竹山博英訳『溺れるものと救われるもの』朝日文庫、二〇一九年、では「灰色の領域」と訳されている。

＊4　本書でルテニア人は、ポーランド＝リトアニア領からハプスブルク帝国領となったガリツィアの住民で、今はウクライナ人と見なされる集団を指すが、その際に著者は、ロシア帝国領内のウクライナ人との区別を意識している。

＊5　ロシア帝国領であった現在のベラルーシで生まれたイディッシュ語作家・民俗学者。西成彦編、S・アン＝スキ／ヴィトルト・ゴンブローヴィチ、赤尾光春他訳『ディブック／ブルグント公女イヴォナ』（未知谷、二〇一五年）がある。

＊6　六月二二日にドイツがソ連にたいしバルバロッサ作戦と呼ばれる攻撃をしかけて、独ソ戦が始まった。

＊7　第二次世界大戦の初期と末期及び終戦直後に、ソ連占領下のポーランド東部では国境変更とあわせて住民交換や追放が行われていた。

＊8　ユダヤ人を意味するジドと共産主義者＝コムニスタからの合成語。

第四章　歴史文書としての証言

なぜ証言なのか？

この章では、ホロコーストを歴史的に再構成するにあたって、より公的な資料に匹敵する有効性を有する文書資料として、個人記述や証言をこれに統合する重要性を詳しく論じる。証言という言葉で私が意図するのは、歴史上の出来事の個々の主役たちが提供するあらゆる形の証拠である。これには、同時代の記述や日記と並んで戦後のインタヴュー、書面や口頭による証言、オーディオテープやヴィデオテープに収録された証言、法廷の証人陳述、回想録が含まれる。これらの証言は、私たちがホロコーストその他のジェノサイドから連想してきた三つの範疇の人々、つまり犠牲者・加害者・傍観者のいずれかに属する人々から提供されたものである。だが、ある意味でこの種の資料を使用する利点は、これらがこの範疇化自体を、完全とはいわぬまでもおおきく揺さぶるところにある。加えて、本章で示す通り、これらの目撃者証言は大量殺戮だけでなく、生存・救済・抵抗にも光を当てるものである。

東欧の境界地域は、多くの宗教的・民族的集団が相互作用する場だった。都市や町の住民の場合も農村民の場合も、異なる言語を話し違った仕方で神を崇拝する人々が肩を並べて暮らすのが、彼ら自身と祖先の暮らし方の一部だった。多くの人々にとって、隣人たちと自分たちとの民族の違いは社会経済秩序内の位置づけの違いに対応し、地位や富を持つ人々と貧困と屈従に生きる人々の間のこの差異は、憤りや妬みを生んだ。新しい国民《ネイション》／民族の語りが諸集団間の旧来の宗教的・社会的差異を補うようになると、後付けの新しい意味が過去に与えられ、歴史的権利なるものに見あうように現在を修復し、歴史的不正義なるものの是正を求める新たな衝動の火に油が注がれた。各民族運動の共有したファンタジーでは、未来は彼らに属するものであり、さもなくばけっして誰のものでもなかった。時おり暴力が噴出するとはいえ、それまではずっと共存が、便利な点と不足な点、軋轢と協調を備えた人々の生活の現状《ステイタス・クオ》だったが、これが不自然なものと見なされ、荒っぽい社会的外科手術を施してでも解決すべき問題として捉えられるようになった。つまり、望ましくないもの、悪性のように見えるもの、外来と思われる要素を切除すれば、新たに発見されて永遠視された国民という身体《フォルクスケルパー》の成長が可能になるはずだと言われたのである。

だが、この変化が実際にどのように起こって、その社会の主役たちにどのように受け止められたのかを理解し分析するのはこのうえなく難しい。共存の場が民族浄化とジェノサイドのコミュニティに転じたのはなぜなのだろうか。確かに、これらの出来事の全般的な進路を決定して、人口政策・大規模強制移住・大量殺戮のためのイデオロギー的推力を提供したのは、主として占領国家または遠方の民族運動という形をとった外部勢力だった。だがこのような政策や考え方が現場で実行される際のあり方は、加害者・犠牲者間の相互作用だけでなく、これらの政策が行使される対象である現地の多様な集団の行動や相互作用とも関係した。ヨーロッパの東部境界地域の小さなコミュニティで起こったことを丹念に見ると、極端な暴力の起こった際の複数民族コミュニティの社会的動態について多くの洞察が得られる。だが、境界地域のコミュニティをこのように下から見るには、歴史家がしばしば避けてきた一人称の記述のような記録の使用も必要になる。

歴史家の観点からすると、証言を使用する唯一にして最重要の利点は、それなくしてはまったく知られることのない出来事が歴史に持ち込まれる点にある。それらの出来事は、主としてジェノサイドの加害者・組織者が書き、文書館で発見されて従来利用されてきた文書では見逃されているからである。それゆえ個人の記述は、出来事を忘却から救いだせる場合がある。だが、従来型文書でも知られている出来事について、ずいぶん違った観点も提供してくれる。第一に、公式記述に事実面の修正を加えるのに役立つかもしれない。第二に、見晴らしのきく別の地点を歴史家に提供して、出来事全体のより豊かでより複雑な――ある意味で三次元的な――再構成を生み出す助けとなる。最後に、個人的ないし主観的だからこそ、これらの証言はその出来事を経験した男・女・子どもの生と心への洞察をもたらし、そのことで当時の心象風景、主役たちの心理、他者の見方や認識の仕方について、いずれの公式文書よりも多くを語ってくれる。

伝統的に歴史家は、歴史の証拠として証言を使用するのに慎重だった。証言は主観的であり、それゆえ信頼できないとして、使用をまったく避けてきた者もいる。[1] 出来事の直後に提供された証言だけは使用を是とし、数十年後のものはおおむね避けてきた者もいた。[2] さらに、もっとも陳腐なのは、公式アーカイヴで摘みとったもっと信頼できそうに思える文書に基づいて歴史上の出来事の再構成を行った上で、その性格描写のためだけに個人記述を使用する例である。[3] 思うにこのやり方は、歴史上のどの出来事の場合もそうだろうが、私たちのホロコースト理解をひどく貧しいものにしてきた。ゲシュタポ、親衛隊、国防軍、ドイツ人行政官の書いた同時代の公文書が、彼らが殺そうとした人々から得られる記述よりも正確で客観的、あるいは主観性やバイアスが少ないと信じる理由はない。そのうえ、他の文書記録で既知の出来事を確認するためだけに証言を使用するのは、証言からしかわからぬ出来事に忘却を宣告することになる。最後に、犯罪者の心性や動機を理解するための探索はすでに小規模家内工業化しているが、加害者について犠牲者が何を語ったのか、彼ら自身が自分たちの行動をどう叙述したのかを知ることで得られることは多いはずだ。そしてもちろん、ドイツ占領に晒された人々の人生とドイツ支配下に入った異なる民族集団間の関係について、証言は私たちに多くのことを語ることができる。

すでに記した通り歴史家のなかには、証言を利用するにせよ、それが出来事の発生時に近ければ近いほど信頼できると論じる向きがあった。記憶に及ぼす時間の浸食作用ゆえに数十年後の証言は疑わしいし、別の形式でなされる表象や記念が積み重なって個人の想起の内容と形式にもたらす影響も同様だというのである。この議論にはもちろんある程度の真実がある。だが、多数の証言に取り組んできた者であれば誰でも、この主張には大きく二つの留保があるとわかるだろう。一つ目は、十代の青年期や、まして子ども時代に生き抜いた者――つまり、六〇年後もまだほとんどが生きているはず――の場合、ホロコーストの経験を完全に思いだせたのはやっと成人年齢に達した後であり、これは傷ついた魂を癒してくれる時間の働きのおかげだし、人生を再建し新たな家族を築いてからずいぶん経ってやっと思い出せた場合も多い。第二に、すべての事例がそうではなくて場合によるが、出来事から数十年後になされた証言が、戦後初期のいくつかの証言で見られたように、第一作のような新鮮さと生々しさをすべて保っていることがある。これは特に、出来事の記憶が心の内に封印されて日の光にさらされなかった場合に見られる。語ったことも語り直したこともないから、外部の言説や表象といった「システム内ノイズ」による汚染がはるかに少ないのである。

これらの「記憶の箱」が解錠されたのは、目撃者が齢を重ねて出来事の記録を残したいと願ったためである。耳を傾けることへの構えのできたこの文化的瞬間(ある学者は「目撃者の時代」と呼んだ)にせめて子や(特に)孫、あるいはもっと広く後世の人々に残したかったのである。[4] これらの証言はまた、さもなくば目撃者の死とともに忘却の淵に沈みかねない殺人被害者の名前を歴史と記憶に刻もうとする衝迫感を強固な動機とし、長く忘れられてきた犯罪者と協力者と特に救済者の名前や行動を記録したいという思いによる場合もあった。それゆえこれらの証言は、発生直後に得られた記述に備わった明晰さや情動的インパクトを多く含むのである。

もちろん、証言については多くのことが書かれてきた。記憶の一形式として、トラウマと向き合うこととして、文学上のしかけとして、生存者の心理への洞察を得る手段として、あるいは治療のための道具としてである。[5] だが、私がここで論じているのは、証言はかけがえのない重要な歴史文書であるにもかかわらず、歴史家がずいぶん軽視してきたということ、特にホロコーストの場合、この種の資料を厖大に生んだ歴史上の出来事だという事実にもかかわらず、そうだったということである。個人の記述は単一の物語を語るものではないし、矛盾や過誤、誤判断や真実ならざることだらけなのは明らかである――だが、他のどの文書も似たようなものである。それらは、文書館から引っ張り出した他のどの証拠片とも同等の慎重さと懐疑をもって扱われるべきだし、同時に、過去というジグソーパズルの他のどのピースとも同等の敬意を込めて扱われねばならない。私たちは、トラウマ的出来事に関わるからといって証言使用を思いとどまるべきではない。まったく逆であり、あの出来事の性質自体が私たちに、経験した人々の記述を駆使せずにはけっしてその深みを測れないと教えてくれるはずである。

これらの材料をすべて単一のテクストに統合するのは、明らかに困難で複雑な企てである。すぐに分かることだが、時系列《クロノロジー》や地理はさておき――これらも必ずしもそう簡単な話ではない――、同じ出来事でも、それぞれの主役が見て記憶する仕方はまったく違う。実際、彼らはいわば別の場所に立っているのだから、ごく初歩的な視覚上の観点からして異なる。二人の別々の個人が同じ出来事をまったく同じ目で見ることがありえないのも、その理由である。だが、視覚という観点を超えて、その出来事で各人が異なる役割を演じたという事実からも見え方の差は生じる。さらに、出来事の記憶の仕方や言葉や書き物として呼び戻す際の気持ちの向かい方、あるいはそのための能力のあり方もこれによって決まってきた。

もちろん、歴史的な文書記録化《ドキュメンテーション》の際のこの条件に何か唯一無二のことがあるわけではない。ヘロドトスとトゥキュディデスはそれぞれ史料の扱い方が異なり、そのことが今も私たちを導くのだが、彼らはつねにこの難題に気づいていた。証言を使用すると、ある場所である時に一体全体何が起こったのかをいっそう言いにくくなる。証言は、何が起こったのかについて私たちにより多く――おそらく私たちが知りたいと思う以上のこと――を語り、人が違うと同じ出来事の経験の仕方も異なり、記憶や記録の仕方が違う場合があることも伝えてくれる。私たちは、自分なりの文書記録化に基づいて実際何が起こったのか判決を下すことができる。あるいは、何が起こったのか正確に判定できない／したくないと述べるのを選んでもよいし、複数の異なる見方や観点を報告するだけというのもありうる。

この種の文書記録化に限界があるのは明らかである。思うに証言使用は、二つの条件が揃った場合にもっとも有益な使い方ができる。第一に、とりあえずそれが可能なら、少数の証言だけに依拠せず、臨界量の証言を集めねばならない――ただし、歴史的忘却からある出来事を「救出」できるのであれば、ただひとつの証言でも使うべきだと私は論じたい。第二に、一つの地域と一つの比較的限定的な時間幅や登場人物に焦点を当てると、この種の証言の価値がこのうえなく高まる。こうした条件が揃うと、同じ出来事を異なる観点から回想した多くの証言の照合・確認《クロス・チェック》がいっそう容易になり、同時に、利用可能な全種類の文書記録を駆使する歴史的再構成にこれらの個人的観点を統合することができる。ホロコーストの場合想定されるのは、特に警察や軍部や民政部による公式報告と並んで戦後の裁判記録であり、最後に学術的二次文献がある。

最後に一点、避けられないことがある。トラウマ的な証言の使用は歴史家にとってたいへんな難業だということである。まず第一に、心理的に難しい。これらの記述はおよそどんな場合も、聞きたくも知りたくもないような人間本性の諸側面を暴き出すからである。その意味では、現在進行形でトラウマを生むことになる。それらはまた、歴史家という仕事の技そのものへの私たちの信頼を損なう場合もある。歴史家の技は究極的には、合理的で啓蒙的な価値観、つまり過去の真実を見抜き人類の進歩と向上を確認する能力なるものに依拠するからである。証言はまた、資料から必要な距離を取ることをとても難しくする。言い換えると、歴史学の方法を実行する邪魔になり、近代の歴史家という職業の誕生以来、優れた学術的書き物に結びつけられてきた哲学的想定を損なう場合があるということである。

多くの歴史家が証言使用を躊躇するさらに深部の理由はこれかもしれない。換言すると、歴史家が望むのは、その種の証言ゆえに起こることの懸念されるダメージから自分の精神《プシケー》を守ることであり、自分の職業を損いかねない証言の潜勢力からこれを守ることである。だが、これらの記述が対象とするのは、それ自体、今も歴史家の仕事の基礎にある価値観と方法に最大級の挑戦を投げかける出来事である。これらの証言は、あの歴史的瞬間と暗黒の場のまさに核心部に発するものであり、証言もまた、ある歴史上の出来事を詳述するがゆえに歴史記録の一部であり、おそらく全体の中でもっとも決定的な部分である。

歴史家は、壊れかけの箱の中にこれらの記述を放置して埃まみれにするだけでは、その出来事からは逃れられない。歴史家として、個々の人間存在として、そして人類の一員として、その含意を逃れることはできないのである。歴史家はこれらの挑戦に向きあい、できる限り最善を尽くして対処する必要がある。要するにこれらは、自分たちが経験し目で見て記憶したことは忘れられてはならないと決意した、一人ひとりの人間による記述なのである。歴史家はこれまでこれらの目撃者をおおいに裏切ってきた。今までに、圧倒的多数が亡くなった。だが、彼ら彼女らの記録した記述は、後に残してくれた人々への表敬だけではなく、歴史記録を真っ当なものにするためにも、今も使用可能だし、使用すべきものなのである。

以下の行論で私は、東ガリツィアのブチャチという町の住民と、ドイツ占領期の一時期をそこで過ごした人々の残した証言を使用することにする。ジェノサイドの発生時に複数民族からなるある町で見られた死と生存の諸側面を、利他主義や果敢な抵抗とともに探求するためである。この地域では、農村住民の多数はウクライナ人であり、他方、町や都市の居住者の多数を占めたのはポーランド人とユダヤ人だった。ブチャチは両大戦間期はポーランドに属し、一九三九―四一年にはソ連に占領され、一九四一―四四年はドイツに支配された。私が全体として論ずるのは、東欧におけるホロコーストの歴史研究が抱えた中核的問題のひとつ――つまりユダヤ人ジェノサイドに地域の民族間関係の及ぼした影響――は、これらの出来事の際の主役たちによる証言を精読して分析されねばならない、ということである。さらに私は、地理的に限定したある地域から得られた広範囲の証言を特に検証することにより、これが達成可能であることを示唆したい。

私はまず、対ナチ協力《コラボレーション》、裏切り、告発に関する証言の検証から始めて、続いて救済や抵抗の証拠の分析に進む。だが、これから明らかになるように、これらの範疇間には相当の重なりがあり、目撃者の報告の性格とタイミングと受け手次第で、一定の内部矛盾も存在する。

対ナチ協力・裏切り・告発

ホロコーストで殺害されたほぼ半数は、ゲットー内と居住地またはその近くの屋外で、多くの場合公然と行われた大量処刑で亡くなった。銃撃がやや離れた森や墓地で実行された場合も、いわれなき暴力を多く伴う野蛮な狩り集め《ラウンドアップ》が衆人環視で行われた。射撃音が他の住民に聞こえるほど近くに殺害の場がある場合も多かった。ほとんどの場合に、地元で募集された補助部隊と警察官が積極的に関与した。

こうした光景は、公文書や戦後の歴史研究で詳しく描かれることはまれだったが、当時の日記、戦後の証言、法廷の証人陳述、回想録では十分に文書記録化されていた。これら目撃者の報告は、東欧における複数民族間の共存と暴力に新たな光をあて、ホロコーストの特異さと現代ジェノサイドの他の事例との類似点をともに明るみにだすものである。中欧や西欧の多くの場では、ユダヤ人は「東」に追放された「だけ」で、帰還した少数の人々もその後多年にわたり自身の経験を語ることはまれであり、進んで耳を傾ける人々もほとんど見つからなかった。逆に東欧の人々は、ユダヤ人も異教徒もともにジェノサイドの直接の目撃者であり主役であって、標的にされた場合も免れた場合も、さらにみずからこれにつけこんだ場合も、ジェノサイドは戦時期の日常生活に欠かせない、習慣化したほぼ「あたりまえ」の特徴となった。

このコミュニティ内ジェノサイドの「あたりまえさ」なるものが、文字通り何を意味したのかは強調するに値する。というのも東欧では、多数のユダヤ人犠牲者が隣人たちに丸見えの形で、ユダヤ人と異教徒が何世紀も肩を並べて暮らした公の場で殺されたからである。(6) かつてユダヤ人のものだった地所に戦後暮らした人々の多くは、元所有者や彼らが殺された状況の生々しい記憶を保持していた。このこともまたコミュニティ内の虐殺に特徴的であり、絶滅収容所における工業的殺人とはほとんど正反対だった。コミュニティ内の虐殺は生を破壊し心《プシケー》を歪ませるものである。それは、受け身の傍観者という観念そのものの虚偽性を暴《あば》くものである。誰もが主役、つまり狩り手と餌食、抵抗する者と手助けする者、失う者と利を得る者になるのである。その経過の中では、人々はしばしば複数の異なる役割を演ずるようになる。そして、その結果もたらされる悲しみと恥、自己欺瞞と否定は、今も人々が過去を思いだし、話し、書きとめる際のあり方を埋めつくしている。

ホロコーストのこうした諸側面を、証言以上に鮮明に示すものはない。ホロコーストは強欲や暴力に絶好の機会を与えたが、証言はそれらを暴露する一方、ホロコーストに備わった深部における人格的に破壊的な作用を暴く。恐怖のさなかにもつねにある程度選択の余地は存在し、これらの選択は命を救い魂を修復することができたし、実際そうなったのだが、証言がこの点を繰り返し例証することが特に重要である。自宅から引きずり出された隣人が街路で射殺されてすぐにその家に引っ越し、まだ暖かいベッドで眠ることもそれにあたるのならいざ知らず、こうした状況下での無関心や受け身という主張は無意味である。

数十年後、隣人たるユダヤ人の殺害を生々しく想起したブチャチの非ユダヤ人住民の中には、おおいに共感《エンパシー》を込めてその運命を想起した人々がいた。その一人はこう述べた。「あの人たちが気の毒でした。だって、殴られて、いつも命の危険に怯え、次に何が起こるか全然わからなかったのですから」(7)。それに伴う危険などおかまいなしで、ユダヤ人を助けるために可能なことをすべてやったと主張する目撃者もよくいた(8)。ほぼ同じだけ時を隔ててインタヴューを受けたユダヤ人目撃者の記憶の仕方はこれとはまったく異なり、地元民の対ナチ協力や告発の事例を詳述することが多かったし、時には、匿ってくれたまさにその当人による例を語ることもあった。アンネ・レズニクの一家の隠れ家は、その上にあった散髪屋の裏切りにあい、家族のほとんどが殺された。彼女の姉妹は一度目の解放の直前に、彼女を「匿っているふりをしていた同じ人々」の手で射殺された。(9)同様に、レギナ・ゲルトネルの姉妹はポーランド人の隣人によって告発され、占領終了直前に殺された。(10)イツハク・バウアーによれば、ポーランド人の野犬捕獲業者のナハヨフスキとコヴァルスキは、ユダヤ人を発見してドイツ人に引き渡すのを生業にしていたということである。(11)

裏切られたという感覚は、何十年後にも根深く残っている。ジョン(ユニク)・ザウンダースには学校で非ユダヤ人の友人がいたが、彼はこう述べた。「戦争中、君らは、奴らが君たちを心底憎んでいるのに気づくようになっただろ。……奴らは僕らを助けたくなかったのさ」(12)。ロベルト・バルトンにも異教徒の友だちがいた。戦争中、彼はポーランド人になりすましていた。彼が記すに、ドイツ人は「誰がユダヤ人で、誰がポーランド野郎《ポラック》か見分けがつかなかった。……[しかし]そのポーランド野郎たちは……ことあるごとにこう言った。お前はユダヤ人みたいだ。お前の話し方はユダヤ人みたいだ。お前の歩き方はユダヤ人みたいだ、とね」(13)。ヤコプ・ハイスは、馬の背に乗った地元のウクライナ人がユダヤ人の子どもたちを追い回して殺したのを覚えていた。(14)イツィオ・ヴァフテルは、一九四一年七月にソ連軍が彼の住むチョルトクフの町から退却した後、「ドイツ人の入市以前にも、ウクライナ人が……斧や大鎌その他の道具を手に町に来て、ユダヤ人を畜生並みに殺したり、普通に殺人をしたり、奪ったりしたのです。ドイツ人が到着すると野蛮な殺人は終息し、秩序ある殺害が始まりました」(15)と回想した。

この文脈で特に衝撃的なのは、偽りの救済物語である。一九九八年、シュラミト・アベルダムはこう回想した。「あるポーランド人女性が……私を匿って[あげると]……申し出てくれたのです」。彼女の母親は断った。「そのポーランド人女性が別の女の子を引き取って、あり金をすべて手に入れてからドイツ人に引き渡したという話を、戦後、耳にしました」。アベルダム一家は何度も救済者に追い出され、見ぐるみ剝がれてしまった。(16)ウクライナ人とともに暮らし、ウクライナ人を装って生き抜いたファンニー・クピッツという少女は、一九九四年にこう語った。「あの人たちは私には良くしてくれたけれど、他の人は殺したわ」(17)。二〇〇二年に私に語ってくれたところでは、ドイツ人作業監督はまんまと騙されて彼女をウクライナ人と思い込み、ドイツにいる妻のもとに彼女を送りたいと思っていた[18]。だが、地元民がそれほど簡単に騙されるはずはなく、一三歳だったファンニーは「自力でなんとかやっていく決心をしました。……ずっと怖かったです。願いごとは、背中を銃弾で撃たれることだけ。……私は……すでに死んだ人を羨やむばかりだったし、好き放題して怖がりもしない犬を見ては、妬んでばかりでした」。森で知りあいのウクライナ人に会うと、「「ああ、君はまだ生きてたんだ」と私に言いました」。だが当座は、彼の妻が引き取ってくれた。その後、教会から戻った救済者たちは神父の言葉を繰り返した。「ユダヤ人がいる者は、出ていかせなさい。匿ってはなりません」。その後すぐに彼女は告発され、森に逃げ込んだ[19]。

少女は、特にユダヤ人に見えなければ、少年よりも生き残る機会に恵まれた。だが、彼女らは性的虐待の標的でもあり、証言中で直接言及されることはまれだが、ぼやかして示唆されることは多くあった。あるトラック運転手がファンニーを森に連れ込んだ。

彼は私に言った。「たぶん、お前には旦那がいたな」。とても怖くなって髪の毛をかきむしり、指を折って泣きながら「いえ、夫なんていない。とても若いんだから」と言った。こうも言った。「多分あんたには娘さんがいるでしょう。誰かがあんたの娘にこんなことをしたら、あんたはどうするの？」

すると男は、彼女を森に残して車を走らせて去った[20]。

同様に、ポーランド人とウクライナ人の女性に農園で匿われていた一三歳のルジャ・ブレヘルによる一九四五年の証言は、中心となって匿ってくれた人の義兄弟で、飲んだくれで対ナチ協力者であるフリニによるまぎれなき恐怖を暴露している。「フリニが納屋の屋根裏の干し草置き場に来ました。……彼は私を抱きしめて……これまでにドイツ人の手に落ちて殺されかけたことがあるかどうかとか、……共産党員かどうかとか［と尋ねた］。町に行ってユダヤ人狩り《アクツィオーン》の行動に参加するつもりだ［と彼は言った］。その時、私はもう生きていたくなかった」。別の時、「フリニが干し草置き場にのぼって来ました。……ひどく酔っぱらって……私の父親が誰で、［両親は］どの組織に入っていたのかと聞いてきました」。さらに再度、「夜中に……［フリニが］干し草置き場にのぼって来て、私の首もとをつかんだけれど、私はかろうじて大声を出して、行かせてと頼んだのです。彼は、金をよこせ、［さもないと］告発するぞと言いました」。ルジャは「［干し草置き場の］屋根に穴を」開けて、「……［庭の］ニワトリを見て、すぐに私も自由になれるはずと思った[21]」と語る。

暴力の多くは貪欲によるものだった。ファンニーは、親戚のうち七人がウクライナ人警察に見つかった時の様子を観察していた。「奴らは彼らのことを知っていました。……奴らはこう言ったのです……「あんたらに何もしないはずはないわな。持ち物をありったけ寄こしさえすれば、行かしてやるよ」。彼らは奴らにすべて与えました。［そして］出て行こうとすると、全員が別々に頭に銃弾を［受けた[22]］」。若いユダヤ人の中には、この種の金目狙いの殺害や告発を防ごうとした者もいた。アリシア・アップルマン＝ユルマンは、一九九六年、彼女の兄弟の属する小規模な抵抗グループがどのように「農家の納屋を焼き払い、農民をぶちのめして……報復しようとしたか」を語った。「ユダヤ人を匿っている……連中に」、金目当ての「裏切りは許さないというメッセージを与えるため」だった。結局、彼女の兄弟も「助けてくれたはずの……ポーランド人少年に裏切られ」、地元の警察署で首吊りにされた。その後間もなく、わずか一二歳だったアリシア自身がウクライナ人警察将校に逮捕されて名簿に登録されたが、彼は「オルガという友だちのお父さん」であり、戦前は「私のことを娘みたいに愛していると言って」いた。解放前夜、ポーランド人の建築監督に告発された母親は、彼女の目の前で射殺された[23]。

ドイツによる占領が終結に向かうと地域全体がカオス状態に陥り、生き残った少数のユダヤ人は、ナチの殺人部隊と並んで、欲深い農民と反ユダヤのウクライナ人民警隊、あらゆる種類の地元の無法者の恣《ほしいまま》にされた。ウクライナ西部の戦争末期の数カ月・数週間について信頼に足る公文書記録はまず存在しないが、生々しく恐ろしい証言は多くある。主にこれらの記述によって初めて語ることのできる歴史なのである。そこには意外な展開もある。

当時の衝撃的な記述の一つを語ったのは、一九四七年時点で一七歳のエリアズ・ハルフェンである。この証言は、ブチャチのウクライナ人警察司令官ヴォロディミル・カズノフスキーが、いちはやく一九四一年八月二八日に同地で最初の大量処刑に積極的に加わったことを示唆し、(24)さらにそれ以外の多くの狩り集めへと話を進めている。それによると、「ウクライナ人警察に支援されたゲシュタポが、隠れ家用の壕を見つけようとしていて」、「僕たちの隣人たちが［ユダヤ人の家を］略奪し、奪える限りすべて持ち去った」し、町の近くで行われた大量処刑による数千人の犠牲者から「貴重品や金歯等々」を集めていた。ハルフェンの伝えるところでは、ドイツの退却に先立つカオスの時期には、「農民が……ユダヤ人を殺し、持ち物をぶん取り、素裸の犠牲者を野原に放りだした」のだった。(25)一九九五年にヨエル・カッツは、彼の労働収容所に収監された人々が解放直前にチフスの流行にみまわれると、農民たちが警官を呼んで彼らを殺させ、続いて斧や小火器を手にユダヤ人虐殺に向かったことを想起した。ウクライナ人は「とても残酷だった」というのが彼の結論であり、残りの収容者がかろうじて救われたのは「前線から来たドイツ人のおかげだし、［さらに］ロシア人の到着までは、彼らが私たちをウクライナ人から守ってくれたのです」(26)と強調する。

誰が助けてくれて、誰が助けてくれないのかは、完全に予見不可能なことが多かった。占領終結時に一三歳だったジョー・パールは一九九六年に、彼と母親を匿ったのは、実はユダヤ人とポーランド人の殺害に手を汚したウクライナ民族主義者だった、と証言した。(27)エヂャ・シュピエルベルク＝フリトマンは一九九五年、彼女の母親が、友人で地方行政官の一人と結婚していたドイツ人女性のおかげでウクライナ人村民による殺害から救われた様子を想起した。実際、その他数人の目撃者と同じく彼女も、占領末期の数カ月・数週間、生き残った数少ないユダヤ人がかろうじてウクライナ人の民警隊や無法者から守られたのはドイツ人の軍人や行政官のおかげであることを覚えていた。結局、解放後に一家で西側に移った時、「ウクライナ人から逃れられて、とても嬉しかった」ことをエギャは思い出した。「戦後もまだ彼らはポグロムを続けて、私たちを殺していたから。とても野蛮だったのです(28)」。

中年のモイジェシュ・シュピギエルも、占領末期数カ月の現地の大混乱と蛮行の急増を証言した。一九四三年、彼と彼の家族の働く強制労働農場でユダヤ人が掃蕩《そうとう》された際に彼らは森に身を隠したのだが、そこで「私たちは農民の襲撃を受けました。ウクライナ人はみんなを捕まえては拷問にかけて、金を奪いはじめたのです」。シュピギエルの父親と二人の甥はあるウクライナ人に殺された。農場に戻ってみると、猛威をふるった伝染病に倒れた全員がウクライナ人警察に殺されていた。生存者のほとんどは、一九四四年初頭にウクライナ人の民警隊員や、ナイフと熊手を使う無法者からさらに二度攻撃を受けて惨殺された。だが、シュピギエルが語る通り、ウクライナ人警察官が最後まで残ったユダヤ人にもう一度攻撃をしかけようとした時には、彼らは東から退却中の軍部隊の保護下にあり、ドイツ人の「少佐が……副官とともに「その場に」向かい、回転式拳銃で警官の頭を殴りつけて彼らを追い散らし、すぐに立ち去るよう命じた(29)」。

一五歳だったイザーク・シュヴァルツも、戦後すぐにこれらと同じ出来事を伝えていた。彼の回想はこうである。労働収容所で「農民は……ユダヤ人からものを奪えるように、狩り集めを望んでいました。……村長は、僕たちに食べ物を与えることを農民に禁じました。農民は、ユダヤ人が逃げ出せないよう収容所を巡回する夜警を組織しました。……農民は、私たちの仕事ぶりを監視し、私たちを殴りつけ、水をまったくくれませんでした」。収容所でユダヤ人の掃蕩が行われると、「農民は匿われたユダヤ人を追い出しました。……森の中でユダヤ人は無法者の襲撃を受け、農民は私たちを中に入れてくれませんでした」。このような状況下でユダヤ人は、「ドイツ人が駐屯する村に向かいました。そこだと無法者から安全だったのです。……農民は、自分たちの犯罪を目撃した僕たちをつまみ出すつもりだったような気がします」。解放前夜、村に駐屯していたハンガリー人兵士が撤収すると、

ブラーソフの兵士たち〔ドイツ国防軍に仕える元ソヴィエト人部隊〕がやって来ました。……奴らは銃をまったく持たず、あるのは冷兵器[*1]だけでした。奴らは、捕まえたユダヤ人を皆殺しにしたのです。……村に居続けるなんて、不可能でした。農民がユダヤ人狩りを組織して殺害し、隠れ家の壕をあばいたのです。農民の畑に掘られた壕に隠れていたユダヤ人も、大家に殺されました。ユダヤ人はトウスティに集まりはじめました。〔現地のドイツ人司令官は〕……ユダヤ人が害されることはないと約束してくれました。ユダヤ人三〇〇人がそこに集まりました。……三月二三日、ソヴィエトが来ました[(30)]。

レネ・ズロフは解放時にわずか七歳だった。一九九五年に彼女は狩り集めの時のことを回想したが、当時、彼女と三歳の妹は壕に伏せて、「ドイツ人が……」「ユーデン、ユーデン、ラウス、ラウス〔ユダヤ人は外に出ろ〕」と大声を出し、ウクライナ人とポーランド人が「ジト、ジト〔ユダヤ人〕」と呼んでいる」のを耳にしていた。さらに「屋内や扉の外や街路で起こった大殺戮といたる所でみられた死体」も想起した。彼女の思い出した最後のホロコーストは、もっとも戦慄すべきものである。

私たちは森の中に潜み、隠れ家はタバコ畑にありました。……ある夜、ウクライナ語の恐ろしい叫び声や呪いの言葉を耳にし、人の走る音が聞こえました。辺り一面の虐殺でした。夜、ウクライナ人の民警隊がやって来て、夜間に森からユダヤ人を狩り出したのです。……〔彼らは〕犬をけしかけてユダヤ人を追い立

ており、この大騒ぎが聞こえたので、私たちは命からがら走り始めました。……やみくもに走り回りました。……思い出せる一番怖いできごとでした。バラバラの身体や首なしの死体も見たし、辺り一面死人だらけでした。タバコ畑と森で私の見た悪夢はこんな様子だったのです。

レネとその家族は、極貧のポーランド人農民に救われた。その頃にはポーランド人もウクライナ民族主義者に虐殺されていた。彼女らが潜んだ穴蔵は、「ネズミその他の害獣だらけの……納屋にあって、……動物がおしっこをすると穴に流れ込んできました」。だが、「ポーランド人の年老いた女性は、本当に聖人みたいな素晴らしい方で、自分や娘さんたちの命を危険に晒すことまでしてくれました。……日曜日には私たちにピローグを……七つくれたけれど、週に一度手に入った食べ物で、その間はほとんどありませんでした」。レネは一九五〇年に合衆国に来て外国語を専攻し、一九六二年に結婚して子どもが二人いる。一人はイスラエルでラビになった。彼女はノイローゼを患い、暗闇を怖れ、人に囲まれるのが嫌いで、いつもどのテーブルでも「すぐに逃げられるように」隅に座る必要があるのだと語った。彼女が「人間への信頼や信用を……多くいだく」ことはなかった。(31)

救済と抵抗

以上引用してきた証言は、東ガリツィアの小さな町、ひいては東欧各地の多くで見られたユダヤ人犠牲者と、特に生存者の典型的な経験を再構成する上で、この種の資料に備わる重要性を示しているはずである。これらの記述は、当時広く見られた心理状況への洞察を多く提供してくれるし、それゆえ当時の行動様式とこれらの出来事の長期的影響をともに私たちが理解する際の助けにもなる。言い換えると、これらの証言は、ホロコーストを耐え抜いた人々の精神構造とその回復力や、記憶・想起・目撃証言へのトラウマの影響を分析するいず

れの場合にも決定的に重要なのである。(32)

それでもなお、救済と抵抗とコミュニティ内の軋轢にもっと立ち入って言及しなければ、上で素描した絵柄は不完全なものにとどまる。救済の事例は記録全体では比較的まれだが、証言の場合はこれらが目立って登場する。その一方で、証言は裏切りや告発の事例も多く語る。全体的には例外的だったにせよ、救済は生存者にとってはるかに共通する経験だったし、私たちはその証言に依拠しなければならない。実際、大半の主役たちの回想はまさにこの点では相反する感情を併存させてきた。罪を責める一方で人間性を主張し、裏切りを暴露しながらも利他主義と献身的犠牲を想起するのである。非ユダヤ人による記述は、キリスト教徒による共犯や対ナチ協力の事実を封じ込め、あるいは傍にやる場合が多く、他方、支援や憐れみを強調して、場合によっては犠牲者の運命の責任を本人たちに負わせている。ユダヤ人の証言は、隣人による背信への辛辣な思いと少数の高潔な人々による救済への感謝の間を戸惑いがちに揺れ動くが、それとは別に、一方では、ユダヤ人による対ナチ協力や腐敗を示す証拠を封じ込め、他方では、ユダヤ人評議会《ユーデンラート》やユダヤ人警察だったことが確認された者への根深い忿怒と嘲笑を表明して、これら両者間を行き来する。最後に、ドイツ人の見せた憐憫の情はおそらく、まさに現地が全権を得たことによるものだが、これらの記述中では、ジェノサイドのさなかにも選択可能性はあり、善なるものの潜在的可能性が存在することを示す最強の証拠として登場する。

選択は、大量殺戮にかんするどんな議論でも道徳的核心をなすものである。それはまた、この種の出来事に直接影響された人々にとっても、その後の諸世代にとっても、心理の根底にある次元であり続ける。(33)選択可能性の存在を示す証拠は、他にはどうしようもなかったと主張して共犯のアリバイとした人々を晒し者にし、辱めるおそれがあった。だが、利他主義の事例は、それがたとえどれほど乏しくとも、それなくしては完全に暗黒の時代であり続けたものにいく筋かの閃光をもたらす。この種の人間らしさの微かな煌めきは、どれほど微弱で遠くにあるにせよ、歴史記録から除去されるべきではない。実際に起こったことなのだから、詳しく語られねばならない。私たちに希望を与えてくれるものなのだから、記憶されねばならない。そして、嗤笑《ししょう》と貪欲、共犯と対ナチ協力、暴力と残虐などのより遍《あまね》く見られた現象を際立たせる上で有益なのだから、文脈化されなければならない。ホロコースト時に見られた異教徒による助力・救済・献身的犠牲を知るうえで、ユダヤ人生存者の証言から得られたもの以上に信頼に足る証拠はありえないのである。

　特に子どもの場合、生き残れるかどうかは運と他人《ひと》の助けの組み合わせで決まり、その助力は、親切心による場合もあれば、物的な利得を期待した場合もあった。解放直後に聴き取りを受けたブチャチ出身の幼い少女サファー・プリュファーは、父親が「私と弟を町中で知り合いの農民に託した」ことを覚えていた。だが、「恐ろしい行動《アクツィオン》」に続いて「……父ちゃんが森に隠れ家を建てたのです。……ある日、ウクライナ人警察が来て、全員射殺して、残ったのは私だけでした。その日からずっと、私は自力で生きのびるための闘いに踏み出しました。七カ月間一人で彷徨《さまよ》い歩いたけれど、どこにも隠れ家は見つからなかったのです。その後やっと赤軍が私たちを解放してくれました」[34]。

　これほど幼い少女が、渋々ではあれ地元民の助けがまったくなしに長い冬を生き抜けたとは考えられない。非ユダヤ人は、この種の助力が進んで行われたかのように主張しがちである。ブチャチのあるポーランド人住民は二〇〇三年、戦争中に「泣いて疲れきった」赤ん坊連れの若い女性が駆け込んできた時のことをこう語った。「……危険をおして彼女たちを牛舎の屋根裏に匿い……、自分の乳房から小さな女の子に授乳し、……食べ物をその女性と分けあいました」。彼女はこれが「一度きり」ではなく、「〔ユダヤ人を〕助けるために出来る限りのことをしたし、夫も不服を言ったりしなかったのです」と強調した[35]。

　生存できなかった可能性が高いとはいえ、赤ちゃんが最終的にどうなったかはわからない。逆に、プラハでキリスト教徒として育てられたエミル・スカメネは、実は一九四一年にブチャチのクレイナー家に生まれていた。「〔生まれたのは〕あるウクライナ人の農家の地下倉庫。その農民が両親を匿ってくれたのです」。必死の思いのエミルの父親は、プラハにいる姉妹に手紙を書き、赤ちゃんを救ってほしいと懇願した。折り返し彼女は、「親衛隊の何かの役職」にあるドイツ人のルドルフ・シュタイガーを送り、謝金を得た彼は、八カ月の赤ちゃんを「背嚢《はいのう》に入れて……二日以上かけて……列車で」プラハまで運んだ。間もなく、その農民が貴重品目当てでエミルの両親を殺害した。スカメネが出自を知ったのは、やっと数十年後のことだった。その後、彼は、養い親夫婦も二人とも隠れユダヤ人だと気がついた。一九九八年に悟ったとおり、彼の人生は「ある人々にとって私が生き抜くことがとても大切」という事実のおかげだった。「もともとは金のためだった」シュタイガーでさえ、この子への愛情を育み、誕生祝いの常連のお客になった。彼の「善行」は報われた。「私の両親からの宣誓供述書」がなければ、「親衛隊員だった……[彼は]戦後、チェコ人に殺されたかもしれなかった」。シュタイガーは、「要するに、この信じがたい英雄的行為と引き換えで自分らしい人生を……まっとうできたのだ」とスカメネは結論づけた(36)。

もっと年長の子どもの中には身元を偽ることを選ぶ者もいたが、これはステレオタイプと偏見だらけの社会では危険な選択だった。一九四六年、一〇歳のゲニア・ヴェクスラーは、占領末期の数カ月を母親や姉妹と一緒にポーランド人の村で過ごしたことを証言した。

私は牛の放牧をしました。……家の中で彼らはよくユダヤ人の話をしました。「ユダヤ人は詐欺師だ」。……子どもらはいつも……ユダヤ人「狩り」ごっこをしていました……解放まで私たちはポーランド人として暮らしたのです。私はよく、ユダヤ人みたいな眼、ユダヤ人みたいな黒髪だと言われました。「もっと近くでよく見てご覧よ。完璧にユダヤ人かもしれないよ」と答えました(37)。

一九四一年のドイツの侵略時に一〇歳だったブロニア・カハネは、当初、祖父に恩義を感じているウクライナ人農民のもとに母親と一緒に匿われたが、その息子は強制収容所の看守だった。その後、母親の見事なドイツ語と一〇ドル札のおかげで、オーストリア人親衛隊員によって処刑から救われた。だが、一九四四年春に彼女は家族全員を失い、農場労働者として働き始めた。農場所有者の息子が略奪してきたユダヤ風の物品だらけの家に住み込み、雇い主からは「お前は何でもユダヤ人みたいにするな」と言われていた。解放後、ブチャチに戻った時にブロニアは「ウクライナ語しか話さなかった……何もかも忘れていました」。数少ない生き残りのユダヤ人が、襲撃を怯えているのが分かった。「私は決して家に戻りませんでした。……だって「奴らがあんたを殺しに来る」と……みんなが言っていたから[38]」。

ドイツの侵攻時に一四歳だったアリザ・ゴロボフも、最初はドイツ人兵士に救われた。一九四二年の狩り集め時に彼女の家族を匿ってくれたのである。彼女は何度か告発され、同じく家族全員を失ったが、アリザは多くのウクライナ人や、スタニスワヴフという町にいる父親の知人たちに救われた。弁護士であるヴォルチュク博士とクロフミチェク氏や、後者の父親が神父や警視正と手を組んで、彼女に偽造書類を渡して解放まで彼女を守ってくれた。代償も受け取らず、自身や家族の生活にも大きな危険を冒してくれたのである[39]。やはり一九四一年時点で一四歳だったヒルダ・ヴァイツも、ブチャチのとあるウクライナ人家族に匿われたが、実は「彼らは……とても民族主義的」で、「兄弟のうち二人がドイツ軍に徴兵されていた」。彼女と弟はその後、「とても粗暴な反ユダヤの町」の鍛冶屋一家に匿われた。その男と妻、子どもも最後は村を捨てて逃げた。「奴らが……ユダヤ人探しに来るのをひどく恐れていた」のである。彼女と弟は二人きりで残された。「光がとても綺麗で、太陽や自然もそうで、「神様、人生はこんなに美しいのに、もう二度と見られないかもしれません」と言ったのを覚えています。私は、これが私たちの最後の一日だと思っていました[40]」。その後すぐにソ連がやって来た。

愛情、情熱、恩義が一役買うこともあった。一六歳のゾフィア・ポラックはラヴァ・ルスカの町の近くでべウジェッツ絶滅収容所行きの列車から飛び降りて、地元のドイツ系ポーランド人の警官スモラに逮捕されてしまった。彼は彼女にこう言った。「君はとても若いし……とても可愛いし、殺されちゃだめだ」。彼は六週間にわたってゾフィアの面倒をみた。「彼は本気で私に惚れたのね。……でもかれは既婚者だった。それに、彼の奥さんと子ども二人は休暇で留守だったし」。妻が戻って来ると、スモラはゾフィアをブチャチにいる彼女の父親と兄弟のもとに帰した。彼女は残されたドイツ占領期の多くを、元領地管理人であった父親の雇われていた農場でポーランド人作業監督の善意で生き抜くことができた。すんでのところでウクライナ人パルチザンに殺されかけた彼女らは、かつてゾフィアの父親に助けられたことのある貧しい農民の納屋に身を落ち着けることになった。「「俺の持ち物は何でもあんたたちと分けあうから……」と彼は言ってくれました。私たちに藁をかぶせてくれました。とても寒かった。……そこではずっと同じ姿勢で身動きできなかったし、私たちが一九四四年二月二三日にその場所で解放された時の様子は、こんなだったの[41]」。

この他に、見知らぬ人の瞬時の決断で若者たちが救われた例もある。一八歳のツィラ・シュナイダーは一九四二年、ブチャチの南東四〇キロメートル〔二五マイル〕ほどのナグシャンカ〔ナヒリャンカ〕労働収容所でユダヤ人掃蕩が行われた際に、ドイツの行政事務所の屋根裏に潜んでおり、「たまたま私を見つけたポーランド人の掃除人のおかげで……何とか……見られずに脱出できました」。一九四三年一月の再度の掃蕩時に彼女は、友だちと一緒に農場の裏庭に潜んでいた。民族ドイツ人の農民がその場で彼女たちを見つけて、「小屋の中に私たちを招き入れ、……温かい食べ物を用意するよう妻に命じて……私たちに食べさせてくれたし……古着を何点か私たちに見つけてくれました」。その後、彼女とその他数人は別の農家の女性から食事を提供された。そして、いよいよ占領終結が近づくとツィラとその他数人のユダヤ人少女は修道院の屋根裏に潜んでいた。「修道女様たちが私たちを、こんなことは長くは続かないよと慰めてくれて、食事を持って来てくれました[42]」。

救済者は皆がみな同じ性分だったわけではなく、私たちの手元には何人かについて矛盾した報告がある。一九四六年、二一歳のシュムエル・ローゼンは次のように証言した。彼と二人の兄弟と母親は、ブチャチの町を見下ろすフェドル〔フェーディル〕丘の斜面にあるキリスト教徒墓地の安置所に九カ月隠れており、その中に「葬儀屋」のマリャン（マニコ）・シュヴィエシチャクに「手伝ってもらって……小さな一室を作った」[43]。一九六〇年に行った別の証言でシュムエルは、シュヴィエシチャクを「読み書きはできないが正直者」で、狩り集め時には「見返りに礼金をもらって」「墓地内のチャペルの屋根裏にユダヤ人四〇人」を匿い、ウクライナ人警察が「彼をめった打ちにした」時も裏切るのを拒んだ。ローゼンは、匿ってもらう見返りにシュヴィエシチャクに「食糧代として毎月一〇〇〇ズウォチ」を支払った[44]。シュムエルの兄ヘンリーは一九九七年シュヴィエシチャクを「見上げた男」として描き、「キリスト教徒で……「もし俺があんたらをたれ込んだら、俺の子や孫、そのまた孫たちが俺の罪の贖いをさせられることになる」とよく言っていた」とした[45]。だが、一九四四年三月、ローゼン一家が葬儀場の「床下の隠れ家」に移って二カ月後、「ドイツ人兵士の一団が家に踏み込んできて」「床が壊れた」。兄弟はなんとか逃げおおせたが、「母さんは悲しいことに……脚が悪くて走れなかった。……母さんが引きずり出されて射殺される様子を……僕たちは見た」。その後、シュヴィエシチャクが彼女を葬った[46]。

三人の少年はその後、旧知のポーランド人農民のミハウ・ドゥトキエヴィチに匿われたが、少年たちの親戚の何人かは同じ村で告発されて殺された[47]。シュヴィエシチャクの英雄譚が世に知られて、一九八三年に彼とウクライナ人の妻マリナがエルサレムのヤド・ヴァシェムから「諸国民の中の正義の人」に叙されたのは彼らのおかげである[48]。だが、ヤド・ヴァシェムのアーカイヴには、ローゼン兄弟の友人であるモシェ・ヴィツィンガーが一九四七年に書いた記述があり、彼はこの葬儀屋についてまったく違う思い出を懐いていた。一九四三年六月、ヴィツィンガーも墓地で隠れ家を探していて、その場で彼は「ぎょっとした」様子のシュヴィエシチャクと出会ったのだが、彼の妻も一緒で、彼女はヴィツィンガーに立ち去るか、ドイツ人に自首するよう強く求めた。その後間もなくヴィッツィンガーはウクライナ人戦闘員に捕まり、かろうじて逃げ出して墓地に戻った。マリナは今度は、「遠くに行って戻ってこないで、ドイツ人を呼ぶわよと……叫んだ」。なんとこの時、ヴィッツィンガーは地元のポーランド人抵抗グループに拾われ、リーダーのエデクは、ユダヤ人を匿うのを拒んだとして夫婦を罰することに決めた。ヴィッツィンガーによると、夫がベッドに潜んでいる間にマリナを袋叩きにした後、エデクは「お前たちの彼への仕打ちを考えると、犬のように殺すべきところだ。これまでの行いに免じて、……それはやめておく。ドイツ人が怖いなんて、言い訳にもならない。……我々は、何であれドイツ人の命令に服従する者は死をもって罰するだろう。このことを覚えておいて、他人《ひと》にも伝えることだな」と宣った。

ヴィッツィンガーの言によれば、エデクの道徳律の基準ではユダヤ人への好悪に関係なくポーランド人の誇りゆえにユダヤ人を救出すべきであり、シュヴィエシチャクはこの試験に合格できなかった。だが、エデクのグループは現地ではたぐいまれな存在――もっとも民族主義的なポーランド人やウクライナ人のパルチザンは、良くてもユダヤ人に非友好的――であり、彼とその戦士の多くは最後は殺されてしまった。彼の英雄ぶりを示す唯一の記録はヴィッツィンガーの記述中にあるが、これは何十年も読まれることがなく、つい最近、私が英訳を公刊したところである。そのためにエデクはヤド・ヴァシェムからは認められず、シュヴィエシチャクの地位への異議申し立てはまったくなされていない。

英雄ぶりをめぐるこのような曖昧さは、ユダヤ人抵抗者の場合もっと顕著だった。ヴィッツィンガーはその記述の最後で、解放前夜になお残っていた一握りのユダヤ人戦士のことをざっくりと捉えて、彼らは「死にゆく民族の最後の者」と記している。[49] 彼らがどのような人々であったのか、なぜこの種の人々があれほど少なかったのかを探究すれば、歴史的現実の複雑さや記憶の移ろい易さがわかるだろう。

目立った例はイツハク・バウアーである。ドイツ侵攻時に彼は一八歳であり、二〇〇三年に私がテル・アヴィヴでインタヴューした時には八〇歳だった。バウアーの回想によれば、ブチャチの「キリスト教徒住民は、他の場所と比べると」「比較的まともだった。……少なくとも、彼らが私たちを害することはなかったからね」。一度目の狩り集め時にウクライナ人の友人に救われたバウアーは、近くの森の中の小規模なユダヤ人抵抗グループのもとに身を落ちつけた。バウアーは、告発者にたいする行動に取り組む一方、微妙なウクライナ人観を保っており、例えば、地元の民警隊長として悪名高いヴォロディミル・カズノフスキーでさえ、神父である父親がユダヤ人を匿っているのを摘発するために行動を起こすのは控えた、と記している。同様に、バウアーの友人でウクライナ人のシェンコは、このグループに食糧を提供していたが、その後は警察に加わった。自分たちには「ドイツでの労働[*2]に登録するか、武装親衛隊「ガリツィエン」[*3]師団に加わるしか他に選択肢はなかったんだ」と説明した。その後程なくしてシェンコの家は、ユダヤ人を匿った罰として燃やされた。バウアーは家族ぐるみの友人である年配のウクライナ人のことも想起したが、その老人は、彼とその兄弟を自宅に呼んで食事を与え、別れ際に「君たちにはなんとか生き抜いてほしい」と語った(50)。

ところが、ブチャチの元ナチ犯罪者裁判の証拠として一九六八年に西ドイツの裁判所に彼が提出した宣誓証書からは、パルチザンになる前にバウアーがユダヤ人ゲットー警察《オルドヌングスディーンスト》に勤務していたことがわかる。彼は対ナチ協力から抵抗への転身を果たした唯一の存在ではなかった。バウアーは、ユダヤ人警察に加わったのは一九四一年一一月だと記していた。三〇人ほどからなるこの警察班は「ユダヤ人評議会の命令を実行し、行動の際には……ゲシュタポや地元の憲兵隊……の配下に置かれた」。バウアーによると、一九四二年一一月二七日、彼は「ユダヤ人病院の片付けに参加する任務を与えられた」が、この病院は「一〇〇人ほどの……病人で……溢れかえっていた。動けない病人は、その場で即ベッドで射殺された。それ以外は鉄道駅に連行され、……ベウジェツの絶滅収容所に移送された」。バウアー自身、病院での射殺を何回か目撃しており、一九四三年四月の狩り集めの際もそうだった(51)。

バウアーの二つの記述間に矛盾があるというわけでは必ずしもない。彼の経験中の異なる断片を取り出し、そのそれぞれが提示された状況に適切に関連づけられただけかもしれないのである。だが、バウアーが自身の物語の二つの部分を、一つの心理的・経験的な全体像にうまく統合できなかったこともありうる。つまり、ドイツの法廷で彼は、ドイツ人加害者を特定する能力を確証するためにユダヤ人警察隊員としての役割を主張し、私には、パルチザンとしての役割を強調することで、イスラエルの文脈にふさわしく、より英雄的な趣を自身の生存に添えたということである。だが、バウアーやシェンコらの人物の行った選択に関する私たち流の理解を、あの時代を生き抜いた多くの人々が共有することはなかっただろう。一九四一年時点で二四歳、屈強な労働者階級の一員だったゲルション・グロスは、ユダヤ人評議会やユダヤ人警察に軽蔑しか抱かなかった。「奴らの仕事は何だったかって？……誰もそんなこと話したくないさ。……五〇〇人は必要だとドイツ人が言うとするだろ。［それだけ捕まえるためにユダヤ人］警察の出動さ」。ゲルションと彼の兄弟たちは警察加入を拒んだ。ある生き残りのユダヤ人評議会委員について、ゲルションは突き放したようにこう指摘した。奴は「アイヒマンと同じで隠れなきゃならなかったんだ。見つかったら、殺されただろうな」。彼の思いでは、ユダヤ人協力者が最悪なのは、仲間に背を向けたからである。彼が異教徒にはもっと同情的だったのは、期待値が低かったからに他ならない。ユダヤ人警察に強いられて大量射殺の犠牲者を葬った後、かつての級友であるウクライナ人警察官が彼を逃してくれた。ブチャチのストリパ川に架けられた橋からトーラーの巻物が「まるで服を掛けるみたいに……ぶら下げられた時」、「あるウクライナ人神父がトーラー一巻を教会に隠し」て、解放後、グロスに返してくれた。さらに、兄弟の一人がパルチザンの行動で負傷した際には、ある貧しいポーランド人農民が匿って、健康を取り戻すまで看護してくれた。だが、グロスが幻想を懐くことはなかった。ハンガリーやチェコのユダヤ人難民を「ウクライナ人警察がドニエストル川に連行し、ワイアーで括って生きたままドニエストル川に投げ込んだ」のを彼は知っていた。もっと身近では、地元のあるポーランド人少女によって両親が告発され、自宅の庭に連れ出されて、射殺されていた。[52]

モシェ・ヴィツィンガーも、異教徒の隣人よりユダヤ人協力者に手厳しかった。ドイツ占領の最初の日々のことを書きとめる中で彼は、ウクライナ人の卑劣漢に手引きされたドイツ人兵士がユダヤ人の家に押し入り、年若いユダヤ人少女をレイプした様子を述べていた。だが、その際の彼の記述の調子は、ゲルション・グロスと驚くほど似たものだった。

著名なウクライナ人眼科医［ヴォロディミル・］ハメルスキーは、［内科医］ブルトライヒ博士と［弁護士で元総合シオニスト党*4地域支部長のベンヤミン・］エンゲルベルグ［博士］の率いるユダヤ人代表団に対し、ウクライナ人知識層はユダヤ人殺害を支持するものではないが、自分たちは無力だと述べた。なぜなら、今日支配しているのはウクライナ人の秘密の徒党の元指導者だからである。結局、ドイツ人が優位に立ちさえすれば、町の雰囲気は正常化するだろうとの希望を彼は表明した。その間にも略奪やレイプや殺人が増えた。ある夜、大シナゴーグ内部がひどく破壊された。……トーラーの巻物がわざわざ橋のところまで持ち出されて……巻きを解かれ、……一端は……橋の上部に括りつけられ、もう一端は水面すれすれを揺れていた。これにはあるウクライナ人司祭が厳しく抗議し、ウクライナ人の徒党の指導者［アンドリー・］ダンコヴィチに聖なる場所への冒瀆を止めるよう断固求めたのだ。……ウクライナのバシリウス会修道院の院長は……安全に保管するために巻物を修道院に運ぶようユダヤ人に提案した。

ヴィツィンガーは、これと同じ「ウクライナ人徒党」が間もなく「警察部隊に転身」して、その後の大量殺害に地元の主力として加わったことを認識している。それにもかかわらず、ヴィツィンガーがもっとも侮蔑的に書き記したのはユダヤ人指導者であり、「ドイツ人やウクライナ人による数えきれぬほどの要求」がユダヤ人評議会によって「ただちに実行される」様子を嘲笑した。ユダヤ人警察はといえば、彼らも「ユダヤ人から家具や寝具や衣服を盗み出し」たので、「戦慄の時代」でさえユダヤ人の役人たちが「ずいぶん良い暮らしを送って巨額をため込」む一方、「持ち物を隠そうとしたユダヤ人」は彼らに「無慈悲に殴られた」。ユダヤ人が近隣の村々に逃げようと試みると、「まず農民たち」が彼らから「持ち物をすべて盗み、その後で殺害した」が、他方、ブチャチにいる者はユダヤ人警察の標的にされた。「ユダヤ人警察は殺しながら盗んだから、ドイツ人よりたちが悪い」。

ヴィツィンガーによると、ユダヤ人指導者の中にはこれとは異なる道徳基準を設定しようと実際に努力する者もいた。たとえば、ドイツ人が強制労働収容所での役務用にユダヤ人一五〇人を要求した際、ユダヤ人評議会議長のエンゲルベルグ博士は、「いかなる状況であれ自分は人の選別に加わらないと表明した」。だが、彼の補佐であるベルンハルト・「ザイファー博士とバルフ・クラマーは……労働不能者と健康で若い労働者との交換を提案」し、「贈り物付きで自分たちの提案を後押しした」。その結果、「名簿から名前が抹消されたのは金を一番多く払える者だった」し、他方、ザイファーとクラマーは「大金を稼ぎ……宝石類を断ることもなかった」。英雄的な場面も多少はあった。ヤンキエル・エベンシュタインは、「ユダヤ人評議会委員を務めた最初の数カ月に皆から嫌われてしまったが、……隠れ家用の壕を探す……手伝いをするよう命じられた」。彼は当初、ある家で「ユダヤ人は隠れていないとゲシュタポ隊長を説き伏せようとした」。だが、「連中がユダヤ人を引きずりだし始めると」、「手斧をひったくってゲシュタポ隊員に殴りかかり」、結局はただちに射殺された。ヴィツィンガーが評した通り、「ゲシュタポの手先と言われた……男が英雄的な最期を遂げたありさまとは、こういうものである。あの日、彼はすべてを許されたのである」[53]。

ドイツ支配が民族内・民族間関係に及ぼした影響は多くの証言に記されている。ゾフィア・ポラックには「とても親しい……異教徒の友だちが何人もいた」けれども、「ドイツ人が街を占領した後は、私のことを見ようともしませんでした。ユダヤ人だからです」。ゲットーについては、「ユダヤ人評議会はとても卑劣だし、ユダヤ人警察もとても卑劣でした。ドイツ人の言いなりになりさえすれば、自分の命は救われると考えたのです。こうして、とても素敵な人たちがとても醜くなってしまいました」。だが、ポラックは、「結局、みんな殺された」と結んでいる[54]。シュムエル・ローゼンの回想では、「もっとも金持ちのユダヤ人二〇〇家族」がユダヤ人評議会にべらぼうな金額を払って、ブチャチで安全な最後の場所と見なされた「労働収容所への切符を手に入れた[55]」。その後間もなく、労働収容所でもユダヤ人掃蕩があった。だが、ローゼンは富と腐敗が生存率の違いを生んだと本気で考えていた。一九四四年三月のブチャチの一度目の解放後、一〇〇〇人にも上りそうな（おそらく八〇〇人近い）ユダヤ人が隠れ家を出たが、「生き残っていたのは、一握りの正直者に次いで、疑惑の人物――告発者や民警隊員――ばかりだった」。確実なのは、二週間後にドイツが町を再掌握すると、そのほとんどが殺されたことである。かろうじて逃げおおせた者は少数にとどまり、一部はパルチザンになった。ローゼン兄弟の場合は赤軍に加わった。一九四四年七月の二度目の解放時にブチャチでまだ生きていたユダヤ人は一〇〇人以下だった[56]。

生存者は、「死屍に鞭打つことなかれ」との句を引き合いに、ユダヤ人内部の腐敗や共犯を語るのを躊躇することが多かった。だがこれは、ホロコースト時の生とその後の記憶にとって決定的に重要な構成要素である。ブチャチの目撃者たちも、ユダヤ人指導者が武装抵抗運動の結成に反対して妨害したことを観察していた。二〇〇二年、シュムエル・ローゼンは、ユダヤ人評議会の指導者たちとツーラーという男の会話を漏れ聴いた時のことを思いだした。この男は「戦前はポーランド軍にいた。……彼は奴らにこう言ったんだ。「パルチザン・グループを作って森に行きたいのですが、……武器代がありません」。……で、奴らは「あなたねぇ……私たちはこれには賛成できないですね」と言ったんだ。それで彼は立ち去った。それだけの話さ」。

ローゼンの推測では、ユダヤ人指導者は「怖気づいて」おり、抵抗運動を組織するのを「ユダヤ人評議会の一部が……望んだ」一方、「ドイツ人と結託」した者もおり、「申し訳ないが言わせてもらうと、遺憾ながらザイファー博士もその一人だったんだよ」。ここでローゼンが言っているのは、ザイファーは抵抗運動より対ナチ協力を選んだということであり、彼が進んでザイファーを名指したのは、二人だけ生き残ったユダヤ人評議会委員のうちの一人がどうやらザイファーだったという事実に関係するに違いない。「彼はオーストラリアにいるらしいね」というわけである。もう一人の生存者ゼヴ・アンデルマンには、ローゼンと一緒に私が聴き取りをしたが、彼はこう示唆した。「あなた方、この話はやめましょう。辛すぎます」。しかし、ローゼンは粘った。「いいですか。彼らはこのことを知らねばならないのです。……ユダヤ人評議会は悪事を働いた。……働かせるために若者を捕まえて、[別の者と]差し替えようとしたのです。いったい誰が差し替えられることになったのですか」。とうとうアンデルマンが折れた。「貧しい少年たちの一人です」。そして、ローゼンはこう結んだ。「その通り。貧しい子どもたちを金持ちの子どもたちと[差し替えたの]でしょう」。さらにアンデルマンはこう付け加えた。「私の叔父です。叔父が奴らに捕まったのです[57]」。

これらは緊張をはらんだあまりに苦痛な問題である。究極的には、コミュニティ内のジェノサイドという状況下では、誰一人それらの出来事から完全に疎遠ではいられなかった。シュムエル・ローゼンの何気ない発言は、実は、彼もまた「お手伝い」の身分に過ぎぬとはいえユダヤ人評議会で働いていたことを明るみに出した(「私はお茶やコーヒーを淹れた」)。ゼヴ・アンデルマンは、兄弟のヤネクが一九四三年四月に亡くなったことを誇らしげに語った。この時、ヤネクはピストルを取り出してウクライナ人警官を射殺し、ひどく殴られたあげくに、町の広場にひっぱり出されて生きて焼かれたのだった。だが別資料から示唆されるのは、ヤネクがピストルを持っていたのは、彼が当時あるいはそれ以前にユダヤ人警察だったからである。おそらく、エベンシュタインと同じく、彼の英雄的な最期は警察における過去の行動を償うものであった[58]。

結論

ジェノサイドの個人的記述は本来的に、出来事の単一の画一的な語りの創造を許すものではない。むしろ、それらは多数の観点を提供し、それには補いあうものも矛盾するものもあって、それらが一つにまとめられると、過去の現実の不完全だが多元的な像が提供可能になる。これは時には異論を呼ぶ像、あるいは不可解な像かもしれないが、それだけになおさら、第二次世界大戦とホロコーストの極端な状況を深く考えることになる。そのうえ、目撃者の声に丹念に耳を傾けると、公式記述の偏向したごまかしから導ける以上の深みや微妙な意味合いが私たちに与えられる。一人一人の個人としての観点は、東欧の複数民族が混住した境界地域で発生した出来事を再構成するうえで、ますます重要である。

実際には、個々の記述内のある種の内部矛盾には、集合的記憶や歴史研究にとって特別の意義がある。各民族集団の振る舞い全体を一般化して述べる目撃者の発言は、紋切り型の見方に同調しがちであり、それらが部分的にはそれらの出来事の進展全体の叙述にも投影される場合がある。だが、その同じ目撃者たちが、しばしば一般化を裏切るような個人としての行動の特異事例に触れる場合もあるし、劣らず重要なこととして、そうした行動が目撃者本人の生存にとって決定的に重要だったという場合もある。このような典型的ではないが決定的に重要な行動は、広く行き渡った偏見を是正するものであり、選択という要素を導入することによって決定論的な過去の見方を侵食する。

紋切り型の一般化と唯一無二の《ユニークな》個人の経験のあいだのギャップは、アンビヴァレンスを生む。この反応は、ジェノサイドのような極端な状況において特に鮮明に浮き彫りになる。ユダヤ人の記述は隣人であるキリスト教徒へのない混ぜになった感情を多く含んで、至る所でみられる裏切りという一般的印象と、救済された個々の経験を反映する。告発と殺害があまりに行き渡ったからこそ、類いまれな憐憫と利他主義の事例がいっそう際立つ。そしてもちろん、目撃者の記述は、異教徒による救済を不釣り合いなほど再現する。生存は、その種の行為におおきく依存したものだからである。

しかし証言は、加害者が時には慈悲心や憐憫を示したのとまったく同様に、救済者もいつも必ず利他的だったはずはなく、行為の動機には純粋な善意から利己心による搾取に至る幅があったことをも私たちに語る。手を血で染めた者も誰かを救う選択をした場合があり、他方、救済者を装った者が、匿った相手から盗みを働いて裏切っただけの場合もあった。立派な市民の多くが略奪と殺害の共犯となり、他方、極貧の農民の中には、破壊されたコミュニティの生き残りである絶望した人々と最後の一片のパンを分けあった者がいた。戦後に備えてアリバイを求める者もおれば、道徳的負債を返済した者もいた。一般論で動機を語るのは不毛である。殺人を習い性とした者がただ一度だけ親切に行動したこともあったかもしれない。初めて良心の痛みを感じて改心した者もいたかもしれない。善意で始めながら、その後、告発に転じた者もいた。貪欲から行動したのに、救った相手に愛着を抱く者もいた。アンビヴァレンスが生存者に限られることはまずなかった。

地域の観点からコミュニティ内のジェノサイドの動態を観察すると、ある時点に暴力をふるった少なからぬ者が、別の時点にはその犠牲者になったことが明らかになる。ウクライナ民族主義者は、ユダヤ人殺害ではドイツ人に協力し、続いて自発的にポーランド人を大量に殺害した。しかし彼らは、これ以前には戦前のポーランド国家の標的にされ、続いてソ連当局、最後はドイツ人からも狙い撃ちにされた。ポーランド人は、戦前の国家による反ユダヤ人・反ウクライナ人の差別政策から利を得ていたが、今度は彼らが、ソ連による強制追放とウクライナ人による民族浄化にさらされた。ユダヤ人コミュニティの指導者や教養ある若者たちは共犯者になって、仲間のユダヤ人の中のより貧しく立場の弱い者を犠牲にして護身に走ったけれども、彼らも殺されたのだから、力と安全への幻想は雲散霧消させられただけである。この逆転劇をある種の正義だと見なす者もいた。だが、究極的にはこれは、これまで想像だにできなかった歯止めなき無制約の暴力の動態から帰結したものにすぎなかった。

さらに証言の多くは、これまで語られなかった救済者への謝意と、これほど長く彼らを認識できず感謝し損ねてきたことへの言葉にならぬほどの痛恨の思いを、ともに含んでいる。騒乱と暴力、裏切りと遺棄の蔓延する雰囲気が、このような慈悲の行為をなおさら際立たせることがあってもよかったはずである。だがそうはならず、生存者が死者を悼み、新しい生を築く努力を重ねるにつれて、それらの行為は後景に退くことが多かった。だが、証言はまったく異なる物語を語る。大洪水で溺れ死んだ者たちの群れは後に価値あるものをほとんど残さなかった。だが、救われた少数の者が私たちにこれらの出来事の詳細な記録を与えてくれた――救済者はその重要な構成要素だった。もちろんこれは偏った歴史記録である。だが、それにはホロコーストとその後の出来事について私たちの理解を豊かなものにするという利点がある。究極的には、救済の行為は、生存者たちの生命を救う以上に魂を救うものでもあった。畢竟、あの時代を生き抜いた男・女・子どもが生を再建するための内なる資源を有していたのは、驚くべきことである。そして彼ら彼女らの多くがそれをやってのけた。これは強さと回復力の証《あかし》である。だが、私が論じたいのは、言うまでもなく、新しい家族を作る決意と子どもたちに信頼と人間性を徐々に育む能力に寄与したのは、無私無欲で彼ら彼女らを救ってくれた人々の記憶だったということである。

この記憶はずっと生存者の魂に深く刻み込まれていた。だがそれは、何十年にもわたり公の場では表出できず、生き続けるのに十分な栄養分を供給しながらも完全に再浮上することは一度もなかった。おそらく大惨事後を生きる困難ゆえであり、あるいはそれが登場するのを許すと、他の恐怖と裏切りと喪失をすべて呼び戻しかねなかったからである。何十年後かにその記憶が戻った時には、人生をすでにまっとうし、子や孫はすでに生まれ、そして避けられぬ終末の時が近づくのを心静かに充実感とともに直視できるようになっていた。そして、救済の記憶とともに訪れた認識とは、当時、行動を選んだ人々は命を救う以上のことをしたのであり、おそらく動物の如く狩り出された人々の中の人間らしい煌めきを自分でも気づかぬうちに認めることで、共有された人間性という観念自体——まさにナチが根絶をめざしたもの——を救済したのだ、というものである。

私がここで引用した目撃者の経験したことは、人間性について、あるいは歴史について、さらにホロコーストという出来事についても、単一の一面的教訓をほとんど与えない。だが、これらの記述は、見ての通りに不安に満ち、痛ましく、矛盾だらけだとしても、過去を構成する決定的に重要な要素である——ブチャチでもそうだし、引いては、特に東欧の境界地域にあるコミュニティ内ジェノサイドの起こった多くの場でもそうである。それらを無視すること、脇に追いやること、より深部の意味と無関係な何かの論点や命題を例証するためだけにそれらを使用すること、こうしたことは、これら人間の経験の記録を悪用するのにとどまらず、歴史記録それ自体を歪め究極的には偽造することでもある。主役たちに耳を傾けずにはどんな歴史も書かれるべきではないし、これらの声を沈黙させることを主目的とした出来事について歴史を書く場合はなおさらである。惨事を生き抜いた数少ない人々が他の何よりも望んだのは、自分たちの経験した出来事の記憶を後代に伝え、そのことを通じて夥しい数の死者を完全忘却と統計的抽象化から救い出すことであり、学術刊行物の莫大な数の脚注への大量埋葬から救うことだったからである。

訳注

＊1 槍・矛・刀・剣など。銃などの火器と対語をなし、火薬などの爆発力を使わない武器がこう呼ばれる。

＊2 ドイツ占領下の東欧からはスラヴ人が多く労働力不足のドイツ本国に送り込まれ、オストアルバイター（東の労働者）と呼ばれた。

＊3 ナチ党の軍事組織である武装親衛隊は被占領地の諸国民からなる師団を各地に設けており、ガリツィエン（ガリツィア）師団にはウクライナ民族主義者が多数参加した。

＊4 第一次世界大戦直後に結成された中道シオニスト運動組織。イスラエル独立後は政党として活動した。

第Ⅲ部　正義／司法《ジャスティス》と否定論

第五章　法廷のなかのホロコースト

法

一九五〇年代末から六〇年代にかけてドイツ連邦共和国〔西ドイツ〕では、元ナチ犯罪者の一連の裁判が行われた。もっともよく知られ影響も大きかったのは、一九六三年から一九六五年までのフランクフルト・アウシュヴィッツ裁判であり、ホロコーストとその犯罪者、国家の命令によるジェノサイドの罪と事後の責任《アカウンタビリティ》の性格について、西ドイツである種の見方の確立を促した。だが、アウシュヴィッツ裁判はあるひとつの強制収容所と絶滅収容所における収容者への拷問と殺害を扱うものだった。[1] 逆に、同時期のその他一連の裁判が焦点を当てたのは東欧におけるユダヤ人コミュニティの破壊であり、その住民中には絶滅収容所に移送された者もいたとはいえ、多くは自分たちの町の中やすぐ近郊で大量に銃殺された。

この種の現地における殺害作戦の犯罪者は親衛隊員、各種警察機関の隊員、ドイツ人以外の対ナチ協力者《コラボレーター》だった。絶滅収容所職員と異なりこれらの男たちは、一部の女性も同様だが、彼らが配置されたコミュニティの住民と殺害以前から顔馴染みであることが多かった。また、厳格な監視・統制システムによる縛りがはるかに小さく、それゆえ収容所監視人と比べて個人の創意を発揮する機会も格段に大きかった。彼らはジェノサイドの「人間的」な顔を代表した。つまり、彼らの配置された比較的孤立した小さな町では、人々の運命は犯罪者の同情、激怒、親切心、残虐さに左右され、それらの人々との接触は頻繁かつ密で場合によってはアンビヴァレントだった。これらの町では、ユダヤ人以外の地元住民がもう一つ大きな要因だった。犠牲者の運命を決するのに地元住民の態度と振る舞い――ドイツ人への積極的協力から仲間の市民を破滅させることで得られる間接的利得行為まで、あるいは迫害される人々に進んで隠れ家を提供するところから積極的抵抗までの幅がある――が、ナチスの情熱や手際の良さと同様に決定的たりえたのである。ホロコーストのユダヤ人犠牲者のほぼ半分はかかる状況のもとに自分の町で殺され、他方、残りはその後絶滅収容所へと追いやられた(2)。

一九五〇年代と六〇年代に元ナチスを追及するにあたりドイツ司法は、絶滅収容所における人間の工業的殺害にとどまらず、ドイツ占領地域の現地コミュニティの撲滅というずいぶん違った事情にも対処しなければならなかった。このためにドイツの裁判所は、これらの犯罪がなされた歴史的文脈を再現しなければならなかったが、当時はこのような文脈は公然とは知られぬことが多く、いまだに全然はっきりしないことも多い。また、裁判所は戦後のドイツ法の制約のもとでも活動しなければならなかった。

一九四九年のドイツ連邦共和国建国後にドイツの司法部は、人道に対する罪とジェノサイドという新しい法概念を、これらの語と法が存在する以前に発生した出来事に適用する選択肢を退けた。人道に対する罪は、一九四五年のロンドン憲章〔国際軍事裁判所憲章〕とニュルンベルク国際軍事法廷ではじめて定義され、一九四六年に国際連合によって法定化された。国際連合のジェノサイド条約は一九四八年に採択され、その後、大半の加盟国によって批准された(3)。だが、事後法に基づく裁判は *nulla poena sine lege*（先行する法のない刑罰はない）という原則を否定するものだから、これへのドイツ法曹の反対は強固であり、西ドイツの裁判所は、ナチ期の犯罪で起訴された者にも従来の刑法を適用するしかなかった(4)。

ドイツ刑法中の殺人法はもともと一八七一年に制定され、ドイツ連邦共和国でもこれが効力を有するが、同法は謀殺者を「謀殺嗜好から、性欲を満足させるため、強欲さから若しくはその他の下劣な動機から、陰湿に若しくは残酷に、若しくは、公共にとって危険な手段を用いて、又は、他の犯罪行為を可能にし若しくは隠蔽するために、人を殺害した者(5)」と定義する。したがって、定義の焦点は主に被告の主観的動機にある。ナチ犯罪の場合、このような「下劣な」動機を被告に帰せしめるのはほぼ不可能だった。被告は、国家に指示されてジェノサイド的企てに加担し、明らかに法により是認された軍事的・警察的・官僚的ヒエラルヒーの枠組みの中で国家最上層部から発せられた指示に沿って行動したのである。

一九五一年、ドイツの裁判所が連邦共和国における司法権力を全面的に引き継ぐとすぐに、第三帝国の特殊事情を勘案してドイツ最高裁判所（*Bundesgerichtshof*, BGH）は、「下劣な動機」には人種的憎悪と反ユダヤ主義《アンチ・セミティズム》が含まれるものとする、と決定した。こうして、ユダヤ人殺害にあたり反ユダヤ主義を動機とした被告は謀殺の定義に該当することとなり、他方、命令に従っただけの者は該当しなくなった。このため、ナチの被告たちが反ユダヤ主義的動機を否定するようになったのは当然である。それゆえ、ナチ犯罪者の動機として伝えられる中で反ユダヤ主義がまれにしか取り上げられてこなかったのは驚くにあたらない。そして、もしも被告証言により裏付けられなければ、どんな場合であれこの種の主観的動機の特定が困難であることは衆目の一致するところだから、これに基づき謀殺の有罪判決が下される例はほとんどなくなった。[6]

ドイツ人の被告はまた、ニュルンベルク法廷が却下した上官の命令（*Befehlsnotstand*〔命令に従う義務〕）の議論をむしかえそうとした。だが、この抗弁方針は西ドイツの裁判所でも容認できぬものとされた。[7]それにもかかわらず、謀殺の有罪判決を下すには主観的な「下劣な動機」を証明する必要に迫られたことから、結局は、訴訟が完全に棄却されなかった被告のほとんどは故殺、または共犯者として謀殺幇助・教唆の有罪判決を受けたということである。一九六〇年時点では、故殺による告発は時効とされ、他方、謀殺の共犯としての有罪判決は滑稽なほど軽い刑罰を課した。[8]その上、背信または残虐行為に該当するものとして提示可能で、それゆえ謀殺の有罪判決となる可能性のある行為は、主として下っ端のまれに見られるサディストによるものとされたのだが、彼らは多数の犯罪者の代表でもなければ、殺害のほとんどに責任を負ったわけでもなかった。

皮肉なことにこの法的論理の結果、下っ端の「過剰犯罪者」（*Exzeßtäter*）が終身刑を受けた一方で、各地の大量殺人を組織したより上位の者は無罪ないしごく短期の懲役刑を課された[9]。つまり、ジェノサイドの命令を下した者はサディスト特性を示す者よりはるかに罪が軽いかのように裁判所が描きだして、ジェノサイドの本質について完全に誤った像を作り出したのである。その含意は、殺害は少数の邪悪な個人——大陸規模のジェノサイドを組織する能力など全然ない——による公式の承認のない行動の結果であって、軍事・警察・官僚組織の手続きに従う完全に「正常」な官吏の行った見事に調整された企てではなかったということである。だが、これらの官吏の自発的でしばしば情熱的な協力がなければ、ユダヤ人大量殺戮があれほどの破壊的規模に達することはけっしてなかっただろう[10]。

現　場

これまで歴史家は、強制・絶滅収容所、各地のジェノサイドの遂行、民族浄化や経済的搾取とジェノサイドの関連、大量殺戮を行った者の動機と並んで、最終解決に至る意思決定過程について多くを書いてきた[11]。だが、特に東欧やソ連西部の各地域でドイツ占領下に置かれた何千ものコミュニティで何が起こったのかという研究は、やっと最近、緒についたばかりである[12]。ホロコーストの多くが実際はこれらのコミュニティで起こったことを考えると、私たちの知識のこのギャップはとても衝撃的である。

これらの町は、加害者・犠牲者・対ナチ協力者・傍観者間のごく親密で動的な関係を生む社会的背景を提供した。本章にとって何より大事なのは、これらの町を研究することで、犯罪者と彼らが暮らしたコミュニティとの関係について、彼らと彼らが殺した男・女・子どもとの関係とともにより立ち入った知識を得ることが可能になる点である。これらの者の起訴と裁判の記録は、彼らの行動を再構成するためのもっとも詳細で真相を暴く資料である場合が多い。だが、これらの記録が暴露するのは事の真相以上のものである。というのも、同じく重要なことだが、ホロコーストについてドイツの法廷が当時の通念と異なり、今も馴染み薄の捉え方をどのように構築したのかを、それらの資料が示すからである。収容所という離れた場所で非人格的に行われた大量絶滅のような捉え方ではなく、ドイツ人とユダヤ人の間には顔を突き合わせた関係があり、この関係はほぼいつも――だが多くの場合、比較的長く付きあった後で――顔を突き合わせた殺害に帰着したという捉え方である。ジェノサイドのこの社会学と心理学を引き受ける際に西ドイツの裁判所は、犯罪者をドイツ社会と文化の周辺部に置き、下劣さを測定する尺度の最末端に位置づけるのに懸命だった。裁判所の実際の所見は、被告の多くは徹頭徹尾しきたり通りに行動しただけだというものだが、そこから導かれる戦後ドイツを不安定化させかねない効果の抑止を裁判所は望んでいたのである。(13)

地理的な意味でも、場所はおおいに問題だった。ドイツ人占領者や犯罪者にとっても、ドイツの裁判所にとっても、これらの虐殺の起こった東欧の町にはほとんど意味がなかった。逆に、多くの場合、地元住民にとってこれらの町は長い歴史と記憶、豊かな文化、深い宗教的ルーツのある場だった。ドイツ人占領者や戦後の弁護士・判事・ジャーナリスト――そして公衆――はそれらにはまったく無頓着だった。彼らにとっての問いは、どうすれば文明化されたドイツ人があれほど残虐に行動できたのか、だった。用意された回答のひとつは、本来彼らを踏みとどまらせて礼節を保つはずだった社会的・文化的文脈から道を踏み外したというものだった。(14)事実、裁判所は、ドイツ社会の他の人々――判事たち自身を含む――からはかけ離れた被告像を描くのに懸命で、かかる政治的・文化的・民族的・心理的距離があの犯罪の根にあったことを前提とした。(15)犯罪現場は見知らぬ遠く離れた領土にあり、そこでは本来なら容認できぬはずのある種の型の行動が適法に思えたわけだから、その現場は根本的に別のものという思い込みもこの仮説の根底にあった。

以下で私は、ブチャチとこれに近くドイツの保安警察《ジッヒャーハイツポリツェイ》(ジポ)地区分署の置かれたチョルトクフのユダヤ人コミュニティの破壊に加担した、三人の犯罪者の裁判を論ずる。ドイツは一九四一年七月初頭にこの地域に進軍し、ただちに一連の反ユダヤ的施策を実行した。ユダヤ人は身元を示す腕章を着用せねばならず、財産は没収され、しばしば生命に関わる強制労働に使われた(16)。一九四一年秋以降は、ガリツィアのコミュニティのほとんどがゲットー化された。「インテリゲンツィア」の処刑は日常茶飯事だった。強制追放、特にベウジェツ絶滅収容所へのそれは一九四二年八月に始まり、一〇月には現地での大量射殺がこれに続いた。一九四三年前半には、労働収容所で使役されないユダヤ人の殺害命令が下った。一九四三年六月三〇日、警察少将〔実際は中将か〕でガリツィア地方親衛隊・警察指導者のフリードリヒ・カッツマンが、自分の管轄する地域をユダヤ人除去済み《ユーデンフライ》と宣言した。二一カ所の労働収容所に登録されてまだ存命だったユダヤ人は二万一一五六人にすぎなかった。翌月、労働収容所もほとんどが掃蕩された。ガリツィア全体では、五〇万人のユダヤ人のうち九〇%以上が殺された。一九四四年七月に赤軍が戻ってきた時、チョルトクフとブチャチ地区に六万人いたユダヤ人のうち一二〇〇人しか生き残っていなかった(17)。

ガリツィア全体のホロコーストのこの描写は、チョルトクフとブチャチの出来事にも大きく投影されていた。これらの町に進軍して数週間後、ドイツ人はチョルトクフの約一五〇人、ブチャチのおおよそ四五〇人からなるユダヤ人の第一陣を殺害した。いずれの場合も犠牲者は、コミュニティを指導できるインテリゲンツィアとみなされた人々だった。一年後、一九四二年八月末にはチョルトクフのユダヤ人ゲットーが包囲され、約三〇〇〇人が捕まえられて列車でベウジェツに送られた。一〇月にはさらに六〇〇人が追放された。その他に数百人が現地で射殺された。ブチャチの大量殺害は一九四二年一〇月に始まった。一二月にはゲットーが完成し、一九四三年六月に同市のユダヤ人除去済み《ユーデンフライ》が宣言されるまで殺人は続いた。一九四四年の春と夏に永続的に解放されるまでに、それぞれの町にまだ生き残っていたユダヤ人は一〇〇人以下だった(18)。

犯罪者

ハインリヒ・ペックマンがチョルトクフのジポ分署に加わったのは、一九四一年九月の分署設置直後のことだった。分署はレンベルク（ルヴフ、ルヴォフ、リヴィウ）の親衛隊・警察指導者カッツマンに直属し、この官職は、同年八月、ハンス・フランクが総督を務める総督府（*Generalgouvernement*）、つまりドイツ・ライヒに一度も併合されたことのないポーランドのドイツ占領地域に配置されたものだった。[19]

一九〇四年、ニーダーザクセンのパルザウで生まれたペックマンは一九二五年に警察に入隊した。ケルンで巡査部長〔*Reviersoberwachtmeister*〕として勤務していた一九三二年、ペックマンは教会婚を挙げた。翌年、息子が生まれた。一九三七年にペックマンは正規の警察から年金付退職を迫られたが、ナチ党に入党してなんとか刑事警察（*Kriminalpolizei*, Kripo）に入隊した。一九三七年一二月には、ペックマンはケルンのゲシュタポ隊員になった。一九六二年の裁判時にペックマンは、ケルン勤務時に知り合いのために善行をいくつも施したと主張した。

一九三八年、ペックマンは刑事警察研修課程を修了、元収容所被収容者記録の保管係をしばらく務めた後、一九四〇年には警部補〔*Kriminaloberassistent*〕に昇進してポーランドのいくつかのジポ駐在署に異動させられた。一九四一年九月にレンベルク赴任、翌月、チョルトクフに派遣された。一九四二年末に副分署長に任命されたペックマンは、一九四三年四月から一〇月には分署長を務めた。一九四三年一一月に彼はレンベルクに戻り、結局、一九四五年五月にチェコスロヴァキアでソ連によって収監された。健康上の理由で間もなく釈放されたペックマンは故郷の町に戻ったが、一九四六年から一九四七年にかけて再度拘留された。一九五四年にペックマンはケルンの警察に再度入隊し、一九六〇年に逮捕されるまで警部補〔*Kriminalobermeister*〕として勤務した。

クルト・ケルナーは一九四一年一二月から一九四四年初頭までチョルトクフで勤務し、その間ほとんど、分署のユダヤ人問題担当官（*Judensachbearbeiter*）だった。[20] 一九〇八年生まれのケルナーは、ライプツィヒに近いバード・デュレンベルクで育った。当地で父親が協同組合の販売部長として働いていたのである。一九二二年にケルナーはライプツィヒの商業学校に入学し、その後は自動車整備士の職業訓練を受けた。一九二六年からは整備士や運転手として色々な会社で働いた。信頼できて口も固く、人付きあいもよく思われたケルナーはまもなく経営部署に出世し、貸自動車代理店を手に入れて収入の足しにした。

ケルナーの父親は一九〇四年以来の社会民主党員として尊敬を集め、両親の家に大物政治家の泊まることもよくあった。だが、息子のクルトは労働組合に加入しこそすれ、政治よりはスポーツ好きだった。福音派の信仰にも篤く、一九三四年に教会婚を挙げた。一九三八年には息子が誕生、同年、ケルナーは親衛隊とナチ党に加入した。一九六二年の証言でケルナーは、父親をブーヘンヴァルト〔収容所〕送りから守るためにこの一歩を踏み出したと主張した。実際、父親は協同組合の部長職を解雇され、住まいも退居させられたが、それ以上の警察行動は取られなかった。両親と息子との関係は、ナチ期を通じてずっと良好だった。

一九三九年五月、ケルナーは緊急兵役に召集された。一二月に任を解かれたケルナーは国境警察学校で三カ月間訓練を受け、その後、ワルシャワのジポ駐在署に送られた。一九四一年八月にはレンベルクのジポ駐在署に派遣され、一二月にはチョルトクフのジポ分署に赴任した。一九四二年七月にユダヤ人問題担当官に任命されたケルナーは、親衛隊軍曹(*SS-Scharführer*)の階級を得た。一九四四年初頭に分署が廃止されると、ケルナーはレンベルクに戻り、最後はスロヴァキアでアメリカによって収監された。

一九四五年六月に釈放されたケルナーは故郷の町と昔の会社に戻った。明らかに、古参社会民主党員でナチ体制に反対した父親の影響力のおかげだった。八月に再逮捕され、一九五〇年までソ連に拘束されたケルナーはその後ザールラントに転居したが、一九五八年に同地で西ドイツ当局が彼を逮捕し、一九六二年の裁判までのほとんどを拘禁状態に置いた。

パウル・トマネクは低い職位にもかかわらず、分不相応にチョルトクフとブチャチにおけるユダヤ人強制労働者の組織化とその後の殺害に重要な役割を果たした。(21) 一九〇九年にペテルスホーフェンで生まれたトマネクは、一九二〇年にチェコスロヴァキアに譲渡されたシュレジエンの一部フルトシャイナー・レンチェンで育った。同地は一九三八年のミュンヘン協定後にドイツに併合され、一九四五年にチェコスロヴァキアに返還された。民族的に多様なこの地域のアイデンティティは流動的だった。トマネクの父親は生涯を通じてペテルスホーフェンの坑夫長だった。生き残った二人の兄弟は戦後、チェコ市民となった。姉妹はバイエルンに移った。家では一家は「モラヴィア語」、つまりドイツ語混じりのスラヴ語方言を話した。トマネクは一九一六年にドイツ語初等学校に通いはじめたが、一九一八年以降、彼の学校教育はチェコ語だった。家具職人の職業訓練を受けたトマネクは、地元のカトリック系スポーツ協会や政党の積極的メンバーであり、青年指導者でもあった。一九二九年、二〇歳の時にトマネクはチェコ警察に入隊した。だが、チェコ軍で二年間義務兵役を終えた後、一九三二年にトマネクは父親のギルドに加入して鉱山付の家具職人として働き始めた。一九三四年にはチェコ人女性と結婚し、翌年、息子が生まれている。

一九三九年に戦争が勃発するとトマネクは補助警察（*Hilfspolizei*）に志願した。これはナチ党組織内で隊員を募集し、ドイツの正規の警察や保安機関には属さなかった。裁判でトマネクは、この隊に加入したのは国防軍の徴兵を回避するためだと主張した。トマネクはドイツ占領下のポーランドのいくつかの町で警察官として勤務したが、一九三九年一一月には、訓練のために武装親衛隊トーテンコプフ（髑髏）師団の部隊に派遣された。翌月、トマネクはルブリンの親衛隊特務部隊（*Sonderdienst*）に加わったが、これは民族ドイツ人[*1]から構成され、親衛隊・警察高級指導者であるフリードリヒ＝ヴィルヘルム・クリューガーとクラクフにいるフランク総督に直属した。フランク自身はこの部隊を「殺人隊」（*Mördertruppe*）と呼んだ。その間にポーランド語を習得したトマネクは、武装親衛隊に加入して一九四一年一〇月にレンベルクに配置された。

トマネクがガリツィアで最初に配属された先は第四通過道（*Durchgangsstraße* IV）建設用に設置されたユダヤ人強制労働収容所であり、この道路は、ガリツィアの中心都市レンベルクとウクライナ・ロシア間の境界線に近いタガンログとの間の輸送用の主要幹線道路として、ドイツが建設を望んだものだった。[22] 建設・修復作業班は、チョルトクフとブチャチを含むこの地域の多くの町から連行された。作業は体力を消耗させ、栄養・衛生状態は最悪、病気が蔓延した。疾病や恣意的銃撃のために死亡率はずいぶん高かった。そこでのトマネクの勤務は一年強だった。

一九四二年一一月、いまだ一兵卒にすぎぬトマネクが、ユダヤ人職人向け労働収容所の設置のためにチョルトクフに派遣された。トマネクは「家来」であるユダヤ人、つまりヴォルフという名のユダヤ人警察指揮官を連れていった。またその後、妻や息子と父親をチョルトクフの駐在地に呼びよせた。それまでに彼はすでにチョルトクフ地区の全労働収容所を担当していた。トマネクの地位は、一九四三年初頭に他ならぬ親衛隊・警察指導者カッツマンの訪問を賜るほどであり、カッツマンは彼にフィンランド製軽機関銃を与えて、すぐに「すっかり片付くだろう」と述べたと伝えられている。実際、一九四三年六月二三日、トマネクはチョルトクフ労働収容所の掃蕩を監督した。

その後、トマネクは別の収容所に異動し、これも翌月には掃蕩された。最終的にトマネクはチェコ人によって収監された。まだ親衛隊兵長にすぎなかった。一九四八年に釈放されて故郷に戻ると、トマネクは再びチェコ人に逮捕されてドイツに強制追放された。一九五七年に西ドイツ警察に逮捕されるまで、ドイツとスウェーデンで各種の単純労働に従事した。

犯罪

以上三人は、チョルトクフとブチャチ地域のユダヤ人コミュニティの破壊に加担した者たちである。だが、実際のところ彼らは何をしたのか、最終的に西ドイツで裁判にかけられた際の訴因はいったい何だったのだろうか。

何万人もの殺害に責任を負ったことが明らかであるにもかかわらず、チョルトクフのジポ分署元副署長、次いで署長を務めたハインリヒ・ペックマンが謀殺容疑で起訴されたのはわずか二件だけだった。一件は、一九四二年九月にチョルトクフ近郊のミェルニツァ村で狩り集め《ラウンドアップ》が行われた際の簿記係ヤコプ・ゼルドマンの殺害、もう一件は、一九四三年一〇月にチョルトクフで行われた狩り集め時の障がい者レヴィ・アウエルバッハの殺害である。裁判所は、二件目の殺害時は休暇中というペックマンのアリバイを却下したものの、これらの出来事の目撃者二名の証言も信頼できぬとして退けた。

一人目の目撃者、四九歳の歯科医Hの証言は「客観的根拠」のために阻却された。犠牲者ゼルドマンの名前を、殺害現場に不在であった可能性もある被告ペックマンの名前と聞き違えた可能性があるというのがその「根拠」である。だが、裁判所は「主観的根拠」により証言を疑問に付すことはしなかった。つまり、目撃者が意識的に嘘をつくことを裁判所は想定しなかったということである。逆に、五一歳の初等学校教員Rの証言は、「客観的根拠」により退けられたばかりか、裁判所は、真実を語る目撃者の能力にやや懐疑的であることを匂わせていた。この疑念の主たる、やや異例の理由とされたのは、ガリツィア解放直後の早い時点でこの目撃者がアウエルバッハ殺害についてユダヤ人歴史委員会*2に対して行った証言である。この証言で目撃者は、ペックマンはこの同じ機会に他に何人もユダヤ人を殺したと述べていた。後の証言では目撃者は、ペックマンが射殺したのはアウエルバッハだけだと述べており、これより早い段階の証言との辻褄を合わせられなかった裁判所は、ユダヤ人組織への証言で誇張を重ねてきた目撃者は、ドイツの裁判所ではけっして信頼できないと示唆した。こうして、ペックマン自身が謀殺を犯した証拠はないとして無罪になった。一九七〇年にもう一度彼の司法手続きを再開する試みもあったが、これも失敗した。当時すでにペックマンは六六歳、在宅のまま安逸に人生を終えられる運命のように思われた[23]。

クルト・ケルナーの裁判ははるかに複雑だった。この場合、上述の通り社会主義者の父親を守りたいとの一心で親衛隊に加わったと主張したばかりか、一九三〇年代を通じて数家族のユダヤ人と親しい関係を続けており、ある知り合いのユダヤ人の財産を買い取って――当時、ユダヤ人財産の「アーリア化」が急拡大中だったことを考えると、お手頃の些少の額だったことは疑いない――外国移住を「助けた」こともあったと裁判所に述べたからである。ケルナーはまた、一九三八年一一月九日の「水晶の夜」のポグロムをあからさまに批判したし、その他にも当局と揉め事を起こした非ユダヤ人の友人数名を救ったことがあると主張した。だが「小ネズミ」という渾名が、ケルナーの人格のもう一面を示唆している。(24)

親衛隊勤務中も、ケルナーはユダヤ人のために取りなそうとしていたようだ。彼の主張によれば、ワルシャワのジポ駐在署では、ウクライナ人やポーランド人によるユダヤ人からの強奪を抑え込んだとして、上官のエンゲルス警視から特に讃えられた。実際、彼は、エンゲルスも迫害された人々の友人だと考えていたようである。レンベルクに着任して第四通過道建設に従事させられたケルナーは、親衛隊・警察指導者カッツマンに対し、十分な食糧と宿舎と衣服がなければユダヤ人強制労働者の生産性はあがらないと意見具申したらしい。彼はまた、ガリツィアの職人中の圧倒的多数をユダヤ人が占めており、軍にとってユダヤ人は欠かせないとも指摘した。残念ながら、カッツマンはこんな話に聞く耳を持たなかった。道路建設事業は、地元のユダヤ人住民の労働による絶滅（*Vernichtung durch Arbeit*）に他ならないと考えていたのである。(25)

ケルナーによると、快適なレンベルクから道も泥濘《ぬか》るむチョルトクフに異動させられたのは、ユダヤ人を「庇った」ためだった。一九四一年のクリスマス直前に赴任したケルナーは、妻を同伴させることで罰の埋めあわせとし、彼女はその後、分署の登録事務を引き受けた。一九四二年夏にユダヤ人問題担当官に任命されたケルナーは、またもや地元のユダヤ人コミュニティと「仲良く」なり、チョルトクフのユダヤ人評議会やユダヤ人警察との接触を通じて、新たに手に入れたこの権限を行使した。一九四二年八月にチョルトクフで一回目の狩り集めが行われる直前にケルナーは、労働証に捺印することで人々の強制追放を免除できるとユダヤ人評議会に約束した。これによりユダヤ人の対ナチ協力が進んだし、これらの人命救助印を入手するための賄賂による実入りは相当のものだった。他方、ケルナーは狩り集めの時機についてユダヤ人評議会を欺いた。そのためにコミュニティは不意打ちで捕まった。約三〇〇〇人のユダヤ人がベウジェッツに追放、さらに三〇〇人が街頭で射殺された。(26)

その後のケルナーの記録には、ユダヤ人との友好的関係の痕跡はほとんど見られない。一九四二年一〇月初頭、彼はチョルトクフで二度目の狩り集めに参加し、さらに六〇〇人のユダヤ人のベウジェッツ追放に関与した。その間にケルナーは、地域内の他の多くのユダヤ人コミュニティの強制追放も組織した。(27)だが、ジェノサイドに関するこのような一般的責任は、ドイツの裁判所が有罪判決を下すには十分ではなかった。すでに見たとおり、被告が特定の謀殺について直接罪を犯したことを証明する必要があったのである。強い性的欲望やサディズムのような「下劣な動機」をもって行動したこと、その行動が自発的ないし明らかに違法な命令の遂行だと自覚したものであること、これらを証明しなければならなかった。

結局、ケルナーは一一件の個別の謀殺により起訴された。一九四二年八月、彼は一五歳のハイム・モルゲンシュテルンを約八メートルの距離からピストルで射殺した。この若者は、収監中の多くのユダヤ人が処刑寸前というところで、チョルトクフ警察署の中庭から逃亡を試みたのである。一九四二年一〇月にチョルトクフで行われた二回目の狩り集めの前後にケルナーは、リフカ・シュヴェベルという障がい者女性を射殺した。他の被追放者から遅れたとして至近距離で後頭部を撃ったのである。一〇月四日には、似たような状況の中、年配のシュロモ・ヘルシュコヴィチの頭部を三～五メートルの距離から撃った。一九四三年六月、チョルトクフ・ゲットーの掃蕩時にケルナーは、配管工ショールと妻、彼女が抱いた子どもを射殺した。数日後、ケルナーは、エミル・キタイとハニア・アドラーという若者がチョルトクフ労働収容所――町中でユダヤ人に残された唯一安全な場所――に入ろうとしているのに気づいた。間違いなく彼の息子と思われる五歳の子ども(一九三八年生まれ)を連れたケルナーは、若者らが両膝ついて命乞いした時に至近距離から射殺した。

ケルナーの活躍ぶりはブチャチでも旺盛だった。一九四二年一〇月八日には、ヤコプ・ハルペルンを銃撃して殺した。重症の腸疾患を患い、ブチャチの第一回狩り集め時に追放用列車に乗り込めなかったのである。一九四二年一一月、ケルナーは年配の女性ユリア・ヒルシュコルンを射殺した。アパートから引きずり出されたものの、歩けないことが判明したのである。一九四三年三月には、ケルナーはブチャチの病院を追い出されたばかりのマンデルとフクスという二人のユダヤ人を射殺した。続く六月、ブチャチの「絶滅行動」の際にケルナーは、老齢のローゼン夫妻をアパートから引きずり出して自分の前方を走らせ、軽機関銃で頭部を撃った。

さらにケルナーは、地域内の別の場所で行った殺人でも起訴された。一九四三年八月初頭、近くのナグジャンカの労働収容所が掃蕩される際、ケルナーは倉庫内に若者が三人隠れているのを発見した。彼は逃走するモイシェ・ヴァイスマンの後を追って射殺し、次いで、彼の前に跪いて涙ながらに命乞いするビナとギゼラ・ホロヴィッツを至近距離から射殺した。最後に、ケルナーは一九四二年一〇月にボルシュチュフの町で起こった大量処刑でも起訴された。朝、自動車で同地に到着したケルナーは、ユダヤ人評議会とともに狩り集めの準備をして地元のレストランで待機、その間にウクライナ人民警隊が犠牲者を集合させた。その後、ユダヤ人男女二八人の後について町から六〇〇〜八〇〇メートルほどの所に向かい、処刑の様子を観察した(28)。

パウル・トマネクは、一九五七年にハーゲン地方裁判所による一回目の訴訟では無罪になったが、その後間もなく、再度「一九四一年一一月から一九四三年七月に至る時期の多くの事案で自発的に、一部は他者と共謀して、その残虐さ若しくは下劣な動機により、一部は陰惨な手法も使って、ユダヤ人を殺害した」として起訴された。最初の裁判では一切の共犯を全面否定したが、一九六〇年の二度目の裁判で態度を軟化させたトマネクは、射殺や大量処刑の場所に居合わせたことを認めたものの、関与は否定した。彼はまた、チョルトクフ地区のいくつかの労働収容所を担当し、チョルトクフ労働収容所の掃蕩に関与したことも認めたが、ユダヤ人を射殺したのは正当防衛または上官の命令を順守する場合に限られると主張した。裁判所に対しトマネクは、

「今では彼は、人種全体を絶滅させる恐るべき犯罪であったことを分かっている。だが当時は命令を拒否できなかった。「我々に協力しない者は誰であれ我々に敵対する者だ」と言われていたのだから」とする文書を提出した[29]。

トマネクの訴因となった犯罪の一覧は長かった。タルノポリ〔テルノーポリ〕に近いカミオンキ強制労働収容所は第四通過道建設工事の一部として設置されたが、親衛隊員として彼は、一九四一年一一月に病気のユダヤ人被収容者クライナーとアイゼンを射殺し、食糧配給時の雑踏で負傷したベラ・ブルム博士を殺害した。一二月には、収監中の夫に食べ物を持ってきたザラという名前の女性を射殺した。一九四二年三月にトマネクは、二人のウクライナ人警備員に命じてアーロン・シュヴァルツを鞭で七五回打たせ、その間、自分は被収容者の頭を足で押さえつけていた。さらに、何日も食べ物も水も与えられておらず、塀脇の雪を食べようとしたナフム・クラインを射殺した。その後まもなく、点呼時に病気の被収容者六名を射殺した。何週間か後に彼は、重症で点呼に出られなかったヴィクを射殺した。

タルノポリ近郊のこれらの事案やそれ以外につき、裁判所は何人かの目撃者に依拠した。これにはR博士が含まれ、彼は裁判当時はイスラエルで精神科医をしていたが、カミオンキ収容所では内科医として勤務した。博士は、トマネクが収容所内で二番目の権力者だったと述べ、被収容者が彼を「銃殺係」(*Erschiesser*)と呼んでいたことを指摘した。一九〇八年にタルノポリで生まれたR博士は、故郷の町に加えてウィーン、プラハ、イタリアで勉強し、ドイツ語話者として育った。この立派な経歴のおかげで、裁判所は彼の証言の信憑性を確信した。裁判所は、似た理由から目撃者Gの証言も信頼できるとした。一九一三年にカミオンキ近くで生まれた彼は、戦間期のポーランドで法学の学位を取得していたのである。Gによると、被告は当時、その赤毛と残虐さから「赤犬トマネク」として知られていた。一八九一年生まれの目撃者Oはレンベルクとウィーンで法律を学び、オーストリア＝ハンガリー軍将校として勤務した後、戦間期にはタルノポリで貯木場と煉瓦会社の所有者だった。彼は、二一歳の甥オシアス・セレートがトマネクにより恣意的に射殺されたことを陳述した。セレートは、狩り集め時にタルノポリの町の広場で他の若者の一団とともに跪いていた。裁判所は留保なしで彼の証言を適当と認めた(30)。

一九四二年一一月にチョルトクフ労働収容所司令官に任命されるとトマネクは、レンベルク駐在の親衛隊・警察指導者カッツマンの直属になり、それゆえチョルトクフのジポ分署の管理下にはなかった。このおかげで彼は、三〇〇人ほどのユダヤ人男女と数人の子どもへの絶対的権力を与えられた。着任後まもなくトマネクは、理由もはっきりしないまま、食糧雑貨商ボニア・ヘルトマンと帽子職人ヴァフテルを射殺した。だが目撃者は口を揃えて、当初、トマネクが気にかけたのは、被収容者への残虐行為よりは主に自分の福利だったと述べていた。例えば、イズラエル・ショール博士が裁判で述べたように、トマネクは、診療の見返りに地元農民から定期的にもらっていた豚肉や牛乳を寄越さなければX線装置を没収する、と脅したのである。一八九八年生まれのショール博士は、戦前はX線専門医として開業していた。解放後はソ連のナチ犯罪捜査非常委員会を手伝ったが、同委員会はチョルトクフ近郊で集団墓地の掘り起こしを行った。裁判時には彼はイスラエルで再度開業していた。裁判所は、彼を完全に信頼できると見なした(31)。

一九四三年春、おそらく同年中の早い時期にカッツマンが訪問した後に、トマネクの残虐さは一気に高まった。五月にトマネクは、公の場でゾフィア・ヴォルフ、バルフ・クラッター、グラサー・ディアマントを射殺した。処刑の場に連行される際にゾフィア・ヴォルフは向き直って、「収容所司令官様、命をお助けください。小さな子どもがいるのです」と叫んだ。子どもの世話をしてくれるポーランド人女性と収容所の塀越しに話したことが、彼女のしかけた「攻撃」とされたのだった。トマネクは顔面を撃ち、彼女は死んで地面に倒れた。続いて、彼は後方の別の男二人を射殺した。トマネクは、カッツマンから与えられた新しいフィンランド製軽機関銃を試したかっただけだと、数名の目撃者が示唆した(32)。

一九四三年六月二三日、トマネクはドイツ人憲兵とウクライナ人補助警察の助けを得て労働収容所の掃蕩を行った。収容所内の全体点呼時にトマネクは男女別に分け、全員うつ伏せで頭をあげぬよう命じた。続けて彼は、収容所の作業場を解体するために四〇〜五〇人ほどのユダヤ人を選抜した。その時、被収容者のマニア（「パプーシュ」）がトマネクに大声で叫んだ。「収容所司令官殿。私も選んでください。私はあなたの散髪屋じゃないですか」。トマネクはその場で軽機関銃により彼を射殺し、被収容者のベルグマンにも致命傷を負わせたが、これに続けて憲兵のシュルツが銃でとどめを刺した。残りのユダヤ人は数組に分かれてトラックに乗せられ、飛行場跡まで運ばれて全員射殺された。ゴテスフェルト兄弟がトラックの荷台に乗るのを拒むと、トマネクは彼らを射殺した。また、マックス・リネアルがバラック内に潜んでいるのを見つけると、ひどく打擲して続けて射殺した。女性の番が来ると、一七歳のブロンド髪の少女イェーガーがトマネクに命乞いをした。彼女もその場で射殺された(33)。

トマネクの言い分――知り合いを選んで助けようとしたが、あるユダヤ人がパイプレンチを摑んで襲いかかったので身を守らざるをえなかった――は裁判所に退けられた。裁判所はまた、射殺には関与せず飛行場で犠牲者の貴重品を集めただけというトマネクの主張も棄却した(34)。実際、トマネクがこの地域全体で殺害に加わっていたことが判明した。

一九四三年二月、トマネクはブチャチ近くのフェドル（フェーディル）丘の大量処刑に関与したが、ここでは五〇〇人ほどのユダヤ人が、無理やり服を脱がされた後、一〇人ずつあらかじめ掘られた壕に入れられて射殺された。一九四三年四月、ブチャチの次なる殺害作戦時にトマネクとユダヤ人評議会議長バルフ・クラマーは、ブチャチの目抜き通りを連行中に逃亡しようとして捕まったユダヤ人の若者四人と出会った。その一人アキバ・ヴァイスマンが「バルフさん、僕を助けて、生きていたいんだ」とクラマーに大声で叫んだ。クラマーは「私はお前を助けられない」と応えた。だが、ヴァイスマンが粘ると、トマネクはピストルを抜いて至近距離で射殺した[35]。数日後、若いウクライナ人女性を伴ったトマネクともう一人の親衛隊員がブチャチ近くのレストランを急襲した。この女性はウエイトレスとして働いていて、レストランの新オーナーであるウクライナ人がユダヤ人を匿っていると告発したらしい。実際、二人の親衛隊員はユダヤ人一〇人が潜んでいるのを見つけたが、これには元オーナーのレオニー・フォルケンフォルクとその妻、九歳の息子が含まれた。フォンキ・ナイナン博士と妻、五歳の息子、博士の義母と義兄弟、さらにティシュラーという名前の男と妊娠中の妻もいた。トマネクはユダヤ人から貴重品を剝ぎ取り、軽機関銃で射殺した。最後に撃たれたのは妊娠中の女性だが、彼女は身を投げ出して命乞いをした[36]。

裁判でトマネクは全容疑を否認した。フェドル丘の「組立ライン型」殺人と呼んだものを想起する一方、トマネクは犠牲者の貴重品を集めるのを手伝っただけと主張し、帰路の車中で仲間の親衛隊員に「見てごらん、きれいな花だ。でも多くの人が死ななくちゃならん」と言ったことさえ覚えていた。だが、ユダヤ人生存者がこのような憐れみの情を見抜けたはずがない。目撃者のラビノヴィチは、トマネクはブチャチで有名だったと指摘した。赤毛で大柄なトマネクは町で何日も過ごし、自分の部屋を持って山ほど注文し、もちろん「女の子」もあてがわれた。トマネクが現れるといつも恐怖が蔓延した。「何かが起こりそう」だと人々は悟っていたのである。目撃者のクライナーも、「アウトマニューク*3」と呼ばれたこの男のことを怯えながら想起した[37]。

裁判所はユダヤ人生存者の証言を採用した。ここでも、目撃者の個人的経歴が信頼性の担保として役立った。ブチャチの通りでトマネクがヴァイスマンを射殺した場に居合わせた若いユダヤ人の一人ラビノヴィチは一九一六年生まれ、裁判当時はイスラエルの食品産業で技師として働いていた。ブチャチの有名な商人で市会議員の息子だったラビノヴィチは、第二次世界大戦時にはポーランド軍*4に勤務し、ドイツによる捕囚を脱してブチャチに戻り、ソ連占領期には父親とともに穀物貯蔵所の管理人として働いた。彼らはソ連支配下でクラマーを助けたことがあり、そのこともあってナチスにユダヤ人評議会議長とされたクラマーが彼らを救った。「たいへん見事なドイツ語を話し」、「穏やかで情報量も多い形で証言を行う」ラビノヴィチに裁判所は感銘を受けた。「感情にまかせて偽情報を与えるどころか、誇張した様子もいっさいなかった」と裁判所は記した。[38]

裁判所は、裁判時に六二歳、ニューヨークで香辛料業を商っていたクライナーにも好印象を抱いていた。戦前、クライナーもブチャチの富裕な穀物商人の一人だった。裁判所は、クライナーが「気性も手伝って、ラビノヴィチと比べてより生き生きと興奮気味に証言を行った」と記していた。しかしながら、目撃者には「深く純粋なユダヤの信仰が感じられ、真実への不屈の愛という印象が残された」と裁判所は主張した。このように、社会階級、専門職者としての訓練、ビジネス上の成功、ヨーロッパ的・ドイツ的教養、そして宗教的信仰心のすべてがユダヤ人目撃者の証言を採用する際の重要な要素だった。[39]だが、経験ないし目撃した恐怖を、距離を取って「客観的」に報告できることが同じくらい大切だった。過度の感情表出はなんであれ、裁判所から疑いの目で見られたのである。

司法が感情抜きを好んだことは次の事例から窺われる。一九四三年初頭、トマネクは、ヤギエルニツァの隣町ナグジャンカにある彼の指揮下の労働収容所で、親戚を訪ねてきた十代のビンカとヌジア・シュタイグマン姉妹を発見した。二人の若い女性は彼の足元にひれ伏して命乞いをした。トマネクは二人の頭部を次々に撃った。この出来事をシュロモ・ヴォウコヴィチが目撃しており、裁判所で証言した。チョルトクフ近くのヤギエルニツァで一九二二年に生まれたヴォウコヴィチは技師の職業訓練を受けており、裁判時にはイスラエルでこの能力を生かして働いていた。彼の証言が裁判所にとって信頼できたのは、彼の職業的・社会的地位にとどまらず、裁判官が「心をレンチで締めつけたような話し方」と呼んだ証言の作法にもよった。彼は、ズウォチョフの町で大量処刑を生き延び、折り重なる死体の山から這い出してヤギエルニツァに戻る途中に十代の少女二人の殺害を目撃したと証言したのである。この顚末を穏やかで冷静に語ったことが、真実性の証だった。[40]

だが、裁判所の構えがそうだとしても、トマネクが犠牲者らに植えつけた恐怖を完全にぼやかすことはできなかった。一九四三年六月にヤギエルニツァ収容所を査察した際にトマネクは、老齢のローゼン夫妻をバラックから引きずり出して小高い丘に向かわせ、手にした軽機関銃で撃った。戦間期にポーランドで弁護士として働き、裁判時にはイスラエルで開業していた五九歳の目撃者W博士は簡潔に、「赤毛の被告は当時、決して忘れられないほどの異形でした」と指摘した。一九三〇年生まれの目撃者Cは、背が高く太った赤毛の姿が収容所で見かけられた際の、「トマネクが来てるぞ!」という叫喚の声を思い出していた。(41)

判決

ドイツの裁判所は被告の罪をどう判断したのだろうか。裁判官はこれらの出来事の歴史的・政治的文脈にどんな理解を示したのだろうか。そしてこの文脈は、被告に有罪判決を下すにあたってどんな役割を果たしたのだろうか。言い換えると、個人の罪と国家の指示によるジェノサイドの間に裁判所はどんな関係を確認したのだろうか。

一九六二年、クルト・ケルナーの告発を審理するにあたり、ザールブリュッケン地方裁判所はいくつかの要素を考慮に入れた。第一に、事件が起こったのは二〇年前であり、記憶の消失した可能性のあること。第二に、これらの事件の異常性ゆえに目撃者の認識が歪められた可能性のあること。第三に、目撃者は憎悪や復讐の念を動機とした可能性のあること。そして第四に、被告を非難するために目撃者たちが共謀した可能性のあること。裁判所は、以下のように述べて目撃者証言の審理結果に結論を下した。

訴訟全体を通じて本法廷は、目撃者の信頼性にとって最大の意義を有する全事項に特別の注意を払い、これらの特別の事情に鑑みて、本法廷は目撃者の信頼性を計る上でもっとも厳格な基準を採用した。したがって、目撃者証言は慎重に精査・査定された。判決は、真実ならざる陳述と並んで、瑕疵ある観察または瑕疵ある記憶に起因する過誤を確実に排除しえた目撃者証言のみに依拠した。[42]

ケルナーは容疑を一切否認した。自分はチョルトクフのユダヤ人と良好な関係をずっと維持したと執拗に主張しただけでなく、一部のユダヤ人は、隠れ家の場所を進んで自分に明かしたと強弁するほどだった。ケルナーは、自分がレンベルクから異動させられたのは同地で反ユダヤの行動を批判したことへの罰だったと主張したが、これとまったく同じく、チョルトクフのユダヤ人に親切にしたために面倒に巻き込まれたこともあると主張した。一九四三年五月、彼はレンベルクの親衛隊と警察の尋問に呼び出され、その間にチョルトクフの自宅も捜索された。だが、ユダヤ人の目撃者は、ケルナーの親切なるものは強欲の産物だと述べた。つまり、確かに彼はユダヤ人を何人か釈放したが、法外な賄賂のためにすぎなかった。実際、親衛隊が彼の挙動の捜査をした引き金になったのは、これらの賄賂だった。こうして裁判所はケルナーの抗弁路線を阻却した。人違いを申し立てて仲間の親衛隊員に罪を着せようとするケルナーの試みも失敗した。さらに彼は、起訴状中の犯罪の多くがなされた時は病気だったと主張した。妻がこの主張のアリバイを示したが、長くチョルトクフに逗留しながらユダヤ人の大量殺害をまったく知らなかったという異様な主張のために、彼女の証言の信頼性は完全に損なわれていた。[43]

裁判所は、起訴された犯罪のほとんどにつきケルナーを有罪だとした。ボルシュチュフで二八人のユダヤ人を処刑した件でケルナー自身は誰ひとり射殺しなかったこと、ケルナーとペックマンのいずれも、何万もの大量殺害を組織し監督したとして告発されたわけではなかったことを考えるにつけ、本件への裁判所の所見は特に教訓的である。裁判所によれば、ケルナーはもっと早い時期の尋問で、事実、自分は処刑班の担当だったと認めていた。その上、裁判所は道徳的呵責というケルナーの主張を阻却した。判決文の末尾にはこう記されていた。

〔裁判所は〕被告が処刑行動への参加に反対で、内心で留保していたとするのを信ずるものではない。この主張と矛盾することとして、第一に、その時点までに被告はすでに多くのユダヤ人を射殺しており、自発的に行った場合もあった。第二に、被告のユダヤ人への態度全体が、ユダヤ人の扱いに際し人間的配慮が一切なかった証明である。(44)

ケルナーの動機の説明に際して裁判所は、戦後に彼の父親が行ったコメント、つまり「今や息子は自分のこれまでの態度とこれまでの行いを頭から払いのけねばならない」という言葉に言及した。これは、「被告ケルナーの道徳的変貌と彼に対する国民社会主義イデオロギーの強い影響を特にはっきり」示すものだと裁判所は指摘した。最後に、命令を逃れることはありえなかったというケルナーの議論も阻却された。裁判所は、ケルナーが「本人の証言によれば、一九四二年一〇月初頭、始まったばかりの行動《アクシオン》に参加せずにエンゲルス警視と一緒に私的旅行に行った事実からもわかる通り、自分に都合の良い場合は一般に上官の命令を避けるのを厭わなかった」と指摘した。(45)

しかしながら、ケルナーの罪責についての裁判所の最終判断とドイツ社会の他の人々にとっての含意は、罪を告発するものでありながらも同時にアンビヴァレントでもあった。決定的なのは、裁判官が、その行動についてケルナーの責任を言い募りつつ、彼は状況の犠牲者だと述べた点である。罪人は究極的にはヒトラー体制だった。だが、家庭や学校でケルナーに植えつけられた中産階級的価値観は、ナチズム的悪への免疫となって当然のものだった。こう説かれる時、第三帝国はドイツ的な良識・教育・躾《しつけ》・伝統と一切共通しないように思われた。それゆえケルナー個人の罪責は、これらの価値観を新たな政治状況に適用し損ねて、ナチズムの与える約束や好機にみずから進んで靡《なび》いたことにあった。

［ケルナーは］両親のもとや学校でごく普通の教育を受けており、民主主義的国家で成長した。……［彼は］ごく早くから国民社会主義の危険を認識し……、［しかも］親衛隊加入後も……内心では［その］思想や目標に心を動かされずにいた。……まさにここから示されるのは、被告が……もしも政治状況転換後の国民社会主義イデオロギーの誘惑に屈しなければ、おそらく普通の市民的生活を送り続けたはずということである。この意味で彼は——他の多くと同様に——広い意味で当時の状況の犠牲者であった。(46)

裁判所は、要は犯罪国家なるものの内部における個人の罪という苛立たしい問題について直接意見を開陳するにあたり、犯罪を犯していることを自覚しながらも個人的利得のためにそうした人物としてケルナーを提示した。

［ケルナーの］罪は、……次の事実にある。すなわち、それまでの道徳的・人間的抑制を犠牲にしたという事実、できる限り出世や利得を図ろうとして、本人の供述によれば、まさに「それは謀殺だ」と知りながらもユダヤ人撲滅計画に際して当時の体制に従順で言いなりの道具になった点である。(47)

さらに裁判所は、ケルナーの行為はナチ体制の目標に奉仕するものであり、それゆえ、ナチ権力とジェノサイドの道具と化したのは彼と同類のご都合主義者《オポチュニスト》だったことを含意していると論じた。だがここでもまた、ご都合主義と信念を区別しようとする裁判官の試みには、アンビヴァレンスが相当程度忍び込んでいた。というのも裁判所は、ケルナーは個人的利得のため「だけ」で行動したと言っておきながら、他方で、人種主義的でありそれゆえ潜在的にイデオロギー的な感情も彼には備わっていたとしたのである。

自身の行為により彼は、国民社会主義独裁のユダヤ人への支配を維持・強化した。従って彼は、ユダヤ人問題担当官としての権限内でユダヤ人犠牲者の生死を左右する恣意的支配者となり、それをもって恐怖と戦慄を拡散させた。このことは、一時の気まぐれでお気に入りの者や物的利益を期待できる者に彼が厚意を示したことを否定するものではない。本法廷は、打算や個人的利益からだけでもこれがありうると確信する。被告は、この一般的態度や人種的優越感と思われる感情から行動したのである。(48)

この結果、クルト・ケルナーは謀殺を訴因とする九件で有罪とされ、終身刑を宣告された。この判決に行きつく際に裁判所は、「これらの行為は、当時の体制の行動が正義と不正義の観念を広く拭い去り、人間の生命への尊敬が大きく減却させられた時期に犯された」と指摘した。それにもかかわらず裁判所は、「被告は無防備な人々に攻撃をしかけ、無慈悲かつ心の痛みを一切抱くことなしに、若者の生命と並んで高齢者や一部は病者の生命を破壊し、また破壊することを望んだ」と主張した。(49) こうして、異常な時代に「正常」に行動した殺人者を罰することとのアンビヴァレンス、あるいは時代状況のために殺人者に変身させられたものの、さもなくば完全に「正常」であったはずの人間を裁判にかけることとのそれが、この判決の核心部にはずっとあった。ホロコーストに限らずその後世界が経験した多くのジェノサイドにも、このアンビヴァレンスはつきまとうと言えるだろう。

パウル・トマネクの抗弁は、上官命令ないしユダヤ人の取り扱いに関する親衛隊の指示通りに行動したという彼の主張に基づいている。ハーゲン地方裁判所は、確かに親衛隊・警察指導者のフリードリヒ・カッツマンが労働不能ユダヤ人の殺害を命じたと認めた。だが裁判所は、これは一般的指示であり、作為者には現場でかなりの「裁量の余地」が残されたと論じた。証拠として裁判所は、「レンベルクの誰一人［チョルトクフの］私のことを気にかけなかった」というトマネク自身の発言を引いた。さらに裁判所は、カッツマンの「命令」は犯罪的企ての実行を目的としたものだったから、拘束力があるとは見なせないと主張した。曰く、「なんら罪なき個人の生命が不可侵であることは、道徳的命令の基礎である[50]」。

それゆえ裁判所の論理によればトマネクの罪は、犯罪的命令と合法的命令、あるいはより一般的に善と悪を区別する能力に由来しなければならなかった。ケルナーの場合と同じく裁判所は、トマネクがこの能力を家庭と学校で身につけたことを前提とした。

被告は秩序ある家庭環境で育てられた。……彼は一般的な道徳の教えに従って教育され、……[しかも]信仰心も篤かった。……人格発達期を通じて彼には人命の不可侵性がつねに示されたのだから、この根本的道徳観念は彼の意識に叩き込まれていた。被告は、当時は民主主義的なチェコスロヴァキアで教育を受けており、……そこには人種的憎悪はなかった。……武装親衛隊加入まで、ユダヤ人との接触もなかった[51]。

この道徳教育が背景にあったのだから、「被告は……カッツマンの命令が異常で醜悪な不正義だと……認識してしかるべきだった」と裁判所は論じた。続けて裁判所は、にもかかわらず彼がこれらの指示の共犯者となった理由について、トマネクの説明を吟味した。裁判官はこう書いた。トマネクは、カッツマンの命令が当初「恐ろしい印象を彼にもたらした」と論じた。だが、「カッツマンがユダヤ人は最悪の敵と言い募るにつれて、[トマネクは]何百万もの多くの人々がヒトラーに喝采するのだとしたら、将軍の言うことも正しいに違いないと内心で考えた。それはともかく、彼[トマネク]は命令拒否を恐れていた[52]」。

裁判官にはこの議論につきあう暇はなかった。彼らの力説通り、「当初は疑念を抱いたが、その後命令は正しいと確信するに至ったという被告の主張は、純然たる言い逃れである」。裁判所によると、「長年かけて被告に教えられた倫理の根本規則は、親衛隊将校の短い発言のために損なわれて失われることはありえず、実際そうならなかった」。では、トマネクの共犯の本当の理由は何だったのか。裁判官の見方に曖昧さはない。「ユダヤ人への親衛隊の行動を正当とする信念は――仮にあったとして――、長年かけて国民社会主義イデオロギーを教え込まれた者にしか存在しえなかった」。だが、と彼らは続けた。「被告の場合、これはあてはまらない。彼は……キリスト教的で民主主義的な精神による教育を受けた……成熟した成人だった」のだ。[53]

ここには道徳的・法的難問があった。ナチ・ドイツの外で根本的な人道原則による教育を受けた男が、露骨に犯罪的な命令に従うことを選んだのである。こうして、一方には、倫理的世界観を内面化したはずの男が冷酷な殺人犯になったという所見、他方には、良心を裏切ったとして有罪にするにはトマネクの善悪判別能力を示す必要。裁判所はこれら両者間で葛藤状態に陥った。かくして裁判所はこう主張した。「被告はカッツマンの命令の不正な性格を認識」しており、その証拠に労働収容所の掃蕩前夜にトマネクは、「こんなことにはもはや「嫌気がさしていた」[54]ので、掃蕩の現場に居合わせないために、故意に正体をなくすまで酒を飲んだ」という事実があった、と。

もちろん、この主張は問題をはらんでいる。確信犯的でひたむきなナチスと化した者は善悪判断ができないと想定するものだからである。だが、この論理だと、イデオロギー的に傾倒した殺人者は、何ら倫理的観点を持たぬがゆえに、おそらくトマネクのようにそれまでに道徳的世界観を内面化していた者より犯した罪が軽いことになる。実際には、何十万人ものユダヤ人を殺した親衛隊員や警察官が、行動の前後とその最中に酔っ払うことの多かったことを私たちは知っている。[55]そうだとしたら、彼らは皆、自分の行動の正義を確信していなかったということなのだろうか。かりに彼らに確信がなかったとしたら、いったい誰が確信していたのだろうか。ユダヤ人ジェノサイドの全体が、疑問を山ほど抱えた者の手で実行されたなどということがありえたのか。このような発言の意味はいったいどういうことになるのだろうか。本気で傾倒していて素面《しらふ》、つまり、疑念を一切抱かずそれゆえ良心をごまかすためのアルコールを一滴も必要としない輩が実行したからという理由で、ジェノサイドの悪質度が増すなどということを想像可能だろうか。ジェノサイドを行うのに確信している必要があるのだろうか。そしてさらに、ジェノサイド的イデオロギーへのイデオロギー的確信と大量殺戮の現実に向き合うこととの間の関係とはいったい何なのだろうか(56)。

これらの問いに単純な答えはないし、確かに裁判所は、これらの問いへの取り組みを求められたわけでもない。それにもかかわらず、アルコール過剰摂取は強い道徳的嫌悪感の現れであり、人の道徳的感性を鈍らせあるいは殺戮の場から完全に逃避するのに役立ったかのようにいう裁判官の想定は、実に示唆に富む。ここでは、自堕落な者を良心の人にしたてあげ、道徳的選択を行ったことを否定してイデオロギー信奉者を赦免する議論が行われているが、その中で裁判所の立論は、ジェノサイドの共犯であったことにドイツ人が向き合うこととというはるかに幅広い問題と、国民的・個人的なナチ的過去と「折り合いをつける」際に確信のはたす不愉快な役割に光を当てている。

裁判所は、道徳的観点からはさほど問題にならないが法的意義の点では重大な、上官の命令(*Befehlsnotstand*)に関わるトマネクの主張も退けた。この議論は、すでに一九四五年にニュルンベルク裁判の場でも退けられたものだが、それにもかかわらず戦後に元ナチ犯罪者がもっとも広く持ち出すものだった(57)。トマネクの訴訟では、裁判官は「当時、被告の置かれた状況は、あのように振る舞ってはじめて自身の生命と身体への脅威から身を守れるというようなものではなかった」と指摘した。事実、親衛隊員全員がカッツマンの命令に一言一句従ったわけではなく、カミオンキ収容所では「ユダヤ人処刑に加担しなかった親衛隊員が自身の生命の危険に晒される」例も見られなかった、と裁判所は論じた。かりにトマネクがユダヤ人射殺を拒んだならば、「職を解かれ、前線に送られる可能性も想定しなければならなかっただろう」と裁判所は認めた。明らかにトマネクはこのような見立てをしなかった。だが、確かに、他の何百万人ものドイツ人がすでに行っていることをやるように強制されるおそれがあったからといって、犯罪的命令への共犯が正当化されることはなかった[58]。ハーゲンの裁判所はトマネクを二六件の謀殺につき有罪とし、終身刑を言い渡した。だが、判決理由を説明する際に裁判所は、ケルナー裁判でザールブリュッケンの裁判所が採用したのとまったく同じ論理を使ってトマネクの有責性を述べた。ここでもまた、トマネクは時代と状況の犠牲者だったと述べられたのである。この議論はトマネクにとどまらず、もっと広く裁判所自体を含むドイツ人のある世代全体に言及した。裁判官らはこう書いた。

被告の行為への動機の問題は、彼の経歴、彼の人格、国民社会主義への彼の態度を参照してはじめて答えることができる。被告は……キリスト教精神のなかで育てられ、民主主義的国家で成長した。一般的な倫理の教えという基礎が彼には植え付けられていた。……本法廷は、……政治情勢の転換と特に戦争を通じて親衛隊指導部の戦慄の考えや計画に触れることがなければ、被告はほぼ間違いなく真っ当な人生を送り続けたであろうと確信する。明らかに彼は、政治情勢の変転と戦争はもとより、これらの考えや計画に責任を負ってはいない。その限りで彼は——彼とともにいた他の多くの者と同じく——広い意味ではあの時代の犠牲者になったのである[59]。

ナチ犯罪への共犯を正当化するこの一般論に続けて裁判所は、トマネクに固有の事情を詳述した。ケルナー裁判の場合、彼の行動を査定する際に参照されたのはその社会主義的家庭だったが、トマネクの場合にもっとも目立つ形で引き合いに出されたのは、彼の民族アイデンティティの曖昧さだった。確かに、「普通」のドイツ人による共犯は、状況による犠牲者という裁判所の解釈ですでに言い逃れ済みだったが、この混合的アイデンティティは、トマネクと大半の「普通」のドイツ人を区別するのに役立った。トマネクの主たる動機は、純粋に「アーリア的」で真正の帝国《ライヒ》ドイツ人である同志たち以上に良きドイツ人になりたいという衝動だった、と裁判官は論じた。ナチ支配という政治情勢のたんなる犠牲者ではなかったとした上で、次のように述べるのである。

彼の運命を決めた事情には、境界地域住民であったこと[dass er ein Grenzbewohner war]、つまり民族アイデンティティ[Volkstumszugehörigkeit]にやや問題が認められたことがあった。被告は、……チェコ人は、ドイツ人だからとの理由で彼を完全な権利を有する市民と見なさず、ドイツ人も当初、以前チェコスロヴァキアに住んでいたという理由で彼を完全に正当な権利を有するドイツ人と見なさなかった……と陳述した。こうした事情に促されて、これら境界地域のドイツ人または民族ドイツ人の多くは、ひとたびドイツ支配下に戻るとその地点から自分たちが特に信頼するに値し、特に「良きドイツ人」であることを示そうと懸命に努力した。被告もまた、かかる努力をしたのであった。(60)

だが、トマネクの置かれた状況が彼の動機をそれほど巧みに説明できるのだとしたら、畢竟、彼の罪はどこにあったのだろうか。ここでまた裁判所は、ケルナーの弾劾に使ったのと酷似した修辞を採用した。だが、ケルナーのご都合主義が権力を得て物的に豊かになることだったのに対して、トマネクの場合、自身のアイデンティティを確立して、より安全な地位とより大きな物的満足を確保するところにも焦点が当てられた。裁判官たちはこう論じた。

被告の罪は、その性格の弱さの結果、より早い時期に身につけた根本の教えをすべて、自分が「信頼するに足る」ドイツ人であることを証明する努力より下に置いてしまった点、そしてかかる努力の中で……無慈悲かつ無条件的に自分自身をその時点の上官に差し出してしまった点にあった。……これは、彼が自分の振る舞いを道徳的に正当化可能と確信したからではなく、自身の個人的利益に役立つと考えたことによるものであった。ユダヤ人に向けてなされることになるあの忌まわしい不正義を、彼は明らかに理解していた。……しかし彼は、国民社会主義者と特に独自の計画と行動を備えた親衛隊が権力の座にあり、ある意味、「世界の主人」だと考えていた。彼は……自分もその権力を共有できるし、上官から求められ期待されたように振る舞えば、彼個人にとって物事は上首尾に進むはずだ……と思っていた。彼は、カミオンキと後にチョルトクフの両方で良い生活を送った。彼は両方の場所に自宅を持ち、ブチャチにも自室があったほどである。チョルトクフで彼は自動車を所有し当番兵もついており、当番兵にもお手伝い［ユダヤ人目撃者の一人］がいた。一定期間、彼は妻や子ども、父親を同居させられるだけの地位にあった。これらは、普通の親衛隊員には通常与えられないはずの特権である。……被告はユダヤ人の「扱い」に秀でているという理由で、これらを与えられた。……こうした理由により彼には、チョルトクフの収容所と……地域内の他の収容所の指揮権が……一兵卒にすぎなかったにもかかわらず……付与された。こうして彼は、その階級に不釣り合いな巨大な権限を伴う地位を得た。……［彼は］国防軍に召集され前線部隊に送られるのを望まなかった。これら自分勝手な理由を動機とした被告は、こうして国民社会主義独裁にお誂え向きの従属物となった。(61)

したがってトマネクが有罪だったのは、まさに彼が善悪を判別でき、自分勝手な利益をもっと得るために悪の側に奉仕することを選んだためである。このファウスト的取引において彼は、強制されて行動したわけでもなければ、自分の置かれた状況を逃れる能力を持たなかったわけでもない。彼は前線を避けるために警察に入職した。上官に気に入られるために他者に残忍に振る舞った。自分の権力を高め維持するために自発的に殺した。彼はまた、「良きドイツ人」になることが何を意味するのか、自分なりの理解をしていた。彼は、体制のジェノサイド計画を遂行してはじめて自分のドイツ人アイデンティティが確たるものになると信じていた。だが、裁判所の目からは、彼もまた状況の犠牲者だった。

捉えがたい正義と歴史の真実

親衛隊の犯罪者への裁判所によるこの性格づけは、他にも矛盾を含んでいた。裁判所は、前線で自分の命を危険に晒すよりユダヤ人を殺すことを選んだとしてトマネクを糾弾した。つまり、「良きドイツ人」であることが何を意味するのかもっとよく理解していたら、親衛隊の命令を拒否し、その代わりにヨーロッパとロシアをドイツ支配下に置こうとする国防軍の試みに加わったはずだ、というのである。こうして裁判所は、ヒムラーの部隊と比べてヒトラーの兵士は真っ当で正直な愛国者だったとの結論を下したことになる。[62]

さらに、トマネクが民族ドイツ人としてのアンビヴァレントな地位を動機としたのであれば、その事例から推定して、アンビヴァレントなドイツ人は「本物」のドイツ人よりもヒムラー配下の自発的処刑人になる可能性が高かったと言えるのだろうか。また、ナチの教え込みに晒されなかった者が同程度に悪質、あるいはより悪質だったわけだから、ナチの教えこみは問題でなかったというのだろうか。さらにその結果、おそらく裁判官自身がそうだが、戦争中に法執行や国防軍勤務をしてヒトラー支配下を生きたはずの真っ当な人間の場合、前線勤務を避け、ユダヤ人を殺して自分のドイツ人らしさを確証せざるをえなかったチェコ＝モラヴィア＝ドイツの雑種（*Mischling*）であるトマネクのような行動をしたはずがない、という結論になったのだろうか。

ここで検証した三人はホロコーストの最前線にいた。ペックマンは中産階級の職業警官だった。ケルナーは恵まれた人脈を持つ社会主義者家族出身の小実業家だった。トマネクはチェコスロヴァキアで労働者階級の家族で育った。職業警察官のペックマンは、別の歴史的文脈であれば「普通のドイツ人」の代表格として最たるものかもしれないが、戦時中はチョルトクフのジポ分署指揮官の一人であり、それゆえこの地域の六万人のユダヤ人犠牲者の多くの殺害に責任があったけれども、無罪放免だった。ケルナーとトマネクは、一方は左翼的環境出身だが妥協し、他方はドイツのアンビヴァレントな境界地域の息子で、ともにドイツの地理的・社会的「中核」を具現する存在とはおよそ見なせなかった。中核地域は民族的には圧倒的にドイツ人であり、エリートは主として愛国的・保守的なものの見方を保持して、一九六〇年代初頭にもまだ連邦共和国の権威と道徳の源として認識されていた。

一見して、トマネクは典型的な下っ端のナチ犯罪者のステレオタイプそのもの、つまり粗野で残忍でサディスティックに見える。だが、ハーゲンの裁判所が発見した通り、彼は部分的にしかドイツ人ではなく、真っ当な家族で良きキリスト教徒として育てられ、ドイツ国民への仲間入りを求めて過剰なほど熱心に行動した。ケルナーもまた当初は典型的なナチスに見えた。それほど残忍でもなければペテン師でもなかったが、それ以外はまさに型通りだった。だが、ザールブリュッケンの裁判所が明らかにした通り、彼は社会主義に深く根ざした家族の出身だった。二人はいずれも、ナチスが権力の座につかなければ大量殺戮者になることはなかっただろう。だが、もちろんナチスが権力掌握してこれを維持し、ジェノサイドを行うためにその権力を利用した。これはまさに、ケルナーとトマネク、そして特にペックマンのような者たちが進んでナチスを手助けしたからであった。あるいは、むしろ「ナチス」とはケルナーやトマネクやペックマンのような連中のことだった。

裁判官はこの結論と格闘した。なぜならこの結論は、究極的には、おそらく彼ら自身も含めて多数のドイツ人を巻き添えにしかねなかったからである。彼らは、邪悪な時代にご都合主義を理由におのれの人間性を捨てると、真っ当な人間が殺人者になりうることを示さねばならなかった。だがもちろん、ご都合主義の方便を使わぬ者はナチ・ドイツにはほとんどいなかったし、程度こそ違えど、圧倒的多数は自分の人間性を犠牲にした。これは程度の問題であり、状況の問題であった。そして犯行後もほとんどが自由に闊歩した。ペックマンのように、連邦共和国で引き続き法と秩序の執行を職務とする者もいたし、数え切れぬほど多くの弁護士・裁判官・内科医・大学教授・生物学者・人類学者等々がそうだった。これらの者は、次世代のために戦後社会の主軸となり、少なくとも戦前のヨーロッパの教育機関で医学や法学の学位を得たユダヤ人目撃者に匹敵するだけの敬意を持って遇されていた。

一方で、犯罪者の姿は相変わらず捉え難いままである。有罪判決を受けた者は典型的ではなく、典型的な者は有罪判決を受けなかった。他方、ホロコーストのような明らかに度し難い出来事を地域レベルで観察すると、そのもっとも非人間的な場面でさえ、人間らしさの次元を認識することになる。ドイツ刑法典の特異性のために、罰を避けるためにジェノサイドを行った者の多くが許されてきたし、そこに生まれたナチ犯罪者のステレオタイプは、「普通の」ドイツ人とはずいぶん異なるように思われた。だが、これらの裁判は、ジェノサイドの仕組みと殺す者と殺される者の関係について価値ある洞察も提供してくれた。究極的には、ホロコーストについて私たちが考えようと思ってきたことが、近寄ってよく観察してみると違っているのがわかった。加害者は犠牲者のことを知っている場合がよくあった。たとえもっとも忌むべき犯罪を起こしたにせよ、犯罪者の動機はごくありきたりの衝動や欲望だった。この殺害は系統的であり同時にいわれなきものであって、権力意識や罰を逃れる以外にはなんらかの特別の動機のない場合が多かった。殺す者は、殺している最中にも自分たちが殺人を犯していることをわかっていたし、そのように行動することを選択した。なぜなら、その行動から何かを得ることを望んだからである――実際しばしば得られた。同じく、自分の罪を問われてもけっして代償を払わぬことを望んだし、実際そんなことはまず起こらなかった。ついに応報のように精算書が届いた時でさえ、時期遅れでずいぶん薄められており、つねに何重もの合理化が周到に巻き付けられていた。この合理化のおかげで社会は、犯罪の場面へと引きずり出されずにすんだのである。

訳注

＊1　中世以来東中欧・ロシアに多数いて、ナチ期に「帝国《ライヒ》ドイツ人」の対概念として範疇化されたドイツ国外居住のドイツ系住民。

＊2　一九四四年八月にポーランドのユダヤ人中央委員会がルブリンに設置した委員会。翌年一二月にユダヤ人中央歴史委員会に改称。各地に支部を持ち、ホロコースト記録の収集・保存に当たった。後にユダヤ史研究所（第二章の訳注＊7参照）に発展的解消。

＊3　ウクライナ人の姓とも思えるアタマニューク、殺人狂を示唆するマニアック（マニューク）、自動小銃を意味するアウトマトなどとトマネクの姓が合わさってイディッシュ語の渾名になったと推察されるが、確かな由来は不明。

＊4　ラビノヴィチは、ドイツの侵攻後間もなくポーランドが敗北するまで、ポーランド第二共和国の正規軍に勤務した。

第六章　忘却の道具としての記憶法

ウクライナとイスラエル——ジェノサイドを法により正当化する

過去についてのある種の形の解釈を犯罪扱いないし処罰する法（＝記憶法）の制定、より一般的には相対立する歴史の語りや犠牲者と加害者の位置づけ、国民的英雄と国内外の悪役をめぐる闘争が、過去数十年間のヨーロッパでも世界中の他所でも、ますます際立つ特徴になってきた。過去の出来事の表象が意に染まぬ、あるいは不愉快だとしてこれらを犯罪扱いすることへのこの偏愛ぶりは、第二次世界大戦中の出来事やその直接の起源、さらに事後のあり方の解釈の違いに関わることが多いが、記憶法の扱いが第一次世界大戦にまで及ぶ場合もある。アルメニア人ジェノサイドはその最たるものである。[1] これらの解釈は、通常、異なる国民的・民族的・宗教的・イデオロギー的集団が戦中と戦前・戦後の両方に果たした役割に関連し、あわせて、紛争から生まれた諸国家が手にし、あるいはそれらに課された政治上の取り決めとも関係する。過去についての公式解釈と通俗的解釈に生じたその後の変化や、それに関連する歴史の見方に関する各国の立法はどれも似て、政治秩序の変容——とりわけ共産主義崩壊後の——とあわせて新たな戦後世代の登場を反映し、過去の悪事のごまかしや否定を暴こうとする欲望と、国の誇りや尊厳を再主張しようとするこれに劣らず強烈な衝動との間の、現在進行形の緊張関係を映し出している。お気に入りの自国史の認識を損なうおそれのある歴史上の事実を抑圧、あるいは非合法化することも厭わぬほどなのである。

近年、この件には多くのものが書かれており、ここで繰り返してもあまり意味がない。[2] むしろ本章で私が関心を寄せるのは、いくつかの異なる国民的言説を承認したり犯罪化したりする際の相互依存関係である。たとえば、二〇〇六年にウクライナのヴィクトル・ユーシチェンコ大統領は、ホロドモール——スターリン主義国家の主導でウクライナで起こった飢餓——をジェノサイドと認めてその否定論に加罰する法律を提案した。議会はその名誉にかけて——だが、当時のウクライナにおける親ロシア（旧ソヴィエト）的東部と親民族主義的・反ロシア的西部の間で緊張していた国内の記憶の政治によるところも大きかった——、以下の明確な意見を法に書き込んで成立させながらも、否定論に具体的刑罰を採用することは拒否した。

> 一九三二年から一九三三年のウクライナにおけるホロドモールは、ウクライナ人へのジェノサイド行為である。
>
> 一九三二年から一九三三年のウクライナにおけるホロドモールの公の場での否定論は、何百万ものホロドモール犠牲者の記憶を冒瀆するものであり、同時に、ウクライナ国民の名誉を毀損するものとして認識され、違法とされる。[3]

翌年、ユーシチェンコはイスラエルを訪問して、嘆きの壁*1とあわせてヤド・ヴァシェムのホロコースト・メモリアルに赴き、報じられたところでは、今回の自身の訪問では「ユダヤ人およびその遺産と一体であることを表明し、ユダヤ人のもっとも神聖な場所で祈りを捧げる」ことを意図したと述べたということである。クネセト（イスラエル議会）の演説でウクライナ大統領は反ユダヤ主義《アンチ・セミティズム》を糾弾したが、ホロコーストにおけるウクライナ人の役割は一切謝罪しなかった。逆に、クネセト議長ダリア・イツィックと並んだユーシチェンコは、スターリン体制によるウクライナ人虐殺を糾弾した。イツィック側では、「ユダヤ人救済にみずからの生命を賭した「諸国民の中の正義の人」にウクライナ人が多数含まれる」ことを強調しながらも、「ウクライナ独立をめざす民族闘争の過程でユダヤ人大量殺戮に加担した個々のウクライナ人の行動を記念するのは容認できない」(4)と付け加えた。要するに、ウクライナが正式にはホロコーストへの協力にいっさい責任を認めなかったのと同じく、明らかにユーシチェンコによる訪問の主目的の一つだったイスラエルによるホロドモールのジェノサイド認定を、イスラエルが正式に行うことはなかった。

この文脈でイスラエルが「ジェノサイド」の語の使用を躊躇するのは、対ロシア関係によるものと考えられる。それから約十年後、二〇一八年にロシアの在テル・アヴィヴ代理大使レオニード・フロ－ロフはイスラエルに対し、ホロドモールを正式にジェノサイドとして認定する法案を成立させる件について警告した。「今はこのような提案を論ずるのにふさわしい時ではない。具合が悪い。間違った一歩になるだろう」(5)と述べたのである。だが、政策上の思惑による縛りを超えてこの一歩を踏み出すのを拒むのにはもっと深い理由があったし、今もそれは続いている。イスラエルにとって、ホロドモールのジェノサイド認定はこれをホロコーストに近づける危険性が高く、そうなるとウクライナ人とユダヤ人は犠牲者として同等と見なされかねない。だが、イスラエルからすると、〔自国の存在自体が〕ホロコーストへの回答だとする主張がその存在根拠《レーゾン・デートル》として根幹的に重要というだけではない。ショアーは歴史上唯一無二の出来事だと断固主張することにより、他のすべての国家の存在より上位にイスラエルが位置づけられ、さらに、イスラエルの存在を認めずその政策を何であれ批判する人々より道徳的に高い次元にイスラエルが据えられる。ウクライナにとっては、他のどの国家にもましてイスラエルによるホロドモールのジェノサイド認定が重要な理由はまさにここにあり、ホロコースト後継国家を自称する国家に承認されたという、唯一無二の強力なお墨付きを得られることになる。加えて、ユダヤ人住民に対するウクライナの黒白混淆の歴史ゆえに、ユダヤ人国家からジェノサイド犠牲者の仲間としての地位を認められれば、これまで道徳上バランスを欠くように思われた事態の是正に至る長い道のりを前進できる。もっと陳腐な国際宣言に期待できた以上の効果によって、ウクライナは過去の亡霊から解放される。(6)言い換えると、自国がユダヤ人犠牲者の代表であることへの国際的承認を得るのにイスラエルが成功したからこそ、ホロドモールをジェノサイドだとするその首脳の公式発言は、自国の歴史の書き換えに尽力するウクライナ大統領の偉業として位置づけられるはずなのである。結局、この要請が否定された理由はこの点にあった。

イスラエル人とユダヤ人の集合的記憶もこれと大いに関係があった。ウクライナから来たユダヤ人生存者、特に戦後、西ウクライナとなったポーランド東部出身者にとって、ウクライナ人は「ドイツ人以上に悪質」だった。ウクライナ人による隣人たるユダヤ人の虐殺は、ならず者や知人や村人らと並んで、ドイツ人指揮下のウクライナ人補助警察部隊やウクライナ民族主義者の民兵組織その他の準軍事組織《パラミリタリー》が手を下したものだが、それらの記憶がユダヤ人生存者の証言を埋め尽くしている(7)。隣人・同僚・友人による裏切りの辛さが、出来事から何十年たっても手にとるようにわかる。さらに問題を複雑にするのは、自由の闘士や解放者を称える共産主義後のウクライナ人の懐く畏敬の念である。彼らへの崇拝は特に西ウクライナで広く見られたが、これは主として、第二次世界大戦時のドイツによる占領に続いて再度押しつけられたソ連支配に抗する闘争に関連し、近年のロシアによるクリミア併合と東ウクライナ侵入、ついには二〇二二年二月二四日のウクライナへの全面侵攻のためにさらに火に油が注がれた(8)。しかしながら、一九九一年のウクライナ独立以降のこれら国民的英雄の記憶の再生にまつわる問題は、これが彼らの暗部を否定して抑圧する面を含むことにあるし、その暗部とは、ユダヤ人大量殺戮時のドイツ人への協力であり、さらに同地域の記憶の政治においてこれに劣らず重要な、ヴォルイニとガリツィアのポーランド人住民を民族浄化して完全独立を求める運動である(9)。この観点からするとイスラエルは、ウクライナにおけるソヴィエト犯罪をジェノサイドとして範疇化することの正統性を担保するに絶好の立ち位置にあったにせよ、同時に、まさにホロコースト否定論への主たる防波堤としての自己認識ゆえに、ウクライナ民族主義者の栄光化を損なうおそれもあったのである。

実際、イスラエル国家にとってホロコーストは、その記憶がけっして否定・抹消されてはならない過去の出来事であるばかりか、自国の存在と政策を正統化するたえざる闘争の舞台における最強の道具としても存在している。イスラエルを訪問する各国の高位の人々は、イスラエル政府関係者と交渉の座につき、おそらく植民・占領・パレスチナ人処遇などの機微の問題をおずおずと持ち出すのに先んじて、まずエルサレムにある国家公認のホロコースト神殿であるヤド・ヴァシェムに出向かねばならない。そこで彼らは、ユダヤ民族の息子や娘らがどこに住もうとイスラエルはそのすべてへの責任をになっており、そのユダヤ民族全体がジェノサイドの標的になることは二度とないし、そのようなことはあってはならないのだと、力をこめて一点の曇りもなしに釘を刺されることになる。彼らはまた、世界中のどの国も第二次世界大戦時にユダヤ人を見捨てた罪を負い、それゆえイスラエルの防衛と国力のために力を傾注しなければならぬと直言されてしまう[10]。さらに、ほとんど一気にナクバの記憶、つまり一九四八年にイスラエル国家になった場所からパレスチナ人の圧倒的多数が追放された記憶は粉砕される。ユダヤ人の運命とアラブ人の運命を同時に語ることはありえず、ナクバを口に出そうものなら、「どうしてあなたは比較できるのか」という公認済みの自動化された反応を呼び出して、たちまち、イスラエルの存在権自体を疑い、実は再度のホロコーストを唆しているかのように扱われてしまうのである[11]。

ポーランドとウクライナ――英雄と悪役

ジェノサイドとしてのホロドモールの位置づけについてイスラエルのお墨付きを求めるウクライナの願いと、人類史の年代記上唯一無二の犯罪としてのホロコーストに固執するイスラエルの態度は、自国は「諸国民のキリスト」*2だとするポーランドの類似の主張のためにさらに紛糾する。ポーランドにとって、唯一無二の犠牲者というユダヤ／イスラエル的な主張は、自国の自己認識と競合するのにとどまらず、ホロコーストへのポーランド人の共犯を示唆することでポーランド人の犠牲者としての地位を損なうものなのである。犠牲にされたというポーランド人の感覚はさらに、第二次世界大戦期後半のこの国民の運命と何十年にも及ぶ共産主義体制の押し付けの両方のためにさらに悪化した。大戦期後半にポーランド東部のポーランド人住民はウクライナ人民族主義者の手で大規模な民族浄化にさらされ、共産主義体制は、ユダヤ人のソヴィエトへの共感とその支配への共犯を意味するいわゆるユダヤ＝ボリシェヴィズムないしジドコムナとしばしば連想させられたのである。[12]

したがってポーランドの記憶法は、一九八九年以前の共産主義によるごまかし、ユダヤ人の犠牲者性との競合、ホロコーストへの共犯を仄めかすものは一切拒絶といった難問への対処を試みてきた。さらに同法は、ポーランドの境界地域ではウクライナ人によるジェノサイド行為が発生したと主張して、第二次世界大戦時の解放闘士を栄光化するウクライナ民族主義者への対応を図るが、この地域はウクライナ人の眼には、ポーランド人が植民地化を進めて自分たちの民族としての志を弾圧した場所として映っていた。

一九九八年にポーランドは東欧で最初の記憶法を制定し、[*3]同法は「第一条第一項に述べた犯罪に公然と事実に反して異論を唱える者は過料または三年未満の自由剝奪刑に処される」と規定した。ここで規定されたのは、「一九三九年九月一日から一九八九年一二月三一日までの間にポーランド民族に属する者及び他民族のポーランド市民に対してなされた犯罪」であり、「ナチ犯罪」、「共産主義犯罪」と「その他の平和に対する罪、人道に対する罪、あるいは戦争犯罪」を含む。[13]ニコライ・コーポソフが指摘した通り、同法はナチ犯罪とソヴィエト犯罪を人道に対する罪という同じ籠に投げ込む一方、「他民族のポーランド市民」としてのみ挙げられたユダヤ人のジェノサイドへの直接の言及は一切避けて、「ポーランド国民に対する罪」という一般的範疇にホロコーストを含めるソヴィエト的定式を採用しているが、これはよく言っても曖昧模糊な定義である。[14]

その上、何がそのような犯罪を構成するのか、誰がその犯罪を犯したのか、何が否定論の要素《パラメーター》なのかといった定義は、共産主義崩壊から今日に至るまで変動してきた。二〇一八年にポーランド議会は一九九八年法改正案を可決し、同年中にアンジェイ・ドゥダ大統領が署名して法律として成立した。改正法はこう述べる。

ポーランド国民ないしポーランド共和国が第三帝国の犯したナチ犯罪……ないし平和に対する罪、人道に対する罪、または戦争犯罪を構成する重罪に責任を負う、あるいは共同責任があると、公の場で事実に反して主張した者は何びとであれ、また上述の犯罪その他の罪の真の犯罪者の責任を大きく減ずる者は何びとであれ、過料または三年未満の禁固に処せられる。

ここではポーランド国民に対するナチ及びソヴィエト犯罪の否定だけでなく、ポーランド人が何らかの形でナチ犯罪の共犯であったかもしれないという主張も犯罪とされている(また、共産主義者によるものと想定されるその他の犯罪も。ただし、同国の共産主義体制はポーランド人が運営したことに立法者が完全に自覚的だという明瞭な理由から、明示的には述べられない)。

加えて重要なことに、改正法はポーランド国民に対してなされた犯罪の時間の幅と列挙される犯罪者をともに拡大している。改正法第一条では、これらの犯罪は次のものを含む。

一九一七年一一月八日から一九九〇年七月三一日までの間にポーランド民族に属する者及びその他民族のポーランド市民に対してなされたナチ犯罪、共産主義犯罪、ウクライナ民族主義者と第三帝国と協力したウクライナ人部隊の隊員の犯した犯罪、その他の平和への罪、人道への罪、戦争犯罪を構成する大罪。(15)

立法者が記す通り、同法は特に「ポーランド共和国及びポーランド国民への世評を守る」という意図で改正された。つまり、ユダヤ人ジェノサイドにポーランド人が共犯したという一切の告発に対抗して行動するためのものであり、この共犯問題は、イェドヴァブネ村で起こったポーランド人の隣人たちによるユダヤ人住民の虐殺を扱うヤン・トマシュ・グロスの著書『隣人』のポーランド語原著が二〇〇〇年に刊行された後に特に過熱化したものだった。もっと最近では、二〇一二年にバラク・オバマ大統領が「ポーランドの死の収容所」なる語を使用して注目されたことから(政権は速やかに謝罪した)、ポーランド政府関係者はその使用を一切断固として(そして正当に)拒否しようとますますむきになってきた。[16]

だが、改正法には、西側の評者からおおむね無視された別の意図もあった。今回、同法は特に次のように述べたのである。

ウクライナ民族主義者と第三帝国に協力したウクライナ人部隊の隊員らの行った犯罪は、一九二五年から一九五〇年までの間にウクライナ人民族主義者によってなされた、諸個人ないし住民集団への暴力とテロルその他の人権侵害の行使を含む諸行為を構成する。ヴォルイニ及びマウォポルスカ[小ポーランド]東部におけるユダヤ人住民の絶滅及びポーランド第二共和国市民のジェノサイドへの関与はまた、ウクライナ民族主義者と第三帝国に協力したウクライナ人部隊の隊員らの行った犯罪を構成する。[17]

つまり同法は、ポーランド国民への人道に対する罪とジェノサイドを犯した者として、ナチスやソ連人と並んでウクライナ民族主義者を含めただけではなく、ナチ犯罪へのウクライナ人の協力を告発することは正当としながらも、同時に、ポーランド人に同様の嫌疑をかけることは犯罪だとしたのである。

それゆえ、この物議を醸した改正は共産主義体制崩壊後の二つの重要なエピソードに触れる。一つ目はホロコーストであり、これはより広く公衆の関心を引いてきた。ポーランド及び他所に暮らす少なからぬ数のポーランド人も含めて、様々の学者がユダヤ人殺害へのポーランド人の共犯を実証し、それまで論争的だが有益と見なされてきたポーランドの過去との向き合い方について議論の火蓋が切られた。その一方で同法は、ドイツ占領期とその直後の闇に包まれた諸側面——ポーランド人によるユダヤ人大規模虐殺を何件か含む——や、戦前ポーランドがますます反ユダヤ化した一九三〇年代についてのさらなる調査も犯罪化しているようにも思われる[18]。同法の二つ目の側面は、既述の通り国際的関心は薄かったものの多くのウクライナ人を激怒させたものであり、その時点まで、共産主義崩壊後の両国の相互努力のおかげで解決済みに思われたポーランドとウクライナの緊張した関係が、ひどく悪化した。一九九七年五月二一日にウクライナとポーランド両国の大統領が「調和と和解について」なる共同声明を発出、二〇〇三年七月一一日には「ヴォルイニの悲劇六〇周年の和解について」というもう一つの声明の発出(ヴォルイニの悲劇とは、一九四三―四四年のウクライナ民族主義者の準軍事組織によるポーランド人民族浄化)、さらに、二〇〇七年四月二七日には「ヴィスワ作戦」(戦後のポーランド共産主義体制による民族的ウクライナ人強制追放)六〇周年の機会にさらに一件の共同声明が発出された。両国家元首によるこれらの公式発言に伴って、ウクライナのギリシア＝カトリック教会とポーランドのローマ＝カトリック教会の司教間でも、二〇〇五年と二〇一三年に和解声明が出された[19]。

だが、こうした協調の努力は、まず二〇一五年四月にウクライナが四つの法律を束ねたいわゆる脱共産主義法を制定したことで挫折させられた。これには、「二〇世紀におけるウクライナ独立闘士の記憶の法的地位とその栄光化に関する法」、つまりポーランド人が戦間期の自国統治へのテロリズム行為と考えるものと、特に(同地域におけるユダヤ人ジェノサイドへの共犯とならんで)一九四三―四四年のヴォルイニとガリツィアにおける民族浄化作戦に関与したまさにその人物を称える法律が含まれた。ウクライナ側からすればこの法律は、「二〇世紀における独立闘争のあらゆる形式と方法を合法だと考えている」旨を宣言するものであり、それゆえファシスト的なＯＵＮやその軍事組織ＵＰＡの成員を含む英雄的解放闘士に対して、「公の場で敬意に欠けた態度を示した」者や「ウクライナ独立闘争の合法性を公の場で否定」した者の責任を問うことになると述べている。特に同法は、「本法第一条に規定する者」、つまり「二〇世紀のウクライナ独立闘士への不敬を公の場で表明するウクライナ国民、外国人、無国籍者」は、「ウクライナの現行法に拠り法的責任を負うことになる。二〇世紀のウクライナ独立闘争の正統性を公の場で否定することは、二〇世紀のウクライナ独立闘士の記憶を冒瀆し、ウクライナ人民の尊厳を中傷するものと見なされ、違法である」と定めている[20]。

その後、二〇一六年七月にポーランド議会が「一九四三年―四五年にウクライナ民族主義者によって第二共和国市民に対して犯されたジェノサイドの犠牲者の記憶の永続化について」なる決議を採択し、ヴォルイニにおける虐殺をとりたてて「ジェノサイド」と述べ、七月一一日を「ヴォルイニ・ジェノサイド犠牲者を想起する国民の日」として宣言したのは無理もない[21]。すでに見たように、これに続いて二〇一八年一月、ウクライナ民族主義者による犯罪の否定をすべて犯罪とする法律が署名・成立した。両国民の相互憎悪の歴史は一七世紀まで遡るが、ソ連支配の解体後、両国民の積み上げた相互和解のための類いまれな試みは、こうして双方の民族主義的な記憶の戦士らの手で潰えさせられた。確かに、二〇二二年二月のロシアによるウクライナ侵攻以前も、ポーランド・ウクライナ間には武力紛争や未回収地回復主義《イレデンティズム》的な要求が切迫する様子はなかったし、入国する何百万ものウクライナ人難民にポーランド人の示す類例なき厚意は、ここで概略を述べた流れの反転に寄与するかもしれない。それにもかかわらず、ウクライナの独立が将来どうなるかは不確実だし、ポーランドでは司法の独立の毀損も含めて民族主義的で反民主主義的な流れがますます強まっているから、これらは未来にとって好ましい先触れではない（原著出版後、ポーランドでよりリベラルな政権が成立した。だが、民族主義的で不寛容な底流は同国で持続している[22]）。

このこともまた特に気落ちさせられる。ごく最近までポーランドは過去と向き合う足取りを大きく進め、東欧の他のポスト共産主義諸国のモデル役を務めていたからである。実際、ポーランドは、国内各地でユダヤ人の場の再建を進めたのとならんで、新設のポーランド・ユダヤ人歴史博物館（POLIN）に美しく展示されたポーランド人とユダヤ人の共存する豊かな歴史を認識する道を踏み外してしまった[23]。ポーランド政府関係者はしだいに、何百万ものユダヤ人が自国の土地で殺された一方、何らかの形でポーランド人がこれに関与したと主張する者は偽り《フェイク》の歴史を弄んでいると、しつこく主張するようになった。その議論では、「ブラッドランド」[*4]は東西からの外部侵略者による産物であり、ポーランド人はユダヤ人とともに両方の侵略者に共通する犠牲者だった。事実、これはPOLIN博物館自体の根本にある議論でもあり、ポーランド人とユダヤ人の調和的関係を強調する姿勢とも一貫する。[24] だが、今では博物館自体が攻撃に晒されるようになり、他方、ホロコーストへのポーランド人の協力やキリスト教徒の隣人によるポーランド・ユダヤ人の現地での殺戮を暴露する学術的成果は、民族主義的政治家や民族の誇りを擁護する人々の激しい怒りをかってきた。あの出来事の否定が違法だとしても、ポーランドの大地で実際に起こった際の様子の発掘はポーランド国民の名と評判を傷つけるものだから、たんに屈辱的なばかりか徹頭徹尾非愛国的であり、それゆえ結局は違法というわけである。[25]

記憶する義務と忘却する衝動

それゆえ、ポーランド人・ウクライナ人・ユダヤ人の間には、何世紀もの共存と文化的相互交流とならんで血塗られたつながり、暴力による犠牲者化と加害のつながりがある。記憶と怨讐、過去の記念と消去というつながりがある。だが、ポーランド人とウクライナ人が相互の境界線のいずれか一方の側に留まり続けている——他国側にいるマイノリティはすでに殺害・追放・「交換」された——のに対して、ユダヤ人国家の場合は違った。というのも、イスラエルはホロコースト記憶に傾倒しながらも、英雄譚と消去に依拠して成立したものでもあり、その点でイスラエルはポーランドやウクライナとのつながりがあるが、同時に、そこには各国の地域独自の栄光化の語りと忘却が含まれるからである。

　これらは、相似通ったたんなる三つの事例なのだろうか、それとも本質的なつながりがあるのだろうか。畢竟、この種の事例は他にも多く挙げられる。何より合衆国の場合、ヴェトナムやイラクで見られたように、政策の道具としての軍事行動によってしばしば他国の民間人を多数死なせておきながら、そうした事情には無頓着に、斃れた英雄たちの栄光化が進められている。そのまま一気に民間人犠牲者のことを語ると、それだけで戦死者の個人的栄光と彼らを任地に送り込んだ国の名声の両方を損なうおそれがある。だから、たとえばワシントン特別区のヴェトナム戦争メモリアルは、戦争中に殺された何十万人ものヴェトナム人民間人には一切触れない[26]。それでもなお私が主張したいのは、ウクライナ・ポーランド・イスラエルの三者間の場合、三つの国民の犠牲者化と自己主張の語りの間に複雑なつながりがあるからこそ、想起することが否定論を増長させ、否定論の犯罪化が記憶の消失を可能にし、記憶の消失が自己本位の犠牲者性を動員する空間を生み出すメカニズムが特に顕著に見られるということである[27]。

その際に決定的なのは、「記憶する義務」と忘却する衝動は、競合しあう複数の国民的語りに依存しつつ、同様にこれらの国民的言説のそれぞれの内部で不可分につながっているということである。すでに記したとおり、この関係は実際は戦争直後の「ネヴァー・アゲイン」のスローガンまで遡る。だが、反ファシズム言説が一九九〇年代以降、ポスト共産主義のエスノナショナリストの修辞によって代替され、その修辞はしばしば反新自由主義的で反グローバル化の言説との奇妙な同盟関係の仮面をかぶったり、これを創造したりする。ポーランド・ウクライナ・イスラエルそれぞれの具体的事例に即して私が繰り返し言いたいのは、想起を促し否定論の検閲をはかる各国の法律は、正統的想起の内容を制約することで否定論を強化する法律と同じく、概念上も歴史上も相互につながっているということである。ポーランドとウクライナで人々の抱くソヴィエト犯罪の表象がしばしばユダヤ人を連想させるのに対して、東欧におけるナチ犯罪についてイスラエル人の抱く見方は、しばしばポーランド人やウクライナ人を連想させる。実際、これら三国のどこでも人々の抱く歪んだ認識が、政治家やデマゴーグの手で都合よく利用されている。換言すると、この種の法律は否定論に対抗することなどけっしてなく、つねに否定論の利用を狙っている。同様に、この種の法律は過去の真実の押しつけに執着するが、これはつねに過去のもっと不都合な要素を忘却し消去することでもある。イスラエルの想起と消去は、その好事例である。

イスラエルの土台にある否定論

ユダヤ人・ポーランド人・ウクライナ人の共存と暴力を一つの小さな町の観点から研究して二〇年が経過した今、第二次世界大戦とホロコーストと建国の直後にイスラエルで生まれた第一世代の一員である私のここでの関心は、公式の追悼／記念と記憶の根絶にとどまらず、集団・地域社会・個人としての取り組みやトラウマや記憶にも向かっている。つまり、否定論の犯罪化にとどまらず、否定されてはならないこと(あるいは記憶されねばならないこと)と否定されなければならないこと(あるいは記憶されるかもしれないこと)の公的・社会的な検閲によりもたらされる、さらに強力な影響にも関心を抱いている。

ヨーロッパ系(主としてアシュケナジム)の背景を持って一九五〇年代・六〇年代のイスラエルで育ったユダヤ人の子ども――同年齢集団のアラブ・パレスチナ人の場合とは事情がずいぶん違った――は、大きな二つの否定論に取り組まねばならなかった。一つ目は、ディアスポラの否認(*shelilat hagalut*)である。一九四八年戦争後に生まれた者にとって、シオニズムの掲げたこの根本教義から連想させられたのは犯罪的ということではなく、何かとても遠くて見知らぬものでありながら、同時に家族に関わる馴染み深いものだった。祖父母たち、周囲で聞こえるイディッシュ語とポーランド語の話し言葉の音、全体として世俗的な空間中に残る宗教儀礼の痕がそれであり、あわせて老人たちの異国風で戸惑うほど型通りの振る舞いと並んで、発音も位置の特定もできない人々や場所の名前がそこには呼び出されていた。言い換えると、これらは、私たちが持たず持ちたいとも思わない借り物の記憶だった。つまり、縁遠くて不愉快で、なんだかこわいが同時に身近。それが何であれ、私たちがそこから解放されそこに引き戻されることを拒否したもの(実際は何たるかを知らなかった)でありながら、同時に特に若い世代にとって、禁断の果実や放置された墓地がそうであるように、強迫的に魅惑的なものだった。要するに、私たちはイスラエル人の第一世代であり「新しいユダヤ人」の体現そのものだった。新しさゆえに私たちは「海から生まれた」と言われ、あの長く暗黒の流浪の数千年の重荷をいっさい背負わぬものと言われたのである。[28]

二つ目の大きな否定論は、私たちが他のもう一つの民族の場所を受け継いだというものだった。私たちは、しばしば名前を奪われ、名前を誤って伝えられ、あるいは名前を変えられて、最終的にはブルドーザで破壊された村々の名残と隣りあわせで成長した。私たちは、由来を知りもせず知ろうとも思わない場所に付けられた新しい名前に慣れていった。他方、年長世代の人々はまだ旧名を使っていたが、それらが今は姿を消した男・女・子どもで溢れかえった居住の場を表現したことを思い出すこともなく、私たちに語ってくれることもなかった。私たちはサボテンの垣根《サブラ・フェンス》*5の脇で遊んだが、その場所や目的を説明されることはまったくなかった。私たちは［アラブ人の］墓地の朽ちかけた境界をよけて通ったが、これらは馴染みもなく雑草が生い茂っていた。私たちにとってナクバは、言葉としても出来事としても存在しなかった。あるいは、かりに存在したにせよ、それはどこか遠くの噂に過ぎず、ひどく不快というわけではないにせよ、何かはっきりせずに隠された、口に出すのもはばかられる恥ずべきものだった。

これら二つの否定論が第一世代のアイデンティティの核心にあり、これらは建国時の真実にして国民的盲点であり、ユダヤ人国家樹立とともに生まれた世代がすべての物事を見て理解する際の視野狭窄の元凶だった。同じくこれら二つの否定論は、根本的で国家形成上の本質をなす二つの出来事に同時に根差しており、これらの出来事は宿命的に記念・祝福・法典化の対象となることがきまっていた。その一つ目はワルシャワ・ゲットー蜂起であり、ホロコーストの火と剣*6の中で死滅に向かいながら、同時に不死鳥の如く再生しつつある民族の大胆不敵な行動として象徴化されるすべてのものである。二つ目は、一つ目の自然な産物としての独立戦争であり、この戦争ではほぼ勝ち目のない少数者が多数者を英雄的に征服しており、ワルシャワ・ゲットー蜂起の再演だが結果は正反対ということになる。この記憶を脅かしたり過小に見せたり、あるいは損ないかねないものはなんであれ——法ではなく社会全体によって——否定されねばならなかった。蜂起はホロコーストにとって核心的な出来事だった。「羊の如く屠所に」[*7]向かった大衆は周辺部に追いやられた。少数者が勝利を収め、イシューヴ(国家以前のコミュニティ)[*8]のユダヤ人少数派が新興イスラエル国家の多数派に転身したのは贖《あがな》いの奇跡だった。アラブ人を追放し撲滅する暴力は副次的被害に過ぎず、それが国民的再生なる壮麗な出来事を損なうことはおよそ許されるはずはなかった。[29] 祖父母らはディアスポラの感傷的記憶を抱き、若い男女は一九四八年になされた残虐行為に取り憑かれて苦しんでいた可能性もあるが、それらが普通に存在することを証明する例はまずなく、公共空間ではこれらは話されることもなく、抑圧され、否定され続けた。[30]

記憶と否定論と法の間には複雑な関係がある。記憶することを法定化することは忘却につながる場合がある。否定論の禁止は、それを呼び戻す最善の道になりうる。一九五六年、イスラエルの国境警備隊がカフル・カーセムというアラブ人村の住民四〇名以上を殺害した。その後行われた裁判でベンヤミン・ハレヴィ判事は、拒否する義務のある違法な命令にその部隊は従ったと判定した。彼は一九五八年にこのように述べたのである。

> 「明白に違法」な命令という認証印が、当該の命令の上の黒旗のごとくに、つまり「禁止」と告げる警告のしるしとして翻らなければならない。ここで問題なのは、形式上の違法性という曖昧ないし外見上曖昧なものではなく、法学徒のみに判定可能な違法性でもない。問題はむしろ、目に見える明瞭な法律違反、命令それ自体の表面に浮きあがるある種逃れ難い違法性、当該の命令ないしその命令が実行を求める行動の明らかに犯罪的な性格、もしも眼が盲ではなく心が頑迷でも腐敗してもいなければ、眼に突き刺さり心を動かすような違法性である——そのことこそが、兵士の服従義務に優越し、その行動の刑事責任を当該

兵士に課すために必要とされる違法性の尺度である。[31]

この出来事は公の場では、残虐行為としてよりもむしろイスラエル司法の勝利とイスラエル国防軍の武器の清廉潔白《ピュアリティ・オヴ・アームズ》(*tohar haneshek*)の現れとして想起されることが多い。これがイスラエルの伝説の一部と化して、国防軍は「世界でもっとも道徳的な軍隊である」という主張が繰り返されるようになったが、他方、これが実際の軍事行動の構成要素になったことは一度たりともない。[32] 実は当時でさえ、イスラエル世論のほとんどはハレヴィ判決に異を唱え、その後の司法の動きで有罪判決は大幅に減刑された。一九五九年までに関係者全員が赦免された。[33] ハレヴィ判決は、例えば二〇一四年七月から八月のガザでの作戦、婉曲に「防衛の刃《プロテクティヴ・エッジ》」(*Mivtsa Tsuk Eitan*)と命名された作戦後に想起されることはなかった。この作戦では、一五歳以下の子ども四〇〇人近くを含む約二二〇〇人のパレスチナ人が殺され、市街地の多くが空爆および砲撃で破壊され尽くしたために、五〇万人に迫る現地住民が自宅から追い払われた。[34] 二一世紀のイスラエルでは、この文脈で「戦争犯罪」ないし「人道への罪」という用語を持ち出すだけでも呪われた行為となり、多くの人々から、反ユダヤではないにせよ反シオニズムの反逆者扱いされてしまう。[35]

一九一〇年にドイツに生まれ、同地で一九三三年に法学博士号を授与されたハレヴィは、一九五五年のいわゆるカストナー裁判の裁判官である。この裁判で彼は、ホロコースト時にブダペストでアドルフ・アイヒマンと交渉したルドルフ・イズラエル・カストナーは、ナチスと協力したのだから「悪魔に魂を売った」と断定し、この判決がカストナー暗殺につながった。イスラエル最高裁判所はその後「カストナーは裁判所ではなく歴史の審判を受けるであろう」と判決を下したものの、ホロコーストにおけるユダヤ人の対ナチ協力《コラボレーション》問題は、記憶と忘却、記念と否定論との間の闘争の厄介で破壊的な要素であり続けた。つまりこれは、犠牲者であることから道徳的優越性や倫理上のお墨付きを導き出す試みに伴うコストをたえず想起させるもの——容赦なく否定された――なのである。[36] 実はハレヴィは、一九六一年から六二年にエルサレムで行われたアイヒマン裁判でも三人の裁判官の一人として執務した。ホロコーストは、ユダヤ人が羊の如く屠所に赴いた恥ずべき出来事であり、その恥を雪《そそ》いだのはワルシャワのシオニストと目される叛徒のみとされてきたが、そうではなく、生存者つまり私たちの隣人であり家族成員となった男たち女たちに今もつきまとう底知れぬ深みのあるジェノサイドだったということ、このことをイスラエルの公衆と特に私の世代に属する者に向けて初めて暴いたのがこの裁判だった。[37]

だが、ハレヴィがアイヒマンに対し、言うところの「被告自身のことば」つまりドイツ語で話しかけて、「最終解決」を組織する際のユダヤ人の対ナチ協力問題について尋問したのもこの裁判の場だった。「移民目的でコミュニティ成員を登録し、財産を始末し、相当厳しい統制を行使する業務がユダヤ人職員に課せられ、これにより移民がおおいに促進された」のは事実かどうかを彼は被告に尋ねた。「はい、その通りです」(Jawohl, das stimmt) とアイヒマンは応答した。さらにハレヴィは続けた、「では、それは迅速かつ円滑に強制追放に転ずることが可能だったのですね?」ふたたびアイヒマンは「はい」と応えた。ハレヴィは粘った、「当時、ユダヤ人評議会という着想がありました。……対ユダヤ人のドイツの政策的道具として、これらユダヤ人評議会は――なんと申しますか――ユダヤ人への措置の実行をかなり促進したのですね?」アイヒマンは「はい」と同意した。これにより「人手やスタッフがかなり節約できたのでしょう」とハレヴィは述べた。アイヒマンは「はい」と応答した。このようにユダヤ人評議会は、「犠牲者を誤った方向に導くことで作業を進捗させ、さらに、ユダヤ人を利用してみずからの絶滅のために働かせることが可能になったのです」と結論づけた。アイヒマンはずいぶんホッとした様子だった。やっと裁判所が理解してくれたのだ。「はい、その通りです」と彼は確認した。[38]

この質疑応答方針を追求したハレヴィの目的が何であったにせよ、犠牲者や生存者の行動を正当化するのに絶対悪を使う試みの危うさを、彼ははっきり暴いていた。だが、一九五三年にホロコーストを記念する国立機関として法律に基づきヤド・ヴァシェムが創設されてその知名度が増すと、その支持のもとでそれまで否定の対象であったホロコーストが記憶の場に登場し、記憶の制度化を進めるのと同時に否定論を促進することになった。(39) ホロコーストの巨大な影がますます全土に投じられると、一九四八年戦争がますます奇跡的なものに映り、ユダヤ人国家の存在はさらに危殆に瀕したもののように見えるようになり、パレスチナ人の運命と急速に姿を消しつつある彼らの村々がいっそう周縁化させられた。これらの村々は、無住地の征服と荒地の緑化なるものへの前奏曲として、当局の手によって系統的にブルドーザを使って破壊されたのである。

消え去ることのない過去

記憶と忘却、周縁性と中心性、意識と無意識。一九八一年にコルネリミュンスターというドイツの小さな町で門扉を飛び越えた時のことが思い出される。そこにはユダヤ人墓地があると耳にしたのだが、門扉には鍵がかかっていた。雑草の生い茂る空間は墓標だらけで、ほとんどがドイツ語で銘文を刻まれていた。下宿の女主人の回想では、ナチが支配した当時まだこの町に住んでいたユダヤ人は、彼女の一番の親友であるルートも含めて、一九四二年に強制連行されたそうだ。彼女はルートのことを懐かしそうに思い出し、ある日、町のユダヤ人が中世以来の美しい広場に集められて連れ去られ、けっして戻らなかった様子も思い出した。彼女はまた、コーヒーとケーキ《カフェー・ウント・クーヘン》によるおもてなしの話をするそのままの調子で、第三帝国の素敵な記憶も抱いていた。ドイツ女子青年団の団員だった彼女は、そこでアイントップの作り方を学んだ。これは台所にあるものをなんでも投げ込んで作るシチューで、皆が一つになる働きをした。物はなくとも友情と誇りと礼節のある時代だった、と彼女は言った。

当時、ドイツのこんな小さな町であのようなことを大っぴらに話す者はいなかったが、以来、様子はおおいに変わった。二〇年後、私は初めてウクライナ西部、旧東ガリツィア各地のユダヤ人墓地を訪れ、私の母親の故郷ブチャチの墓地もこれには含まれた。そこには門扉も垣根もなかった。放置された墓石の間でヤギが草を喰《は》み、地元住民はごみを捨てていた。子ども時代のムスリム墓地を思い出すのにあれだけの歳月が必要だったが、この時は、廃墟で遊ぶウクライナ人の子どもたちの眼を通して祖先の遺骸を見ようとした。(40) あの過去についての質問は歓迎されなかった。記憶には値段があり、恥よりも財で計られるのがつねである。黙っているほうが絶対に安全だった。なにしろ、町の中心部の騒音が届く範囲にある墓地と森と曲がりくねった道を歩いていると、そこには浅く掘られた墓穴に何千人もが葬られていたのである。否定論に賛成だろうが反対だろうが、ここでは法律などは無用だった。話さない、思い出さない、追悼しないことで全員の意見がそろっていた。

だが、その頃には追悼／記念が大流行だった。共産主義者は去り、やっと思い出すことができるようになった。それまで中傷され見捨てられてきた人々が戻ってきて、自慢げに歴史の中に足を踏み入れてきた。彼らの生きた時代そのままに、彼らの行為について記憶されたことと忘却されたことが、歴史的再構成と政治的必要の間で均衡を図られねばならなかった。OUNとUPAの生き残りである年老いた男女の多くは、グラーグと*9 監獄で多年を過ごした人々だが、その彼ら彼女らが集って自分たちの英雄ぶりと苦難を想起した時、ポーランドとユダヤ人、ドイツとソ連からの自由のために自分たちがどのように闘ったのかも思い出されてきた。なんら恥ずべきことはないし、すでに重すぎるほど対価を支払ったはずだ。犠牲者は他にもいるが、連中は敵とともに働いて罰されただけだ。そしていずれにせよ、ユダヤ人を殺したのは自分たちではなかった。(41)

ウクライナとポーランドにおけるホロコースト否定論の犯罪化は、共産主義犯罪否定論や各国民への中傷を犯罪化するのと抱き合わせで進んでいる。だが、私たちがある一つのものを記憶する仕方は、他のものの記憶の仕方を規定し、国とその名誉について私たちが望んでいる見方は、私たちがこれらの公的な場での想起を濾過するフィルターである。ポーランド人とウクライナ人に犯罪をおかした共産主義者はいったい誰だったのか。

そして、ユダヤ人への犯罪をおかしたのは誰だったのか。人々の記憶では、共産主義者がユダヤ人と連想させられ、他方、ユダヤ人殺害者がドイツ人と連想させられる。言い換えると、ユダヤ人は他者、つまり他所から「ブラッドランド」に進軍した者に殺されたと記憶されたのであり、そのように記憶されねばならないのである。[42] わが民族、つまり本当のポーランド人とウクライナ人は、外から来た連中にとどまらず内なる敵の手にかかって殺された。結局、これらすべての記憶・否定・消去を行う際の手助けになるのがユダヤ＝ボリシェヴィズム、つまりかの悪名高きジドコムナの記憶である。

だが、パレスチナに来たユダヤ人の場合、ディアスポラの否認を望んだにしても、その彼らがおのれの行動を記憶し忘却する仕方を決めたのは、ディアスポラの経験にほかならない。使うべき語彙はすでにしかるべき場に用意され、その必要はますます切迫し、機を逃すことはありえなかった。私たちに否定されたことは、他者にも否定されねばならなかった。忘れられ消去されたことは、どこか別の場所であれ、思い出されて再構成されねばならなかった。不正義の犠牲者は犯罪をおかして責任を問われることはありえず、忘却の犠牲者、つまり、けっして忘れずつねに覚えていると誓った者が、消去の責任を問われることはありえなかった。

これが、一九四八年の出来事が抑圧されるメカニズムだったし、いまだにそうである。イスラエル国家は「ネヴァー・アゲイン」と「私たちはけっして忘れない」という思いを軸に樹立された。そしてその成立過程そのもの、つまり、パレスチナのアラブ系パレスチナ人住民の圧倒的多数がイスラエル国家となった領土から追放された戦争は、まさにこれらのスローガンによって正統化された。ユダヤ人が多数派の独立国家を形成することによって初めてホロコーストの再来は予防されるのであり、この目標を達成する仕方への異論はどんなものであれ、ユダヤ人ジェノサイドの圧倒的記憶――決して忘れてはならない――のために脇に押しやられるはずだった。しかし同時に、一九四八年の国家形成に関わる出来事は、これらのスローガンと正反対のもの――お望みなら鏡像――に基づいていた。追放過程、つまりパレスチナのナクバは、たんなる二度と起こらぬはずの出来事どころか、永久に反復されてけっして終わることのない出来事であり、そのためにある民族全体が追放状態に置かれ、あるいは様々の形の抑圧にさらされ続けている。この場合、「ソムード」[*10]、つまり石にかじりついても土地に居続ける、あるいは帰還する意思をけっして諦めない、これらいずれかの頑強な思いに直面させられた「ネヴァー・アゲイン」は「何度も何度も《アゲイン・アンド・アゲイン》」、「職務を完遂」するための果てしない努力に転じた。こうして、「私たちはけっして忘れない」というスローガンはナクバでは逆転させられた。ナクバは、ユダヤ人国家にとってはつねに繰り返し忘れられねばならない出来事であり、それに晒された人々にとっては永遠に思い出し続けねばならない出来事なのである。この意味では、明瞭かつ辛辣なアイロニーが存在する。つまり、ホロコーストを記憶することへの執着が、過去八〇年間、それが実際に起こった各国で繰り返しこれを忘却し、「文脈化」し、周辺化し、あるいは露骨に否定する試みと直面させられたのと同じく、パレスチナ人追放という実際の出来事について積み上げられてきた学識の場合も、それらを忘却し、「文脈化」し、周辺化し、あるいは露骨に否定しようとするイスラエル国家及びその政界・メディア・学界・知識人コミュニティに属する多くの人々の試みを増殖させてきただけだった。

過去を法的に追放すること

このように見てくると、最近の悪名高い「ナクバ法」の到来は驚くにはあたらない。ある意味でこれは、ユダヤ＝イスラエルの公的言説上の長きにわたる決まり事、つまりこの国家は一九四八年の独立戦争を祝福し、偉業の代償を払わされた人々のことを語るものは何であれ、良くて不適切、ひどく言えば露骨に煽動的、という常識を法定化する試みに過ぎない。

いわゆる「ナクバ法」そのものは、独立記念日またはイスラエル国家樹立の日を哀悼の日として記念することを犯罪化するために、二〇〇九年に提案された法律案に起源があった。同法案は政府の支持を得たものの、多くの世論の反対に直面し、外国からの批判も多かった。その結果、法案中の犯罪化を定めた部分は除去され、これが新たに二〇一一年三月の修正第四〇号として国家予算法制中に密かに持ち込まれた。同年成立したこの法律は、国家資金ないし国家支援を受ける機関が以下の各号に関与した場合、財務大臣は提供される資金の一部（当該機関が不許可のまま使用した出費額の三倍までの額）を当該機関に返上させることができる、と定めている。

一、民主主義的なユダヤ人の国家としてのイスラエル国の存在を否定すること
二、人種主義、暴力またはテロリズムの煽動
三、敵性国家またはテロリスト組織によるイスラエル国への武装闘争またはテロ行為への支援
四、独立記念日または国家樹立の日を哀悼の日として記念すること
五、国旗または国章を侮辱する破壊行為または物理的冒瀆[43]

二〇一一年五月、イスラエル市民権協会と「アダラー」、つまり「イスラエルにおけるアラブ人マイノリティの権利のための法センター」は、同法に反対する公的な請願活動に着手した。この請願はいわゆるナクバ法の結果として次のように指摘した。

学術団体、教育文化施設、地方自治体その他の資金提供を受けた団体は、ナクバへの言及を含みかねない行事のために、予算削減に晒されるかどうかという問題に葛藤させられる事態に陥っている。……このような葛藤は自己検閲をもたらしかねず、そのために表現の自由に深刻な打撃をもたらし、民主主義的言説を制限することになる。……私たちの意見では同法は、平等権、政治的・文化的な表現の自由、人格的・集団的な尊厳の権利、その他憲法上の諸権利への深刻かつスキャンダラスな打撃の原因となる。……同法は明らかに、多くの場合、イスラエルのアラブ系市民の権利侵害を狙う反民主主義的立法がクネセトで増加傾向にあることと切り離しては捉えられない[44]。

同月、両組織はイスラエル最高裁判所に対して、両組織並びにガリラヤにあるユダヤ・アラブ二言語学校の親と生徒を含む他の複数の機関を代表して上訴した。上訴文が論じたのは、「同法は、多数の力を行使して、出来事・事実・情動・イデオロギーについて少数派の語りを試練にさらし消去し抑圧することにより、歴史的記憶に前例なき害をきたす」ものであり、「イスラエル社会の根本問題に関係する本質的なイデオロギー論争を抑圧することをめざすもの」だということである。同法の主たる作用が「アラブ系市民――実際には民族的少数者として完全な市民的平等権への憲法上の保護をより大きく提供されるべき人々」に向けられていることも指摘されていた。最後に、そして重要なこととして、この上訴文は「同法の直接的影響」は「イスラエル社会の全体にとって身の毛のよだつものとなろう」と指摘した。「同法は不透明で漠然とした用語を採用し、財務大臣や司法当局の解釈次第で不確実性が増す」からである。[45]

二〇一二年一月五日、最高裁判所は上訴を棄却した。ミリアム・ナオル判事による判決文の承認にあたり最高裁長官のドリト・ベイニシュ判事は、この上訴が「広く社会的意義を有する複雑な問題を提起」しており、「ある種の状況下ではイスラエル社会を分断する問題の根底に触れる可能性がある」と指摘した。しかし彼女は、この上訴は「法的議論をできるほど熟してはいない。宣言的レベルでは同法は確かに難しく複雑な問題を提起するが、同法の合憲性は、何より同法による指示に与えられる解釈内容に大きく依存しており、これは施行されて初めて明確になる」[46]と結論づけた。したがって裁判所は、一九四八年のイスラエル建国時の出来事について従来の常識的認識を損なう歴史的語りを公の場で表明することに対して同法の及ぼす「身の毛もよだつ影響」を審理しなかったことになる。実際、裁判所はこの論争にはまったく関心を示さず、そのことにより国家自身の――そして一般にユダヤ人多数派の――過去の見方を押しつける国家の権利を暗に容認した。最終的に、国家的見方に代替する見方の犯罪化はなされなかったが、他方、土地をめぐる現在進行形の対立とアラブ系市民への国家の圧倒的権力という文脈のもとではこのことは、この国家の住民の五分の一の集合的記憶を窒息させる合意にほかならなかった。[47]

復活と記憶の崇拝のうえに建設された国は、おのれの誕生の記憶を罪として呼び出すことをおそらく許せなかった。[48]人は、ヨーロッパにおけるユダヤ人文化の荒涼たる名残へと立ち返り、歴史の野蛮さの理解を手にすることができる。しかしこの理解は、共感《エンパシー》と慈悲を養うこともあれば、果断と冷酷を養うこともできる。記憶することと忘却すること。おそらく他のどの国民であれ、あの教訓をこれ以上強力に内面化することはなかっただろう。[49]しかしそれは脆い道具である。構築物が巨大であればあるほど、かりに疑わしき土台上に建てられたのだとすると、砕けて解体する可能性も大きいだろう。ナクバという出来事とその記憶と追悼／記念の抑圧を試みる法律は、ホロコースト記憶を法制化することの暗部である。ユダヤ人国家は記憶されるべき過去への回答であり、忘れられるべき過去への回答であると考えられてきたけれども、ナクバ法の根はそれらの記憶し忘却するすべての試みにまでさかのぼる。*11 つまり、ディアスポラを否定しナクバを否定することがイスラエル・アイデンティティの核心部にあり続ける限り、どんな法律であれ、この国家と国民を偽りの記憶から解放し、カタストロフィの予感からの自由をもたらし、この土地のパレスチナ人住民との共存可能性の受け入れを可能にすることはないだろう。

このように見てくると、ポーランド＝ウクライナ＝イスラエルという三角形を構成する各部分に分解して優先順位の付け直しを行うことも可能になる。ポーランドとウクライナの抱えた第二次世界大戦時のホロコーストや民族浄化との関係では、過去に真正面から向き合うことが肝心だ。もちろん両国民にとって問題なのは、自分たちの歴史の暗部のエピソードを澄んだ眼で批判的に振り返ることができるかどうかである。自国の作られた過程を理解するだけではなく、現時点で嘘やごまかしのない、より良くより開かれたより公正な社会を建設するためである。だが、畢竟、ポーランド・ウクライナ間で境界線をめぐる諍いが起こるとは考えにくいし、過去についての不一致が大規模紛争を起こさせる可能性も乏しく、あの過去の恐怖の中核にいたマイノリティは殺害されたり追放されたりした(50)。この過程のなかで、あの時代を構成した要素であるユダヤ人は、今では主として、これまで不均等だったあの三角形の第三辺としてのイスラエル国家によって代表されている。だが、記憶の闘争の中でイスラエルは、対パレスチナ人ではまったく異なる地点にいる。ここでは紛争は終結から程遠く、境界線は確定されておらず、住民はこれまでになく混交している。ここでは記憶は、過去の奥まったところから完全武装で立ち上がり、死を呼ぶ具体的な存在としての現在という戦場を埋めつくしている。これを無視したり、眼をそむけたり、その存在や真相を否定しようと努めることはできる。だが、これを武装解除するとしたら、それは消去ではなく承認と受容を通じて初めて可能となるだろう。

訳注

＊1　エルサレムにある古代遺跡の西壁。ユダヤ教徒の礼拝の場になっている。

＊2　ロマン主義期以降に、分割されたポーランドと特に亡命先で流布されたメシア的自国像。三帝国による分割で滅びたポーランドが諸国民の救済者として復活するとされる。

＊3　これは「国民記憶院・ポーランド国民に対する犯罪追及委員会に関する法律」として制定され、たびたび改正された現行法は以下から閲覧できる。https://dziennikustaw.gov.pl/D2023000010201.pdf. 詳細は吉岡潤「ポーランド――国民記憶院」橋本伸也編『せめぎあう中東欧・ロシアの歴史認識問題』(ミネルヴァ書房、二〇一七年)を参照。

＊4　ティモシー・スナイダーの著作『ブラッドランド』(布施由紀子訳、上・下、筑摩書房、二〇一五年。ちくま学芸文庫版は二〇二二年)に因み、独ソ両国の間にあって暴力と殺戮の場と化した東欧地域を指す。

＊5　パレスチナの伝統的なアラブ人の村はサボテン(サブラ)を植えた垣根で囲まれており、これが現在もナクバで消失した村々の記憶と結びついている。他方、サブラはイスラエル生まれのユダヤ人第一世代のことも指す。

＊6　フメルニツキー反乱(一六四八―五七年)時のコサックによるユダヤ人虐殺と現代のホロコーストの重なりの象徴として、本書中ではしばしば「火と剣」の隠喩が使用されている。この修辞は、ノーベル文学賞を受賞したポーランド人小説家ヘン

リク・シェンキェヴィチがフメルニツキーの乱を描いた歴史小説『火と剣とをもって』(一八八四年)に由来し、本書の舞台の一つであるブチャチの町では、反乱時にコサックによるユダヤ人虐殺が発生した。

＊7 『旧約聖書イザヤ書』第五三章に「屠り場に引かれて行く小羊」とある。

＊8 本文の( )内にある通り、イスラエル建国前のパレスチナにおけるユダヤ人コミュニティはこう呼ばれた。

＊9 極北地域やシベリアをはじめとして各地に設けられたソ連の収容所。政治犯、農業集団化期の「富農」や粛清された共産党員、少数民族や戦争捕虜などが強制労働をさせられた。

＊10 アラビア語で、打たれても打たれても再び立ち上がることを意味し、そのような抵抗のあり方をさして使われる。英語のレジリエンスとも通ずるものである。

＊11 ここで著者は、イスラエル人作家ダン・ベン＝アモツの小説『覚えることと忘れること』を想起している。この小説は、アイコン的なイスラエル人(しかし、イスラエル生まれ《サブラ》ではない)が出身地であるドイツに戻って、忘れようとしたもの——彼のイスラエル以前のアイデンティティとドイツで家族が殺されたこと——をいかに思い出そうとしたのかを語っている。

第Ⅳ部　記憶の訪れる時

第七章　イスラエル＝パレスチナにおける帰還と追放

シオニスト史学では、一九四八年は権利と正義を求めるユダヤ人の長き旅路の絶頂の瞬間として登場する。この旅路は、第二次世界大戦とホロコーストの直後に最高潮を迎えたのである。諸民族・諸宗教の共存する東欧のコミュニティがジェノサイドのコミュニティに変貌した様子を研究する二〇年に及ぶプロジェクトを終えて、私はむしろ別の観点から一九四八年という決定的に重要な年のことを考えるようになった。(1) 実際、ここで私が示唆したいのは、ヨーロッパ、特にこの大陸の東部にある幾多の多民族の町におけるユダヤ人の運命と、新興イスラエル国家で勝ち誇る政治・軍事指導層がこの土地に暮らすパレスチナ人住民に押しつけた運命の間のつながりは、尋常ではなく複雑かつ深刻なアイロニーに満ちているということである。イスラエルは、次第に緊迫しながらも共存してきたコミュニティを、民族浄化とユダヤ人による民族的ヘゲモニーのコミュニティに変えてしまったのである。(2)

二つのカタストロフィ

イスラエルの政治家、学者、詩人、作家は繰り返しホロコーストとイスラエル国家樹立との関係に言及してきたが、その目的はまったく異なる場合が多かった。(3) だが、これらのつながりの錯綜する諸側面の中には、これまで十分探究されなかったものもある。まさにそれらが、いずれも反駁の余地がなくしかし共存可能性もない二つの公理と関連するからである。一つ目の公理は、ヨーロッパ・ユダヤ人の大量殺戮がユダヤ人国民国家の焦眉の必要性を示したということ。二つ目は、イスラエル国家となった委任統治領パレスチナで多数派だったアラブ人を大量追放して少数派に転じさせることで、ユダヤ人民族ヘゲモニーは確立されたということ。いずれの場合も、歴史の時計は、カタストロフィ後にはじめてリセットされ、時を刻みはじめた。ナチによるユダヤ人ジェノサイドはディアスポラの必然的結果として提示され、それゆえディアスポラは放棄され忘れられねばならなかった。他方、パレスチナ人の文明をほぼ根こそぎにして破壊したのに続いて、その後も残る物的痕跡を消して記憶を拭い去らねばならず、「アラブ人マイノリティ」という身分を新設して、まるでこれがずっとそうであったかのように見せかけることが可能になった。(4)

この巨大な変貌の論理は、いわば、まさに誕生の瞬間に国家アイデンティティに刷り込まれた。一般にはイスラエル独立宣言(*Megilat ha'atzma'ut*)として知られる一九四八年五月一四日のイスラエル国家樹立宣言が指摘するように、これは「エレツ・イスラエルにおいてイスラエル国として知られるユダヤ人国家」となるものである。(5)この国家は、「ユダヤ人移民および離散民の集合のために開放」されていることも宣言された。また、「そのすべての住民の利益のために国家の発展を促進し、イスラエルの諸預言者によって予言された自由、正義、および平和に基づき」、「宗教、人種、あるいは性にかかわらずすべての住民の社会的、政治的諸権利の完全な平等を保証」するはずだった。実際、新国家は「宗教・良心・言語・教育・文化の自由を保障」し、「すべての宗教の聖地を保護」するとされていた。だが、パレスチナ人は独立した別項で言及されただけであり、地元住民はこの努力に敵対的なものとして描かれ、それにもかかわらずその存在に寛容であることが鷹揚に約束された。

　われわれは、――この数カ月間でわれわれに向けられた虐殺のただ中でさえ――、イスラエル国の住民であるアラブ人に対し、平和を維持し、完全な市民権および暫定機関・常設機関すべてにおける適切な代表権に基づく国家建設に参加するよう呼びかける。

言い換えると、国家が形成途上にあり数十万人のパレスチナ人が追放されたものの、この国家は、国内に留まることのできるはずの人々、つまりユダヤ人国民国家内部の少数派には個人の(だが、けっして民族的ではない)平等な権利を約束した。

このようにホロコーストとナクバは、並行したが同時に和解しえない出来事だった。ホロコースト以降、自前の国家を持つことを求めるシオニストの要求以上に正義と思えるものは何もなかった。宣言は、一点の曇りもなく次のように述べる。

近年、ユダヤ民族へのホロコーストが起こり、ヨーロッパでは数百万のユダヤ人が虐殺されたが、このことは再度、エレツ・イスラエルにユダヤ人国家を再建し、郷土と独立を奪われてきたユダヤ民族にとっての解決をはかる必要を決定的な形で示している。そのユダヤ人国家は、全ユダヤ人に郷土への門戸を開き、諸国民の家族のなかで平等な権利を有する国民としての地位をユダヤ民族に与えることであろう。

だが、ナクバ以降、野蛮な形で追放された自分たちの土地への帰還が許されるべきだとするパレスチナ人の要求以上に正義と思えるものは何もなかった。一九八八年一一月一五日のパレスチナ独立宣言は、次のように述べた。

イスラエル軍によるパレスチナ領及び他のアラブ領の占領、組織的威嚇によるパレスチナ人多数派の追いたてと彼らの故郷からの強制移住、残留者の占領への服属、弾圧、民族的生活の固有の特徴の破壊。これらは、正統性の原則や国際連合憲章、帰還権・自決権・独立ならびに郷土の領土主権を含むパレスチナ人民の民族的権利を承認する国連諸決議への違反であって、言語道断である。(6)

これら二つの議論の強度は、両者間で相互依存的に維持された驚くばかりの回復力《レジリエンス》によって示されている。ホロコーストがイスラエルの政治的修辞の中でますます中核的役割を演じ、少なくともヨーロッパと合衆国でも政治的言説の主要素になってきたが、同時に、パレスチナ人の犠牲者性・抵抗・帰還権は、西洋とアラブ諸国とムスリム世界を通じて政治的・文化的言説の中心として融通無碍に形を変え、適応をはかりながら持続してきた。(7) 一九六七年の拡張後でさえ、*1 地球上でイスラエルが占める空間はごくちっぽけであり、他方、一九四八年以降に人口が四倍化したとはいえ、パレスチナ難民は数的には近年の難民・移民危機の後塵を拝していることも考えると、国際的関心がこの紛争に集中的に向かっているのは不釣り合いに見えるかもしれない。関心が減じていないのは、この紛争が同地域とその外部に与える客観的危険にとどまらず、極度の犠牲者性と自身の正しさを言い立てる双方の立場の間の対立に内在する性格のためだと私は論じたい。このことが、とめどなき悪と不正を生み続けているように思われる。

だが、ヨーロッパにおけるユダヤ人の運命とパレスチナにおける出来事の展開とのつながりを整理する際の困難のもう一つの理由は、それらが実際にはまったく別の学術コミュニティによってほぼ排他的に検証・分析される場合が多く、まったく異質な層を対象に語りかけてきた点にある。一方の出来事の主役が大挙して、文字通りもう一方の場に旅してきて関与したという事実は言わずもがなだが、一揃いになった出来事が他方の出来事と修辞的・政治的に対峙させられてきた頻度を考えると、これもまた皮肉なことである。「ドイツ人がユダヤ人にしたことを、どうしてユダヤ人はアラブ人にたいしてできたのか」とか、「イスラエルはけっして、アラブ人に次なるホロコーストを実行させはしない」といった類の議論は、明らかにホロコーストの道具化を反映しており、一方のシオニスト、他方のパレスチナ人その他のアラブ人やムスリム、これらのいずれかが新たなナチスとして提示されている。だが、このような空虚な大衆扇動を超えた地点では、パレスチナでユダヤ人国家が暴力的に作られる際に東欧ユダヤ人の現実と認識の及ぼした影響をより深く、より微妙な点に踏み込んで考察するとともに、両者がその後の学問や政治的修辞や人々の言説中でいかに提示されたのかを考慮することが、国民的で非常に排他的な一九四八年の語りが捏造される際の、うっとうしいわき筋のもつれをいくつか解きほぐす上で有益なものとなりうる。[8]

東欧におけるユダヤ人と他者

東欧における近代ユダヤ人の経験の核心にあるのは、民族《ネイション》／国民と領土の問題だった。東欧の民族主義はどれも土地と関わりがあった。一九世紀後半に民族主義が始動すると、諸民族が君主に対峙し、東欧・南東欧にまたがる多民族の大帝国の領土の各地で民族運動が解き放たれた。バルカンでは、これらの諸勢力が流血の度をます一連の戦争や殺戮を通じてオスマン帝国をついにヨーロッパから追い出した。ハプスブルク帝国のガリツィアでは、農奴制廃止とユダヤ人解放が二つの新しい民族《ネイション》／国民の創造につながった。農奴解放により農民の経済的命運がさほど向上したわけではないが、他方、彼らは国民化を促す聖職者や知識人の標的になった。聖職者や知識人は、唯一無二の民族的《エスニック》特徴を解放された農奴の属性にしたてあげ、彼らと隣人たちとの違いにこだわり、そのことで農民を一つの民族《ネイション》／国民へと鍛造するのに懸命だったのである。それゆえ新参者のルテニア人（後のウクライナ人）という民族《ネイション》／国民は集団の連帯感を軸としたが、それに劣らず周囲の人々に対する怨懣にも依拠していた。ほんの少し恵まれた周囲の人々の境遇は、農民たちの悲惨さから得られたもののように思えたのである。[9]

ユダヤ人の場合、近くや遠くのユダヤ人コミュニティとの相互の繋がりがどうであれ、「イスラエルの民」

はけっして近代的民族ではなかった。農民の「覚醒」とたいして違わぬやり方で、遠い過去に未来への思いを読み込むユダヤ民族主義者やシオニストの言説の中ではじめて、後付け的にそうなったのである。だが、ガリツィアなどの地域ではユダヤ人解放は、彼らの自己認識と隣人との関係の両方に深く影響した。もはやユダヤ人が、中世以来の宗教と社会経済上の独自の位置《ニッチ》の両方によって特定される住民中の一身分でないのだとしたら、彼らはいったい何者だったのか。ユダヤ人は自分たちが一つの民族／国民《ネイション》であることを駆け足で発見したわけではなく、第一次世界大戦前にシオニズムがガリツィアの小さな町の少なからぬ若者の手元に届くには相当の時間を要した(10)。だが解放されたおかげでユダヤ人は、混みあった町やその近隣から移れるようになり、彼らと農村住民との緊張が深刻化した。彼らは領地、領主屋敷、食堂、製造施設を借りたり買ったりしたから、新興のルテニア人民族主義者の新聞雑誌では、アルコール中毒と搾取を村に持ち込んで民族文化を破壊する、農民の災厄のもととしてユダヤ人が描かれるようになった。道徳心・価値観・尊厳を欠いた無慈悲な吸血鬼にしてポーランド人地主の下僕というわけである。この言説では、ユダヤ人を除去してはじめて誇り高く健全なルテニア民族の発展が可能になるはずだった(11)。

　だが、地域内の少数派であるにもかかわらず、帝国からガリツィアの自律的統治を委ねられて主人役に就いたのはポーランド人だった。ポーランド人にとってガリツィアは自分たちの土地、つまりかつての広大なポーランド＝リトアニア共和国領であった辺境地帯《クレシー》の一角であった。ポーランド人の民族伝承によれば、何世紀にもわたってポーランドはこの地で東の蛮族――タタール人とコサックとモスクワ人――や南のオスマンの異教徒からヨーロッパを守ったのだった。またこの地でポーランドは、城と宮殿、教会と修道院、都市と町を建設し、文化と啓蒙的で善なるポーランド人の統治の恵沢を農民にもたらしたとされていた。時折、農民が反乱を起こすことがあったにせよ、その残虐さと破壊嗜好から示されたのは、彼らにはポーランド文明が必要ということだけだった。実際、ガリツィアのポーランド民族主義者の言説が主張するところでは、ルテニア人は、ガリツィア以東でウクライナ人を自称するようになった人々とは異なり[*2]、実際は異なる方言を話しやや違う種類のキリスト教を取り入れただけで、潜在的にはポーランド人だった。その意味で、彼らは小ポーランド《マウォポルスカ》に暮らすポーランド人の弟分だった――モスクワの帝国拡張論者から、ウクライナ人が小ロシア《マロロシア》に暮らす小ロシア人扱いされるようになったのとまったく同じことである(12)。

　ユダヤ人の場合、彼らがポーランド人になれるはずだという考えをポーランドの国民化推進論者が真面目に取り上げたことは一度もない。特に辺境地帯《クレシー》では、多数派のルテニア人をポーランド人に変えて人口構成上の不均衡を解消するという野心をポーランド人が抱いたものの、ユダヤ人がその努力の一環に想定されることはいっさいなく、地域を国民化する際の障害として彼らを捉える度合いが強まった。確かに、ルテニア＝ウクライナ民族主義者側では、兄弟を騙るポーランド人の主張を完全に退け、植民者・搾取者としてポーランド人を述べることが増えた。このように、ポーランド人はルテニア人の取り込みを仮想し、ルテニア人はポーランド人を蹴り出すことを望んでいたわけだから、一九一四年の戦争勃発までポーランド民族主義者とルテニア＝ウクライナ民族主義者は睨みあっていた。両集団には一点だけ意見の一致があった。つまり、ユダヤ人はこの土地には属さず、それゆえ両民族の未来構想図中にユダヤ人の居場所はなかったということである(13)。

　増えつつあったとはいえなお数的にはごく限られたユダヤ人土地所有者を除くと、ユダヤ人の大半は特定の土地区画への権利を要求したり、この地を自分たちの郷土だと主張したりすることはなかった。確かに、彼らはみずからをこの社会に欠かせぬ一部と考えており、社会・経済上の進歩にとっても重要で、実際に決定的役割を果たしているというこだわりはあった。畢竟、ポーランド人大貴族が何世紀も前に、多くの経済的・法的特権で釣ってユダヤ人をこの地に招いたのは、これが目的だった。見返りにユダヤ人は、経済・商業・製造業・都市生活を発展させたし、これは、ポーランド民族主義の新たな排他的修辞に対応して彼らが指摘したところである。とはいえ実際には、何十万人ものユダヤ人がこの地を去って主として北米に向かい、多数の貧農たちと肩を並べてこの地域の貧困を逃げ出していた。だが、国民化の途上にある隣人たちは、彼らについてそのような語り方をしなかった。他者からは寄生虫として見られたにせよ、あるいはポーランド人とウクライナ人の土地争いでは蚊帳の外を決め込んでいたにせよ、ユダヤ人は自分たちの居場所に身を置いていた。(14)

このどこか他所にいるという感覚は、民族主義やシオニズムに何世紀も先立つユダヤ人内部の言説にも根差すものだった。つまり、移り行き《トランジション》に焦点化した言説である。独自の歴史・神話・伝承の世界で東欧ユダヤ人は、アシュケナズつまりドイツから来たことになっていたが、*3 それはたんにポーランド人貴族に招かれたからだけではなく、つねに彼らが信仰と運命を通じてイスラエルの地《エレツ・イスラエル》に至る途上にあったからでもある。伝統的ユダヤ人は、自分たちが暮らす土地を自分たちのものと呼ぶことは決してなかったが、それは、彼らがほぼ本来的に離散《エグザイル》状態にあったからである。これは終わらせるべきディアスポラではなく、エレツ・イスラエルの語りは民族主義的なそれではなかった。だが、彼らは完全に根を下ろすこともできず、それ以外の土地を自分たちのものと言うこともできなかった。というのも、長期的には、ユダヤ教徒の宗教的運命とたどり着くべき目的地は、父祖の土地だったからである。確かに一九世紀西欧の同化ユダヤ人は、宗教的アイデンティティの多くを捨てたかどうかはともかく、深く根づいてきた移り行き《トランジション》の観念をどんどん放棄し、地元の国民的・愛国的言説を内面化した。ところが、皮肉なことだが、とりわけ解放後には社会に完全に統合しようとする彼らの試みの直接の結果として、この種の同化への抵抗に多く出会うことがまれではなくなった。ユダヤ人が多く居住した東欧の、特にガリツィアの小さな町では、ユダヤ的伝統は相変わらず強固であり、どれほど長く住まっていたにせよ、一時の仮寓にすぎぬとの感覚が持続した。つまり、ある意味、移り行き《トランジション》というユダヤ人の状態は彼らのアイデンティティ自体を形成するものだった。贖いを深く連想させる最終的な安息の地は、どれほど遅延しようとも、つねにイスラエルの地であり続けねばならなかったのである。(15)

隣人である住民たちの間でエスノナショナリズムが高まりを見せ、ユダヤ人の居場所が残されなくなったのは、第一次世界大戦の戦前・戦中・戦後のことだった。同時に――これらの感覚への対応としても――シオニズムが高まりを見せて、これに相応するユダヤ人のエスノナショナリズムを助長した。この考え方によれば、新発見されたこの民族は、何世紀にもわたったディアスポラでの逗留に終止符を打ち、長く先延ばししてきた自分たちの郷土への旅を完結しなければならなかった。ユダヤ人がこれまで暮らした土地の扱いは、いまや一時の避難所、約束の地に至る途上の停止位置にすぎぬものへと組みかえられた[16]。

第一次世界大戦後、ホロコーストに至るまでの時期にガリツィアで起こったことは周知の通りである。戦間期のポーランドによるウクライナ民族主義への弾圧とこの地域を植民地化する試みが、いっそう急進的なウクライナ人組織の結成につながった。つまり、ポーランド政府による反ユダヤ主義の高まりに伴い、ガリツィアのウクライナ人の反ユダヤ的気分が増した。ソ連によるポーランド東部の奪取と強制追放・投獄・処刑という野蛮な政策は、この地域の民族間の緊張をさらに悪化させた。一九四一年にドイツがガリツィアに進攻すると、彼らは現地に見られたこれらの敵意に便乗し、ユダヤ人へのウクライナ人の忿怒を悪用して、この地域のユダヤ人住民のほぼ全面的な撲滅を実行した。これに続けて、ドイツ人の意向とは独立して行動するウクライナ人の叛徒がポーランド人への大規模な民族浄化を行い、さらにソ連がガリツィアに戻ってくると反抗するものへの徹底弾圧が行われた。一九四〇年代末には、この地域はほぼ完全にウクライナ人だけになった。今日、ウクライナ西部の住民のほとんどはこの地域の多民族的な過去や、四世紀に及ぶ共存に終止符を打った残虐なジェノサイド政策と民族浄化をほとんど記憶せず、知識も関心もほとんどない[17]。

イスラエル＝パレスチナにおけるユダヤ人と他者

シオニズムのプロジェクトは、ユダヤ人を自分たちの土地に連れていくというものだった。その主要な原動力は、ユダヤ人はディアスポラに属するものではないという議論だった。この見方はシオニストと反ユダヤ的な人々が共有したが、もっと早い時期のユダヤ人の自己認識と隣人によるユダヤ人観へとこれが組み込まれた。ユダヤ人と異教徒の昔年の関係を変えるメカニズムは解放と同化だった。解放が意味したのは、ユダヤ人は「ゲットーを離れ」て、同等の法的権利を持って周囲の社会になじむことができるということだった。同化が意味したのは、ユダヤ人は隣人に適応し模倣することで解放に追随（あるいは先行）して、外面的・内面的な他者性の現れを脱ぎ捨てることになるということだった。だが、一八世紀・一九世紀の啓蒙ユダヤ人《マスキリム》の多くが望んだようにはことは進まなかった。ユダヤ人は、そのユダヤ的アイデンティティを少しは残したかったし、キリスト教社会は、「ドイツ風」の衣装という外面《そとづら》の下には長衣《カフタン》を着てあご髭をたくわえた古きオストユーデ、つまり伝統的な東方ユダヤ人が隠れていると疑っていた。ユダヤ人がこの上なく流暢に「キリスト教徒の」言語を話したり書いたりした時にも、異教徒の批判者はユダヤ的「ジャーゴン」の響きを探り当てた。ユダヤ的痕跡を特定する技を持つ専門家は、ユダヤ訛り《マウシェルン》――ユダヤ的な詐欺・狡猾さ・駆け引きを同時に示す、ユダヤ風と思われる話し方――なるものが、彼らの社会のもっとも巧みに同化した尊敬すべきユダヤ人成員であっても、その素性を暴くことになると主張した。フランツ・カフカのサルがアカデミーでの講演で発言した通り、同化した者は、多くの場合、相変わらずどちら側にも身の置き所がなかった。彼らはゲットー（あるいはジャングル）にも戻れず、本物の人間をどれほど巧みに模倣したかによる毀誉褒貶《きよほうへん》も逃れられず、生まれついての身の程がわかっていないと脅される場合もあったほどである。[18]

目につかなくなることが一つの問題だった。つまり、反ユダヤ的な人々からすると、ユダヤ的本質がキリスト教社会を汚しているのに、保菌者を検知できなくなりかねない点が問題だった。一部例外はあるとはいえ、ユダヤ人にとって目につかなくなるということは、数千年もの長きにわたるユダヤ人の存在の物語全体に見切りをつけることだった。ユダヤ的な連続性にどう関与し続けるのかが、ユダヤ人問題の要点となった。ユダヤ人は諸国民のなかで自身の特異性を保持すべきだと考える人々がいた。ユダヤ人は自前の独立したコミュニティを樹立すべきだと信じる人々もいた。だが、土地との絆が回復されると、ユダヤ人は他の諸民族から区別される特質を奪われることにならないだろうか。これがシオニズムの抱えた難題だった。つまり、ユダヤ人の存在を「人並みにする《ノーマライズ》」ことがユダヤ人の唯一無二性を無効化しかねぬ一方、「諸国民」への同化は彼らを丸ごと消滅させかねないものだった。ユダヤ人は諸国民に差す光になるのか、それとも神とアブラハムとの契約〔『創世記』一五章七―二一節〕にある通り、血と土との関わりを新たなものにするのだろうか。畢竟、選ばれた民は何をするために選ばれたのだろうか[19]。

パレスチナへのユダヤ人移民は、ヨーロッパで反ユダヤ的な暴力が増大したことに駆り立てられたものだった。暴力が増せば増すほど、海を越える数が多くなった。確かに、一九三〇年代までの移民のほとんどは経済的理由を推力とし、移民の大半は他の場所、特に合衆国に向かった。合衆国はより大きな経済的機会と、ヨーロッパ的な国民国家理念を奉じることのない移民の土地として安息所を提供した。とはいえ、合衆国も多年にわたり移民排斥論《ネイティヴィズム》や外国人嫌悪《ゼノフォビア》や人種主義を経験し、ヨーロッパからの脱出がまさに死活問題となった時にこれらが噴き出し、ゴルデナ・メディナ（黄金の国。ユダヤ人が合衆国を指すことば）の門は施錠して閉じてしまった。逆に、パレスチナに向かった人々はまったく異なる事業に従事した。一九一八年から二一年にかけて起こったウクライナの大規模暴力と追放の以前でさえ、パレスチナに定住したシオニストはヨーロッパにある故郷を追い出されたと自認しながらも、同時にイスラエルの地《エレツ・イスラエル》への帰郷だと強弁していた。一九二〇年代まで、さらに一九三〇年代にもますます多くのユダヤ人がパレスチナに到来したが、これは、反ユダヤ立法と経済的貧困化が一体となって強要したものであり、それ以外の行き場所がますます少なくなったためでもあった[20]。

これらの移民は、程度は違えど被追放民と難民とシオニストの言う「オリム」（「到来者」、シオニズムとイスラエル国家は、パレスチナ／イスラエルに移民したユダヤ人をつねにこう呼んできた）としての身分を併せ持ったが、彼らが何万人もの規模で流入すると、先住者であるアラブ人住民にとっては人口構成上の圧力が増した。当時パレスチナに到来したユダヤ人のすべてが敬虔なシオニストだったはずはなく、もといた場所に留まり他の場所に向かうのを良しとする者も多かったはずである。だが、それらの選択肢はすでに閉ざされ、到来した者、特に東欧から来た多くはおそらく、出発以前の郷土ですでに余所者感を抱かされ、目的地を見定める以前から郷土への旅のように感じていた。これらのシオニストが自分たちの土地に来たのは、この時が初めてだったはずである。だが、立ち去った土地と同じく、パレスチナでも彼らしかいないというはずはなく、実際は多数派でさえなかったし、むしろ土地と資源を侵害する彼らに怒りを募らせて対応する住民に囲まれていた。ある意味、ガリツィアのような地域からパレスチナに移動してきたところで何も変わらなかった。ユダヤ人はいまなお少数派であり、隣人たちから彼らは疎まれていた。あれだけの人数、あれほど深刻な経済的影響力があるのだから、疎まれても当然である[21]。

だが、ユダヤ人移民の見方は違った。彼らにとってはすべてが一変した。何世紀にも及ぶ旅は終わりを迎え、今やっと帰郷を果たしたのだ。この故郷には別集団が暮らしていたが、そんなことは無視するか後で争えば済む話だった。いや、この土地の先住者への見方がどうであれ、これらの移民のほとんどにとってアラブ人の隣人の存在は、その根本的な自己理解に何の影響も及ぼさなかった。その自己理解とは、ディアスポラへの態度の性格とは完全に対照的で、歴史的・道徳的権利によって自分たちは自分たちの土地におり、これは、追い出されてきたヨーロッパの土地に対してキリスト教徒の隣人たちが要求したのと同じ権利だ、というものである[22]。

だが、土地に対するシオニストの関係の取り方を完全に決定したのは、ホロコースト終焉から一九四八年戦争後に至る枢要な時期だった。当時、彼らは、追放された側の名残としての住民から、野蛮な追放を行う側の住民に転身したのである。私見では、この時期こそがこれ以降起こったすべての核心にあり、同時に、一八八〇年代初頭のごく少数の移民にまで遡って、これ以前に発生したすべてに光を当てるものである。ユダヤ人がイスラエル《エレツ・イスラエル》の地に来たのは、東欧やウクライナ＝ロシアでディアスポラの苦難が増大したことへの一つの代替案としてであり、ヨーロッパ中の排他的エスノナショナリズムへの対応としてであった。だが、ホロコースト後になると、かつての故郷と家族と文化を奪われ、戻るべき場所もなくどこに行くべきか途方に暮れた何十万もの追放された人々が、追放が意味するところの本質そのものとなった。彼らは、かつて暮らした土地に帰属したわけではなかったのだということを、繰り返し見せつけられてきた。実際、彼らの家族のほとんどはそれまでに灰にされるか、何世紀も暮らした土地の各所にある集団墓地に埋められていた。その時点でいる場所、つまり移り行く者のための収容所《トランジション・キャンプ》*4でも彼らは必要とされなかった。この収容所は、ある場所から別の場所に向から彼らの旅の手助けを意図したが、今いる場所への残留は絶対に許されなかった。何年にもわたって彼らは追い立てられ、根こぎと狩り集めに見舞われ、屈辱を味わわされ、財産と尊厳をともに奪われてきた。そして、いまだに行くべきところがなかった[23]。

帰属したすべてからかくも徹底して追い払われたために、他者にも同じことをしたくなったのだと言うとしたら、それは正しくないだろう。だが、どう考えても、彼らの多くがパレスチナで遭遇したアラブ系住民に無関心で冷淡、時には復讐心を滾《たぎ》らせたのは、そのためだった。ある意味、自分たちはつかのま逗留した外来民、つまりヨーロッパの森を抜けてどこか他所に向かう途上の東洋人《オリエンタルズ》だったのだという漠然とした観念が翻案され、苛烈で野蛮な現実を生んだ。彼らは帰属する場もなく、必要ともされなかった。せめて他にも生き残った親類縁者がいないかと期待して東欧の小さな町に戻ったユダヤ人は、財産より生命のほうが大事なら立ち去った方がよいだろうと、きっぱり言い渡された。一九四六年七月のキェルツェのポグロム以降は、それまでそんなことを言われたことのなかった人々も荷物をまとめて旅を続けた。だが、東欧中でユダヤ人生存者に向けられた他のあらゆる暴力行為の代表格であるキェルツェ・ポグロムから間もなく、これに匹敵しながらも私たちが同一文脈上で考えることのほぼないような出来事が発生した。二年弱後の一九四八年四月、ユダヤ人の民兵組織がデイル・ヤースィーン村で虐殺を犯したのである。これは軍人による莫大な数の暴力と脅迫の事例の代表格であり、パレスチナ人の大量脱出の原因となった。彼らもまた、力を誇示する新興イスラエル国家ではもはや必要ないと伝えられたのである[24]。

一九三九年から四九年までの一〇年間を考える際にもっと徹底的に探究する必要があるのは、追放と帰属との間のこの関係である。これは、どちらか一方に肩入れするために軽はずみに比較をしてみるという話ではない。場所とのつながりの複雑さや、追放の悲劇とそれを正統化する権力を理解する試みなのである。パレスチナに来たユダヤ人は、彼らの理解通りだと、二度にわたって追放された。最初の追放はディアスポラの原因となったものである。二度目の追放は、彼らをディアスポラから引き剝がして故郷に連れ戻した。現地のパレスチナ人住民との遭遇は、ヨーロッパで彼らが経験したこととといくつか似たところがあった。だが、移民たちの思いでは、その関係は大きく反転させられていた。畢竟、その土地は自分たちのものであり、そこに暮らす民族はおそらく、他所から来たつかのまの住民のようなものでしかありえず、同じく簡単に別の場所に向かう旅を続けることができるはずだ。あるいは、ルテニア人についてのポーランド民族主義者の空想譚に倣って夢想する向きもあり、それによれば先住民は、実はディアスポラに向かわず、時代を経てイスラームかキリスト教に改宗し、アラビア語を話し始めた原ユダヤ人住民の名残であった[25]。

だからといって、第一次世界大戦以前と一九四八年戦争に至る時期でさえ、ある集団を別集団と対立させることに警告を発し、アラブ人住民の土地への愛着を察して、現地の民族主義の成長とユダヤ人への渦巻く憤りを理解する声が一切なかったわけではない。一九二一年と一九二九年の反ユダヤ暴動や一九三六年のイギリス支配に対するアラブ人蜂起の中で、そうした声が繰り返し現れていたのである。しかし全体としては、イシューヴ内の言説は、地元住民を追放する不正義には触れず、むしろ自分たちの土地に帰還することの歴史的正義を大上段に振りかざしていた。同時に、一九三〇年代になると、これまでユダヤ人には否定された正義の感覚が拡大するばかりだった。ヨーロッパ脱出をめざす者が世界中で避難場所を与えられない例が増え、アラブ人蜂起に対応してイギリスがパレスチナへの移民制限を追求する方針をとったからである。そして、ひとたびヨーロッパ・ユダヤ人の大量殺戮の報が漏れ伝わると、ユダヤ人に向けられた不正義という感じ方のために、かろうじて残っていた地元アラブ人住民への同情心はかき消され、アラブ人指導者がユダヤ人移民の縮小をイギリスに求めた圧力にも影を落とした。パレスチナ人指導者でムフティー＊5のハーッジ・アミーン・アル＝フサイニーがヒトラーと懇ろだったのも、確かにこの感情にとって思う壺だった[26]。

さらに二点、この議論では見逃されがちだが、差し迫る危機と民族のカタストロフィという感覚の両方に寄与する歴史的契機があった。一つ目は、アフリカでエルヴィン・ロンメルの機甲部隊が成功を収め、ナチ主導でシオニストのパレスチナ帰郷事業を一時的に粉砕する可能性が住民にもたらされて、ディアスポラ状況を克服した気になっていた人々の脆弱性を曝けだしたことである。実際、今では分かっていることだが、ナチ・ドイツはパレスチナでジェノサイドを実行する特務部隊を用意していた。この計画が渋々ながらもお蔵入りになったのは、イギリス第八軍が一九四二年に〔エジプト北部の〕エル・アラメインで勝利したおかげに過ぎない。第二に、イシューヴから数千人の若者がイギリス軍ユダヤ人旅団に志願し、悲惨の極致にあったホロコースト生存者と遭遇した最初のユダヤ系パレスチナ人になったことを想起すべきだろう。これらパレスチナから来た若者たちは、自分たちがドイツ人の犯罪を阻止しようにもそれができず、犯罪者は手の届かぬところにいたことから、しばしば復讐の機会を探していた。彼らはまた、自分たちは「もはや羊の如く屠場に赴く」ことはないと自分に言い聞かせ、他者にも証明したかった。彼らがパレスチナに戻ってきたのは、一九四八年戦争勃発のほんの数カ月前のことである[27]。

他の多くの国民戦争の場合と同じく、だがその域をはるかに超えて、一九四八年の暴力は二極化された見方から民族紛争として描かれがちであり、双方がまったく異なる出来事を語るかのようである。ユダヤ系イスラエル人にとってこれは厳しい独立（または解放）戦争であり、パレスチナ人にとってはナクバないしカタストロフィ、つまりアラブ系住民の大量追放と村の破壊を意味した。これらの出来事はひとつながりだが、それはこの戦闘がパレスチナでユダヤ人を多数派にするというシオニスト的な夢の実現を助長・促進しただけではなく、住民の強制追放——暴力による追放——がユダヤ人の抱く対ユダヤ人暴力の集合的記憶の一部でもあったからである。イシューヴ指導者内部で一九三〇年代にすでに住民移送が話題に上り、一九二三年のギリシア＝トルコ間の住民交換「モデル」が積極的に想起されたのは確実である。だが、ひとたび一九四七年一一月に戦闘が始まると、もっと深部の何かが作動した。ユダヤ人の犠牲が積み上げられ、不安にかられた住民の心を迫りくる破局の感覚がつかみ、ユダヤ史の悪霊とホロコーストのトラウマが優勢になれたのである(28)。

作家のイズハル・スミランスキー(筆名はS・イズハル)ら少数の人々は、アラブ人を追放しながらドイツ人によるユダヤ人追放をこだまのように想起するヘブライ人兵士——シオニズム的な「新しいユダヤ人」と聖書中のヘブライ人戦士とのつながりを示唆するために彼らはこう呼ばれた——の姿を見て心を惑わせていた。もっとも、暴力による建国を全面的に批判するほどに、その種の思考が彼の心に浮かぶ——公的発言に見られないのは確実——ことはなかったようだ。詩人のアヴォト・イェシュルンは、ユダヤ人への暴力とユダヤ人の犯した暴力のつながりをより明示的に書いたが、彼の複雑で多言語的な詩作はほとんどの読者には届かぬままだった(29)。概して、このつながりが果たす役割は戒めではなく、権利付与であった(今もそのままだ)。つまり、ユダヤ人によるパレスチナ人追放の背後にある強固な心理的・イデオロギー的動力とは、追放された者には他者を追放する正当な理由があり、引き剝がされた者には引き剝がす権利があるはずだ、忘却され見捨てられた者の抱く、いかなる対価を払おうともこの世に居場所を作ろうとする無慈悲なほど強固な思いには正当性が与えられる、というものである。よくあることだが、戦闘の残虐性と大量の流血のためにこれらはずっとやり易くなった。それは生存のための戦争——これまで二民族国家を支持した男女の若者の多くも、今ではこう主張する——だった。ある意味それは、別の者が、別の場所で、別の時に行った行動への復讐でもあった。場所を換えた仇討ちと言えるかもしれないが、これには長期に及ぶ影響があり、ブーメラン効果も避けられない。[30]

歴史の狡智のなせる業《わざ》だろうが、追放された者が他者を追放した以上、彼らはみずから課した運命に操られ、みずから解き放たれることを願ってきたはずのあの逃れがたい罠を、形を変えてもう一つ再創造してしまったのである。今やその土地は彼らのものだし、彼らは多数派になったのだから、彼らの土地への権利はこれまで議論の余地などなかったが、それがますます疑問に付されるようになった。彼らが追い立てた人々は、何のためにそんな目にあわされたのだろうか。彼らは、ある民族全体を排除し、まったく存在したこともないかのように振る舞う権利を何によって与えられたのか。パレスチナ人は立ち退きの論理の受け入れを拒み、他のアラブ諸国民への同化を拒み、自分たちの故郷と自分たちの土地を忘れることを拒んだ。数百万の人々、つまり排除された人々とその子孫のすべてが、かつて自分たちのものであった土地からの難民であり続ける以上、自分たちの土地に戻って、これを自分たちの故郷と呼んだユダヤ人は、ここでも土地がすべて完全に自分たちのものになることはけっしてありえぬのだと悟った。

この状況は、否定論やごまかしにつながりかねないものである。両集団が、心理的補償メカニズムとして他者の追放の否定と最小化、あるいは責任所在の入れ替えを行う傾向にあることは疑いない。パレスチナ人にはいまもさまざまの形のホロコースト否定論が見られるし、国民化／国有化《ナショナライズ》されたホロコースト「意識」を深く植え付けられたユダヤ人住民にとって、これは特に苛立たしく挑発的なものだった。同じく、長年にわたりその種の主張の誤りをただす証拠が累々と積み上げられたにもかかわらず、今も少なからぬユダヤ系イスラエル人が、一九四八年にパレスチナ人は自発的に去ったとか、勝者として戻れると彼らに約束したアラブ人指導者から立ち去るよう指示されたとかいった、古い主張を蒸し返している。

だが、やっと折り紙付きで故郷にいるというわけではないという感覚は、疑念とジレンマにいきつくものである。追放された人々は、あなた方〔イスラエルのユダヤ人〕のただ中にあなた方の引いた境界線を挟んで鎮座し、けっして諦めることもけっして許すこともないが、その人々があなた方の置かれた条件の一部となり、あなた方の存在と精神の状態となる。その根本にあるのは強制追放である——ユダヤ人の強制追放、アラブ人の強制追放。それらはつねにお互いを苛み、結局は誰一人帰郷せず、誰も故郷におらず、土地は一インチ刻みで争いの種となり、征服され、占領され、植民され、覆い隠される。さらに、人々がこちらからあちらに移動させられ、コミュニティが周囲に壁とフェンスと有刺鉄線を張り巡らし、あるいは隣人たちを壁とフェンスと有刺鉄線の中に囲い込むと、故郷はどこにも見つからなくなり、不確実性と疑念と恐怖心が遍在する。一九三九年から四九年に至る一〇年間がユダヤ人とパレスチナ人をともに緊縛する力を緩めることはなく、二つの悲劇は逆撫でしあうから、一方だけが落ち着いて平和に暮らすことは許されないだろう。土地には忍耐力がある。土地は、人々が来ては去るのを目にしてきた。征服者と敗者、植民者と侵略者、建設者と破壊者を。だが人々は腹わたが煮え返る思いをし、自分たちの居場所にいながらも緊張を強いられて不愉快な思いをし、暴力的で恐怖にとらわれている。彼らは故郷にいない／寛《くつろ》ぐことはない。おそらく追放状態に終止符を打つ唯一の道は、これ以上追い出さずに迎え入れること、境界線を引かず障壁を崩すこと、ついにこの地のすべての民族の郷土となった時にはじめて、この土地は故郷になるのだと認識することである。

訳　注

＊1　六日間戦争＝第三次中東戦争に電撃的に勝利したイスラエルは、東エルサレムを含むヨルダン川西岸地域、ガザ地区、エジプト領シナイ半島、シリア領ゴラン高原を占領した。

＊2　ここで著者は、キエフなど古代のルシの中心地がウクライナと呼ばれるようになる一方で、より西部をルシ＝ルテニアとして差別化するポーランド的言説を意識した言及を行っている。福嶋千穂「「ルシ」再考」『東京外国語大学論集』第九四号（二〇一七年）を参照。

＊3　ヘブライ語聖書に登場するアシュケナズ（ノアの子孫の一人）が中世以来ドイツを指すようになり、ドイツ・東欧系ユダ

ヤ人をアシュケナジ／アシュケナジムと呼ぶのはこれに因む。

＊4 ここで著者が想定するのは、通常DP収容所と言われるものである。これは、戦後のヨーロッパ各地に設けられ、各種の収容所から解放された諸国民や戦争捕虜、ソ連領内などの避難先から移動するユダヤ人など多様な人々を対象とした。ベン・シェファード、忠平美幸訳『遠すぎた家路』(河出書房新社、二〇一五年)を参照。

＊5 イスラーム法に関わる問題について法学意見書《ファトワー》を発布し、法解釈や適用を示す資格のある者。

第八章　私がたどったアウシュヴィッツへの捻れた道、そして帰路

いたるところホロコーストばかりの国で私は育った。街路には数多くの生存者がいて、その多くは長袖を着ており、夏の酷暑でもまくり上げることはなかった。食料品店の棚からものを取ったり、黒板に書かれた何かを指すために腕を上げると、前腕に刺青された数字の見えることがよくあった。時にはビーチに行ってシャツを脱ぐこともあり、私たち子どもは、その数字が見たいという思いと目を背けたい思いが同居していた。好奇心が強くて、同時に恥ずかしさと悔しさが混じっていたのである。

当時、食料品店や教室、あるいはビーチではけっして出会いはしないが、いつも背後に浮かんでいる人々がいた。ひそひそ話や写真のアルバムの中に住まう幽霊で、その名前を聞くと涙がこぼれ、私たちの知らぬ言語による記憶の迸《ほとばし》りの原因となった。彼ら彼女らはいつもそこにいたが、悔恨と追憶、愛情と憧憬を込めて思い出せる故人となった親戚とは事情が違った。姿を消した際の様子、もって行かれた時の年齢の不自然さ、そして、彼ら彼女らはすでに亡くなっているのに、覚えていながらもほとんど語らない人々はかろうじて生き延びたのだという事実、これらすべてが恥と悲嘆の原因であり、悲しみ以上に深い感情の原因だった。それはおそらく、子どもがバスに轢かれるのを目撃した時の感情が長く尾を引くのと似ている。子どもの手をさっと引き、バスの前に一歩踏み出し、その子の代わりに、あるいはせめて一緒にタイヤの下敷きになる。こんなことをしたところで防げなかったかもしれないが、防ぎたかった出来事。それができていれば、その死が想像を絶する

ほど孤独で、果てしない永遠の悲しみにはならなかったはずだ。

すべてがすでに起こってしまった後に生まれた私の世代が子どもだった時、私たちにとってホロコーストは周囲のいたるところにあったが、実際はけっしてそこにありはしなかった。その後、私たちがまだ子どもないし十代だった時にアイヒマン裁判が始まり、あの陰惨な死の全体の詳細な描写が毎夕ラジオで放送された。その時、家族はバルコニーで夕食の席について夕方のそよ風を受けていた。父親たちは汗ばんだシャツ姿、母親たちはサラダとカッテージ・チーズ、野菜と固茹で卵、支給された標準パンと甘味料入りの生温い水を並べていた。太陽が赤いボールのように、給湯器やソーラーパネルを据え付けた平たいタール塗りの屋根の間をぬって海に沈んでいった。近所中のラジオから発せられる、きついアクセントのあるヘブライ語を話す姿なき声が、銃殺と打擲、すし詰め列車と人の選別、医学実験、しばり首、そしてガス殺のことを単調に詳述したが、私たちには理解できない地獄のどん底から立ちのぼるこの種の報道が、子ども時代の心の風景の一部となった。

この私の世代は、長年――プリーモ・レーヴィを敷衍するなら――ゴルゴンの顔を見ることのできない世代だった。[1] あまりに身近にホロコーストがあり、歴史的出来事としては考えられなかった。だが、ホロコーストからあまりに離れてもいて、周囲にいる「あそこ」から来た誰とも意思疎通できなかった。私たちの親の世代にとって、ホロコーストは彼らの伝記の一部だった。私たちの子どもにとって、ホロコーストは十分に過去に属しており、会話し熟考しさらに研究して当然の題材になっていた。だが、私の世代の多くにとっては、その全体に何か当惑する、忌まわしいものがつきまとっていた。前腕に数字の刺青のあるあの怖ろしげな人々の姿、バスの中の虚脱した男女のあのうつろな眼差し、日差しの強い校庭で行われるいつ終わるのかと思うほどの荘厳な追悼式、政治家のあの無内容な演説と羊の如く屠りの場に行くことは二度とないという果てしない虚勢、いつ何時ナチスの大群が突然街路に登場し、あの時同様、皆殺しが起こるかもしれないという私たち自身の無言で言葉にならぬ恐怖。何もかもがあまりにも生々しい、記憶と死体がともに。[2]

私の世代に属する者はこの不可視の、しかし圧倒的な過去の重みとの折り合いをつけるために、様々に異なる道を選んだ。しだいに知られるようになってはいるが、いまだ教訓話や道徳以上にはけっして表現されない過去の重みである。私自身の道は、歴史への関心に導くものだった。だが、ホロコーストを歴史としては考えられなかったので、それが起こった文脈の理解をめざすことにした――惨事の直前に私の家族が去った戦前・戦中のヨーロッパ、私の育った地中海沿岸にあるテル・アヴィヴの埃っぽい小さな街区からは遠く離れた場所だ。そして、私が育った国では、毎年秋と春にサハラからこの地に吹きつける身を焼くような風ともうもうと巻き上がる砂煙――隠れ家を求める人々を閉じたシャッターの後ろの暗い部屋に送りこむ――さながらに、戦争その他の武力紛争が頻発していたから、私は二〇世紀前半のヨーロッパの戦争とそれらの戦争がこの大陸に及ぼした破壊へと引き寄せられた。

このため、私はごく自然にドイツに向かった。他に比類なき軍部の手により、戦争を通じて小国プロイセンから大ドイツ帝国へと創造されたドイツである。多様な敵国により粉砕されるまでにその軍隊は、イギリス海峡からモスクワの入り口まで、レニングラード近郊からバクーに手の届くところまで進軍していた。私自身が四年間を軍隊で過ごした後、なぜ兵士たちはあんなことをするのか、いったい何に促されて若々しく楽天的な若者が殺し殺されるために戦闘の場に行くのかを疑問に思うようになり、戦闘の動機の研究、将軍たちの回想録、土地と人間を破壊する現代の戦争の能力に関する論考を読んだ。兵役を終えて出てきた時にやりたかったのは、もっと多く読書をして学びたいということにつきた。だが、そのいずれもがホロコーストとは無関係に思えた。

テル・アヴィヴ大学で学士課程の勉強を始めてまもなく、私は予備役に召集された。ある夜、ルーマニア出身でまだ子どもの時にホロコースト生存者になった年長の予備役兵といっしょに、対シリア国境と対レバノン国境の交錯する地点に近い巡回経路に沿って軍用車を走らせていた。初歩的な教育を受けただけの労働者階級の男性である彼は、私の大学での勉強に好奇心を唆られていた。歴史を勉強中で、敗戦が明らかになった後もドイツ軍部隊があれほど激しく戦い続けた動機はいったい何だったのかに特に興味がある、と私は言った。返す言葉でその男は、ホロコーストを勉強している人を誰か知っているかと訊いてきた。それは僕の分野じゃないが、関心を持っている学生は何人かいる、と私は言った。じゃあ、君は歴史の学位を取ってどうするんだい、と尋ねてきた。そうだね、もしも君が博士号を取ったら、君だって大学で職が見つかるかもしれないよ、と私は言った。その男はややうろたえたようだった。変なの、ホロコーストで職につけるなんて思いもしなかった、と彼は言った。

もうほとんど五〇年も前の寒い闇夜にイスラエル最北部のどこかでこのホロコースト生存者が言ったことは、おそらく彼の想像できた以上に大きな影響を私に与えた。いや、私はホロコーストで職を得たかったわけでは絶対ないと、この時は自分に言い聞かせた。一九七八年にルーマニア出身の年長予備役兵に話した際にほとんど即興で粗筋を述べたまさにその題材で、学位論文を書き進んだ。当時、ドイツ人の将軍たちが第二次世界大戦のことを書いたものを読めば読むほど、ますますそれらを信じられなくなった。そして、自分の軍隊経験をじっくり考え、なぜあれほど激しく戦えたのか、そしてなぜ、結局はあれほど深く幻滅させられたのか――この幻滅は、一九七三年以降のイスラエルで広く見られた精神状態だった――を考える友人や僚友たちの内省を熟慮すればするほど、ドイツ兵の戦闘の動機づけに関する当時有力だったアメリカの社会学者たちの理論に懐疑的になった。(3) 信仰したこともないのに信仰について書くのと同じく、経験したこともないのに兵役や戦火の下に身を置くことについて書くのは難しいことなのだと私は思った。

しかし私は、ドイツ兵が肯定的イメージと否定的イメージを取り混ぜて動機としていた――兵士というものはいつも変わらずこうだ――ことも発見した。肯定面では彼らは、自分たちと指導者たちとその国は、他者に優越するがゆえに他者を支配するに値すると考えていた。否定面では彼らは、他者を危険で信用できぬもの、自分たちの優れた資質を貶め、気高き統治と支配の目標を損う惧れのあるものと考えていた。前途に立ち塞がる者は悪魔と手を握っていた。そして、こうした敵対者の中でもユダヤ人はもっとも劣等で陰険、同時にもっとも危険なものとして登場した。非常識、脆弱、堕落、臆病、死に際にも受身、存在する必要など皆無の彼らは、どうやら自己破壊の種を身中に宿しており、彼らの絶滅が図られている際であれ、彼らに触れることは命取りになりかねぬほどである。

　こうしてソ連内でのドイツ軍の動機づけと教化と犯罪の勉強をしてきた私はついに、問題の心臓部にあるナチ的事業のジェノサイド的な核心にゆっくりと移ることにした。だが、一九八〇年代には、ドイツ史とホロコースト史はおおむねそれぞれ独立した研究分野と考えられていた。実際、博士論文や最初の二編の単著《モノグラフ》で私の行った議論は、ドイツ兵はナチ・イデオロギーのある一つの型に大いに動機づけられており、そのために彼らは狂信的に戦ったばかりか、いわゆるユダヤ＝ボリシェヴィキなる敵に対して極悪非道に行動したというものであり、これは一般世論はもとより、特に当時のドイツ史家や軍事史家からも歓迎されなかった。そして、ドイツ軍はナチ犯罪とイデオロギー的・政治的に深い共犯関係にあったとの考え方を学界がしだいに受け入れてきた一方、この洞察の言外の意味、つまり個々の兵士もまた共犯者であり、共犯として想定されるなかには、当然、ホロコースト関与が含まれるという事実への抵抗は相変わらず強固で、そのことは一九九四年のドイツ国防軍《ヴェーアマハト》犯罪展に反対する大騒ぎの際にはっきりと現れた。[4] 第二次世界大戦を扱う通俗的な軍事史家もこの考え方を嫌ったが、それはおそらく、この戦争から栄光と「惻隠《そくいん》の情」をとり除いて、たいして胸を打たれぬ物語に仕立てあげ、しかもその物語では一方の側が他方の側よりも不釣りあいに邪悪なものとして扱われ、そのために悲劇から啓発的意味を汲み取ることという最終目的が奪われるからである。もはや私たちは敗者となった敵に情けをかけることはありえず、事実、敵がついに打ちのめされたことを喜ぶしかないのである。もちろんドイツ人にとって、親衛隊やゲシュタポに勤務した可能性のあるごく遠縁の親戚が犯罪に関与したばかりか、つい最近まで誇りとし少なくとも真っ当な国防軍兵士だと思っていた、より近しい縁者までが連座したというのは今でも受け入れ難いことである。背後でナチスが犯罪に走っていたにしても、国防軍兵士は自国のために勇敢に戦い、ヒトラーの無謀な方針の犠牲者として英雄的に斃れ、あるいは惨めに生き残ったと思っていたからである。

一九七九年、バイエルンのムルナウにあるゲーテ・インスティテュートでドイツ語を勉強した際に、私はドイツ語教師であるヒュルセン氏と親しくなったが、彼は第一八装甲師団隊員として東部戦線で戦って、片足を失っていた。後に私が調査し執筆することになったのは、この部隊である。わが師は確かに戦争犯罪のことをけっして口にせず、親切にも私にくれた彼の属した師団の年代記も、師団の戦闘をめぐる直接の軍事的経緯の提示から脇道に逸れることはなくて、勇敢で剛健な戦車部隊は「そこに行くことをけっして望んでいなかった」と強調するものだった。同様に、ドイツ語学校——ドイツ学術交流会の資金によるもの——で使った教科書中の戦争に触れた数少ない節のうち、ナチ体制による「ユダヤ人迫害」に触れたのはわずか一行だった。ページの上部にはドイツのもたらした犠牲者ならぬ空爆を受けたケルンの写真が掲載され、何マイルにもわたって破壊された建物の間に名高い大聖堂が聳えていた。二年後、オックスフォードの学生だった私はマルティン・ブロシャートの『ヒトラー国家』を読んだが、これは当時、第三帝国の仕組みを論ずる機能主義的解釈の基本図書とみなされていた。同書もホロコーストについては段落を一つしか含まないのだが、私がそのことを理解するのには何年も要した。その頃までに私は、十代や学生時代に読んだ第二次世界大戦に関する多くの図書が、軍の関与はもとよりユダヤ人ジェノサイドについて事実上何も語っていないこと、そして、絶滅・ホロコースト・ショアー・大量殺戮といった用語が索引中のどこにも登場せず、他方、ユダヤ人は折に触れて言及されるだけであることも発見しつつあった。これは、アラン・レネの一九五六年の映画『夜と霧』——しばしばホロコーストに関する映画と誤解されている——という古典的映画の場合も同じだった。

ヒュルセン氏と出会ってちょうど八年後の一九八七年一二月、私はテル・アヴィヴ大学で歴史学の助教授として教えていたが、この時に第一次インティファーダ──占領下西岸地区におけるパレスチナ人の蜂起──が勃発した。オックスフォードですでに博士号を取得しており、友人や家族と早く再会したかった私は、その四年前にイスラエルに戻っていた。第二次世界大戦の東部戦線における「戦争の野蛮化」と私が呼んだものを扱う最初の書物は、この題材を論ずるドイツ人研究者による重要な何点かの研究に続けて一九八五年に出版された。(5) 同書は、後方にいる将軍や政治家ではなく前線の兵士に焦点化した「下から」の歴史を提供したという点で、先行する研究とは違っていた。若い予備役将校だった私は、蜂起鎮圧のために召集されることが想定できた。当時の国防大臣で退役将軍のイツハク・ラビンは、投石するパレスチナ人の若者と対峙する占領地の部隊に「やつらの骨をへし折れ」と呼びかけたが、若いイスラエル兵はみな額面どおりにこれを受け止めた。

この蛮行への抗議行動は数多くあった。方針に反対する者が署名してラビン宛に送ることになっていた一枚のハガキには、あるパレスチナ人少年の事例が記されていた。軍事警察のジープに引きずり込まれて、その後、走行中の車両から地面に投げ捨てられ、これが原因で少年は亡くなったのである。この話に激怒した私は、ハガキの余白を使ってラビンに、自分がドイツ軍の野蛮化について最近書いたばかりであることと、彼の指揮下のイスラエル国防軍でも野蛮化の過程を経験するおそれのあることを述べた。

ラビンから返事を受け取ることなど期待していなかった。ところが、二週間後に郵便で国防省からの手紙が届いた。これにはたった一行、「イスラエル国防軍をドイツ国防軍《ヴェーアマハト》に擬えるとは、どんな根性をしているのか?」とあった。その下には、ラビン自筆の署名があった。(6) 明らかに彼の弱みをついていて、気に障ったのだ。この後、ラビンがオスロ合意の時期に首相を務め、一九九五年にユダヤ人テロリストの手で暗殺されたことを想起しておきたい。暗殺者は、ベンヤミン・ネタニヤフの主導した反ラビンを煽る運動の影響を受けていた。ラビンをナチ将校として描くこのキャンペーンは、結局はネタニヤフが首相の座を射止める推力となった。だが、その時にはすでに私はイスラエルに住んでいなかった。私は、生後六カ月の娘を膝の上にのせて、平和集会の直後に起こったラビン暗殺の報道を見た時のことをありありと覚えている。私は泣いていた。ラビンが好きだったからではない。その時すでに私は、国防大臣として彼の率いた占領地弾圧と、その後首相として平和的に弾圧に終止符を打とうと努力したことがひとつの悲劇として終結し、そのためにイスラエルのユダヤ人とパレスチナ人が、来るべき何世代にもわたって代償を払うことになるのを悟ったのである。

　私は召集前にイスラエルを去った。これには偶然の面と意図した面があった。私はパレスチナ人の骨をへし折るような性分ではなかった。ことに一九八八年三月に最初の子どもが生まれた後は、命令を拒否して獄中で時を空費しようとは特に思わなかった。私の薄給では学会に出かける余裕もなく、家計のやりくりのためだけに三文小説をヘブライ語に翻訳するのに長時間を費やしていた。だから、ハーヴァード若手研究者協会《ソサエティ・オヴ・フェローズ》で三年間の特別研究員の身分を提供された時、あれこれ考えることはほとんどなかった。まるで天恵のようなものだった。長期間にわたり、騒音と怒声、酷暑、*1岩を離れ、小銭稼ぎやポーチで原始的なコンピュータを叩いて汗ばむ夜を過ごす生活から離れられる――いったい何を考えることがあるだろうか。生涯初めて、私はすべての面倒を見てもらえる――オフィス、コンピュータ、宿舎、食事、健康保険――のだと告げられた。自分のいつもやりたいと思っていたこと、つまり読書と研究と執筆をしている限りはそうなのだ。文字通り、信じられないことだった。

　その後の三年間を私はそのとおりに過ごした。また、合衆国で職が見つかることも知って、テル・アヴィヴに戻ることはなかった。私を解き放ち、それまでその存在すら気づかずにいた壁を取り除き始めたのは、距離と平穏と静寂だった。そのような壁の一つがホロコーストであり、私はその後の人生の多くをこれに費やすことになった。イスラエルを発つ以前、ホロコーストに対する人々の態度で、歴史家としての私がもっとも困惑したのは、一方でそれがたびたび呪文のように唱えられながら、他方でその歴史には全体として無知なことだった。そこで何が起きたのかを学ぶために人々が本気で頭を悩ませることはなく、それにもかかわらず、その意味はこうだと信じこんだところから強引な結論を導いていた。これはイスラエル――ここでは強い意見は、事実確認や他者の意見への傾聴を免れる場合が多い――のより一般的な文化的特徴だが、他方、ホロコーストの場合にこの種の態度を生む直接の原因は、一つにはそれが圧倒的でありながら無言の存在だということ、もう一つには、そこで亡くなった人々であれなんとか生き残った人々であれ、当事者や家族レベルの身近なつながりがあまりにも多くの人々にあること、この両方だった。イギリスで訓練を受けて堅固な経験論的伝統のなかに身を置き、この伝統では研究対象から批判的距離を取り、主としてアーカイヴの文書史料に依拠しなければならなかったから、少なくともイスラエルにいる間は、ホロコーストのことは書けない、あるいは書きたくならないだろうと私には思えた。

だからといって、私や私の世代に属する他の人々が、生まれる直前に起こった出来事からなんとかうまく距離を取れていたわけではない。何人かの友人や同僚たちと同じく私の場合も、この自覚は歴史の知識としてではなく、フィクションや想像の形で意識に侵入した。そのためイスラエルで教えていた最後の二年間に私は、ホロコーストという空想《ファンタジー》と自分たちの体験した戦争トラウマの間にある、足元のグラグラするような場の探究をめざす二編の短編小説を刊行した。イスラエル国防軍では一兵士としての、ドイツでは一研究者としての、それぞれ個人的な思い出の両方に基づくこれら初期の小説は、ヘブライ語作家の新世代への移行という文学上のより大きな流れの一部をなすものではあったが、それにとどまらず、私自身の属する年齢集団内部で進んだイスラエル人第一世代としての自覚からホロコースト第二世代としてのそれへの移行と、この両者の複雑な関係の一部でもあった(7)。

だが、合衆国に来てから何度か試みたものの埒があかなかったことから、フィクションの執筆はきっぱり諦めることを決心した。一つにはこれは、はるかに専門的なアメリカの学界で生き残って成功したければ、学問に絞る必要があると悟ったためだった。だが、みずから進んで決断する以前にすでに、知力をすべて費やすべき研究分野にしだいに引きずり込まれていたという事情も考えられる。一九九一年に二冊目の単著を出版してすぐに、私はホロコーストに関する近刊書数点の書評論文を書くように求められたのである。それまで私はこの題材について直接何かを書いたことはなく、自分はドイツ史・社会軍事史の研究者にすぎないと思っていた。私の著書はドイツ国防軍の犯した犯罪を扱い、当然それにはユダヤ人犠牲者も含まれたが、他方、焦点は赤軍兵士とソヴィエト市民にあり、ほとんどがユダヤ人ではなかった。さらに、確かにドイツの戦争機構《ウォー・マシーン》は最終解決の遂行を促進したけれども、その大部分は、事後的にジェノサイドと呼ばれるようになった、ドイツ固有でもっとも極端な形の犯罪に直接関与したわけではなかった。だが、論文を依頼してきた雑誌は権威ある学問の場だったし、書評を求められた図書はどれも興味深く思われたから、私は挑戦を受けることとし、実際には、それ以前に出版された図書を数点追加するように頼んだ。(8)

この論文を書き始めてやっと私は、自分がホロコーストへの関心――いや、取り憑かれたような思い――を何年にもわたって抑圧してきた一方、青年期以来、これについて読んだり考えたりしてきたことに気がついた。これは重要な洞察であり、もっとも経験的で合理的な歴史家であっても、つねに知識と知覚に一連の無意識の層を抱えており、それに影響されながら作業をしていることを私に示してくれた。私に限って言えば、学術的な作品であれフィクションであれ、自身の学問的・知的努力の核心部でつねに追求してきたのは、人間が暴力を犯す際の動機と、これと併存しつつも対立しながら個人と集団の人間性を再主張する衝動との間の関係を理解することなのだと悟った。(9)

一九九〇年代は「新しい軍事史」、ホロコーストを書くこと、そして歴史と記憶への関心の絶頂期だった。この時期の終わりまでに比較ジェノサイド研究という新潮流が発展し、これはホロコーストを扱う学問上で成立して、これと競合した。だが、二〇世紀の大量殺戮の文化的・社会的・軍事的・政治的・イデオロギー的文脈に関するより大きな問題に取り組めば取り組むほど、自分が出来事の直接の記録から遊離して、ますます理論的主張や一般化の方向に逸れているように感じ始めた。より切実には、これらのより大きな流れに晒された人間個人、つまりこれらの出来事の主役たちがますます焦点から外れて、しだいに姿を消しているように私は感じた。

特に思い出されるのは、一九九二年にロンドンで開かれた最終解決の起源に関する会議であり、そこでは当時の錚々たるホロコースト研究者の面々が、ユダヤ人大量殺戮の決定はいつどのような状況下でなされたかをめぐって、長々と多様な解釈を議論していた。私は、道徳的に落ち込んだ気分で会議から出てきた。というのも、知的にはこれらの討論に触発されたものの、他方、私がそこで感じたのは、その決定の「最終生成物」つまり大量殺戮による果てしない個人的恐怖を彼らは完全に省いたということだったのである。当時の一般に「機能主義」的とされるこれらの解釈の多くでは、しばしば加害者が見失われたばかりか、犠牲者までがほとんどどこでも見られなくなっていた。[10]

合衆国にいながらも、私はイスラエルでも長期間過ごして現地の学問的・知的展開をつねに把握するようにしていた。ホロコーストの「国際的」学識、特にヨーロッパや合衆国のそれがしだいに文脈・起源・解釈という比較的大きな問題に引っ張られたのに対して、イスラエルの学識は、これらの国際的潮流に影響され、時には畏敬の念を抱きながらも、主としてホロコーストのユダヤ的側面に焦点をあわせて、文脈化と比較に抵抗を続けていた。[11]

これはもちろん、イスラエルでホロコーストの政治化が強まったことと関連があって、ホロコーストは一九五〇年代には沈黙と困惑をもたらしたのに対して、一九八〇年代以降は国民的主張と自己正当化の機会を提供するものに移行していた。ダヴィッド・ベン＝グリオン首相は一九六〇年代初頭のアイヒマン裁判を、(当初抵抗した上で)建国理由の核心を若いイスラエル人に教える機会としてうまく組み込んでいた。一九八二年にメナヘム・ベギン首相は、ベルリンの地下壕に隠れたヒトラーさながらにヤセル・アラファトがベイルートに身を潜ませていると自説を開陳した。さらにベンヤミン・ネタニヤフ首相の下では、イスラエルに来る外国首脳はすべてヤド・ヴァシェムを儀礼的に訪問させられ、ユダヤ人国家は次なるホロコーストを阻止する「必要な手立てをすべて」行う、「世界」は沈黙または協力の罪を永遠に負っている、そしてイスラエルの占領・抑圧政策への批判はどれも反ユダヤ主義とユダヤ民族への破壊願望と同根であると強調するのに利用された。現代のイスラエルでは、ホロコーストはアイデンティティと政治の枢要なる構成要素と化している。[12]

イスラエルのホロコースト史家は、総じてこの過激な政治的言説に与していない。だが彼らにとっても学生たちにとっても、ホロコーストはユダヤ人の歴史である。非ユダヤ人は多くの場合、協力者・救済者・受身的傍観者のいずれであれ、この犯罪行為で一役買った場合にのみこの歴史に関わるとされている。[13] 合衆国からイスラエルに頻繁に旅するなかで私はしだいに、登場しつつある「国際的」なホロコースト観とイスラエル人のユダヤ中心的な見方の両方が不十分であることを悟った。ある意味、両者はともにこの実際の出来事を周辺化ないしゲットー化していた。ユダヤ人の大半が暮らし、そして殺された特に東欧の何千ものコミュニティで発生し経験された大量殺戮としての真相が周辺に追いやられたのである。

言い換えると、合衆国に移ることではじめて私はホロコーストを研究し、執筆し、教えることが可能になったわけだが、他方で、両方のアプローチの限界と欠陥と思えるものへの注意が喚起され、両者から批判的距離を取れるようになったのは、イスラエルとのつながりを維持したおかげだったし、両国の学問的・知的環境を快適に感じられる——完全に寛ぐことはけっしてないが——私の能力によるものでもあった。私がホロコースト研究の別アプローチを構築し始めたのは、まさに共産主義崩壊とそれに続く二つのジェノサイド——ボスニアとルワンダ——の直後、一九九〇年代中頃のことだった。私がめざしたのは、ユダヤ人ジェノサイドをコミュニティ《コミュナル》内部の暴力や大量殺戮のより大規模な範例として分析することであり、他方で、ひとつのコミュニティ内で起こったローカルな虐殺を、たんに外から来た犯罪者と地元ユダヤ人の間の遭遇の一事例として扱うのではなく、むしろ民族間関係というもっと大きな歴史の中で文脈化することだった。

最終解決の決定、あるいは現代ジェノサイドの官僚制という比較的大きな問題に取り組む人々にとって、この種の地域に即した研究は、ジェノサイドの方針が「下から」作動する際の有り様――つまり、もっとも官僚的で洗練されたジェノサイド装置であっても、彼らが結局は血にまみれた対面の虐殺に従事させられることになる際の様子――を描くものになる可能性があると私は信じていた。ユダヤ人の出来事としてのホロコーストに焦点化する人々のためには、この地域に即した視点は次のようなことを示せたはずである。すなわち、私がその後二〇年間を研究に費やした小さな町と似た幾千の町には、きわめて多くの非ユダヤ人の隣人がおり、彼らは、ナチ・ジェノサイドの被害者でもただの傍観者でもなく、むしろ、当該コミュニティの積極的な社会的主体として、犯罪者への完全協力から友人・同僚・見知らぬ人の救済に至る幅の中でこのジェノサイドに関与したということである。さらに、この「下からの見方」により、純粋にユダヤ人の町であるシュテットルという観念が、実際はつねにユダヤ人の伝承やフィクションに見られるたんなる作り話に過ぎなかったことも示せた。つまり、ユダヤ人が暮らして殺された町はそのすべてが複数民族からなるコミュニティであり、ユダヤ人と多様な民族のキリスト教徒が何世紀にもわたって、けっして調和的ではなかったにせよ、おおむね平和的に隣り合って暮らしてきたのである。

私の取り組んできた地域に即したホロコースト研究は、ジェノサイドの身近さ、ユダヤ人犠牲者と異教徒の隣人とドイツ人加害者の間の複雑な関係、そしてドイツによる占領の暴力とその前後のソ連統治の暴力の間のつながりについて、私に多くのことを教えてくれた。長期にわたって暴力と野蛮さがありふれて遍在したために、人々の日常にあるお決まりの習慣の一部と化してしまい、その間に犠牲者と加害者の役割が何度か入れ替わり、傍観者はほぼ視界から姿を消したことがわかったのである。最後に、これらの出来事の起こった現地の様子からは、その歴史が程度の差こそあれ消滅してしまい、歴史家たちによってあっさり片づけられただけであることにも自覚的になった。

さらにここから私が理解させられたのは、地域に即したジェノサイドを再構成する際には、殺害の瞬間から始めることはできず、虐殺により頂点に達した複雑な関係の網の目を理解するために時間を遡らねばならないということである。このことは、他の多くのジェノサイドと同じくホロコーストの場合にも言える。流血の惨事の引き金を引いたのは何なのかを理解したければ、私たちの物語の主役たちが殺しはじめ、死にはじめる前に共有した生活を再構成する必要がある。つまり、関与した諸個人のイデオロギーと並んで歴史的文脈の一部としての動機付けを、文化・規範・伝統・信仰のなかに探る必要があるということである。確かにホロコーストは、ブチャチのような僻遠の町の場合でさえ、おそらく主としてドイツ人の物語である。ドイツ人が来て、見て、殺したのである。だが、殺害・身元確認・告発・救済を含めて、地元の人々の関与がなければこれはまったく違った物語になっていただろう。

あの町の研究をする間に私はウクライナ西部をかなり旅したが、ナチスと協力者が拭い去ったかつてのユダヤ文明が、もはや消え入りかけた遺物として目に飛び込む場面に繰り返しぶつかった。雑草が伸び放題でゴミ屑だらけのシナゴーグの残骸が各地にあった。他に使い道のある墓標が取り除かれた墓地もあった。他方、残っている切り株の周りに育った雑草が、地元のウクライナ人の少年少女に連れられて草をはむ牛やヤギの飼い葉として役立っていた。場合によっては、ウクライナ人殉教者と自由の闘士のための記念碑の影に隠れた、無標の集団墓地もあった。そして、かつてこれらの町に暮らしたユダヤ人と、彼ら彼女らの殺害のされ方に直接言及したものがまったく不在であることも目についた。

二〇〇七年に私は、ガリツィアと共産主義後のウクライナ西部の記憶の政治からユダヤ人の記憶が消されていることを論じる書物を出版した(14)。だが、私の心の底にはもう一つの消された記憶があった。子ども時代以来、意識の表層に浮上することのなかった記憶である。かつてユダヤ人のものだった家に暮らすウクライナ人の現住者は、かつてその場に存在したある文化とある文明の今も残されたシンボルについて何を思っているのだろうと考えをめぐらす中で、一九五〇年代・六〇年代のテル・アヴィヴにおける自分の子ども時代が思い出されたのである。テル・アヴィヴ北部の私たちがヤムシン(アル＝ジャンマースィーン・アル＝ガルビー)と呼んだ場所で遊んだこと、その後、ラマト・アヴィヴ——ヤルコン川のちょうど北側、テル・アヴィヴ大学に接し、今は同大学がほとんどを占めている——に引っ越して、シェイフ・ムニス(シャイフ・ムワンニス)として知られた丘で「巡査と泥棒」ごっこをしたこと、こうしたことを私は思い出した。いずれも「放棄された」パレスチナ人の村だった。そこにはムスリム墓地があり、住民が追い出された家を囲むサボテンの垣根は、その下にあるユダヤ人地区の樹木や芝生とは好対照だった。墓地は今ではほとんど姿を消し、そこにあった墓標は、新しい学生寮用の敷地確保のために除去された。わずかに残った遺構を見下ろすように、イスラエル総保安庁シャバックの入居するやや不気味な印象の建物が立っている。(15)

こうして私はしだいに、自分の世代の子ども時代や育ちのなかにある別のブラックホールについて考えるようになった。もちろん、政治化され動員された(あるいは最近の頻用表現では武器化された)シオニスト版のものが多いとはいえ、ホロコーストとディアスポラが再度表面化してきた。だが、あの別のブラックホール——私たちの居場所作りのためのパレスチナ人住民の除去——は、かつて存在したものを掘り起こす試みばかりか、今もなお存在しうることについて新たな思考を促す試みのなかでも時折燃え上がる、あの光の揺らめきをいまだに吸い込んでいる。

皮肉にも、私自身がディアスポラから部分的に帰還するよう促されたのは、東欧におけるユダヤ人の存在と記憶の消去を扱う自分の研究と、イスラエルにおけるパレスチナ人の存在と記憶の消去という意識の表面化との間にある、かろうじて自明といえそうなこのつながりのおかげである。イスラエルの有名な歌詞*2にあるように、「あそこから見えるものは、ここからは見えない」。だが、いったん君がそれを見てしまった以上は、つまり大洋を越えたあの長い旅が君の目を見開かせて記憶を蘇らせ、ごまかしとイデオロギーの霧を払いのけた以上は、君は引き続き遠方にいながらにして批判的で慧眼な観察者でいることもできるし、これまでつねにそこにあった現実、せいぜい肩をすくめる程度にしかけっして認識されなかった現実に取り組むこともできる。おそらく、現実と取り組まねばならないのだ。

歴史がそのまま繰り返すことはなく、かつてあったものは二度とありえぬことを他の誰よりもよく知っているのは、おそらく歴史家である。つまり、私たちは過去を学ぶことができる——実際、学ばなければならない——が、反転させることはできない。ディアスポラに身を置く中で君は、いったん立ち去った以上、どれほど頻繁に戻った《カム・バック》ところでけっして帰還《リターン》することはできないということを受け入れなければならない。[*3] だが、その移り行き《トランジション》そのものが学習し理解する過程の一部である。歴史家である君はつねに、過去という別の国を訪れようと懸命だが、そこには一時的にしか滞在できず、そのルールや規則に手を加えてはならず、必ず自分の時代と場所に戻らなければならないことを承知のうえだろう。だが、いったん君が現在を離れて過去を掘り進んだ以上、どれほど頻繁に戻った《カム・バック》ところで元通り《リターン》になることは決してないだろう。君は、過去にも現在にも根ざさず、君の立ち去った故郷にも君の作る故郷にも根ざさぬ、時の薄明の中に生きている。そして、それがどれほど危うく不安定であろうと、この見晴らしの良い地点から君は、つねに時と忘却のために吹き消されそうな閃光をかいま見ることができるだろう。おそらく、フィクションにも帰還すべき時がきたようである。[16]

訳注

*1 イスラエル／パレスチナの岩だらけの地形と重ねて、若者が重武装のイスラエル国防軍に対して岩＝石礫《いしつぶて》による抵抗を行った第一次インティファーダを仄めかしたもの。

＊2　イスラエルの作詞家ヤーコヴ・ロトブリットの「君は僕の手を君の手に取った」の中の一節。この歌詞にマッティ・カスピが曲をつけて、ユディト・ラヴィーツの一九七九年のアルバムに含められた。アリエル・シャロン首相は、ガザ地区におけるイスラエル人入植地の解体を決めた際に、この歌詞を使って自らの立場の転換を説明したとのことである。

＊3　ここで想定されているのは一九五三年のL・P・ハートリーの作品 *The Go-Between*（L・P・ハートレイ、蕗沢忠枝訳『恋を覗く少年』新潮社、一九五五年）の冒頭の一節「過去は別の国である」であり、歴史家デーヴィッド・ローウェンタールの *The Past is a Foreign Country* (Cambridge University Press, 1985) である。

第九章　過去を語って未来を築く

起源と忘却

ヘブライ語作家でノーベル賞受賞者であるシュムエル・ヨセフ・アグノンは、死後に出版されたブチャチ――彼の故郷の町であり、彼が描く通りに東欧ユダヤ人のシンボルである――の浩瀚な伝記の中で、この町の起源について神話的物語を長々と語っている。「われらの町はいつ創建され、創建者はだれだったのか」と彼は問う。「これを知ろうと年代記作家はみな長年骨を折ってきたが、いずれも徒労だった。だが、少しは事実がわれらに明かされてきた」と、おそらくは皮肉まじりでアグノンは続ける。彼は皮肉のセンスで名高かった。「そして私は、私の知るすべての忠実なる記録をここに書き留めている」。彼が説くとおり、「かつて、純粋な心に動かされて、妻や息子や娘を連れてイスラエルの地に向かうユダヤ人の一団がいた」。だが、東をめざすべしというだけで道はわからず、「歩みを進めると人影も疎となり、ブドウ園や畑も消え、道はすべて森を貫いて果てなきように見えた」。とうとう彼らは、ユダヤの大祭日のために歩みを止めねばならなかった。そして、野営している間に苛烈な東欧の冬が訪れ、そこに留まる以外選択肢はなくなった。

その後のある日、「彼らは、獰猛そうな大型犬を連れ、唇には大きなトランペットを咥えた」「奇妙な人々に囲まれているのに気づいた」。狩りに来ている地元の貴族だった。貴族たちの問いの一つに答えてユダヤ人は、「自分たちの物語をすべて話し」、「精細を極めたその話しぶりから、貴族たちは彼らの聡明と雄弁に心打たれた」。アグノンはさらに書き進める。「あまりに魅了されたので、彼らはユダヤ人に少なくとも冬の終わりまでは自分たちとともに暮らすよう強く促した」。そして、ユダヤ教徒が同意するや、「自邸へとユダヤ教徒を伴った貴族たちは、何であれ彼らの行いから繁栄を享受し」、ユダヤ人に留まるように求めてこう語った。「ここの土地はすべてあなた方のものです。お好みのところに家をお建てなさい。この土地で商売を営むのがお望みなら、尚更にけっこうなことです。なにしろここでは誰も商売がわかっていないのですから」。ユダヤ教徒たちは鳩首凝議《きゅうしゅぎょうぎ》し、「この場所を発ってイスラエルの地に向かうのは不可能。当座はここで地所を手に入れて家を建て、貴族の好意に甘えることとしよう」と衆議が一致した。こうして「侃侃諤諤《かんかんがくがく》たる議論の末に彼らは恒久の祈禱所を建てることで合意した」。まもなく「地元貴族が石造りの家を建ててくれて」、その後「彼がストリパ川の対岸の山に城を造営」し、「こうしてブチャチは始まった」。ユダヤ教徒は「戦争と革命の何年かを除いて何世代にもわたって平穏無事に暮らした。……あの敵が来て全滅させられるまでは(1)」。

アグノンの語った物語はただの伝説ではない。それはいろいろの意味で、かつてポーランド＝リトアニア共和国であった広大な領域――ドイツ人の土地とカルパチア山脈からドニプロ〔ドニエプル〕川の東に及ぶ、そしてバルト海からはるか黒海まで広がる――に暮らした幾世代ものユダヤ人が、自分たちはどこから来てどこをめざしてきたのかを述べてきた、あの自分語りの純化版である。ユダヤ人はポーランドをポリンと呼んだが、これはヘブライ語の「ポー・リン」つまり「われらはここに住まうことにする」ないし「一晩泊まる」として解釈された。この物語には内なる論理がある。起源を定め同時に目的地を提示しているからである。ユダヤ人がユダヤ人のブチャチ、あるいはむしろ東欧のユダヤ文明を作り上げたが、それと同じく、その破壊の後に残された者たちは、永遠の巡礼の目標であり最終の安息の地であるイスラエルの地へと神によっておのずと集められることになっていた(2)。

アグノンの一九三九年の小説『その夜のための客』は、一九三〇年の著者最後のブチャチ訪問に基づいている。主役は彼の故郷の町に来たある客人、アグノンが二一歳でブチャチを去って二二年後のこの訪問は、実際は一週間に過ぎなかったが、小説ではまるまる一年に及んでいる。アグノンも主役もともに一夜限りの逗留ではないが、それにもかかわらず両者はいずれも戻ってくることはない。もちろんこのタイトルが示唆するのは、一時的《テンポラリティ》であることという概念的構築物全体、つまり故郷と仮寓の間の解決不能な対立である。先祖の故郷から新たな避難先に向かう途上で生まれた難民の子どもは、初めて目が開いた時にその目で知覚した景色を思い浮かべるのかもしれないが、それと同じく、どうすれば人は、若者時代に見た風景をただ通過しただけの場と考えられるのだろうか。そして、その景色が異国風でエキゾティック、匂いと音と人と言葉が見知らぬ馴染みのないものだとしたら、人は難を逃れた先を郷土として想像しなおすことができるのだろうか。実際には自分の郷土や故郷の町、あるいは自宅を立ち去った人が、他所に帰郷してそこで寛ぐことはありうるのだろうか。

アグノンはしばらくヤッファ[*1]に居を構え、続いてドイツに長逗留した後、残りの生涯はエルサレムに落ち着いたが、その彼がエルサレムの起源やイスラエルの地の起源を書くことはなく、ヤッファのそれを書くはずは毛頭なかった(3)。起源の物語はブチャチ、つまり本当の故郷の町のものだった。しかしそれは、移り行きの空間として想像された故郷の町であり、四世紀にわたって継続してユダヤ人住民全体の虐殺で幕を閉じた、イスラエルの地《エレツ・イスラエル》への途上にある一夜の逗留地だった。彼はこのように書く。

> これはブチャチという都市の年代記である。私はこれを痛みと苦悶の中で書いてきたのだから、わが子孫たちは、私たちの都市がその創建から、忌まわしき者どもと汚らわしく錯乱した共犯者どもがやって来て破壊し尽くすまで、トーラーと知恵と愛と敬虔と生命と優美と親切と慈愛に満ちていたことを知るべきであろう(4)。

これが、アグノンによるブチャチの「伝記」冒頭の語り口であり、そこから約七百頁後ろで同書の幕を閉じる際のそれでもある、この時、彼は故郷の町の破壊を耳にした日のことを思い出していた。最終目的地であり、実際に居を構えた聖なる都市であるエルサレムに暮らした彼が、自身が失った世界《ユニヴァース》と町と家への終わりなき悲しみに煩悶し、完全に孤独で根を断たれたように感じている。彼は、偉大なる一一世紀アンダルシアの詩人でラビであるソロモン・イブン・ガビーロールの亡霊が幻の中で彼に囁いた詩の言葉を思いだそうと努力する。「その一行一行が、私自身の名前の文字の一つで始まっていたのだ」と。彼は次のようにも考える。

もしもその詩を覚えていなければ、私はわが町の全住民と同じだったはずだ。彼らは失われ、卑しむべき者の手にかかって死んだ。もはや一つの民族《ネイション》／国民たりえなくなるまで、我が同胞を踏みつけにしたあの連中の手にかかったのである。私の魂が、私の外に出ていったのは詩の力ゆえである。そして、もしも私の町がこの世界から拭い去られたとしても、あの詩人がこの都市の印として書いた詩の中にそれは生き続けている。

だが、その言葉も失われている。

いま私は、いったい誰に問いかければその歌の言葉を語ってもらえるのだろうか。聖なる詩人たちの聖歌をすべて知っていた老朗詠者だろうか。私は今も一人して、彼らの涙を流し続けている。老朗詠者は聖なる詩人たちの陰で休み、詩人たちはわれらの都市の大シナゴーグでその聖歌を朗唱する。……しかしここにあるのは、都市と死者のための嘆きと哀悼と呻きの歌だけである。(5)

アグノンは、みずから書いたブチャチについての浩瀚な物語集によって、あの忘却の淵を埋め尽くした。破壊の後、パレスチナ文明の名残の上に現代のイスラエル国が建設途上だった時にアグノンは、もう一つの建設の行為に従事した。文学上の新しい試みについて批評家バルーフ・クルツヴァイルから問われたアグノンは、「私はある街を建設中だ」と答えた。(6)

彼の建設した街、つまり文学上の大建造物は、最高傑作として認知されるのに長い時間を要し、いまもアグノンの戦前の作品に親しむ多くのヘブライ語読者には知られていない。だが、彼の故郷の町に凝縮され、ナチスの手で破壊された東欧ユダヤ人文明の記念碑であるばかりか、歴史上の事実とフィクション、ファンタジーと想像、深い研鑽と博識さと鋭敏な心理的洞察との途方もない混成物でもあった。その中心的な一つの洞察は、東欧ユダヤ人ディアスポラを代表するものとしてのブチャチは、ユダヤ人の存在の核心《ハート》をなすが、同時に、その存在自体の心《ハート》はどこか別の場所にあるという点にある。それが形成されたのはかのポーランドだが、それがあるということ自体の一部には、どこにもないという深い感覚があった。ユダヤ人は——実際はブチャチという街を建設したわけではない——どこか他所に向かう途上で貴族の客として来ているのであり、ただ事情があって遅れているだけであり、その事情のために千年紀の半分近くをそこに留まっている。(7)

だが、彼らが向かった場所についにたどり着くと、たとえ歓迎されざる客人であり、古い風景の場合と同様にあの新しい風景にとっても外来で異質だったにせよ、自分たちは帰郷したのだとわかる。だが、立ち去った故郷が他者に奪取されているのと同じく、その故郷には他者が暮らしている。あの森の地の先住の人々、つまりポーランド人とウクライナ人はつねにユダヤ人を客人扱いしたし、民族主義の高まりとともにますます歓迎されざる客人にされた。今やユダヤ人は、自分たちの故郷に来ているのだから、先住の人々はこの土地に無縁であり、自分たち新参者こそが正当な所有者だと宣言する。ある一つの民族が、その歴史上の存在の多くを想像上の移り行きの境遇に過ごしてきたわけだから、実際にどれほど長く暮らしてきたのかはおかまいなしに、アラブ人住民もその地に属してはおらず、その地で移り行く途上にあるのだと、彼らは想像することができる。

ユダヤ人の起源がそうだったようにアラブ人の起源は他所にあり、彼らの帰属先はその別の場所である。[8]

だが、アグノンたちの世代にとって、ユダヤ文明の心髄は敵に破壊された世界に置き去りのままである。あの街の息を吹き返らせるものだというのに、彼には思いだせないあの詩の言葉がそうであるように、その心髄はその場所に、つまり彼の意識の周辺部に留まっていた。後続の世代、つまり文字通りの郷土となった新しい土地に生まれた者たちの場合は、あの別の世界の記憶をまったく持たず、その誕生と信仰そのものによってこの地の土着の住民として正常化されている。詩の言葉だけではなく、詩の存在自体とそれが象徴したすべてを忘却した彼らは、自分たちの存在を希望と夢とした文明を失っている。彼らは、自分たちが長く連なる鎖の最後の輪であることを知らず、みずからを新たに作られたものとして、そのすべての開祖のように思い浮かべる。彼らは、自分たちの存在そのものの起源を忘れた自己流の創造神話の中に生きている。こうして彼らは、自分では何も知らない信仰や伝統の歴史を根拠にしてある場所への権利を主張する。彼らに残されているのは土着性だけであり、それは本来的に、彼らが追放した人々の土着性と比べても新しくて薄弱である。だからこそ、火と剣によって後押しをされなければならないのである。[9]

アグノン自身のブチャチ創建神話は、もちろん歴史上の記録から大きくかけ離れており、彼自身、多くの治者や体制に支配されてきたこの複数の民族が交わる複雑な世界を研究してきた誰にも劣らず、そのことを自覚していたはずである。要するに、この都市はユダヤ人の創建ではなかった。しかし別の意味では、ブチャチとこれに似た無数の都市は、まさにユダヤ人のおかげで都市になったのであり、彼らが殺された時に都市であることをやめた。それらの都市の破壊をもたらした暴力は、原初の始まりの空想物語とまったく同じく、起源を語る主張の中に深く埋め込まれていた。ユダヤ人だけが、すべての開祖であることを自認したわけではなかった。起源をめぐるこの想像上の系譜学の中では、国民化した農民たちが先住民であることを主張するようになった。文字通りこの都市を所有したポーランド人は、自分たちこそが壮大なる文明化の使命を果したのだと想像した。そしてユダヤ人は、商業・金融をすべて起動させて中世の城や領地を都市に変え、貴族と農奴からなる封建制度に終止符を打って、市民層を形作ったのは自分たちだと確信していた。だが、最初にそこにいたのは自分たちだから、この町は自分たちのものだとウクライナ人が言い、創建したのは自分たちだからこの町は自分たちのものだとポーランド人が言ったのに対して、ユダヤ人は、他所から彷徨って来たばかりか、実際のところ、別の最終目的地に向かう途上だという理由もあって譲歩した。こうしてユダヤ人は、市民中の多数派であるにもかかわらず、自分たちの町に帰属しなかった(10)。

アグノンは一九〇八年にブチャチを去り、ヤッファに居を構えた。現代イスラエル建国の父であるダヴィッド・ベン゠グリオンは二年前にヤッファに来ていたが、その趣味からするとあまりに埃っぽくアラブ人だらけだったので、彼はイスラエルの地《エレツ・イスラエル》での最初の夜をペタフ・ティクヴァのユダヤ人居住地で過ごした。三〇年後に彼は、ずっと嫌ってきたヤッファは解体されるべきだと日記に書いた(11)。これに対してアグノンは、自分の初期の物語のいくつかをヤッファで書き、より多くの共感や最後は憧憬も込めて、ヤッファのことを書いた。その後長く、文学で稼ぎを得るのに尽くしてくれた仲間である町の住民たちと異なり、彼は東方への神話的な旅を続けて、最終目的地とされたところにたどりついた。だが、ベン゠グリオンと同じくアグノンにとってもイスラエルの地は、異論の余地なくおのずと居を構えるべき彼のものという意味で起源の場所だった。彼は最終的にエルサレムに家を建て、残りの生涯をこの都市で暮らした。彼はその土地との関係に思い煩うことはけっしてなかった。彼がけっして語らなかったこの神話的な起源の物語では彼は帰郷したのであり、彼は郷土へのユダヤ民族の偉大なる帰還の要の存在だった。だが、彼の作品では、ユダヤ文明の魂と精神は他所にあった。ブチャチでありポドリアでありガリツィア、つまりユダヤ人が起源の場への途上で逗留して休息し、殺されるまで留まった土地である。アグノンにとって、東欧ユダヤ人の絶滅はユダヤ的存在の精髄の暗殺だった。

アグノンが初期に暮らしたヤッファと残りの人生を過ごしたエルサレムは、アラブ人だらけの都市だった。

だが、洋服を着用してガリツィア風の癖のあるアグノンにとって、パレスチナつまりユダヤ民族生誕の地への帰郷は、何十万人ものパレスチナ人の町人や村民たちの存在とは一切関係がなかった。ここでの起源の主張には、一人の著者が滔々と語る神話的物語など必要ではなかった――聖書とそれに続く無数のテクストや祈禱書、詩、挽歌のなかにそれはあったからである。それは本質的に私たちのものだった。だが、あの故郷が築かれ、近代的な安アパートが叢生して都市が芽生えると、あの別の住民は意識と存在の周縁部にますます追い出された。パレスチナのユダヤ人は、少数派であるにもかかわらずみずからを多数派のように想像したが、それは、ブチャチのユダヤ人が多数派であるにもかかわらず少数派だとみなされたのと同じことである。アグノンが彼の都市――ユダヤ人が殺されたあのブチャチ――の建設を始めるずいぶん前に、それとは別の実在するいくつもの都市が、イスラエルで彼の周囲にいたアラブ人住民をその場から排除していった。ほんの数年で、東欧各都市ではユダヤ人はもはや多数派でもなければそれなりの数の少数派でもなくなっていた。実際、ほとんどの場合、彼らは完全に姿を消した。そして、歴史的時間ではほぼ同時に、パレスチナのユダヤ人は少数派から多数派へと転身した。ヨーロッパから来た生存者の大量移民及び中東・北アフリカからの難民によりユダヤ人人口は三倍化し、一九四八年にパレスチナ人七五万人が追放されたために、アラブ人住民は四分の三も減った。(12)

だが、起源をめぐる他の物語の痕跡は、打ち捨てられた村落と手入れもされない木立、サボテンの垣根や顧みられることのない墓地の中に残っていて、誰であれ見たければ目に映るようになっている。これらの物として肌に触れて感じられる土地の起源が、ユダヤ人の帰郷の物語、つまり、異論の余地なくユダヤ人全体の起源であり、万物の始まりそのもの、神との契約によりヨシュアの刀剣を通じて完全にして絶対的に彼らのものとなったと言われた故郷への帰還の物語に挑んでくる。*2 もう一つの物語、つまり他者の起源を思い出させるこれら厄介な名残は除去されねばならなかった。それゆえそれらは粉砕された。四〇〇もの村々が破壊されて植物が植えられ、地図と記憶から消去されたのである。(13) ひるがえってブチャチでは、二〇〇一年、最後まで残っていたユダヤの建物である学舎《ベイト・ミドラシュ》*3が取り壊されて、近代的なショッピング・モールが建設された。この建物は、アグノンがフェドル〔フェーディル〕丘を見て祈りを捧げた場所であり、この丘は一九四三年にユダヤ人コミュニティの半分が殺されて集団墓地に葬られた場所だった。今、ブチャチにはアグノン通りと呼ばれる道路があり、著名な作家の真新しい胸像が立っている。銘板はこの小さな田舎町がノーベル賞受賞者を生んだことを誇るが、彼がユダヤ人であり、ヘブライ語で書いたことにはまったく触れていない。この起源の物語ではアグノンはウクライナ人扱いだが、これは、近くのドロホビチ出身の大作家で画家のブルーノ・シュルツが、殺害から数十年を隔てて、ポーランド人からはポーランドの作家、ウクライナ人からは西ウクライナ住民、そしてヤド・ヴァシェムからはホロコースト犠牲者のユダヤ人と主張されたのとまったく同じである(14)。

そのそれぞれに彼の起源があり、彼の忘却がある。だが、ウクライナで冷たい風が唸りながら集団墓地やシナゴーグの残骸を吹き抜ける時にも、イスラエルでブルドーザや解体作業員の残した傷跡に太陽が照りつける時にも、あちこちに散らばるサボテンの垣根と壊れたテラス、物語と神話、過去の記憶と名残は消え去ることを拒み、そのそれぞれがかつて存在したことの権利、記憶され尊重されるべきであることの権利を主張する。これらの起源の物語はどれもすべて、その深部にそれら自体の廃墟と消去の種を蔵してきたように思われる。


私はそこに属する。

私には思い出がある。誰しもが生まれるように私は生まれた。

私には母がいる　窓のたくさんある家がある。私にはきょうだいがいる。友人たちがいる。そして、凍てつく窓の牢獄がある。

私にはカモメたちが掠めとった波がある。私には私だけの特別な光景がある。有り余る草木、言葉がいたりうるはるか彼方の月。鳥たちの糧、永遠なるオリーブの樹がある。私はその大地の上をさすらった。やがていくつもの剣がからだを貫き、彼らはそれを宴の食卓とした。

私はそこに属する。天がその母を思って泣くとき　私は天を母のもとへと返し、そして私は泣く　還りゆく雲が私を知ってくれるように。

血の法廷にかけるべきあらゆることばを私は学んだ　その規則を破らんがために。

ことばのすべてを私は学び　そしてそれを解体した　たったひとつの言葉を組み立てんがために
その言葉とは　祖国《ワタン》……。


マフムード・ダルウィーシュ「私はそこに属する」(15)

消去と記憶

過去の犯罪や非行を暴くことなく、過去の消去と未来の構築に等しく狙いを定めた未来志向の課題設定をすることで、新しい世界を築くことは可能なのだろうか。抑圧された過去が退場することはまずない。結局、それらは形を変えながらも、熾烈さはそのままに再浮上することだろう。だからこそ、現在につながる出来事に向き合うのがどれほど難しかろうとも、実現可能な未来を起源から引き離すことなく、そこにしっかり固定しなければならないのである。東欧とロシアの複雑でしばしば悲劇的な歴史に想いを馳せ、昨日の廃墟――今ではしばしば的外れなあまりに多くの懐旧の焦点と化している――の上に明日の世界――今やひどく希望を欠いた形で過去に埋め込まれている――を建設することで払われてきた対価を認識すれば十分だろう。過去の誤用が適切に処理されたことはこれまで一度もないが、私がこの文章を書いているこの時点にも、ウクライナへのロシアの残虐な侵略を正当化するために過去が悪用され、クレムリンは、ナチズムとの大祖国戦争を再度戦っているかのように主張している。旧ソ連と現在のロシア連邦ではあの戦争が栄光化されているが、これに伴ってスターリン主義犯罪のけじめがつけられることは一度もなかった。ウクライナは、民主主義と市民社会に向から重要な歩みを進めてきたけれども、ウクライナ民族主義者によるナチズム犯罪への共犯とのけじめをつけられずにきたために、ユダヤ人の大統領が率いる国家を脱ナチ化する必要というロシアのまやかしの主張にたいして脆弱なままである。

過去を完全に消しさえすれば、もはや後ろを振り返らずに前を見ることができると信じる人々はいつでもいる。これは、歴史はつねに勝者によって書かれるということのもう一つの言い方かもしれない。しかしこの箴言は、つねに真実でもなければ、勝利の性質について私たちに多くを語ってくれるわけでもない。というのも、冥府《ハーデース》への道は忘却で敷き詰められており、諸文明が活力を失うのは、地獄からの道を振り返ったためではなく、そうすることを拒んだためだとも言えるからである。

前世紀転換期以降、バルト海からバルカンにいたる広大な領域は、破壊と再建が途方もなく実行される場となった。「人口政策」の文脈で諸民族がまるごと殺され、強制追放され、民族浄化にさらされ、再移住させられた。各国間の境界線が引かれ、さらに引き直された。様々の文化が消えた。言語も姿を消した。アイデンティティが定義され、再定義された(16)。

ソ連崩壊と東欧における共産主義の打倒に続いて、この地域の新旧諸国民が新たな未来の創造に取り組んだが、これは彼らが置き去りにした社会主義的未来とは違うものだった。彼らは欧州連合——そのアイデンティティは加盟国の民族主義的伝統の放棄に依拠する——加盟に懸命だったが、同時に、共産主義によって長く抑圧されてきた自国の民族的な根にも取り組んできた。彼らは、過去についての革命的修辞を歴史の屑籠に捨てるだけでなく、手を貸し共犯に走った近年の記憶の消去にも懸命だった。

しかし同時に、これら新旧諸国民は、あらゆる民族《ネイション》／国民が行ってきたことをしなければならない。つまり、国民的アイデンティティを定義し、それを近代民族主義の産婆たる歴史の中につなぎとめることである。皮肉だが、新しい欧州連合は各国の国民的アイデンティティの属性の多くを明確に放棄した諸国家の連合であり、東欧の新興独立国家がこれに加盟するということは、まずそのアイデンティティを掲げて、その後にやっとこれを統一ヨーロッパというさらに大きな範疇のもとに置く合意に進むことを意味した。だが、すでに見た通り、ハンガリーやポーランドの場合にはこの過程が円滑に進んだとはとても言えない[17]。

実際、これは実行しにくいことである。国民的アイデンティティは主に発明された過去に依拠するが、その過去からは複雑な事態――豊かさという人もいるかもしれないが、とにかく多様性だ――の多くがこれまでに抹消されており、この事実ゆえに紛糾したことになるのである。言葉でも表象でも、書き直された歴史と新たな修辞でも、複雑さは消されているが、これはそもそもジェノサイドや民族浄化や強制追放により物理的に破壊されてきたものでもあった。このように、ヨーロッパというコミュニティは多民族的で多様なものと想定されるものの、これへの参入は、多民族的・多宗教的な社会・文化であったおのれの過去の多様性を大規模に忘却することに依存した――あるいは依存させられた――のである[18]。

人の過去との関係、隣人との関係、さらに考案ないし再創造された未来との関係を正常化する途上でこれは必要な過程だという議論は、ある程度可能である。しかし問題は、かりに住民が自身の過去についてひどく貧困で歪んだ見方を抱いたままで足を踏み出すのだとしたら、つまり、自分たちの多様性の歴史と自分たちがその破壊の共犯者だったことの両方に向きあわないのだとしたら、寛容に向けて、つまり他者の文化と伝統と宗教と信仰、あるいは身体的な外見や服装、話し方や行動の受容に向けて、どの程度再教育が可能なのかにある。例えば、戦間期ポーランドでは民族的ポーランド人は住民の三分の二に過ぎず、一〇%がユダヤ人だったこと、現在のウクライナ西部やベラルーシの町のほとんどは主としてユダヤ人とポーランド人が居住していたこと、ヴィリニュスはポーランド語とイディッシュ語が話されてリトアニア語はほとんど通じない都市だったこと、プラハやチェルノヴィッ(チェルノフツィ)の知識人の多くはドイツ語を話し、ユダヤ人か民族的ドイツ人だったこと、こうしたことを想起しよう[19]。

今世紀最初の二〇年間に旧東ガリツィアを旅する中で私が繰り返し衝撃を受けたのは、この地域の新しいウクライナ民族主義がみずからの多文化的で多民族的な過去の消去にどれほど依拠してきたのかということである。こうして、かつてそこに存在したものの廃墟の中で、文化的には貧困化させられ歴史的には歪められた社会が形作られているのである。自分の生まれたイスラエルの地でも私は、この種の企てによる影響にますます自覚的になった。私は、一九三〇年代半ばに母親の一家がガリツィアを離れた結果イスラエルで生まれたのだが、そこでも、かつて存在したアラブ系パレスチナ人の文化や生活の名残が徹底的に消去されていた。確かに、もはや時計を巻き戻すことは私たちにはできない。だが、気づかれぬまま行われた消去を土台として健全な文化や社会を建設することも期待できない。東欧諸国は除去され破壊された過去の豊かさと折り合いをつけなければならないが、これと同じで、パレスチナ人に対して犯してきた悪事を認めずに、イスラエルが正常な社会になることもけっしてないだろう。過去を消去する社会は、歴史を無視しているわけではない。逆に歴史に取り憑かれている。だが、それらの社会は、紛争と流血の惨事と征服の歴史に取り憑かれる傾向があり、そこでは自分たちは犠牲者——と英雄——であり、他者は加害者で敵役である。それは、隔たりを埋めるのではなく、むしろ消去を正当化する歴史である。国家は政治的妥協に至り、条約に調印し、補償を与えることもできる。[20]だが、完全で豊かな過去の全体、つまり創造性や多様性と並んでカタストロフィや暴力騒ぎの充満する過去を自分たちの文化とアイデンティティの中に組み込まなければ、民主化や自由化を図るどんな試みであっても、外国人嫌悪《ゼノフォビア》や人種主義、権威主義のために身動きがとれなくなるはずである。

それでは、殺戮と民族浄化を通じて除去された過去の住民を想起することが、歴史的和解と文化の豊穣化に貢献しうるはずの二つの場所への短い旅に出かけることにしよう。この過去の抑圧は現在を貧困化させるものだが、他方、かつてこれらの場に住んだ人々を思い出し、彼らの文化を尊重し、彼らの命が失われ被害を受けたことを認識するならば、現在の住民の中により深くより複雑な歴史意識を植え付けられるかもしれない。

ブチャチ——母の故郷の町

私たちは、リヴィウ（ルヴフ、ルヴォフ、レンベルク）の南東約一〇〇マイル、ドニエストル川の支流であるストリパ川沿いに位置するブチャチに、もっと小さな隣町ポトク・ズウォティ（ゾロティイ・ポティク）を経由して来ている。この隣町は、母が生後最初の一年間を過ごした場所である。[21] 二〇〇四年六月、私がポトク・ズウォティのユダヤ人墓地を訪ねた時、この墓地は、過去何十年もそうだったように、地元のヤギの牧草地に使われていた。特に目につく墓石がいくつかまだ立っていて、何世紀も昔の手の込んだ彫刻で装飾されていた。それ以外は積み上げられて、いつでも運びだす準備ができていた。この間の時期の写真を分けてもらったが、写っているのは似たような様子だ。ポーランド貴族ポトツキ家の宮殿はかつては豪華でも今は廃墟化し、かろうじて立っているその一部分に至る階段を修理するのに墓石の一部が使われていた。今は「市立退役兵診療所」となった荒れ果てた戦前の邸宅の踏み段や手すりに使われたものもある。診療所の木立には運ばれてきた墓石が放置され、これには「大切な娘レア、イスラエルの娘。その魂が生きているものの束にたばねられますように」と刻まれていた。

私は、墓地で出会った老齢の女性に母の家族を覚えているかと尋ねてみたが、彼女は元気よくうなずくものの、それ以上の情報は得られなかった。荒廃するにまかせた宮殿の真向かいにある素朴な農家の庭は、母になり代わるもう一つの記憶の場だ。八〇年前、曽祖父はポトツキ伯の領地支配人を勤めており、私の知る限り、その両親がブチャチに引っ越す以前に母が住んだのはこの農家である。その後の混乱がなければ、私もそこで生まれたかもしれない。

私たちは、ポトク・ズウォティからストリパ川流域沿いにブチャチに至る曲がりくねった泥道を車で進む。曽祖父がものの売り買いのためにもっと大きな町の市場に行く時に、馬車で通ったのと同じ道に違いない。とても静かで平和な午後だ。静寂を破るのは、砂利道を走る自動車のタイヤ音だけである。この何十年間ずっとそうだったように、ストリパ川はゆっくりとドニエストル川に流れこむ。

今日のブチャチは、ウクライナ西部のこの地域にある他のすべての町と同じく、民族的にほぼ完全に均質である。その過去の記憶は、国民的・宗教的アイデンティティに対応している。数少ない年配の住民だけが今も戦争中の出来事を覚えていて、個々のホロコースト犠牲者も何人か思いだせるが、ウクライナ人以外がいたことやその撲滅についての集合的記憶は存在しない。ブチャチを訪問する者は、この市の豊かなユダヤ的過去を公式に示すものを何ひとつ目にしないだろう。大シナゴーグは、一九四四年四月撮影のドイツの航空写真ではまだ存在を確認できるが、それまでだ。町にはかつてそれがあった場所の表示は何もないが、文書や回想、古い写真や地図から位置を確認できる。その場所は今は屋外市場になっている。

これは、要塞型シナゴーグという地元の伝統どおりに建造された巨大な建物であり、壁の基底部は厚さ五メートルもあったと言われるのだが、この建物がどうなったのかは長く不明だった。今も近くにある不格好なソ連風映画館の建設にその石材が使われたという者も町にはいた。だが、二〇〇六年三月の聴きとりで、一九四五年に家族でこの市に引っ越してきたブチャチ住民のオレスタ・シネンカは、父親がブチャチで一九五〇年まで建設隊の監督として雇われていたと述べた。シネンカによると、その全体がひどく破壊された街区――明らかに、同市をめぐる一九四四年の晩春と夏の攻防の最終段階のことだ――の一角にシナゴーグはあり、どの家屋を修復しどれを解体するのかは作業員が決めねばならなかった。「シナゴーグの修理なんていう感覚はまったくなしで解体したのですよ。作業は一九五〇年には終わりました」と彼女は語った。[22]

大シナゴーグ附設の学舎《ベイト・ミドラシュ》は、二〇〇一年までは市の中央広場や市場のすぐ近くにあった。当時、偶然その場に居合わせて、ブルドーザが建物を破壊する様子を写真撮影した数人のイスラエル人旅行者が抗議したものの、その解体は行われた。町の出身で功成り名を遂げたアグノンの書いた物語や小説の多くでも、この学舎のことは触れられている。街を見下ろすバシュティ丘のユダヤ人墓地には今も多くの墓石が残り、アグノンの父母のものもこれに含まれる。ここ数年、もっと最近の墓石は合衆国やイスラエルから来たヴォランティアの手で洗われて写真に撮られるようになった。墓地のうち町に至る斜面にあって草木の生い茂っている一角には、一五八七年まで遡る墓石もある。(23)

町役場は墓地の位置を表示するものを一切設置してこなかったから、訪問者は、その場所や歴史についてあらかじめ知識を身につけてこなければならない。二〇〇六年、墓地の背後にある集団埋葬地よりも上に行った離れた場所に、やっと小さな記念碑が建立された。粗末な造りのこの分厚い石板にたどり着くための道標はまたもやなく、その後記念碑も損壊してしまって、生い茂るイバラだらけの低木に覆われることも多い。二〇一七年と一八年になって初めて、イスラエルのヴォランティア・グループとヨーロッパ・ユダヤ人墓地イニシアティヴが、ユダヤ人コミュニティの破壊以来はじめて墓地を徹底的に清掃し、墓石の地図と記録を作成し、あたりをフェンスで囲った。(24)

一九世紀末にハプスブルク様式で建設されたこの町のギムナジウムの見事な校舎には記念の銘板がついている。しかしこの銘板は、この場所でソ連当局に逮捕されたウクライナ人生徒に捧げられており、ナチ占領下で強制追放や殺戮にみまわれた数多くのユダヤ人・ポーランド人生徒にはまったく触れていない。このギムナジウムは今はヴォロディミル・フナチューク*4に因んだ校名だが、彼は一八七一年にブチャチ郡内生まれのウクライナ文化復興上の重要人物であり、作家イヴァン・フランコの近くで活動した。(25)「ナチ・ハンター」として国際的に名高く、二〇〇五年に九七歳で天寿を全うしたサイモン・ヴィーゼンタールもブチャチ生まれで、一九二〇年代にこのギムナジウムに通ったのだが、彼のことはまったく触れられていない。(26)

町の中央の広場から簡単に歩いて行ける距離にあるフェドル丘には、墓標のない集団埋葬地がいくつもあり、町の元住民だったユダヤ人数千人の遺体も埋まっている。だが、この出来事について訪問者にあらかじめ何らかの知識があっても、地元の案内人がいなければ埋葬場所の特定は難しすぎるだろう。数少ない古い写真に示され、生存者の証言にも記録されているとおり、町の解放直後には記念碑が置かれたが、これはその後長く姿を消していた。おそらくソ連当局が外したのだろう。丘で起こったことを示すものはブチャチの町には何もなく、その場にぽつんと置かれた記念碑に行くための道標もない。この記念碑は墓石サイズの質素なもので、最初に殺されたユダヤ知識人の犠牲者を追悼するために建立されたものである。ウクライナ語で書かれた碑銘には簡単にこう書かれている。「一九四一年八月二七日、ドイツ人処刑人の手により殺された四五〇人がここに眠る」。石に刻まれたダヴィデの星が、それ以外特定できない犠牲者の身元を示している。解放後まもなく設置されたこの石碑は二つに割れて、おおむね共産主義期を通じて森の地面に放置されていた。これが一九九〇年代に再建されたのは、当時、町役場に勤務し、割れた記念碑を発見したロマン・アントシュキフと、フェドル丘にある農業学校のユダヤ人校長(ブチャチ出身ではない)のおかげである。校長は、再建のためにセメントとトラクターを提供してくれたのである。[27]

フェドル丘には一つ印象深い記念碑——まるい盛土上に建てられた巨大な十字架で、遠くからも見える——があるが、これはウクライナ蜂起軍(UPA)の隊員に捧げられたものであり、隊員の多くは、この地域でまずドイツによるユダヤ人殺害に手を貸し、続いてポーランド人住民の民族浄化に加わって、最後は戻ってくる赤軍に抵抗した。[28] 十字架の下部には銘板があって、「自由のため」「の闘争」に斃れた栄光の英雄たち。聖騎士たち。墓所にて聞かれんことを。われらは、ウクライナの自由を守ることをあなた方の墓の傍で誓う」と書かれている。独立後のこの記念碑は、ソヴィエト体制期に同じ丘の別の場所に建立されたもう一つのもっと古い記念碑と競うようにして立っている。ソ連兵を象《かたど》ったこの特大の記念碑には、「斃れた英雄たちへの永遠の記憶」という言葉と一九四一—四五年という時期が刻まれているだけだが、これはナチ・ドイツに対するソ連の大祖国戦争を記念するものであって、ウクライナ人の反ソヴィエト闘争とは縁もゆかりもない——実際はその闘争の正統性に異を唱えている――ことをはっきりと示している。この記念碑の脇に十字架が添えられたのは、やっと一九九一年以降と推測してまず間違いない。

ブチャチには今はUPA博物館もある。これは、一九九〇年代初頭に上述のオレスタ・シネンカの発意で内務人民委員部(NKVD、ソ連の秘密警察)の元事務所に設けられたものである。彼女は、ウクライナのこの地域の自由の闘士とNKVD犠牲者の記憶を保存する役目をかってでており、彼女の夫も被害者の一人だった。最後に、町の中心を見下ろす丘にある聖ニコライ・ギリシア・カトリック教会の境内に記念碑がもう一つ建立されていた。質素な木製の十字架で、ホロドモールつまり一九三三年のウクライナ大飢餓六〇周年を記念したものである。私がその場を訪れた時、十字架の脚元には真新しい花束が手向けられていた。

第二次世界大戦終結から七〇年以上、ブチャチのユダヤ人の生と死を記念/追悼する機会はほとんどすべて見逃されてきた。地元の警察署や監獄は、その一部に修繕が施されたものの、フェドル丘に至る道を連行されて射殺されることになる多くの人々を収監するために使われたことを示す銘板は一つもない。キリスト教徒墓地には、ほぼ二年間にわたって四人のユダヤ人を墓地内で匿った葬儀屋のマニコ・シュヴィエシチャクの英雄的行為を記念する銘板は設置されていない。[29]この町の鉄道駅から五〇〇〇人ほどのユダヤ人がベウジェツに送られたが、駅舎にもその恐怖の出来事を記念する表示はまったくない。一九四一年に退却中のソ連兵が爆破した鉄道トンネルは、ナチス占領下にユダヤ人奴隷労働を使って再建され、今も貨物列車用に使われているが、このトンネルにも、結局は大半が射殺された労働者の身元を特定して示すものはいっさいない。ユダヤ人病院の所在地は、第二次世界大戦前はこの地域でもっとも近代的だったが、今は空き地になっていて、栄えある過去やドイツ人によるユダヤ人患者殺害時の戦慄の様子を示すものは何もない。[30]

二〇〇〇年代に私がブチャチを訪れた最初の頃、かつてこの町にいたユダヤ人が間接的とはいえ公の場で認知される唯一の場所は、中央広場にある粗末な博物館だった。ここにはアグノンの本を収めたガラスケースがいくつかあり、ほとんどは二〇〇一年に訪れたイスラエル人旅行者の寄付したものだが、それらがやや幽霊のような様相を呈していた。それ以外はほぼ純然たるウクライナ人の町と化しているこの場所に、ヤルムルケ*5をかぶってヘブライ語で執筆するこの作家が存在する背景の解説はまったくなかった。だが、遅ればせながらこの元住民である名士の存在が発覚すると、これに触発された役場は、二〇世紀初頭に彼の暮らした街路を改称することにした。作家の住居――その当時はやや荒れたアパート――を記念するために二〇〇三年にアグノン通り五番地に設置された入念な作りの大理石の銘板は、その後すぐに盗難にあったらしい。その代わりにもっと素朴な木枠の標識がつけられ、これにはこう書かれていた。「この住居には一八八八年から一九〇七年冬まで、作家でノーベル賞受賞者（一九六六年）のシュムエル・ヨセフ・アグノン（チャチケス）が暮らした。一八八八年七月一七日―一九七〇年二月一七日」。ウクライナ語だけで書かれたこの銘板は、作家のユダヤ人としての身元や執筆時の言語には一切触れていない(31)。

しかし近年では、ブチャチ出身のマリアナ・マクシミャクが地元で創意ある試みに取り組んでおり、ブチャチでもウクライナ全国でもアグノンの作品がより注目されるようになってきた。二〇一六年には彼の家族の旧宅に隣接する改装済の小さな広場で、アグノンの胸像が円柱の台座に設置された。今は建物自体に新設のアグノン文学センターが入居し、このセンターは開設以来、（一九三〇年のアグノンの滞在に因んで）一週間この町に滞在して、その間に小説『その夜のための客』を熟読し、彼の作品や約百年を隔てて自分がブチャチにいる事実に触発された物語を書こうとする、多くのウクライナ人作家をもてなしてきた。この試みはイスラエルに波及し、エルサレムのアグノン住居博物館・センターとの共催行事も行われたものの、本稿執筆時点では目下のウクライナの戦争のためにこの感動的な試みは中断している。だが、この試みにより、過去と現在、ウクライナ人とユダヤ人の作家・知識人間の新しい絆を生み出す可能性がすでに示されてきた(32)。

それはともかく、ブチャチではさらに別種の記憶のルネサンスが進行中であり、これにはブチャチを見下ろす丘に建てられた、OUN－B（ウクライナ民族主義者組織のより急進的な派閥）の指導者ステパン・バンデラのひときわ目立った記念碑が含まれる。一般にはバンデリフツィ（ポーランド語ではバンデロフツィ）として知られたバンデラ信奉者は、東ガリツィアで無数のユダヤ人殺戮に積極的に関与した。建立資金は、経済不況にもかかわらず、町の住民の寄付金公募で集められた。これは、ブチャチのもっと大規模な民族主義的企ての一環をなすが、それ自体、ウクライナ西部全域の類似した流れを反映したものである[33]。二〇〇六年一月にこの町は、厳粛な愛国調の演説と女声合唱団の演奏でバンデラ生誕九七周年を祝った。この行事は、かつてポーランド人体操・文化協会ソクウ（鷹）[*6]が入居し、戦前にはユダヤ人やウクライナ人の団体も利用できた建物で行われた。一九〇五年建設のこの風変わりな建物の銘板は、インターネット上の市内行事案内とともに、これを「地域文化の家」とそっけなく述べ、かつてこの市に暮らした様々の集団を一つにまとめてきた過去の役割への言及はまったくなかった[34]。

私の母方の祖父は一九三五年三月一二日にパレスチナへの移民認証状を受け取った。母とその二人の弟、両親は同年一二月にヤッファ港に到着した。快適な市民的生活を送っていた彼らは、そこから肉体労働者の境遇まで引きずり下ろされた。第一次世界大戦時に家族でロシア人から逃がれた際にプラハのギムナジウムで教育を受け、イディッシュ語、ヘブライ語、ポーランド語、多少のウクライナ語と並んでドイツ語を流暢に話した祖母は、数年間、ペタフ・ティクヴァの自宅から徒歩一時間のところでオレンジ梱包の仕事に就いた。祖父は、心臓発作で倒れるまで労働者として働いた。母は家族で初めて大卒の学位を手にした。だが、近親者中の残りの人々は――やはり一九三〇年代に去った二人の大叔父を除くと――跡形もなく姿を消した。どのように殺されたのか、亡骸はどこに眠っているのか、誰にもわからない。家族の中でこれまでにブチャチに戻ったのは私だけである。それまでに私の母は亡くなった。一緒に行く計画は実現できなかったのだが、私はそれが何よりだと思った。母は子ども時代の甘い記憶をブチャチに抱いており、戦後期の無慈悲な消去を目にすることもな

く、墓までその記憶をもっていったのである。(35)

二〇〇四年六月にブチャチを発とうとしていた時、空は晴れ渡り、午後の柔らかな太陽の日差しが、荒れてはいても見事な佇まいの旧町役場《タウン・ホール》のある中央広場を照らしていた。ウクライナの国民詩人タラス・シェフチェンコの巨大な石像が、ストリパ川にかかる橋、バジル会修道院、遠景のフェドル丘の方角を向いていた。これは、他の住民すべての衆人環視の中、市内のユダヤ人が処刑の場に向かう際に通った道だった。私はかつてシナゴーグのあったあたりに立っていたが、その時、ある葬列が修道院から市場に向けて道を曲がり始めた。棺《ひつぎ》はトラックの荷台に乗せて運ばれていた。葬列の前を、旗を手にした男が二人行進していた。青と黄色のウクライナ国旗と黒と赤のUPA旗だった。ウクライナ人のブチャチの本領発揮だと私は思った。

シャイフ・ムワンニス——わが子ども時代の場

一九五四年六月一〇日、イスラエルの前首相ダヴィッド・ベン＝グリオンは、テル・アヴィヴの真北にあたるパレスチナ人の村シャイフ・ムワンニスで八〇〇〇人のユダヤ人の若者からなる群衆に向けて演説し、先駆けらしい生き方に尽力するよう訴えた。(36) 私はその二カ月前にエイン・ハホレシュのキブツで生まれた。演説の場から三〇マイルほど北に位置する社会主義的共同体《コミューン》である。乳児期を私は「子どもの家」で暮らした。もっと年長の子どもは、両親を名前で呼ぶことを期待されていた。成員ができるだけ勤勉に働き、必要なものだけを受け取る平等のコミュニティを実現する上で、核家族は妨げだと思われていた。私たちのキブツでいちばん著名なメンバーはアッバ・コヴネル*7だった。彼は、一九四一年一二月三一日の夜、「羊の如く屠りの場に連れて行かれる」くらいならドイツ人占領者に抵抗しようと、ヴィルナ（ヴィルノ、ヴィリニュス）のユダヤ人の若者に呼びかけたのである。(37) コヴネルは、一九六一年にエルサレムで行われたアドルフ・アイヒマン裁判時の証言でイスラエルの人々にさらによく知られるようになった。子ども心にも、自分たちは羊になりはしないと悟っ

た。(38)

母は子どもに名前で呼ばれるのを好まなかった。一九六〇年代初めまで私たちはラマト・アヴィヴに住んでいた。ここはテル・アヴィヴの北にある新興の郊外住宅地で、東欧からの移民を住まわせるために建設され、まもなくヴワディスワフ・ゴムウカの共産党体制による反ユダヤ人キャンペーン*8に続いてポーランドを追放されたユダヤ人がこれに加わった。(39)私たちの郊外住宅地のちょうど東には丘があり、これが以前はシャイフ・ムワンニスという場所だった。だが、当時までそこに住んだのは北アフリカ、主としてモロッコ出身のユダヤ人だった。彼らは、イスラエル国建国とパレスチナ人追放を引き金に起こった反ユダヤ人暴力のために、大挙して故郷を去りはじめたのであった。私たち「ポラック」は、丘の上で「モロッカン」と縄張り争いをした。主に二階建てないし四階建てのアパートからなり、周囲を芝生と樹木で囲まれた新興郊外住宅地の近代的な建物とは似ても似つかぬ、荒れた石造りの家屋に彼らは住んでいた。その集落にある一つの建物が目を引いた。私たちはそれを「シェイフの家」と呼んだ――しだいに朽ちつつあるとはいえ印象深い大きな建物である。折に触れて私たちは、村を囲むサボテンの垣根の残されたところに足を運び、長い棒にゆわえた空《から》の食品缶を使ってトゲだらけの灌木から果汁たっぷりの果物をもぎとったものである。ここはかつてパレスチナのアラブ人の故郷だったのだという漠たる思いが、かすかにではあれ私たちの感興を呼ぶことはけっしてなく、家でも学校でもそんな話はしたことがなかった。その過去は間違いなく過去に属し、私たちは、自分たちに未来があることを確証する難しさに辟易していた。(40)

その後イギリスで博士号を取得した私は、テル・アヴィヴ大学で数年間教鞭を執った。私に二年後《おく》れて誕生したこの大学は、この頃までに当初の敷地から広がって、かつてシャイフ・ムワンニスだった場所のかなりに及び、独立後そこにいた貧しいユダヤ人住民は、その間にほとんどが再移住させられた。(41)テル・アヴィヴ大学は政治的左翼の牙城と考えられていた。だが、私が合衆国に向かった二年後の一九九一年には、古い「シェイフの家」が一流レストランやイベント会場に改装され、大学の教職員の多くが頻繁に訪れていた。緑の館と呼ばれるようになり、ファカルティ・クラブとしても使われたこの建物の歴史は、二〇〇七年にデザイン一新されたヘブライ語のウェッブサイトに概略次のように書かれていた。

大学会館は……テル・アヴィヴ大学構内の「緑の館」内に置かれている。館はシェイフ・ムニス村から伝わる建築上独特の建造物である。……一九世紀前半にこの村は成長・拡大し、質素な石造家屋と並んで、のみで切り出した石材作りの大邸宅が建てられた。第一次世界大戦終結が近づくと、当時トルコの支配下にあった村のきわにイギリス軍が到来した。村は一九一七年一二月二日の夜間奇襲攻撃でイギリスの手に落ちた。

委任統治領への移行により、テル・アヴィヴ全域、ヤッファ、さらにシェイフ・ムニス村にも進歩がもたらされた。緑の館は、色彩と前面を飾る堂々たる柱廊により、遠くからも目立っていた。当時は、上部の二つの階が居住用に使われ、一階は店舗や作業場だった。一九二四年に村の状況に変化があり、土地の一部が売られ、より大きな土地を購入する交渉が始まった。一九四八年三月、レヒ［イギリス人からはシュテルン・ギャングとして知られたユダヤ人武装地下組織］がこの村に駐屯した。……レヒの戦闘員全員が当地に集結し、イスラエル国防軍将兵への編入を伝える命令を聞いていた(42)。

建国（一九四八年六月）に続いて、シェイフ・ムニスには空軍とマハル［外国人義勇兵］の隊員が駐屯した。一九四九年に同村は移民、……戦争難民、……［そして］戦闘から戻って……住居のない兵士に生活の場を提供した。……大学の発展とともに緑の館にファカルティ・クラブが置かれることになった。……

緑の館の設計者は、現代的デザインを組み合わせながらも、建築上特徴的な要素を守る努力を重ねた。この建物は美しさと独特さによりキャンパスで目立った存在である。

だが、この記事を掲載したウェッブサイトはこの間に削除された。アップデートされたファカルティ・クラブのサイトは、今もぼやかしてこの建物を「建築上独特の建造物」だと述べながらも、今度はこれが「過去そこにあった建物の精神を生かして新しい建物に置き換える新たな創意が生まれるまで、長年にわたり廃墟と化してきた」と語っている。建築家たちは「一九世紀に当地にあったアラブ建築のオリエント様式の維持に努力し、現代的設計とも組み合わさっている(43)」という旨も聞こえてくる。サイトに貼られたリンクからは、「キャンパス内建造物」についてさらに一定の情報が提供され、これには「緑の館――過去とのつながり」と題したものも含まれる。ここで私たちが読まされるのは、キャンパス設計者が「その場所とその時代の間の建築上のつながりを創造して過去に触れることが特に重要だと考えている。緑の館は古代《ママ》のアラブ人の村――シェイフ・ムニス――を想起するきっかけを与える建造物として建てられた(44)」ということである。緑の館を管理する人々は今では独自の由緒書きを手にしており、「一八〇〇年に建設された緑の館は、ムニス村の廃墟の上に立ち続けてきた」ものであり、現在の建物は「この建物の権威ある性格を守り、エキゾティックなヨーロッパ建築で力を与えて、モダンで独特の古典を生んでいる(45)」と伝える。

だが、シャイフ・ムワンニス村に実際に起こったこととは何だったのだろうか。緑の館についての現代イスラエルの言い分では、この物語のもっとも重大で心をかき乱される側面を無視して、その代わりに「モダン」で同時に「オリエント的」で「エキゾティック」な再設計と改装を寿ぎ、「古代」の集落がそもそも破壊されて住民が追放されたことには目をくれようともしない。他資料からは、その集落の影の中で私が育った時には知る由もなく使えたはずもない情報が得られるが、この情報は、以来ずっと建物の「建築上特徴的な要素」とぼやかして言及され、ごまかされてきたものだった。だが、美味しい食事や催し事のために緑の館に集う人々の間で、西に地中海、東にユダ・サマリア山地を望む丘にかつて存在した村の歴史を知りたいと思う者は、いたとしてもごく少数だった。

緑の館は、一九一七年、イギリスの展開したシャイフ・ムワンニスの軍事作戦の際に、オーストラリア人画家の手で初めて記録されたと言われている。戦間期のイギリスによるパレスチナ委任統治期にこの村は、土地登記、住宅・道路建設、灌漑を含めて大きな発展を遂げた。緑の館も拡張された。この過程は、一九一七年のバルフォア宣言とユダヤ人移民に有利なイギリスの規則の制定後にこの地域で見られたユダヤ人人口の大幅増と関係があり、この規則は一九三六―三九年のアラブ反乱に対応する中で初めて改正された[46]。一九三一―四五年にシャイフ・ムワンニスの人口は一一五四人から一九三〇人に増大した。一九三二年には男子のための小学校が開校し、一九四五年までの就学数は二三二名だった。一九四三年には女子のための学校を設立、二年後の就学児童数は三四人に達した[47]。

一九四七年一一月二九日、国際連合総会が、委任統治領パレスチナをユダヤ人国家とパレスチナ人国家に分割することを投票で議決した（賛成三四、反対一三、棄権一〇）。ユダヤ人指導層は分割を受け入れたが、パレスチナのアラブ人指導層は拒否した。この計画ではまさに、シャイフ・ムワンニスの住民をはじめパレスチナのアラブ人の大多数をユダヤ人支配下に置き、あるいはパレスチナ人国家に移送させることになるはずだったからである。その代わりパレスチナ人はユダヤ人に対して、そのほとんどが非組織的な一連の敵対行動を爆発させた。イギリスはしだいに状況を統制できなくなり、一九四八年五月一五日までにこの国から撤収すると表明した。ユダヤ人とアラブ人住民の多くは地理的に混住しており、そのことが紛争の野蛮性を強める条件となった。紛争最初の数カ月、六五万人を数えたにすぎないユダヤ人住民は主に守勢にあり、アラブ人戦闘員が主要道路を封鎖したために、一九四八年二月と三月には特に押されっぱなしだった。だが、四月と五月にハガナー（ユダヤ人地下武装組織の主力）が攻勢に出た。パレスチナ人の準軍事組織は一掃され、何十万人ものパレスチナ人民間人が町や村を逃れ、あるいは追放された。一九四八年五月一四日には、ユダヤ人指導層がイスラエル国建国を宣言し、翌日にはイギリスが公式に退去、新国家はエジプト、イラク、ヨルダン、レバノン、シリアからなるアラブ各国軍の攻撃を受けた。熾烈で血まみれの戦闘は一九四九年一月まで継続し、新設のイスラエル国防軍の勝利に終わった(48)。

一九四九年にパレスチナ人住民は推計で合計一三八万人であり、そのうち少なくとも七三万人が難民だった。二〇一〇年代末頃までには、当初の難民にさらに数世代が加わった。パレスチナ人は人口自然増加率が世界でも最速の一つである。国際連合パレスチナ難民救済事業機関(UNRWA)によれば、二〇一九年時点でその数は五九〇万人に及び、他の組織の中にはパレスチナ難民は世界中で七〇〇万人を数えると推定するものもある(49)。

一九四八年の出来事に関する研究でもっとも権威があるとされるのはイスラエル人歴史家ベニー・モリスのもので、結論は、ユダヤ人指導層によるパレスチナ人住民を追放する公式の包括的計画はけっして存在しないが、他方、実際には、すべてではないがほとんどの場合にこれが方針化した、というものである。ユダヤ人の政治・軍事指導者と、より広くユダヤ人住民の間にあった合意は、若く脆弱なイスラエル国の境界内に留まるアラブ人が少なければ少ないほど、より容易にこの国を強固で安全にできるというものだった。そして、アラブ人が自分たちの自由意志で立ち去るのをますます躊躇するようになると、イスラエル軍指揮官による追放措置はしだいに熾烈化した。いったん戦争が終わっても、難民帰還をいっさい考慮しようとしないイスラエルの姿勢と、難民をイスラエルへの強力な政治的・プロパガンダ的な武器にしようとする周辺アラブ諸国の決定のために、この問題は今日まで世界が直面する政治課題上の重要事項の一つであり続けることが決まった(50)。

シャイフ・ムワンニスの事例はこの文脈で考える必要がある。シャイフ・ムワンニスは、当時建設中のこの国の主要空港であるズデ・ドヴ空港やレディング発電所を見渡す場所にあった。またこの村は、周囲のユダヤ人コミュニティにとって潜在的脅威になりかねない武装住民への隠れ家の提供を疑われていた。一九四八年三月初め、大量の武器を持ったアラブ人義勇兵がシャイフ・ムワンニスに入り込んだとの報告をハガナーの幕僚が受けたが、他の情報源はこれと食い違っていた。実際、その後の出来事からは、当時、集落内に武装した人間は一人たりともいなかったことが示されていた。三月七日、ハガナーのアレクサンドロニ旅団が、村に至る道路をすべて封鎖した。五日後、村の長老五人が誘拐され、これは明らかに異論派のユダヤ人地下組織エッツェル（イギリスではイルグンとして知られる）か、もっと過激な地下集団レヒか、いずれかの隊員の仕業だった。(51) その間、現地のアラブ人住民は村内や周辺におけるユダヤ人部隊による略奪、銃の乱射、侮辱・脅迫行為に不満を訴えていた。

歴史家のハイム・フィレベルクによると、書き起こされた証言に示されているのは、ハガナーにはシャイフ・ムワンニスの住民を追放する意図はなく、村を孤立させて住民が他のアラブ人部隊とつながるのを阻止するつもりだったということである。実際、一九四八年三月一七日の部隊作戦記録にはハガナーのキルヤティ旅団の上級将校による発言が引用されており、シャイフ・ムワンニスの「穏健」派と「村と住民のことを熟知するユダヤ人」の協力により、この地域で平穏を確保できるという希望が表明されていた。だが、一九四八年三月二〇日、アレクサンドロニ旅団の兵士がシャイフ・ムワンニスを包囲し、村の周辺部の家屋を奪取した。二四時間以内に村の住民三〇〇〇人以上が家から避難し、多くの財産を後に残していた。キルヤティ旅団の兵士が本部を設営した際、村長（ムフタール）のイブラーヒーム・アブー・カヒールが所有した緑の館は、梱包した箱や梱包待ちの他の物で溢れかえっていた。

ハガナー各部隊は次に、テル・アヴィヴ市役所から来た役人とともにパレスチナ人の財産を登録した。歴史家ウリヤ・シャヴィトやジャーナリストのヤラル・バナの議論では、「総合奉仕団〔sherut klali〕の指揮官であるツヴィ・アヴェルブフは、この集落がユダヤ人部隊の略奪の餌食になるのを懸念」しており、そのために「テル・アヴィヴ近郊地域からシェイフ・ムニスへの「〔ユダヤ人〕難民の迅速な入村」を勧告した」。こうして「村は貧窮したユダヤ人難民たちの故郷となり、彼らは受け取った土地と住宅にしがみついた。一年以内に、三〇〇〇人ほどのユダヤ人が村内の放棄された家屋二〇〇軒に落ち着いた」[52]と彼らは書く。

　多くのパレスチナ人がこの出来事を語っているが、上の語り口はそれらと比べて控えめだ。シャヴィトとバナは、「シェイフ・ムニスから逃げだした直接の原因はまったく明らかではない」と結論づけ、「住民はハガナーの「本当」の意図が怖かった」か、「ユダヤ人の「友人たち」が彼らに、立ち去れるなら彼らにはそれがいちばんだと仄めかした」か、あるいは「そうすればイギリスをテル・アヴィヴ北部地域に介入させるきっかけになるという誤った想定のもと、ヤッファのアラブ人部隊の指導者らが村を去るよう彼らに呼びかけた」[53]のだと推測する。あるパレスチナ系インターネット・サイトは、「一九四七年一二月か四八年一月のいずれかにシャイフ・ムワンニス」と近隣の他のアラブ人村の「指導者たちがペタフ・ティクヴァにあるアヴラハム・シャピラの家でハガナー（マ）の代表者と会い、平和を願う思いを表明した。アラブ諸国の解放軍であれ、現地のアラブ人の民兵組織であれ、これらの村々が手を貸して匿ったことはなかったのに、いずれも完全に民族浄化された。三月末、村の指導者の誘拐後にシャイフ・ムワンニスの住民は逃亡を示唆された」[54]と報じている。

　実はこれは、この出来事についてモリスが述べたことと同じである。彼は、国内中央部――シャイフ・ムワンニスもここに位置する――のアラブ人は、アラブ人準軍事部隊の指揮官らによる呼びかけにもかかわらずユダヤ人への攻撃を拒んだ、と書いている。実際、彼は、一九四七年の年末か四八年初頭にシャイフ・ムワンニスと近隣の村の指導者たちがシャピラに対し、「もしも彼ら〔アラブ人の村民〕が支援なしで〔アラブ諸国からの〕非正規軍を締め出せなければ、ハガナーを呼ぶことになる」と断言したのを引用している。現地のアラブ人指導者によるこの申し出は、村を訪れて、ユダヤ人部隊による保護を受け入れ自宅に留まるよう求めたユダヤ人将校たちから歓迎された[55]。それにもかかわらず、敵愾心が強まるにつれてお互いの猜疑心が深まり、信頼が失われた。シャイフ・ムワンニスの悲劇の主因だったと思われるのは、おそらくレヒの仕業と思しき三月末の村の長老五人の誘拐だった。モリスは、イスラエル国防軍の諜報関連資料を引用しているが、それは、住民が脱出するきっかけはこの誘拐であり、住民が「ハガナーと合意するだけでは不十分で、おそらくハガナー以上に怖ろしい「別のユダヤ人」〔つまり異論派〕がいて、ハガナーも彼らをコントロールできないことを学んだからである」[56]と、出来事から三カ月以内に報告したものだった。

モリスは、イスラエルで何十年にもわたって人口に膾炙してきた観念を断固否定しているが、その観念とは、私が学校で教わったものであり、私の世代の多くが内面化してきたものだった。この観念は、私たちも教師たちも真実とは認めたくない出来事を合理化してくれるものであって、それによればパレスチナ人は自分たちの指導者に唆されて、アラブ各国軍が勝利しすぐに戻れることを期待して自発的に立ち去ったことになっていた。実際は、彼が結論的に示しているように、地元のアラブ人指導層は脱出に強硬に反対していた。一九四八年三月三〇日に、ヤッファの新聞『アル・サリフ』はこのように書いていた。

テル・アヴィヴ近郊のシャイフ・ムワンニスという大きな村とその他いくつかのアラブ人村の住民は、荷物を全部からげて村々を去ってしまい、そのために私たち皆にひどい不面目をもたらした。この不面目な脱出は、アラブ領内の全地方にいるハガナーの強硬な姿勢と比べずにはおれない。……誰もが知っているとおり、私たちはいつも逃げ出すが、ハガナーは嬉々として戦闘に加わるのだ。[57]

ユダヤ人指導層も何が起こっているのかを自覚し、アラブ人追放への逡巡が残っていたものの、他方で、少数の例外を除いて、逃げ出すパレスチナ人を思い止まらせる意図はなかったし、いわんや彼らの帰還を許す気などまったくなかった。当時、ユダヤ機関*9の政治部門長だったゴルダ・メイエルソン（メイール）は、一九四八年五月六日、アラブ人の街ハイファが征服されて数日後に同地を訪問した際にこう述べた。

死んだ街を見るのは恐ろしいことです。港のそばで私は子ども・女性・老人が退去用の船便を待っているのを見かけました。私は何軒かの家屋に入りましたが、そこにはコーヒーやピタパンがテーブルに残されたままの家もあり、これはまさにユダヤ人の多くの町〔つまり、第二次世界大戦やそれ以前のポグロムの際の東欧〕の光景だったと〔思わずには〕おられませんでした。(58)

一八九八年にキーウ〔キエフ〕で生まれたメイエルソンは、自分の最初期の記憶の一つは、ポグロムが差し迫っているという噂を聞きつけて玄関を板でふさぐ父親の姿だと自伝に書いていた。(59)数日後、彼女はマパイ党〔労働党〕中央委員会に対し、ユダヤ人は「シャイフ・ムワンニス〔の人々〕など」のように、イシューヴと戦いたくないがゆえに逃亡した村民を、敵対的な村民と十把一絡げで扱うことはできないと述べたが、その時の彼女の念頭にこの件があったのは明らかである。さらに彼女はこう付け加えた。

友人たちから見捨てられた……村々を私たちはどう扱うべきなのでしょうか。住民が帰還できるように、村々をそのまま残す覚悟をするのか、それともその場に村があった痕跡をすべて拭い去ることを望むのでしょうか。(60)

メイエルソンは明らかに良心の呵責に苛まれていた。しかし、この同じ演説中でも彼女は、結局は消去方針となるはずのものに席を譲っていた。

私はあんな極論を述べる人々には与しません――アラブ人を戻ってこさせるために可能なことは何でもしたいと思っている人たちがいるし、私は彼らに拍手を送ります。私が言っているのは、アラブ人を戻って

ことさせるために何か特別のお膳立てをするつもりはないということです。(61)

この後、彼女はさらに続けて、イシューヴは居残る人々にどのような態度を取るべきかとの問題が残っていると述べていた。ひどい扱いをすれば、残っている者が立ち去るきっかけを与え、立ち去った者の戻りたいという気持ちを挫くことができただろう――「そして[その場合]彼らの多くを取り除くことになるのです」。こうして彼女は、中央委員会の場で「アラブ人問題」の包括的討論を呼びかけた。だが、そんな討論の行われることはなかった。(62)

六月一六日までにイスラエル政府の態度は硬化した。同日、ベン＝グリオンが内閣に対し、自分はアラブ人のヤッファその他の場所への帰還を許すのに反対だと述べた。この強硬な発言で表明された考え方は、モリスが指摘するように、イスラエル指導層の「今後のコンセンサスの基礎となるはずのもの」だった。

彼らの帰還を阻止すべきだと私は強く思います。……私たちはヤッファに定住しなければならず、ヤッファはユダヤ人の都市になるでしょう。……ヤッファへのアラブ人の帰還を許すのは、……馬鹿げたことでしょう。[もしもアラブ人が帰還を許されて]戦争が再開したら、私たちが望む形で戦争を終わらせる可能性が減るでしょう……。その間、私たちはなんとしても彼らの帰還を阻止しなければならないのです。……私は、戦後も彼らが帰還しないよう求めているのです。(63)

一九四八―四九年にかけて、アラブ人の約四百町村から人の姿が消え、その後まもなく、完全または部分的に破壊されて人が住めなくなった。破壊のほとんどは戦闘ではなく、意図的な略奪と消去の方針によるものだった。(64) 私が子ども時代の多くをその近隣で過ごしたシャイフ・ムワンニスは、こうした村の一つだった。これらの町や村の難民の運命は、もはや存在しないその場に彼らを帰還させても解決できないかもしれない。済んだことをなかったことにすることはできない。しかし、彼らの運命は引き続きこの紛争の核心であり、過去を認識してこれを受け入れ、責任を取ることをしなければ、パレスチナ人とイスラエル人の次世代を待ち受ける唯一の未来は、紛争の継続、流血、過去の歪曲、そして和解と平和の見通しが一切不在というものである。

＊＊＊

ブチャチとシャイフ・ムワンニスを直接類比する必要はまったくない。前者の場合、ポーランド人やウクライナ人の隣人によって少しは救われたとはいえ、ユダヤ人はドイツ人とその現地協力者によって殺された。後者では、パレスチナ人は唆され脅されて、無理やり自分たちの故郷から逃亡させられて難民となったし、この地位は、引き続き何百万人にものぼる同胞と子孫の運命であり続けている。前者はジェノサイドである。後者は戦時下の民族浄化であり、この戦争でトランスヨルダンを除くアラブ人指導層は、事実、パレスチナの小規模のユダヤ人住民と新たに宣言したイスラエル国家の消滅を願っていた。[*10] だが、記憶や少数残っている物理的痕跡を消し去る試み、無常で無慈悲な歴史の書き換え、歪曲された過去という土台の上に繁栄し希望に満ちた未来を建設しようとする思い――忘れられた犠牲者の半ば埋もれた遺体の上に新しい建造物を築くこと、あるいは本来の持ち主の身元や運命に知らぬ顔をして徴発財産の遺構を再整備すること――は、危険きわまりない企てである。歴史は反転可能だし、犠牲者は十分補償を得られるからというのは理由にならない。そんなことは不可能で、おそらく望ましくもない。消去された過去の上に未来を築いたところで、その記憶が完全に葬られることはけっしてなく、遺骨は再度表面に浮かびあがり、一番最初に破壊に燃料をくべた強い敵意と恐怖心と偏見がそのまま煮えたぎり、忘れられた者による復讐が爆発する機会を待つことになるのに決まっている。

過去の語り直し

これに代わる一つの道は、このカタストロフィと消去の物語を個人の政治史として語ることである。このことで私が想定するのは、ユダヤ系イスラエル人としての自分のアイデンティティと折り合いをつけることだけではないが、確かにその面もある。もっと重要なこととして私の念頭にあるのは、一九四〇年代末から一九六〇年代初頭に生まれたユダヤ系及びパレスチナ系のイスラエル市民の世代、つまり新造国家の市民の第一世代の物語である。私にとってとくに興味深く思われるのはこの世代のこの場所との結びつきであり、いずれかの政党に基盤を置いた政治的帰属ではなく個人の政治史を私が語るのは、この意味による。そしてこの物語は、次のような事実のためにたいへん難しいものになる。すなわち、新しいユダヤ系イスラエル市民の場合、ここで生まれたという事実それ自体のためにこの国家の存在を正常化する役割が期待され、その結果、純然たる生物学的意味で彼らはこの土地に土着のものとなった。他方、同じ国家の新しいアラブ系イスラエル市民[11]は、大半が何世代にもわたってこの土地の土着だったにもかかわらず、自分たちの土地で民族的少数者――限定された市民的権利しかない場合も多い――にされたがゆえに、その存在が非正常化されてしまった。この世代は国家自体とほぼ同年齢だから、この世代の個人の物語は、ある意味、国家についての個人の物語である。しかもその国家は、「ユダヤ人の存在を正常化」する可能性と、同じく一九四八年のパレスチナ人多数派の大量追放後もこの地に留まった原住のアラブ人住民を「非正常化」する能力を、最重要の個性的な特徴とする。

　要するに、厳しい争いや競い合いを含みながらも陳腐化した従来型の政治的語りを超えたところで私たちがもっと必要とするのは、この国家に生まれ落ちたイスラエル人であるユダヤ人とアラブ人が自分たちの郷土《ホームランド》――新生の国家の最初の市民として彼らが生まれた土地という単純な意味での郷土と、それぞれの民族の故郷《ホーム》という抽象的意味での郷土――との自分たちのつながりを、いかに理解し、明確化し、感じてきたのかを探求することである。この問題がイスラエル＝パレスチナ紛争の核心にあることは明らかだが、このように扱われたことはこれまでなかった。実際、集合的な主観的歴史という着想、とりわけ少なくとも二つの特異で重要なペルソナに分断されたそれという着想自体が挑戦的である。というのも、主役たちの個人の物語を通じてある世代のある場所とのつながりを語ることが求められるからである。だが、根本のところでめざすのは諍いでも論争でもなく、むしろ共感《エンパシー》的理解だという点に、この試みの利点はあるのかもしれない。共感的理解なき歴史は「次々に生起する呪われた出来事」に他ならず、要するに過去の再構成についての「ドグマ」にすぎない。偉大なアーノルド・トインビーがこれを警告していたのは、有名な話である。(65)

私自身の学者としての旅路は、ドイツから東欧、東欧からイスラエル＝パレスチナへと私を導いた。これはまた、シュムエル・ヨセフ・アグノンが、彼と私の母の故郷の町ブチャチの創建神話の中でたどった道のりでもあった。だが、もちろんアグノン自身はドイツ出身ではなくブチャチ生まれだった。彼はブチャチに留まることなく、オスマン統治下のヤッファに行って四年間暮らした後にドイツに移り、そこで一二年間を過ごした。この間に第一次世界大戦とバルフォア宣言があり、さらに彼が戻ってエルサレムに落ち着いた時には、イギリス委任統治領パレスチナであった場所にユダヤ人の「民族の故郷《ナショナル・ホーム》」が確立されていた。(66)

私自身、上で示した時系列順にこれらの地理をたどったわけではなく、むしろ研究上の焦点を手繰るとそうなるということである。イスラエル国建国からちょうど六年後に生まれた私は、ごく幼時の記憶はまったくないものの、家族で唯一人エイン・ハホレシュのキブツで生まれた息子だった。今はこのキブツの墓地に両親が並んで埋葬されており、馴染み深い名前も多くみられるし、今もこの場所を「古きイスラエルの地《エレッ・イスラエル》の一角」と言及する人々もいるような場所である。だが、私は家族の中の最初の「サブラ」[*12]ではない。父は後に、自分は「神話的サブラ」ではないと言い張ったが、彼はその両親がポーランド西部の街カリシュに近いピズドリという極貧のシュテットルからパレスチナに到着した直後に、ペタフ・ティクヴァ（ムラビス、マベス、あるいはウム＝ラベス）で生まれた。父が生まれる二〇年前にパレスチナに到着したベン＝グリオンが、アラブ風のヤッファより好んで滞在したという、あのペタフ・ティクヴァである。一九三九年八月、一三歳男子の成人式《バル・ミツヴァ》の際に父は、ポーランドにいるその祖父から祝い状を受け取った。ポーランドにいる家族の最後の消息がそれだった。(67)

他方、母は一九三五年にアグノンの町ブチャチから、両親や二人の弟と一緒にやって来た。ずいぶん後、一九六六年のノーベル文学賞受賞後にロンドンに旅してきた際にアグノンは、当時、女王陛下の政府〔英国政府〕への文化アタッシュだった父のもとに逗留した。母が自分もブチャチ出身だと口にすると、彼はうんざりしたように、「最近は誰もがブチャチ出身になりたがる」と応えた。母の家族がペタフ・ティクヴァに落ち着いた時には確かにそんなことはなかったが、そこで母は父と出会ったのだった。両家族ともに貧しかったし、父は、家を出たかったのかあるいはナチスと戦いたかったからか、いずれにせよ出生証明書を偽造して軍役に就ける年齢のふりをし、イギリス軍のユダヤ人旅団に加わった。彼は、イタリアで兵役に就いていた時に誰かドイツ人を殺したかどうかは疑わしいが、ホロコースト生存者と出会った際のことはけっして忘れなかった。(68)

一九四八年までにヘブライ大学で一学期を終えた両親はともに軍服を着用し、母は包囲されたエルサレム、父は戦線突破を試みる部隊にいた。母は栄養失調になり、子どもを一人亡くした。父の死亡を伝える誤報が二度あった。彼らは、戦闘勃発時に一緒に学業を中断した学生中隊の友人を多く失った。あの戦争で父が機関銃分隊の指揮官として実際に人を殺したことを私は疑わないが、後年、仲間の兵士による犯罪を目にしたことに彼が苦悩し、数例を著作中で叙述したのも知っている。(69)母が誰かを殺したとは思わないが、小柄にもかかわらず彼女は、イスラエルではチェヒの名で知られたモーゼル社のK98型小銃を誇らしげに抱えていた。これはドイツ軍から獲得したライフルの一つで、武器取引の一環としてチェコスロヴァキアからイスラエルに運ばれたものである。私も、一九七三年に狙撃訓練で一丁使ったが、鉄製の銃尾には小さな鉤十字が刻まれていた。

戦後、両親はヘブライ大学に戻ったが、もはやスコーパス山で学ぶことはできなかった。キャンパスのあった市東部をヨルダン軍部隊が占領していたためである。修了すると二人はキブツに行ったが、これは当時、イスラエル人社会主義者がハグシャマ（実現）と呼んだものの一部であり、一人ひとりを社会集団に積極的に貢献する者に改造して、公正な社会の創造を促進することを意図したものだった。[70] そのキブツの学校で彼らが教えた子どもの中には数人、ホロコースト生存者である孤児がいた。両親がこのキブツにいたのは五年にすぎないが、この時期は私の誕生に重なった。私は、人生最初の一八カ月を「子どもの家」で過ごした。これはキブツの決まりだったのだが、母がそのような扱いを好んだとは思えない。六〇年後、二〇一六年一二月にこのキブツで行った父の葬儀の際に、ある年配の女性が近づいて来た。「私のことは覚えていらっしゃらないでしょうね。でも、あなたが赤ちゃんだった時に、私は乳母だったのですよ」と言った。彼女が覚えている私はもちろん可愛らしく、証明するために当時の写真を一枚見せてくれた。

私は一九七九年に初めてドイツに行った。その時私は二四歳で、一九一二年にアグノンがドイツに行ったのとほぼ同年齢だったが、まったく別の国になっていた。私にとってこれは長い旅の始まりであり、その核心には今日まで私が問い続けている問題があった。若者、つまりその時点の私と似たような男たちに動機を与えて、第二次世界大戦中にドイツ人部隊が空前の規模で犯したような大規模犯罪に関与させるのはいったい何なのか、という問いである。私も兵士や将校だったことがあった。シリア兵のいる方角に発砲した際には距離があり過ぎて、誰かに当たったかどうかわからないが、私は自分が誰かを殺したとは思わない。私は銃で撃たれたり砲撃されたりしたことがあるが、兵士として受けた唯一の深傷は軍事訓練中の事故によるもので、完全に避けられたはずだった。それでも、四年間軍服を着用した後、若き兵士であるとはどういうことかについて何かを知っていた。私を駆り立てた問いは、当然、自分自身と自分の世代と並んで、父をはじめとする一九四八年の兵士にも向けられていた。彼らは、私がその後研究したドイツ軍部隊の若者と同じ年齢集団である。若い男たち――女性もいたが少数だった――を残虐行為に走らせるのはいったい何なのか。彼らは自分たちの行動をどのように受け止め、後にそれをどのように思い出すのだろうか。

ドイツに行くのは一つの挑戦だった。街路や酒場には手足を失った年配の男がまだ多くいた。地方の酒場で戦争中の体験を話しているのを耳にはさむこともできた。東部戦線における戦争の野蛮化について最初の書物を出版した後に私がドイツで講演すると、その場に彼らがやって来て講義室の前列に座ったものだった。[71]「自分の部隊ではそんなことは何も起こらなかった。私たちは品行正しい兵士だった」と言い張る人々もいた。「あんたのところではなかったかもしれないが、俺のところでは確実にあった」と応える者もいた。これは、一九八〇年代半ばのことだった。東部におけるドイツ軍犯罪を扱ういわゆる国防軍展（*Wehrmachtsausstellung*）が連邦共和国とオーストリアで巡回を開始し、四年余で一〇〇万人近い入場者を集めるまでにさらに一〇年を要した。[72]証拠を否定する人々とこれに衝撃を受けた人々の間には似たような対立があった。ドイツのある国会議員は、彼女の父親は祖国に奉仕しただけなのに戦争犯罪人だった可能性があるとの考え方に、公衆の面前で大泣きした。

この当時まではドイツ人は、ホロコーストがたんにドイツ人の名で行われたのではなく、むしろドイツ人が手を下したドイツの犯罪であることを認める準備が十分できていた。だが、ユダヤ人絶滅はほんの数千人のドイツ人、つまり主にゲシュタポや親衛隊やその他社会のくずの行った犯罪だと言われていた。軍隊はまったく別問題だった。二〇〇〇万人ほどのドイツ人が軍務を経験していたのである。はたしてドイツ国防軍《ヴェーアマハト》が犯罪組織などということがありえただろうか。[73]この主張はドイツでは議論を呼び、今もそれは続いている——実際は他所でもそうだ。だが、ドイツ兵に罪がないのだとしたら、いったい誰があの何百万もの人々を殺したのだろうか。品行正しき戦闘部隊の背後で犯罪を行ったことになっている、わずかの人員しかいない保安機関だけでなかったことは確実である。

人々は、仲間内で話す時と、家族に話す時とでは物語が違っていた。復員してきた兵士がその記憶を漏らすことはけっしてなかった。彼らが愛する人々に送った戦時の残虐行為の写真は屋根裏に仕舞われ、二度と見られることがなかった。彼らの撮ったアマチュア映画は、けっして開かぬ引き出しに保管された。書簡、日記、口述記録、そしてもちろんかつての戦友の間の居酒屋談義や朝食の食卓を囲む家族のおしゃべりがあり、これらは公の場で彼らが語ったこととはずいぶん違って聞こえた。ポリティカル・コレクトネスのおかげでドイツは民主主義的文化を発展させることができた。それはまた、嘘をつき隠しごまかすことを人々に教えた(74)。今、私たちは再学習中だが、これは両刃の剣である。ひとたび人々が思う通りに話すことを許されると、その言葉はただちに行動に転ずる。だが、思いを自分のなかに抱えこむと、結局、抑圧された激情や怨怒が思いがけない形で沸騰する。ドイツ国防軍に勤務した兵士が、勤務しなかった者に戦争のことを語るのは稀だった。その中の少数の者が老境に入ってとうとう口を開くと、その時期を生涯最良の時代として回想することが多かった。若くて健康、楽天的で全知全能の時代だった。あの犯罪は自分たちのやったことではなく、過誤でもなかったと彼らは主張した。所詮、敵によるもっと悪質な犯罪に応えただけだし、その上、先に犯罪に走ったのは敵だった。誰一人手を汚さなかった者はいないが、戦争はひどいことが起こるものだ。だが、自分たちは品行正しき兵士だったし、自分たちのしたことを信じており、結局は騙され裏切られたのだ、と彼らは語った。

アンワル・サダトが初めてイスラエルを訪問した後、一九七八年に私はピース・ナウの創設メンバーになった[*13]。一〇年後、第一次インティファーダが勃発した際、私はイツハク・ラビン国防大臣に対し、指揮下にあるイスラエル国防軍がドイツ国防軍と似た野蛮化過程を経験する可能性があると抗議した。そして、私の言葉は彼を激怒させたのだが、他方、回顧的に考えると、それらの言葉に心を痛めて、こうした類比も必ずしも愚かしいわけではないと彼が考えはしなかったのかどうか、迷うところである。なにしろ彼は、一九四八年にエリート部隊を指揮しており、私の父同様、銃を手にした若者がどれほど簡単に凶行に走る決断をさせられ、あるいはそれを選びかねないのかを熟知していた。だが、今ではイスラエル国防軍ははるかに強力な組織であり、

パレスチナ人は石しか持っていなかった。(75)

私の学生時代の指導教授でイスラエル人の歴史家イェフダ・エルカナ*14が衝撃的な論文を発表したのもこの当時だった。エルカナは、二度とホロコーストは起こってはならないとイスラエル人の若者に叩き込むたびに、私たちは、あらゆる脅威を存亡に関わるものと捉え、異論の持ち主は誰であれ潜在的ナチスだと見なす免状を与えているのだと警告した。つまり、唯一良きナチとは、もちろん死んだナチだと教えている、というのである。だが、この時には完全武装していたのはユダヤ人側であり、他方、「ナチス」はぱちんこを手にした十代のパレスチナ人だった。(76) 子ども時代にホロコーストを生きぬいたエルカナは、この警句を発しても罰せられることはなかった。だが、彼はイスラエル人社会が滑りやすい坂道をころげ落ちるのを止められなかった。確かに、私自身がラビンと交わした奇妙なやりとりも、これを止めらなかった。周知の通り、ラビンの射殺後この坂道はますます急勾配になった。

ある意味、私が初めてドイツに行った際に自問した問いには答えが出ていた。若者を殺人や殺戮に駆り立てるのは何なのかという問いである。彼らは、自分たちが危険な敵、過去に自分たちを犠牲として、またの機会を伺っている敵と対峙しているのだと信じることを教えられている。ナチの議論ではそれは、ユダヤ人が一九一八年にドイツを裏切り、帝国軍を背後からナイフで一突きにし、皇帝を退位させ、ユダヤ人に乗っ取られて堕落し退化したワイマール共和国をもたらした、というものだった。ユダヤ人はソ連も乗っとり、ロンドンやワシントンの大富豪を陰で操っていた。今やつけを支払わせるべき時だ。一九三九年にアドルフ・ヒトラーは、ユダヤ人が新たな世界戦争を煽動すれば、彼らは絶滅させられるだろうと警告した。そして実際にそうなった。このような見方の中に身を置いたドイツ人の若者は、ユダヤ人を人間ではなく退治されるべき悪魔の化身と見ていた。ジェノサイドの中で人は、敵を殺す前に彼らの人間性を否定する。こうして他者の殺害がやりやすくなり、殺戮への道徳的是認が与えられることになる。ハインリヒ・ヒムラーの言葉を借りれば、彼の配下の親衛隊員は、まさに男・女・子どもを絶滅させる能力を持つことによってみずからの品行の正しさを証明できた。アーリア人の来るべき諸世代の利益のために、この不愉快だが世界史的な任務を実行するに足る強さが彼らにはあったというのである。(77)

しかし、実際の場面ではどんな様子だったのだろうか。絶滅収容所ではなく顔と顔をつきあわせて殺害が行われた場合にも、犠牲者の人間性は認識されなかったのだろうか。畢竟、おびただしい数のユダヤ人はヨーロッパ横断列車で輸送されることもなく、自分たちの暮らした場所で、友人や同僚や隣人の面前で、幸運なら後頭部へのただ一発の銃弾で殺された。これは機械的殺人でもなければ匿名のジェノサイドでもなかった。どうすればこんなことが可能だったのだろうか。まず犠牲者と個人的に知りあいになり、その後にこのような行動へと人を動かすのはいったい何なのだろうか。いわゆる傍観者、つまり見物していた男・女・子どもの場合はどうだろうか。彼らは何をし、何を考え、何を記憶したのだろうか。

こうして私は東に向かった。ドイツから東欧に行き、この種の殺害の行われた何百もの町から一つを選んだ。加害者と犠牲者の遭遇を理解したかったのだが、これが実に込み入っていることをすぐに悟った。あまりに多くの人々が殺害に関与し、その人々は何世代にもわたって肩を並べて暮らし、文化全体が四世紀にも及ぶ共存に根差しており、しかもその人々の共犯がなければ殺害ははるかに実行困難だったという事実があったのである。(78)ローカルなジェノサイドの社会的動態を観察する中で、誰もがなんらかの形で関わっていたことが判明した。住人の消えたばかりのアパートに引っ越した者、羽毛の布団や枕、ポットや鍋を持ち去った者、隠された金《きん》を探して床板を剝がした者もいた。親切心からユダヤ人を匿った者もおれば、金《かね》をすべて巻き上げてから告発した者もおり、ユダヤ人の金《きん》や毛皮、牛や馬を手に入れるために、自分の匿ってきた人々に斧を振るった者もいた。残酷と親切、無情と無関心というように振る舞い方は違ったにせよ、これらの人々はお互いに名前を知る仲の場合が多かった。ごく馴染みの身近なことだった。

ドイツ人も匿名で殺戮に加わったわけではない。ユダヤ人を殺す以前に、ドイツ人はこの町で何カ月も過ごして彼らと知りあっていたからである。ユダヤ人は彼らの家に出入りし、子守をしたり、アパートの掃除をしたり、買い物や料理をしたり、靴やスーツを誂《あつら》えたり、歯を治療したり、健康に配慮したりした。殺害開始までに、彼らはお互いに名前を知る仲だった。ついにユダヤ人がほとんどいなくなり、この地域でドイツ支配が解体しはじめると、今度はウクライナ民族主義者が隣人であるポーランド人を民族浄化する野蛮な活動を炸裂させて、ポーランド人・ウクライナ人混住のコミュニティや家族も含めて、村ごと殺戮して焼きつくした。赤軍が戻ってきてはじめてこの暴力の波はおさまった。

この時期の特徴となった極端な暴力には多くの理由があった。だが、現在の文脈で特に理解しておくのが重要なのは、各集団、つまりユダヤ人、ポーランド人、ウクライナ人が長い時間をかけて、この地域における自分たちの居場所、他集団との関係、自分たちの過去と運命について、それぞれ独自の語りを創造していたことである。アグノンによるブチャチ神話からもわかる通り、ある一つの集団の物語を語るからといって、それが必然的に他者への強い敵愾心をもたらしたわけではない。だが、その場所は排他的に自集団のものだという思想を民族主義が生みだすと、複数の他者の物語とともに生きることはもはや不可能になった。そのような競合する語りは担い手ともども根絶されねばならなかった。というのも、自前の物語を持たない集団は、これまで通りのあり方をし、これまで暮らした場所にそのまま暮らそうとしても、そのための歴史的根拠や道徳的権利をもはや持ちえなかったのである。特に民族主義の勃興以来、各集団が自分たちを他集団による犠牲者、特に隣人たちの犠牲者と見なしたことが重大である。隣人たちの成功を自分たちの不幸の原因であるかのように見なすことがよくあったからである。こうして、社会全体を布地のように織り上げてきた語りの構造がほつれて、解体していった。事実、国民化を推進した人々の主張とは裏腹に、第一次世界大戦以前はポーランド人とウクライナ人は区別しにくい場合が多く、他方、ユダヤ人は、いつも好かれたわけではないにせよ、社会に必要な構成員と見られていた。だが、諸集団間の壁がさらに高くなるにつれて、各集団の自分語りの物語はますます和解不可能になっていった。結局、この内部的な排除の論理が血の中に封入されることになった。

現場での紛争はすでに遠い過去に退いたとはいえ、ガリツィアなどの地域でこれらの異なる語りは、当時と同様に今もほとんど和解不能である。だが、これほど敵愾心を剝き出しにさせたものが何なのかを理解したければ、関与したすべての人々が語り見たとおりに再構成しなければならない。そのために私は、これらの語りのそれぞれに含まれた多様なニュアンスや複雑さや矛盾を明るみに出すために、この町の人々の個人としての声を呼びだすことを試みてきた。これらの語りはつねに共感《エンパシー》と慈悲心と愛と並んで歪曲や否定だらけだが、私の目標は、何が正確で何が間違っているのかを指摘することにあったわけではない。むしろ私がめざしたのは、当時の人々があのように行動するように動機づけ、現在の記憶や歴史記述をいまだに型どっている、その認知の仕方自体を再構成することである。人々の声は、公式文書からはつねに見失われてきた一つの歴史を、つまり役人たちがそれらの出来事を官僚的報告にどう翻訳したかではなく、むしろ個々人がそれらの出来事をどう経験したのかを語ってくれる。一人称の記述はその本性からして主観的であり、バイアスがかかった不正確なことを多く含むかもしれない。だが、だからといって、当時の歴史の演者にとって真実味の欠けたものになるわけではない。その意味でこれらの物語は、歴史家が伝統的に使用してきた公式文書と同じく、歴史記録の基本的構成要素となるものである(79)。

この数十年に及ぶ回り道を経て、私は今、アグノンと私の母が故郷の町からパレスチナに旅してきた足跡をたどりなおす旅を再開したところである(80)。私自身の帰郷は、他の場合と同じく未完である。私の戻る故郷は、子ども時代の光景と同じく馴染みのあるものであり、オデュッセウスの旅の終点におけるイタケーと同じくよそよそしいものでもある。実際、ブチャチからイスラエルに至る私の道のりを導くのは、不可能だが不可避の帰還というこの観念そのものである。それは、私が生まれ育った場所への帰還であり、私の祖先が、何世代も故郷だった場所からの長い旅の果てにその海岸に上陸した途端、自信満々で自分たちのものだと主張した土地への帰還だった。それは、植民地にされて激変させられた土地への帰還だったし、対立をはらみ和解不能に思われる複数の語りに深く根差したその土地への愛着は強烈であり、同時に矛盾だらけである。ブチャチの場合とまったく同じく、対立以外何も共有しないかのような複数の集団の有する、このイスラエル＝パレスチナという場へのつながりを理解するには、個人的記述から生み出される共感《エンパシー》が求められている。私自身の個人的観点から言えば、ブチャチとイスラエルを接続する試みは、アグノンと私の母、そして私自身のそこにいたる旅の中に包み込まれており、断ち切ったり否定したりすることのできない伝記的・情動的・時間的なつながりを生んでいる。言い換えると、私の考える一人称の歴史というのは、その書き手と主役たるユダヤ人とアラブ人の双方にとってこの上なく個人的であり、帰属・憧憬・喪失という彼ら自身の個人の物語を伝えるものである。

一九世紀末以降のイスラエルの地への帰還を語るシオニストの記述を、一九四八年以前のパレスチナのアラブ人社会、ナクバ、追放、パレスチナ民族主義についてのますますあざやかで豊かな文献と比較すると、完全に分離した二つの世界のことを読んでいるかのような独特の感覚を禁じえない。これはまさに、例えばユダヤ人の町としての物語を伝えるアグノンの観点からブチャチについて読んだ時と、トルコ人とタタール人とコサックの蛮行に接するポーランドの文明前哨地としての歴史を書いた、一九世紀のアルメニア人でローマ・カトリック神父であるサドク・バランチの観点からのそれを読んだ時に、私が感じたことである。(81)これら二つの物語は、イスラエルの地への定住を描くユダヤ人の物語とユダヤ人によるパレスチナの植民地化について書くアラブ人の物語と同じく、和解不能である。道徳的正しさ、歴史的正義、運命と宿命、そして何よりも被害と犠牲者性がいずれの側でも増幅されて、対話のための余地などまったく期待できぬほどになっている。

だが、対話は必要であり可能というだけではないことがわかる。事実、それはおのずとわき起こる自然なものである。暴力の可能性がないわけではない。承認と暴力の近さ、親密さと反感の近さは、東欧などの事例

（あるいはルワンダ、ボスニア、その他きわめて多くの場に見られるコミュニティ内の暴力・民族浄化・ジェノサイド）でも透けて見えるが、これがイスラエル＝パレスチナの抱える難問の本質的部分をなしている。だが、たとえ非和解的だとしても、人々の語る物語が同じ場所を扱い、類似した情動と語りの軌道をたどるからこそ、そのようになるのだともいえる。その核心においてこれらの物語は、ありえないのに断ち切れないつながりを語っている。だからといって、それらが融合しうるとか、和解できるとかということではない。実際、それらが存在する核心は他者との差別化にある。だが、諍いからは身を遠ざけ、しかし同時に、それが喚起する強い思いからは距離を取らずにいることで、私たちはいずれの物語とも互換的に共感できるはずだ。ここでは、その書き手の個人としての物語が、他者の個人としての語りのための居場所を生みだすべきであり、その際、自分自身の物語はいったん立ち止まりながらも、主観的なものへの感受性はけっして手放さずにいるべきである。その場合、ある一つの語りを別の語りと対立させず、両者を並列させて、エピソードとエピソード、人と人として語ること、そうすることで他者の人間としての核の部分との同一化を促すことが肝心である。これはたんに「私たちには私たちの物語があり、彼らには彼らの物語がある」ことを認識するだけでこと足りるわけではない。むしろ、たとえ他者の経験が生じる際の語りの背景を受けいれたり、完全に一体化したりするのは無理にしても、私たちが他者の目を通じて世界を見、彼らと同じ境遇の中で自身について想像をめぐらせることができるようにすべきものである。これらの個々人の物語は、すべての人間の物語と同じく、私たちと変わらぬ人々についてのものであり、私たち皆が共有することになるはずの故郷への探究を扱うものだからである。(82)

これこそが、私自身が属する第一世代の人々によって語られる、イスラエルとパレスチナの「個人の政治史」として私の意図するものである。まだこれから書かれるべきものとしてのこの種の歴史は、この世代が生まれる直前、そして第二次世界大戦とホロコーストとナクバという幾重ものカタストロフィの直後に、政治的実体として存在するようになった場所へのつながりを、この世代がどのように生み出したのかを深く掘り起こすこととなろう。というのも、この世代が当然視してきたことはすべてそれほど容易に起こったはずもなく、当時は自然で自明、実際に歴史的論理の展開のように思えたことが、実はたんなる偶然か幸運、あるいは断固たる努力の結果に過ぎず、失敗することもありえたからでもある。だが、いったん国家が樹立されると、それはまるで必然であるかのように振る舞い、あるいはそのように受け止められて、そのために、国家の前に晒されるすべての人々の間に無視も否定もできないある意識とある状態が生み出された。彼らの立ち位置と国家による見られ方次第で、市民への影響はいちじるしく異なったにもかかわらず、そうなったのである。

　この物語には深刻な非対称性があるし、将来の個人の政治史が実際に分断線の両側にいる人々の声を含むべきものなのだとしたら、この非対称性もまたその語りの中に統合されなければならない。それはユダヤ人とパレスチナ人の置かれた条件の非対称性である。その構成要素は簡単に特定できるものである。つまり、パレスチナ人は一九四八年までこの土地で多数派の土着の人々であり、他方、ユダヤ人の圧倒的多数はヨーロッパ、続いて中東や北アフリカから入植者として到来した。一九四八年の戦争はユダヤ人からは「独立戦争」、パレスチナ人からはナクバ、つまりカタストロフィと見なされているが、この戦争のために、イスラエル国になった場所からパレスチナ人の三分の二以上が追放され、残留者は少数派にされてしまった。最後に、ユダヤ人国家の圧倒的に優位な強さは、このアラブ系市民の少数派に行使されるだけでなく、ディアスポラとなったパレスチナ人の残りの人々のそれをも圧倒的に上回るものだった。パレスチナ人はけっして〔国連決議で約束された〕国家を得られず、ほとんどが自分の土地を失ったのに対して、ユダヤ人は国家を樹立し、人気《ひとけ》のなくなった数百の村々を消滅させた。シオニストにとってイスラエル国はホロコーストへの「回答」であった。パレスチナ人にとってはまさにその「回答」が、民族／国民《ネイション》としての自分たちの存在の否定、大量追放、そして現在進行形の弾圧と国家なき民族としての存在を含意した。このすべてが率直かつ明確に認識されねばならない[83]。

　だからこそ、私たちがイスラエルのユダヤ人とパレスチナ人の個人の政治史を構想するのであれば、その土地への愛着、複数の民族と複数の文化、複数の景観と自然、複数の歴史と複数の神話という、大きく異なりながらもつねに関連する複数の物語を話す際には、その語りの核心にこの非対称性がなければならない。より民族志向の強い人々、あるいは厳密な実証を求めてオーラル・ヒストリーや個人の観点を軽蔑する人々にとっては、このような一人称の歴史は疑わしいものに思えるかもしれない。だが、本書の中で私が提示に努めてきたように、ホロコーストの歴史の再構成に際して証言がますます重要な役割を担うようになったのと同じく、イスラエルとパレスチナの物語を伝える際にも、集団の騒がしさを超えて個人の声に耳を傾けるべき時が訪れている。畢竟、パレスチナ人とユダヤ人の両方にとって、彼らの土地へのつながりを生み出しそれを反映するのは、政治的修辞やイデオロギーを超えた彼ら彼女らの個人としての物語なのである。(84)

私がこの世界に生を受けた時、イスラエル国はほんの六歳だった。私の世代が十代だった時には青年期だった。私たちが青年男女だった時には、体力と能力を高めて、柔軟に動いていた。そして私たちが中年期のさらに先の段階に進むと、ますます機敏さを欠いて鈍重になり、より裕福だがますます純真さを失った。私たちユダヤ人とアラブ人の経験の仕方は多くの点で違ったが、イスラエル国家はそのあり方を決める環境として私たちの逃れられないものだった。その国家が学校教師と警察官、裁判官と政治家、メディアと軍隊を供給した。それはさらに、理解における深刻な分断の枠組みを生んだ――当然視されるもの、まったく想像不可能なものの理解における分断である。

若いユダヤ系イスラエル人として、私はこの土地とのつながりを所与のものと受け止めていた。ヘブライ語を話して市民権があったし、建国のずっと以前からとにかくこの土地は私のものだったのだという見方を内面化していた。私はまた、イスラエルの外でのユダヤ人の人生を、遠方にあるとにかく不愉快な集合的記憶と見ており、けっして個人の記憶として捉えることはなかった。私自身の土地にある私自身の国で私自身が誕生したことを見ればわかるように、それは、シオニズムのおかげで間一髪で是正された異常な状態だったのだ。私が反ユダヤ主義《アンチ・セミティズム》とはじめて出会ったのは一二歳でロンドンに暮らしていた時だった。その土地の現にそうなっているある種の側面と、それとは別の面、つまりその土地のかつての姿または今もそうであるはずだった姿の、両方を見ることを教えられたのだった。私は「放棄された」パレスチナ人村の隣に暮らしており、子どもの時には、住宅の廃墟や背の高いサボテンであるサブラ(サブル)の生垣が何を示唆するのかを考えたことは一度もなかった。(85) 級友たちと私は、小さなトゲに舌や唇を刺されながらも、そこになった甘いチクチクする果実を味わった。私たちは「サブラ」であり、これらは私たちの禁断の果実だったのだが、そこにどんな物語を語れるのかなど、考えたこともなかった。子どもにはどんな墓地もそうだが、近くの草木の生い茂るムスリム墓地はこれよりも近寄りにくかった。だが、それは他にもまして恐ろしかった。何か違う異国風のもので、なぜそれがそこにあるのか、誰も説明してくれなかったからである。結局、生まれるほんの数年前に私たちのものになったばかりだというのに、私たちはその場所の自然な住民だった。

イスラエルのユダヤ人を文字通り現地生まれの第一世代に変貌させたのは、この自然さであり、何が自分たちのもので何が違うのかということの感覚であり、土地との肌に触れる関係であり、内面化された想像世界である。このことは、いまも変貌の物語を語る際に探究される必要がある。同時に、まさにこの同じ歴史的過程が、新国家に留まったパレスチナ人を彼ら自身の土地における少数派に変貌させたのであり、このことはユダヤ人国家におけるムスリムとキリスト教徒のアラブ人からすれば矛盾であり、まったく不正常なものだった。どれほど否定やごまかしをしようとも、彼らがこの土地の土着の住民であることは分かりきっており、いわばずっといつもそこにいた人々だったのだ。追放された彼らの同胞の数ははるかに多く、この人々が離散《エグザイル》の第一世代になった。残留者はユダヤ人の民族国家《エスノナショナル・ステート》最初のアラブ人市民だが、この国家は彼らとの関わり方がわからず、実際、彼らを受容することはけっしてなかった。その代わりにユダヤ人国家は、当初、アラブ人市民の多くをほぼ二〇年に及ぶ軍事支配下に置き、以来、これらの住民を周縁化する明確な意図をもって系統的に差別して、時にはこぞって国を去るよう仕向ける願望を隠さぬこともあった。

私はこれまで自分のことを、アルベール・カミュがアルジェリアの子ども時代を内省した意味での「最初の人間」と思ったことはない。この作品は一九六〇年の彼の非業の死から長く刊行されなかったが、その理由は他にあれこれあったわけではない。フランスに併合された領土で戦争が激化していた時にこれを自分の郷土として想起することは、仲間の知識人のほとんどが採用した脱植民地化の修辞におよそそぐわなかったのである。(86) 私がここで想定する意味の最初の人間とは、新国家に最初に生まれ、それゆえその国家を当然視する最初の存在ということである。シオニズムはイデオロギーであって存在の仕方ではないから、彼ないし彼女は、シオニストではないという意味で最初だが、しかしシオニズムの産物ではある。つまり、自身をよそ者や外国人や植民者とは考えられない現地民であり、土着の住民である。換言すると、意図せずして人は、ほんの数十年でまったく新しい民族《ネイション》／国民を作り出したイデオロギーと思いも寄らない運動の勝利の象徴になるのである。ところがこれと時を同じくして、そのまさに同じ民族《ネイション》／国民の大多数は、もう一つの新しい民族《ネイション》／国民とその殺戮的体制にまったく違った理解をされて、絶滅させられていた。そして、これもまたこの物語の一部である。私の母とその両親と二人の弟が一九三五年にブチャチから来て、そのおかげで私は、そのために両親が戦いその友人の多くが死んだ国家に誕生できたが、その一方で、それ以外の近親者は殺されてしまった。そして、母の故郷の町のジェノサイドのことを私はこれまでに誰よりも多く知っているが、他方、私自身の家族がどう虐殺されたのかは、実は今も何も知らないし、多分、けっして分からないことに感謝すべきだろう。(87)

だが、私の世代は、カタストロフィ後に、自分たちの村や町という場合もあったにせよ、多くは追放先の別の村や町で「国内難民*15」として生まれたパレスチナ人の世代でもある。民族全体がその土地から排除された後に彼らは生まれ、残留者として生まれた場合も、解放された生存者として生まれたわけではない。というのも、彼らは子ども期と若者期をイスラエルの軍事支配下に過ごし、イスラエル当局の鉄拳のために、かつて彼らの親の生まれた自然で自明の環境であった村々は蛻《もぬけ》の殻になって、徹底的に破壊されたからである。さらにこれは、深刻な物質的・心理的破壊のなかに生まれ落ちた世代でもあった。長く周縁に押しやられて、その民族と村々とコミュニティと家族に起こったことを否定する国家の中で、立ち往生させられたからである。さらに、二級市民の地位に格下げされた世代だった。ずらりと並んだ差別的な法・規則・実践にとどまらず、その世代の文化が公然と侮辱され、言語が少数派の地位に格下げされ、自分たちの郷土とのつながりを奪われて疑念に晒され、歴史が誹謗・歪曲され、学校教育が制約され、一つの民族・一つの文明・一つの文化としての尊厳がゴミのように投げ捨てられて蔑ろにされたからである。

こうして、私たちが新たな正常態《ノーマリティ》を生み出すことの世代的側面を熟考する際におそらくもっとも衝撃的なのは、シオニズムがユダヤ人の存在を「正常化」する努力を重ねて、ディアスポラを異常な状態と見なしたまさにその時にイスラエル国が、アラブ人が彼ら自身の土地にいることを不正常なことと見なした点にある。実際、この国家は、自国の存在理由《レーゾン・デートル》をパレスチナ人が土着の人々であることの否定にあるとした。こうしてパレスチナ人の若い世代は、親とは似ても似つかぬ条件のもとに生まれ、そこに留まっているにもかかわらず、土地から引き剝がされていた。かつてアラブ人の村アイン・ホードであったエイン・ホドという場所にイスラエルの「芸術家コロニー」が設けられていて、子どもだった私はそこで妹や両親とともに数週間を楽しく過ごし、一時暮らした「オリエント風」の建物とカルメル山の田園風景を楽しんだ。この「コロニー」は余所者のものであり、同時に私たちのものでもあった――このオリエントは私たちそのものであり、私たちが奪い取ったものでもあった。私たちは自分たちの本来の場所に来て、日焼けして強健で自信溢れる新しいユダヤ人として、その場の自然な存在になる途上だった。この村にかつてアラブ人が暮らしたことを知らなかったわけではないが、それは何となく場違いなこと、私たちが生まれる以前に起こったことであり、私たちはみずからの存在自体によって、その場を当然に自分たちのものとした。私たちは、シオニズムの勝利によるチクチクする甘い果実だった。アラブ人は丘を越えたところで悲惨な村々に身をかがませ、屈辱にさいなまれ、おそらく私たちを殺害する企みをしているはずだった。つまり、彼らは余所者で正体不明の幻影であり、私たちの理解ではこの土地本来の住民とは無縁で、むしろ、つねにユダヤ人の存在を消そうと企みながらも、私たちが自分たちの土地にいて完全武装しているために、けっして目標達成できないあの余所者たちのすべてとつなげられるようになった。

肩を並べて暮らしながら、いわば別々の惑星に暮らすユダヤ人とアラブ人のこのような世代の物語を書くことはできるのだろうか。ここ数年、イスラエル＝パレスチナにおけるユダヤ人とアラブ人について一連の新たな研究がみられるようになった[88]。だが、私が構想中の歴史が扱うのは、ある場所へのつながりについての内面化された理解の形成である。パレスチナ人へのイスラエルの国家政策を国内でもっとも批判する人々の一部(少数派だ)は、現在の政治的修辞では「極左」として記述されているが、彼らは私の世代に属している。私は、一九七二年、ゴルダ・メイール首相が私の母校であるティホン・ハダシュ高校に来た際に、彼女に向かってみんなで「パナスチナ人はどうなんですか」と大声で叫んだのを覚えている。そして、キーウ〔キエフ〕生まれでミルウォーキーから来た移民らしい独特のアメリカ風アクセントで話した彼女の答えが思い出される。「パレスチナ人などいません。私がパレスチナ人なのです。私は委任統治領パレスチナに暮らしたし、それを確認する身分証明書も持っています」。翌年の起こるべきでなかった戦争では、大声で叫んだなかの何人かが殺され、重傷を負った。そして、これら同じ友人たちの多くは今は六十代後半を迎えて、以前にもましてイスラエル政府の政策に批判的だが、イスラエル以外の場所で暮らすことは考えられずにいる。この世界のどこにいても感じられる程度の寛いだ気分だが、同時に、イスラエルだけは肌身に触れて人格の深いところで完全に疎外されているように感じ、それ以外の場所ではどこに行っても余所者なのだ。

アルベール・カミュは、当時、熾烈な脱植民地戦争の渦中の土地にいながら我が家にいると書いたことがあった。彼はかつてレジスタンスの一員だった。父親は第一次世界大戦のさなか、カミュが初めてフランス本土に足を踏み入れた直後に殺された。だがカミュの郷土の感覚、つまり子ども時代の匂いと味と音の感覚は、パリではなくフランス領アルジェリアのドレアン〔当時はモンドヴィ〕という故郷の町に見つかるはずだった。彼の本は、一九六〇年に彼が亡くなった時点では、それが何なのかさっぱり理解されなかっただろう。三五年後、すべてが歴史と化した時に出版されてはじめて同情と称賛を込めて読めるようになったのである。ただしその歴史とは、近年のヨーロッパを席巻してきた外国人嫌悪《ゼノフォビア》の高まりとともに回帰しつつあるひとつの歴史である。だが、彼があの時に書いたことは、基本的に今も変わらず深刻な論争を呼ぶものである。同一の土地への二つの対立する強固なつながりを、私たちはどのように考えられるのか、ということである。

ポーランド人は今もクレシーについて感傷的な思いを膨らませている。この東部国境地帯は、ポーランド人が領土を拡張してきたところであり、昔年の崩落しかけた城郭や領主館が点々と存在するこの地域を旅する中で懐旧的にのみ経験可能な、偉大さの瞬間を象徴する場である。ドイツの私の世代の人々は、身近な人々に囲まれるとふとしたきっかけで、東方には失われた父祖の地があり、第二次世界大戦後、数百万人ものドイツ人がそこから追放された物語を話すだろう。だが、イスラエル＝パレスチナでは、ユダヤ人国家がパレスチナ人住民をほとんど追放し、かつて存在したものの痕跡をすべて消去して国家の存在を正常化しようとしたが、この大規模な取り組みにもかかわらず、残留したパレスチナ人は自分たちの土地に執着し、自分たちのアイデンティティを再度主張し、土と石、丘と林は自分たちのものだと頑固に主張している。彼らは、国民化を進めるユダヤ人国家にとってつねに苛立たしい存在であり、この土地の自然で永遠で排他的な所有者をかたる国家の主張自体にたゆまず挑戦している。

この一〇〇年に及ぶ難問を、相手側は正統性のない余所者、暴力的で狂信的で卑劣だと非難することで解決しようとしたところで、現状を一変させようとするさらなる試みに行き着くのが関の山であり、その結果、新たに生まれた状況こそが正常で、以前あったものはもはやその場では不適切と受け止める次なる世代が生まれるだけである。私はあるウクライナ人知識人を思い出している。彼女は一九九〇年代中頃、東ガリツィア、つまり今のウクライナ西部にかつて存在した誇るべきユダヤ人コミュニティの数少ない形ある名残の場で哀愁にひたる理由などおよそありません、と私に言った。結局、これは古代ギリシアやローマをはじめ他の多くの文明に起こったことで、後に残されたのは廃墟だけだと述べたのである。私の祖父母は確かにガリツィア出身だったのだが、この話し相手にとっては、ユダヤ人のいないことがとっくの昔に正常態になっていた(89)。

イスラエル＝パレスチナの場合も、絶滅させることで正常化を達成しようとする人々がいることを私たちは知っている。だが、ナチ流の反ユダヤ主義者である余所者と見なされようと、西側の意を汲んで活動する外国出身の定住植民者と見なされようと、他者は双方の多くの人々にとって正常態に含まれない。だが、もう一つ別種の正常態がある。隣人の内面にある世界観の受容を内に含むようなそれである。たとえば私の世代の場合でいえば、私たちがその場にいる理由となったカタストロフィにもかかわらず、その場所に暮らすことが形成過程の一部として経験されたのであり、それ以外のどんな存在のあり方も正常なものではない（ここで私は自分を除外する。ひとたび去った以上、完全に帰郷することは不可能なのだから）ことを理解するということである。相手側の目を通して世界を見るということは、歴史の苦難や悪行をすべて受忍することを意味しないし、不正義と抑圧、喪失と悲嘆に対する反抗を締め出すものでもない。だが、ある者の成功は、必ずしもつねにもう一方の側の失敗を対価として果たされるべきではないこと、ある者が犠牲者にされたと感じたからといって、さらに別の他者を犠牲にしなければならないわけではないこと、こうしたことは含意されている。実際、犠牲者性と被害の感覚を経験し、帰属と所有の感覚を断念できない人々は、この両方の感覚を共有できるはずである。なにしろ、個人としても集団としてもあれほど長く痛みに耐えてきたのだから(90)。

本章ないし本書の主題ではないが、他所では考察に値するものとして政治の領域があり、そこでは脱植民地化の過程が求められている。そしてこの過程では、ユダヤ系イスラエル人は占領地を去らねばならない――あるいは、パレスチナ国家の合法的住民として受け入れてもらわねばならない――だけではなく、彼らの精神《プシケー》の深くに宿った占領者根性から解放されなければならない。そうすればパレスチナ人は、イスラエルによる抑圧から解放されるばかりか、植民地化された被抑圧者的な心性からも解放されるだろう。だが、私自身の構想は、ある世代の一人称の歴史であり、ユダヤ人とパレスチナ人が語るイスラエルとパレスチナの個人の政治史である。それは、彼ら彼女らが生まれた土地への帰属の感覚の物語であり、その感覚は複雑で、対立し矛盾することも多く、我慢ならなかったり激発しそうな場合もあるが、しかし確実に進化してつねに深遠なものである。この土地は、急激な変化を遂げてきたけれども今も同じままであり、そこでは過去のカタストロフィが歴史に退いたというのに、以前にもまして現在に影を落としている。要するに、もしも私たちが相互に耳を傾けあうならば、自分たちのことを何か学べるはずだと、私は信じている。そしてそのことが、新しい政治に向かう最初の一歩かもしれない。

訳注

＊1 アラビア語はヤーファー、ヘブライ語ではヤッフォだが、著者が英語表記Jaffaを使用していることを考慮して、それに由来する日本語表記であるヤッファとした。

＊2 『創世記』一五章七―二一節を参照。

＊3 トーラーを学び、また祈禱を行う場所。ユダヤ教の正規の教育機関であるイェシヴァとは区別される。

＊4 ハプスブルク帝国領内のウクライナ民族文化運動の指導的人物であり、ウクライナ西部の州及び都市イヴァーノ＝フランキーウシクは彼に因んだ命名。

＊5 イディッシュ語でキッパー(ユダヤ教徒男性用の小さな帽子)を指す。

＊6 チェコのソコル運動に触発されて、一八六七年にルヴフ(リヴィウ)で結成された、ポーランド人の民族主義的な体操振

興団体。

＊7　アラビア語での呼称。ヘブライ語ではシェイフ・ムニス。著者は文脈に応じてこれらの呼称を使い分けており、原則として著者の表記に従う。

＊8　ポーランドでは一九六七年から翌年にかけて、第三次中東戦争の影響も受けて反シオニズム・反ユダヤ的な政治キャンペーンが展開された。

＊9　一九二八年創設に創設されたシオニストの対外機関。パレスチナへのユダヤ人の移民の支援や監督、イスラエル独立までの国際的な場でのユダヤ人代表機関としての役割などを果たした。

＊10　この文中の「トランスヨルダンを除く」は日本語版のために著者が加えたものである。その際、著者は以下の出典を追記した。Avi Shlaim, "The Debate about 1948," *International Journal of Middle East Studies*, Aug., 1995, Vol. 27, No. 3: 299–300.

＊11　アラブ系市民とは、一九四八年国境によるイスラエル国内にいて市民権を有するパレスチナ人を指し、占領地であるガザ地区や西岸地区のパレスチナ人とも、近隣諸国や世界中で難民化したパレスチナ人とも区別されている。イスラエル市民権を持つパレスチナ人は、一九四八年に一五万人だったが、今では約二〇〇万人に及ぶ。他方、西岸地区のパレスチナ人住民はほぼ三〇〇万人、ガザ地区は約二三〇万人で、彼らにはイスラエル市民権はなく、占領地住民としてまったく異なる境遇に置かれている。昨今の報道等ではイスラエル市民権を有するパレスチ人の存在は後景に退きがちだが、本章等の議論の焦点は主に彼らに向けられている。

＊12　第六章の訳注＊5参照。この章でもサボテンとイスラエル生まれのユダヤ人の両義が使い分けられている。

＊13　一九七八年に結成されたイスラエルの平和運動団体。パレスチナとの平和共存を掲げ、ヘブライ語ではシャローム・アフシャーヴ。

＊14　科学史家。一九九九年から一〇年にわたりブダペストの中欧大学(オルバン政権の攻撃により、その後ウィーンに移転)の学長を務めた。

＊15　ここでも想定されているのはイスラエル市民権を持つパレスチナ人であり、彼らが「難民」の自己意識を有することが示唆されている。

訳者あとがき

本書は、Omer Bartov, *Genocide, the Holocaust and Israel-Palestine: First-Person History in Times of Crisis*, London: Bloomsbury Publishing, 2023を翻訳したものである。同書は、過去一五年ほどの旧稿を集成した全五部一一章からなる論文集だが、訳出にあたっては、著者とも相談の上で第四部「一人称の歴史」を削除し、関連する編集上の調整を行った。割愛した第四部は、プラハ出身のユダヤ人作家・詩人であるハンス・ギュンター・アドラーの作品への批評にことよせつつ、本書の一方の舞台であるブチャチ出身のユダヤ人知識人や革命家の群像を扱ったものである。だが、紙幅上の事情に加えて、現在はウクライナ西部の街となったブチャチにおけるホロコーストを、直後にパレスチナで起こったアラブ系住民の追放(「ナクバ」)と接続して論じながら歴史学方法論の刷新もめざした本書で、この部分はやや脇道の感があった。また、取り上げられた対象も日本の読者には馴染みが乏しく、日本語版への収録を見送ったというしだいである。その代わり新稿である「日本語版へのまえがき」を付して、原著出版直後から急展開中のパレスチナ/イスラエルにおける危機に関する著者の最新の見解を読者に届けることとした。書かれた内容は、二〇二一年刊行の論集Omer Bartov (ed.), *Israel-Palestine: Lands and Peoples*, New York: Berghahn, 2021のペーパーバック版(二〇二四年六月刊行)に追補された「ペーパーバック版へのまえがき」とかなり重なっており、現在進行形の人道上の危機を直視した著者による、世界と日本の読者に向けた端的だが切実な最新のメッセージとして読むことができる。「日本語版へのまえがき」には絶望の向こうにある未来への意思が貫かれているように思われるが、本書を通読することで、このような強靭な姿勢を生起させる著者の複雑な思考の軌跡を読み解くことができるであろう。

＊　＊　＊

本書の原著者オメル・バルトフ教授は、独立からまもない一九五四年にイスラエルに生まれた歴史家である。現在は、アメリカ合衆国東北部の街プロヴィデンスにあるブラウン大学でホロコースト及びジェノサイド・スタディーズ担当教授として講壇に立ち、世界レベルでこの分野の研究を主導する存在でもある。原著の表題からも示唆される通り、本書は、伝統的なホロコーストの話法を超えた新たな歴史叙述のあり方を追究する中で提唱された「一人称の歴史」の試みでもあり、その一事例として本書中の随所には、ブチャチからパレスチナに移住して難を逃れた著者の家族の歴史、「イスラエル第一世代（サブラ）」としての自己形成過程、ドイツ国防軍研究やホロコースト・ジェノサイド研究を経てイスラエル／パレスチナに回帰していった研究上の足取りなど、著者の人生の記憶が埋め込まれている。自分の家族の救済が他集団の大災厄と一体であった不条理への葛藤に貫かれたこの足跡の理解は本書の核心をなすものだから、ここでおざなりに著者の来歴を紹介したところで、読者自身が著者の紡ぐ思想圏を理解する妨げにしかならないだろう。そこで以下では、一〇・七以降の発言と行動の要点を記して紹介に代えたい。

二〇二三年一〇月七日のハマースによる突然の襲撃から一カ月余、すでにイスラエルがガザ地区で大規模な軍事作戦を展開して一万人余の民間人犠牲者を出す一方、合衆国の世論と政治がイスラエル支持を明確に打ち出していた一一月一〇日、バルトフ教授は、『ニューヨーク・タイムズ』紙に、「ジェノサイド史家としての私の信じること」と題する「オピニオン」を寄稿した。ガザ地区でイスラエルの展開する作戦が「擁護困難な人道危機」を出来させたこと、すでに戦争犯罪や人道に対する罪を起こした可能性があることを指弾するとともに、イスラエルの政治・軍事エリート中にジェノサイド的意図を抱き、公然とそれを表明する者もいることを提示したのである。だが、それでもなおこの「オピニオン」は、国際法上の厳格な要件に即してジェノサイドと断定することには慎重な姿勢を示した。「ジェノサイドは、現に起きてから遅ればせで非難するより、発生以前にその潜在的可能性に警鐘を鳴らすことが決定的に重要であることを私たちは歴史から知っている」。この時点では「イスラエルがみずからの行動をジェノサイド化するのを阻止する時間はまだある。これ以上、一刻も待てない」。いままさに一線を越えてジェノサイドに踏み込む瀬戸際にあることに警鐘を鳴らし、世界に向けて抑止のための努力を呼びかけたのである。

この時点でいまだジェノサイドではないとする発言を宥和的で微温的と捉える向きもあるだろう。だが、過去四半世紀にわたり「ジェノサイド」概念が世界各国で、ポピュリスト的な政治の道具として軽々しく恣意的に濫用されて相互の不信や憎悪が昂進させられ、それゆえにかえって「ジェノサイド」の実相への理解が損なわれる風潮を憂慮してきた訳者の目には、拙速な断定やプロパガンダ的話法に起因する反発を回避しつつ、世論を説得してイスラエルのさらなる軍事行動を封じることに賭けたギリギリの判断であるように映った。

もとより、バルトフ教授の思慮深い呼びかけも虚しく、その後の展開はこれを一顧だにすることなしに推移して、数カ月後には教授自身がもはやジェノサイドと呼ばざるをえない状況に立ち至った。だが、初発時点の抑制的態度は訳者には、ジェノサイド研究の豊富な知見を裏付けに社会に向けて適切に発言する理性的な知識人としてのバルトフ教授への敬意と信頼を生んだ。同じ理由かどうかはともかく、この「オピニオン」は世界で広く注目された。日本でも二〇二四年一月二〇日に放送されたNHKのETV特集「ガザ――私たちは何を目撃しているのか」でインタヴュー映像が放映されただけでなく(半年後、七月六日のNHK国際放送でも続報があった。https://www3.nhk.or.jp/nhkworld/en/shows/3026008/ で視聴可能)、各国のマスメディアからの取材が引きも切らず続いている。

たまたま訳者に多少の馴染みのある事例では、エストニアの週刊紙『鎌《シルプ》』(二〇二四年五月二五日号)に掲載された「イスラエルを奈落から引き戻す必要がある」と題した長いインタヴュー記事が目を引く。現在の危機の起源を一九四八年から説き起こす記事の末尾でバルトフ教授は、ホロコーストをはじめ多大の犠牲を教訓に生まれた国際人道法の意味の喪失を望まぬのなら、そしてイスラエルが標榜する「悪に対する人類の勝利」を辞義通り達成するには、当のイスラエルをジェノサイド条約に即して裁く必要があると断じている。運動論的な糾弾としてジェノサイドを持ち出すのではなく、国際司法の権威と法理の正統性を賭けた処断を求めたのである。上述の警句から半年余、その間に積み上がる犠牲と破壊にもかかわらず欧米主要国がイスラエル支持の態度を頑なに維持する一方、南アフリカが国際司法裁判所にジェノサイド条約違反でイスラエルを提訴し、同裁判所はジェノサイド抑止のための暫定措置を命じた。国際刑事裁判所の主任検察官は、ハマース幹部らと並んでイスラエルのネタニヤフ首相らへの逮捕状請求を行った。いまだ解決への道のりは見通せぬとはいえ、ジェノサイド抑止を求めて世界は動いている。

この後、バルトフ教授は六月後半に一年ぶりでイスラエルに一時帰国して現地の生の空気に触れた。怒濤のような憎悪に身を晒したというほうが真相に近いかもしれない。その様子は、『ニューヨーカー』誌七月二日号のインタヴュー記事「ホロコースト研究者、イスラエルの予備役兵に会う」がいち早く伝え、翌月には本人がイギリスの『ガーディアン』紙（八月一三日号）に、「元イスラエル国防軍兵士でありジェノサイドの歴史家である私は、最近イスラエルを訪れて、深く心をかき乱された」と題する長文のエッセーを寄稿した。

バルトフ教授によれば、一年ぶりに訪れた故郷は「私が知っていたのとは違う国」になっていた。ハマースによる襲撃と虜囚のためにイスラエル社会は「怒りと恐れがあいまって、どれほどコストを払っても安全を取り戻したいという願望とともに、政治的解決や交渉や和解への完全な不信」に陥っており、自己目的化した戦争のために自滅に向かいかねぬ様相だった。他方、ガザ地区住民への共感《エンパシー》の余地は完全に消失し、その場で実際に何が起こっているのかを知ろうとも思わない。テレビの報道は自国軍兵士の犠牲とハマースの兵士を殲滅した戦果ばかりで、民間人の犠牲、とりわけ多数の子どもたちの死はまず伝えられることがない。久方ぶりに再会した友人たちは、長く国外に暮らして心の痛みを共有しえない外来者によって悲嘆の思いを遮られることを恐れて心を閉ざした。イスラエルの不正義を認識する左派リベラルだったはずの人々さえ、イスラエル国家の「存在」という大義がパレスチナ人の大義に優越し、勝利しなければならないと信じている。無慈悲な攻撃に晒された他者の被る痛みをともに語る可能性はそこには乏しかった。

六月一九日、バルトフ教授はベン＝グリオン大学の講義室に向かった。旧知の教授が、バルトフ教授を演者にパネルを企画したのである。世界各地の大学キャンパスで展開するイスラエルへの抗議運動に連なってガザの戦争を論じ、イスラエルへの抗議運動は「反ユダヤ主義」が動機だとする主張に疑義を呈するのが当初の意図だった。

講義室に向かうと入口周辺に学生たちが屯《たむろ》っていた。聴講ではなく阻止のために呼び集められたことが明らかだった。「こんなことは許さない。いったいいつまで裏切り行為を続けるのか」。裏切りとは、イスラエルによるアパルトヘイト体制を批判する請願に署名し、『ニューヨーク・タイムズ』でジェノサイドの可能性に警鐘を鳴らしたことだった。

一時間にわたる押し問答の末、講演ではなく学生たちと「対話」することで決着、極右組織の活動家でもある学生たちが入室して延々二時間にわたる「対話」が始まった。入室した若い男女の多くは、予備役兵としてガザ地区に派兵され、戦闘の日々を経て最近やっと大学に戻ったばかりだった。彼ら彼女らは、イスラエルの大学生の典型ではないが、国内世論の気分を反映してはいた。騒然たる状況の中にバルトフ教授は、「若い世代の学生や兵士たちの心性を理解する手がかり」を見出している。

腰かけて話しはじめた途端にわかったのは、学生たちが自分たちのことばに耳を傾けてほしいと切望していることだった。ある女子学生は演壇に飛び上がって、失った友人やハマースの暴虐について語ったが、中途で取り乱して泣き出してしまった。冷静ではっきりとした口調のある男子学生は、イスラエル批判は必ずしも反ユダヤ主義ではないとの示唆に抗弁してシオニズムの歴史と大義を論じ、異教徒に否定される謂れなどないと言った。学生たちを特に激昂させたのは、ジェノサイドへの警鐘だった。イスラエル国防軍は世界で最も道徳的な軍隊であり、戦地に赴いた自分たちは殺戮者などではない。多数の子どもらが命を奪われ、学校や病院や公共施設が爆撃に晒されるとしても、それはひとえにハマースの責任だ。ガザの大量破壊のただなかに身を置いた予備役兵＝学生が、国家指導者による正当化の「論理」そのままに、ハマースとナチスとの（誤った）アナロジーで無差別の破壊と殺戮を正当化する様子にバルトフ教授は、第二次世界大戦でドイツ人兵士が残虐行為に走り、これを正当化した姿を重ねていた。戦争の現場における兵士の「野蛮化」は若き日にバルトフ教授が取り組んだテーマであり、その結論だった。

本書にも書かれた兵役経験を聞かされて多少落ち着いたとはいえ、激怒し取り憑かれたように語り続ける若者たちの姿にバルトフ教授は、周囲のすべてに裏切られたかのような感情の表出を看取している。あまりに批判的に思えるメディア。戦場でパレスチナ人に「寛大」過ぎる上官（兵士と民間人の区別なく闇雲に発砲するのを制止されたのだろうか？）。一〇月七日の襲撃を阻止できなかった政府。完全勝利できずにいる国防軍の無能。いわれなき批判を弄ぶ知識人や左翼。十分な武器弾薬を供給してくれない合衆国政府。ヨーロッパの偽善的政治家と反ユダヤ主義的な学生運動。怯え、不安を抱き、混乱しきって何かを訴える学生たちはPTSDに苦しんでいる、とバルトフ教授はいう。実際、スマートフォンに残された画像を示して、「ガザに飢餓なんてない。僕たちの部隊はありったけの食料をこの子どもたちにあげたのだから」と自家撞着的に強弁する姿は、ガザの戦場が残した錯乱の傷と自己正当化への衝動を余すところなく物語る。そして、閉ざされた思考回路による狂騒と興奮と混乱のもと、国家指導者が仄めかしたジェノサイド的意図が刻々と現実化していった。惨憺たる光景にしばし打ちひしがれて合衆国に戻ったバルトフ教授は、気を取り直して詩人エルダンの言葉で寄稿文の最後を飾っている。「闇の轟く時があっても、夜明けと輝きはある」。

バルトフ教授が伝えるイスラエル国内の今の光景は実に貴重である。統制され、特定場面に限定された報道からは知りえぬ戦争の実相が伝わるからである。戦争とホロコーストの「現場」の力学と、その場に居合わせた者たちの振る舞いを知悉するバルトフ教授だからこそ捉えられた若き元兵士たちの言動には、私たちが戦争とジェノサイドについて考えるための示唆が多く含まれている。同時に、取り乱す学生たちを落ち着かせ、意味ある言葉を聴きとることのできたバルトフ教授の人間理解の技法にも、学ぶべきことが多くある。本書で東欧とパレスチナを結んだ構想力が、眼前の戦争の真相を見きわめる可能性を開いている。

＊＊＊

久しく中東欧・バルト諸国とロシアにおける「記憶の政治」に取り組んできた訳者は、日本におけるホロコースト記憶の扱われ方に割り切れない思いを抱いてきた。「過去の克服」「記憶文化」「歴史修正主義」などの言葉を駆使してドイツと日本の過去への向き合い方を対比的に論じる一方、アウシュヴィッツ以外のホロコーストの現場にあまり関心の向かわぬ様子には苛立たしさも感じた(例外的に野村真理の仕事がある)。ホロコーストの「唯一無二性」を鵜呑みにし、現代ヨーロッパにおける国際政治の道具としてホロコースト記憶が駆動させられる動態とその意味を捉え損ね、ひいてはホロコーストと深く繋がったパレスチナ／イスラエルの「今」(すでに七五年以上継続した「今」)を視野の外に放置した西洋史学界の様子には、本当にこれで良いのかとの思いが募っている。その思いを込めて、二〇二三年前半に公表した複数の小論で「ホロコースト記憶の特権化がもっとも深刻な影を落としたのがパレスチナ問題である」と書いた(「「歴史」の書かれ方と「記憶」のされ方――人々はなぜ過去をめぐって諍いを起こすのか」『歴史評論』第八七八号、二〇二三年、など)。ホロコースト記憶とナクバの記憶の接続可能性、両者の接続を阻害する世界規模の「記憶の政治」の構図、その磁場のもとに置かれた従来の歴史学や社会科学におけるナチやホロコーストの扱いに潜む重大な瑕疵、これらの問いに本気で取り組まねばならないと感じてきた。

その思いは、長くある公職に翻弄される日々を送ったために封印せざるをえなかった。断念という方が真実に近いかもしれない。ただ、文献収集は少しずつ進めた。調べてみると、しばらく前からホロコーストとナクバ、ホロコーストとパレスチナ／イスラエルを接続する研究成果が英語で次々に公表されていた。バルトフ教授も寄稿し、先年邦訳の出された『ホロコーストとナクバ――歴史とトラウマについての新たな話法』（バシール・バシール、アモス・ゴールドバーグ編、小森謙一郎訳、水声社、二〇二三年。『西洋史学』第二七七号、二〇二四年、に書評を書いた）が代表的だが、同様の試みは他にも何点もあったから、機が熟しつつあるのだと感じた。本書の原著もいち早く購入し、近々得られるはずの自由な時間を心待ちにして、自宅の書架のなかでももっとも手近なところに並べておいた。

やっと自由な時間を得られて本を手にした途端にハマースによる襲撃が発生し、たちまちイスラエルの大規模な軍事行動による破壊と殺戮がはじまった。いつかは起こると思っていたものの、実際に発生した暴発はたいへんな衝撃だった。思いたって原著を大急ぎで読み進めるとともに、戦況とともにガザやパレスチナ、さらに広く「反ユダヤ主義」やイスラエルに関わる論壇の動向の観察を開始した。同時に、上述の「オピニオン」に触れて大いに心を動かされたことから、旧知の方々に相談してバルトフ教授の論考や著作の刊行可能性を探った。「オピニオン」の邦訳刊行は、刻々と状況が変化する中では時機を失するだけとの結論に至ったが、訳書については話が進んで原著者からも快諾が得られた。並行して、どれほど屍が積み上がってもイスラエル支持にしがみつくドイツを取り上げ、ホロコースト記憶の扱いの再審を求める「歴史家論争2.0」とドイツの転落――「過去の克服」の意味転換」を執筆し、雑誌『世界』（第九八二号、二〇二四年）に掲載することができた。

一連のやり取りの際に本書のメリットとして挙げたのは、本書が東欧と特にブチャチというジェノサイドの現場に一方の軸足を置いて、ミクロヒストリア的手法によるホロコースト史を提示しつつ、それを特定地域の歴史に止めず、遠く離れながらも深い関係にあるパレスチナ／イスラエルの歴史と記憶に接続した点である。ブチャチを含むガリツィアのユダヤ人を取り巻く民族間関係とホロコーストについては、私たちは野村真理の先駆的著作『ガリツィアのユダヤ人——ポーランド人とウクライナ人のはざまで』（人文書院、二〇〇八年）から概略を学んできた。本書に半年余先駆けてバーナード・ワッサースタイン、工藤順訳『ウクライナの小さな町——ガリツィア地方とあるユダヤ人一家の歴史』（作品社、二〇二四年。原著は二〇二三年）も出版された。後者は、対象の町こそ異なるもののバルトフ教授の旧著 *Anatomy of a Genocide: The Life and Death of a Town Called Buczach*, New York: Simon & Schuster, 2018 やこれに先行してガリツィアを扱う複数の著書、さらに本書中のいくつかの章と着想・筋書ともにある程度重なる一方、民族間関係など「現場」の状況の理解にはやや濃淡の差がある。また、これら二著の叙述はあくまでガリツィアに限定され、パレスチナ／イスラエルとの接続は意図されていない。野村にはイスラエルのユダヤ人生存者を扱った『ホロコースト後のユダヤ人——約束の土地は何処か』（世界思想社、二〇一二年）があり、ワッサースタインは本来パレスチナ史を専攻する歴史家だから、それぞれホロコーストとナクバの関連について思うところがあるだろうが、自覚的に両者を接続する視点は上記二著には書き込まれていない。パレスチナ／イスラエルにおける現在の危機への評価とも直結するところであり、著者たちの考えや現実との関わり方をぜひ知りたいと思う。

本書のメリットとして挙げたもう一点は、因習化したホロコースト研究（あるいはナチ研究）のあり方を厳しく批判する一方、多様な当事者の証言に依拠して複雑に入り組んで変転する現場の実相（ドイツ国防軍将校が、襲いかかるウクライナ人の暴徒からユダヤ人を守ったエピソードは衝撃的だ）を捉えるための歴史学方法論を提唱した点にある。この方法論的提起は、すでにイヴァン・ジャブロンカによって破られつつあった歴史と文学との境界線を踏み越え、ホロコーストの傷痕をイスラエルとガリツィアという二つの故郷にたどる歴史家の自画像を描いた不思議な私小説にもつながっている（*The Butterfly and the Axe*, The Netherlands: Amsterdam Publishers,

2023)。本書第八章最後の箴言風の一段落とその末尾に刻まれた「おそらく、フィクションにも帰還すべき時がきたようである」(二二六頁)という言葉は、これを踏まえてはじめて理解可能である。

最後に、ウクライナとイスラエルの記憶法と両国の記憶政治の複雑な関係が論じられた点も意義深い。両国はともに現代世界を揺るがす二つの戦争の当事国だからである。「専門家」の中には、二つの戦争はそれぞれ独立し相互の関係など存在しないかのように主張する向きもあるらしいが、直接の因果関係は認められぬにせよ、両者を無関係とするのは事態を読み損ねていると思う。これら二つの戦争はともに、「ファシスト」「ナチ」などの第二次世界大戦とホロコーストに由来する記号を駆使して戦われ、過去についての集合的表象を総動員する「記憶の政治」の強固な磁場がそれらに共通する前提である。ウクライナとイスラエルを支持し支援するかどうかは、そのまま国際的な分断の構図とも重なる。何よりイスラエルは、ウクライナなどから来た「ロシア・ユダヤ人が作った国」(鶴見太郎)である。現代世界で戦争を生み出す磁場の様相を理解する手がかりを本書は与えている。

＊＊＊

ウクライナと東欧には多少の知識があるにしても、パレスチナ／イスラエルについては初学者以前でアラビア語とヘブライ語の文字さえわからぬ訳者には、「サブラ」の語や地名・人名をはじめ手に負えない難題が多くあった。それらの不明点を一覧表にして教示を乞うた岡真理さん(早稲田大学、現代アラブ文学)と鶴見太郎さん(東京大学、ロシア・ユダヤ史)、ドイツ刑法と裁判所のことを問い合わせた高山佳奈子さん(京都大学、刑法学)、ドイツとポーランドについて教えてくださった藤原辰史さん(京都大学、食と農業の歴史)と吉岡潤さん(津田塾大学、ポーランド現代史)など、何人もの方々の手を煩わせてなんとか作業を進めることができた。心よりお礼申し上げたい。

バルトフさんとは頻繁にメールを交換し、細々とした記述についてしつこく問い合わせた。おそらく文学的修辞が縦横無尽に凝らされているためだろうが、原著は、一読した際にはなんとなくわかった気にはなっても、いざ忠実に日本語に直そうとした瞬間に七転八倒する難解さだった。読者側の相当の知識を前提とした書き振りも、訳出に当たり困難な点だった。事細かに補う方便もあったかもしれないが、バルトフさんの思考過程をそのまま追体験するほうが大事だと考え、補足は最低限に抑えた。読者にとってけっして読みやすい訳書にならなかったかもしれないが、丁寧に対応してくださったバルトフさんに感謝とともにお詫びしなければならない。

最後に、本書は、岩波書店編集部の石橋聖名さんの全面的な理解と支援のおかげで世に送り出すことができた。本書の持つ価値をいち早く認識して、すっかりバルトフ「推し」になってしまわれた石橋さんの熱意に心から感謝申し上げたい。

二〇二四年九月一五日

橋本伸也

オメル・バルトフ(Omer Bartov)
1954年生まれのユダヤ系イスラエル人(アメリカ在住).歴史学者.テル・アヴィヴ大学(学士,1979年),オックスフォード大学(博士,1983年)を経て,現在ブラウン大学教授(ホロコースト・ジェノサイド研究).第二次大戦期ドイツ国防軍の研究に始まり,ルーツであるガリツィア(西ウクライナ)のホロコーストをテーマとした一人称の歴史叙述や小説を執筆.著書に *Anatomy of a Genocide: The Life and Death of a Town Called Buczacz* (Simon & Schuster, 2018), *The Butterfly and the Axe* (Amsterdam Publishers, 2023,小説)など多数.イスラエル・パレスチナ問題では人道的なオピニオンや社会活動,編著書 *Israel-Palestine: Lands and Peoples* (Berghahn, 2021)で知られる.

橋本伸也
1959年生まれ.京都大学大学院教育学研究科博士後期課程学修認定退学.博士(教育学).現在,関西学院大学文学部教授.専門はロシア・東欧史,メモリー・スタディーズ.主な著書に『記憶の政治――ヨーロッパの歴史認識紛争』(岩波書店,2016),『紛争化させられる過去――アジアとヨーロッパにおける歴史の政治化』(編著,岩波書店,2018),訳書にコスチャショーフ『創造された「故郷」――ケーニヒスベルクからカリーニングラードへ』(共訳,岩波書店,2019),ヤーラオシュ『灰燼のなかから――20世紀ヨーロッパ史の試み』上・下(人文書院,2022)など多数.

ホロコーストとジェノサイド
――ガリツィアの記憶からパレスチナの語りへ
オメル・バルトフ

2024年11月14日　第1刷発行

訳　者　橋本伸也《はしもとのぶや》

発行者　坂本政謙

発行所　株式会社 岩波書店
〒101-8002 東京都千代田区一ツ橋2-5-5
電話案内 03-5210-4000
https://www.iwanami.co.jp/

印刷・理想社　カバー・半七印刷　製本・牧製本

ISBN 978-4-00-061671-3　　Printed in Japan

索　引

か　行

さ 行

た 行

な 行

は 行

原 注

略語一覧

AAN　Archiwum Akt Nowych, Warsaw
AHR　*The American Historical Review*
AT-OeSt　Österreichisches Staatsarchiv, Vienna
AW　Archiwum Wschodnie, Warsaw
BArch　Bundesarchiv, Germany
BJ　Biblioteka Jagiellońska, Kraków
BR　*Boston Review*
CEC　*Cultures d' Europe Centrale*
CEH　*Contemporary European History*
CJ　*Contemporary Jewry*
CPCS　*Communist and Post-Communist Studies*
CSP　*Canadian Slavonic Papers*
DATO　State Archives of Lviv Oblast
EEJA　*East European Jewish Affairs*
EEPS　*East European Politics and Societies*
FO　Foreign Office, London
FPJ　*Foreign Policy Journal*
GJICL　*Georgia Journal of International and Comparative Law*
GLA　Generallandesarchiv, Karlsruhe
GLJ　*German Law Journal*
GSP　*Genocide Studies and Prevention*
H&M　*History & Memory*
HDA SBU　Sectoral State Archive of the Security Services of Ukraine
HI　Hoover Institution
HUS　*Harvard Ukrainian Studies*
IA　*Israel Affairs*
IS　*Israel Studies*
ISF　*Israel Studies Forum*
J.u.NS-V　*Justiz und NS-Verbrechen*
JGO　*Jahrbücher für Geschichte Osteuropas*
JGR　*Journal of Genocide Research*
JIH　*Journal of Israeli History*
JMEH　*Journal of Modern European History*
JMH　*Journal of Modern History*
JP　*Jerusalem Post*
JPS　*Journal of Palestine Studies*
JSI　*Journal of Social Issues*
JSMS　*Journal of Slavic Military Studies*
JSS　*Jewish Social Studies*
KA　Kriegsarchiv, Österreichisches Staatsarchiv, Vienna
KTB　Kriegstagebuch (war diary)
LEHR　*Law and Ethics of Human Rights*
MfS　Ministerium für Staatssicherheit (Ministry for State Security, GDR)
MSZ　Ministerstwo Spraw Zagranicznych (Polish Ministry of Foreign Affairs)
NGC　*New German Critique*
NJ　*Nordisk Judaistik*
NP　*Nationalities Papers*
NYREV　*New York Review*
NYT　*New York Times*
P&P　*Past and Present*
PAAA　Politisches Archiv des Auswärtigen Amts, Berlin
POQ　*Public Opinion Quarterly*
PT　*Political Theory*
R.u.S.　Rasse und Siedlung Hauptamt
REES　*The Carl Beck Papers in Russian and East European Studies*
SFV　Shoah Foundation Video collection, University of Southern California
SR　*Slavic Review*
SZ　*Süddeutsche Zeitung*
TNA　The National Archives, Kew, London
TNR　*The New Republic*
TOI　*Times of Israel*
TsDIAL　Central State Historical Archives of Ukraine in Lviv
USHMM　United States Holocaust Memorial Museum Archives, Washington, DC
WSJ　*Wall Street Journal*
YFS　*Yale French Studies*
YVA　Yad Vashem Archives, Jerusalem
YVS　*Yad Vashem Studies*
ŻIH　Żydowski Instytut Historyczny

序　章

(1)　“The Catechism Debate,” http://newfascismsyllabus.com/news-and-announcements/the-catechism-debate/; O. Bartov, “Historikerstreit 0.0,” in *Historiker Streiten*, ed. S. Neiman and M. Wildt (Berlin, 2022). 以下も参照. A. D. Moses, *The Problems of Genocide* (New York, 2021) and O. Bartov, “Blind Spots of Genocide,” *JMEH* 19, no. 4 (2021): 395–9.

(2)　B. Engelking and J. Grabowski, eds., *Night without End*, trans. A. Brzostowska, J. Giebułtowski, J. Grabowski, E. Olender-Dmowska, and T. Frydel (Bloomington, IN, 2022). 原著は 2018 年にポーランドで *Dalej jest noc* として刊行.

(3)　例えば以下を参照. “Polish Appeals Court Overturns Ruling against Holocaust Historians,” *The Guardian*, August 16, 2021, www.theguardian.com/world/2021/aug/16/polish-appeals-court-overturns-ruling-against-holocaust-historians.

(4)　さらに以下を参照. O. Bartov, *Tales from the Borderlands* (New Haven, CT, 2022).

第 I 部――――

第 1 章

(1)　R. Lemkin, *Axis Rule in Occupied Europe*, 2nd ed. (Clark, NJ, 2008[1944]), esp. 79–95, and introductions by W. A. Schabas and S. Power, vii–xvi and xvii–xxiii, respectively; D.-L. Frieze, ed., *Totally Unofficial* (New Haven, CT, 2013), esp. 112–79.

(2)　例えば以下を参照. W. A. Schabas, “The ‘Odious Scourge,’ ” *GSP* 1, no. 2 (2006): 93–106.

(3)　さらに以下を参照. O. Bartov, “Genocide and the Holocaust,” in *Lessons and Legacies XI*, ed. H. Earl and K. A. Schleunes (Evanston, IL, 2014), 11–12.

(4)　O. Bartov, *The Eastern Front, 1941–45* (London, 1985); O. Bartov, *Hitler’s Army* (New York, 1991).

(5)　O. Bartov, *Murder in Our Midst* (New York, 1996), 53.

(6)　J.-M. Chaumont, *La concurrence des victims* (Paris, 1997); P. Novick, *The Holocaust in American Life* (Boston, MA, 1999); T. Segev, *The Seventh Million*, trans. H. Watzman (New York, 1993)〔トム・セゲフ，脇浜義明訳『七番目の百万人――イスラエル人とホロコースト』ミネルヴァ書房，2013 年〕.

(7)　O. Bartov, “Defining Enemies, Making Victims,” *AHR* 103, no. 3 (June 1998): 811–12.

(8)　O. Bartov, *Mirrors of Destruction* (New York, 2000), 5–6.

(9)　O. Bartov and E. D. Weitz, *Shatterzone of Empires* (Bloomington, IN, 2013); O. Bartov, *Erased* (Princeton, NJ, 2007); J.-P. Himka and J. B. Michlic, eds., *Bringing the Dark Past to Light* (Lincoln, NE, 2013).

(10)　以下にはっきりと表明されている. Z. Bauman, *Modernity and the Holocaust* (Ithaca, NY, 1989)〔ジークムント・バウマン，森田典正訳『近代とホロコースト』大月書店，2006 年／ちくま学芸文庫，2021 年〕

(11)　その後に以下のものを出版. Bartov and Weitz, *Shatterzone of Empires*.

(12)　O. Bartov, *Anatomy of a Genocide* (New York, 2018) および本書第 3 章参照 .

(13)　例えば以下がそうだ. R. Hilberg, *The Destruction of the European Jews* (Chicago, 1961)〔ラウル・ヒルバーグ，望田幸男他訳『ヨーロッパ・ユダヤ人の絶滅』上・下，柏書房，1997 年〕.

(14)　もっとも顕著な例はこれ. S. Friedländer, *Nazi Germany and the Jews*, 2 vols (New

York, 1997–2007).
(15) D. Bloxham, *The Final Solution*(New York, 2009).
(16) ソール・フリードレンダーは日記しか使っていない．以下も参照．A. Garbarini, *Numbered Days*(New Haven, CT, 2006); A. Goldberg, *Trauma in First Person*, trans. A. Greenberg et al.(Bloomington, IN, 2017). 比較研究では以下を参照．E. D. Weitz, *A Century of Genocide*(Princeton, NJ, 2003); B. A. Valentino, *Final Solutions*(Ithaca, NY, 2004); J. Semelin, *Purify and Destroy*, trans. C. Schoch(New York, 2007).
(17) Bloxham, *Final Solution*, 318; A. D. Moses, "Empire, Colony, Genocide," in *Empire, Colony, Genocide*, ed. A. D. Moses(New York, 2008), 25.
(18) Bartov, "Genocide and the Holocaust," 6.
(19) Bloxham, *Final Solution*, 318.
(20) Moses, "Empire, Colony, Genocide," 25.
(21) A. Dirk Moses, "Revisiting a Founding Assumption of Genocide Studies," *GSP* 6, no. 3 (2011): 296.
(22) Bartov, "Genocide and the Holocaust," 20.
(23) I. V. Hull, *Absolute Destruction*(Ithaca, NY, 2005); J. Zimmerer, "The First Genocide of the Twentieth Century," in *Lessons and Legacies VIII*, ed. D. L. Bergen(Evanston, IL, 2008), 34–64.
(24) Ibid., 35–6, 58–9.
(25) G. Aly, *'Final Solution'*, trans. B. Cooper et al.(New York, 1999)〔ゲッツ・アリー，山本尤他訳『最終解決——民族移動とヨーロッパのユダヤ人殺害』法政大学出版局，1998年〕; C. R. Browning, *The Origins of the Final Solution*(Lincoln, NB, 2004); O. Bartov, *Germany's War and the Holocaust*(Ithaca, NY, 2003), 79–98; W. Lower, *Nazi Empire-Building and the Holocaust in Ukraine*(Chapel Hill, NC, 2005).
(26) Moses, "Founding Assumption," 296.
(27) M. Mazower, *Hitler's Empire*(New York, 2009), 8.
(28) Ibid., 585, citing A. Césaire, *Discourse on Colonialism*, trans. J. Pinkham(New York, 2000), 36〔エメ・セゼール，砂野幸稔訳『帰郷ノート／植民地主義論』平凡社ライブラリー，2004年，137頁〕.
(29) Mazower, *Hitler's Empire*, 586–7.
(30) Ibid., 414–15.
(31) A. D. Moses, "The Holocaust and World History," in *The Holocaust and Historical Methodology*, ed. D. Stone(New York, 2012), 274. これは，ユダヤ人がホロコースト記憶の「神話的形式」を持つのに対して，ドイツの歴史家は「科学的に処理しているだけ」だというマルティン・ブロシャートの主張と共鳴している．M. Broszat and S. Friedländer, "A Controversy about the Historicization of National Socialism," in *Reworking the Past*, ed. P. Baldwin (Boston, MA, 1990), 106. もっと最近ではモーゼスは，政治神学の言語を，彼がホロコーストの「ドイツ・カテキズム」の高位神官と呼ぶものに適用してきた．以下を参照．"The Catechism Debate."
(32) Moses, "The Holocaust and World History," 275.
(33) Ibid., 281.
(34) 例えば以下を参照．J. Herf, *The Jewish Enemy*(Cambridge, MA, 2006); P. Longerich, *Holocaust*(New York, 2010); D. Cesarani, *Final Solution*(New York, 2016).

(35)　Moses, "The Holocaust and World History," 285–6.
(36)　例えば以下を参照. U. Herbert, *Best* (Bremen, 1997); M. Wildt, *An Uncompromising Generation*, trans. T. Lampert (Madison, WI, 2009); C. Ingrao, *Believe and Destroy*, trans. A. Brown (Cambridge, UK, 2013).
(37)　D. Bloxham, "Holocaust Studies and Genocide Studies," in *Genocide Matters*, ed. J. Apsel et al. (New York, 2013), 63.
(38)　Ibid. ナチとヨーロッパの暴力のもっと広い文脈における最終解決の分析のためには, 次を参照. C. Gerlach, *The Extermination of the European Jews* (Cambridge, UK, 2016).
(39)　以下も参照. J. Zeller et al., eds., *Völkermord in Deutsch-Südwestafrika* (Berlin, 2003); G. Prunier, *The Rwanda Crisis* (New York, 1995).
(40)　Bartov, "Genocide and the Holocaust," 21.
(41)　ホロコースト後のその種の早い段階の試みについては以下を参照. Laura Jockusch, *Collect and Record!* (New York: Oxford University Press, 2012).

第2章
(1)　Bartov, *Erased*.
(2)　U. D. Adam, *Judenpolitik im Dritten Reich* (Düsseldorf, 1972); K. A. Schleunes, *The Twisted Road to Auschwitz*, 2nd ed. (Urbana, IL, 1970); Hilberg, *The Destruction of the European Jews*〔ヒルバーグ『ヨーロッパ・ユダヤ人の絶滅』〕.
(3)　I. Trunk, *Judenrat* (Lincoln, NE, 1996); Y. Gutman and A. Saf, eds., *The Nazi Concentration Camps*, trans. D. Cohen and others (Jerusalem, 1984).
(4)　G. Reitlinger, *The Final Solution*; Hilberg, *The Destruction of the European Jews*〔ヒルバーグ『ヨーロッパ・ユダヤ人の絶滅』〕; M. Gilbert, *The Holocaust* (New York, 1985); D. J. Goldhagen, *Hitler's Willing Executioners* (New York, 1996)〔ダニエル・J・ゴールドハーゲン, 望田幸男監訳『普通のドイツ人とホロコースト』ミネルヴァ書房, 2007年〕; Friedländer, *Nazi Germany and the Jews*; Longerich, *Holocaust*; Browning, *Origins of the Final Solution*.
(5)　E. Mendelsohn, *The Jews of East Central Europe between the World Wars* (Bloomington, IN, 1983); Y. Gutman et al., eds., *The Jews of Poland between Two World Wars* (Hanover, NH, 1989); A. Polonsky, ed., *My Brother's Keeper?* (London, 1990); M. Opalski and I. Bartal, *Poles and Jews* (Hanover, NH, 1992); J. D. Zimmerman, ed., *Contested Memories* (New Brunswick, NJ, 2003); H. Dreifuss, *We Polish Jews?* (Jerusalem, 2009[Hebrew]); J. Grabowski, *Hunt for the Jews* (Bloomington, IN, 2013); Engelking and Grabowski, *Night without End*.
(6)　M. Broszat, "Hitler and the Genesis of the 'Final Solution,'" in *Aspects of the Third Reich*, ed. H. W. Koch (London, 1985), 390–429; H. Mommsen, "The Realization of the Unthinkable," in H. Mommsen, *From Weimar to Auschwitz*, trans. P. O'Connor (Princeton, NJ, 1991), 224–53; C. R. Browning, *Ordinary Men* (New York, 1992)〔クリストファー・R・ブラウニング, 谷喬夫訳『普通の人びと——ホロコーストと第101警察予備大隊』筑摩書房, 1997年／ちくま学芸文庫, 2019年〕; Browning, *The Path to Genocide* (New York, 1992); Wildt, *An Uncompromising Generation*.
(7)　G. Aly, *Hitler's Beneficiaries*, trans. J. Chase (New York, 2006); M. Dean et al., eds., *Robbery and Restitution* (New York, 2007); C. Goschler et al., eds., *Raub und Restitution* (Frankfurt, 2003); C. Goschler et al., eds., *"Arisierung" und Restitution* (Göttingen, 2002).

以下も参照. G. D. Feldman et al., eds., *Networks of Nazi Persecution* (New York, 2005); A. Tooze, *The Wages of Destruction* (New York, 2006), 461–85, 513–31〔アダム・トゥーズ, 山形浩生・森本正史訳『ナチス 破壊の経済 1923–1945』上・下, みすず書房, 2019年, 下巻, 521–548, 581–624頁〕.

(8) D. Nirenberg, *Anti-Judaism* (New York, 2013); W. I. Brustein, *Roots of Hate* (New York, 2003); J. Weiss, *The Politics of Hate* (Chicago, 2003); W. Bergmann et al., eds., *Exclusionary Violence* (Ann Arbor, MI, 2002); J. Carroll, *Constantine's Sword* (Boston, MA, 2001); A. S. Lindemann, *Anti-Semitism Before the Holocaust* (New York, 2000); K. P. Fischer, *The History of an Obsession* (New York, 1998); P. Schäfer, *Judeophobia* (Cambridge, MA, 1997); R. S. Wistrich, *Antisemitism* (New York, 1994); S. L. Gilman et al., eds., *Anti-Semitism in Times of Crisis* (New York, 1991); G. I. Langmuir, *History, Religion, and Antisemitism* (Berkeley, CA, 1990).

(9) 例えば, Y. Gutman, *The Jews of Warsaw, 1939–1943* (Bloomington, IN, 1989)や Y. Gutman et al., *Unequal Victims*, trans. T. Gorelick et al. (New York, 1986)を, G. S. Paulsson, *Secret City* (New Haven, CT, 2002)や R. C. Lukas, *The Forgotten Holocaust* (Lexington, KY, 1986)と比較してみてほしい. また, M. Wierzbicki, *Polacy i Żydzi w zaborze sowieckim* (Warsaw, 2001)と J. T. Gross, *Revolution from Abroad*, expanded ed. (Princeton, NJ, 2002), 241–88も比較してみること.

(10) J. T. Gross, *Fear* (Princeton, NJ, 2006)〔ヤン・T・グロス, 染谷徹訳『アウシュヴィッツ後の反ユダヤ主義』白水社, 2008年〕; E. Hoffman, *After Such Knowledge* (New York, 2004)〔エヴァ・ホフマン, 早川敦子訳『記憶を和解のために』みすず書房, 2011年〕; J. B. Michlic, *Poland's Threatening Other* (Lincoln, NE, 2006); D. Blatman, "Polish Jewry, the Six-Day War, and the Crisis of 1968," in *The Six-Day War and World Jewry*, ed. E. Lederhendler (Bethesda, MD, 2000), 291–310; D. Stola, "Fighting against the Shadows," in *Antisemitism and Its Opponents in Modern Poland*, ed. R. Blobaum (Ithaca, NY, 2005), 284–300. 以下も参照. J. T. Gross, *Neighbors* (Princeton, NJ, 2001); A. Bikont, *The Crime and the Silence*, trans. A. Valles (New York, 2015); J. Tokarska-Bakir, *Pod klątwą* (Warsaw, 2018). 全体主義と戦争の犠牲者としての東欧については以下も参照. T. Snyder, *Bloodlands* (New York, 2010)〔ティモシー・スナイダー, 布施由紀子訳『ブラッドランド』上・下, 筑摩書房, 2015年/ちくま学芸文庫, 2022年〕. バルトフによる同書への批判は以下にある. "Featured Review," *SR* 70, no. 2 (2011): 424–8.

(11) L. Wolff, *Inventing Eastern Europe* (Stanford, CA, 1994).

(12) グロスの Neighbors をめぐる論争についての西側でのいくつかの刊行物については以下を参照. J. B. Michlic et al., eds., *The Neighbors Respond* (Princeton, NJ, 2004); M. Shore, "Conversing with Ghosts," *Kritika* 6, no. 2 (2005): 1–20; J. Connelly, "Poles and Jews in the Second World War," *CEH* 2, no. 4 (2002): 641–58, and Bikont, *The Crime and the Silence*.

(13) T. Mason, "Intention and Explanation" (orig. pub. 1981), in T. Mason, *Nazism, Fascism, and the Working Class*, ed. J. Caplan (Cambridge, UK, 1995), 212–30.

(14) 例えばフィリップ・フリードマン, イェフダ・バウアー, イスラエル・グトマン, ラウル・ヒルバーグ, ソール・フリードレンダーら. ただし最後の二人は東欧の言語や歴史研究との馴染みは限られていた.

(15) B. Cohen, *Israeli Holocaust Research* (London, 2012); D. Michman, "Is There an 'Israeli School' in Holocaust Research?" *Zion* 74 (2009): 219–44 (Hebrew). イスラエル人の歴史家で

1951–55年に教育大臣を務めたベン・ツィオン・ディヌルは1953年のヤド・ヴァシェム設置法制定にあたり主導的役割を果たした．以下の彼の著書を参照．Ben Zion Dinur, *Remember*(Jerusalem, 1958[Hebrew]), 18–19; R. Stauber, *The Holocaust in Israeli Public Debate in the 1950s*, trans. E. Yuval(London, 2007), 60–5; Segev, *The Seventh Million*, 421–45〔セゲフ『七番目の百万人』498–527頁〕.

(16) ユダヤ人の共犯についてのヒルバーグの見方をめぐる論争，ヤド・ヴァシェムによる彼の著書の拒否，そしてアーレントの『エルサレムのアイヒマン』をめぐる論争については以下を参照．Bartov, *Mirrors of Destruction*, 129–32.

(17) N. Berg, *Der Holocaust und die westdeutschen Historiker*(Göttingen, 2003); Baldwin, *Reworking the Past*, 77–134.

(18) 例えば以下を参照．Y. Gutman, ed., *Major Changes within the Jewish People in the Wake of the Holocaust*(Jerusalem, 1996[Hebrew])．さらに以下もある．Bartov, *Germany's War and the Holocaust*, 99–121.

(19) 以下を参照．"European Parliament resolution on remembrance of the Holocaust, anti-semitism and racism," January 27, 2005, www.europarl.europa.eu/doceo/document/TA-6-2005-0018_EN.html.

(20) 例えば以下を参照．E. Barkan et al., eds., *Shared History–Divided Memory*(Göttingen, 2007)．また，W. W. Hagen, "Before the 'Final Solution,' " *JMH* 68, no. 2(1996): 351–81; Connelly, "Poles and Jews in the Second World War," や Gross, *Fear*, chaps. 3–4 を M. J. Chodakiewicz, "Affinity and Revulsion," in *Spanish Carlism and Polish Nationalism*, ed. Chodakiewicz et al.(Charlottesville, VA, 2003), 51–6 及び Chodakiewicz, *After the Holocaust* (New York, 2003), 159–76 と比較すること．

(21) 例えば以下を参照．T. W. Ryback, *The Last Survivor*(New York, 1999); J. L. Baker et al., *The Book of Jedwabne*(Jerusalem, 1980[Hebrew])．また以下も参照．P. Machcewicz et al., *Wokół Jedwabnego*, 2 vols.(Warsaw, 2002)．さらに地元住民の共犯については以下を参照．D. Pohl, *Nationalsozialistische Judenverfolgung in Ostgalizien, 1941–1944*(Munich, 1996); T. Sandkühler, *"Endlösung" in Galizien*(Bonn, 1996); B. Chiari, *Alltag hinter der Front*(Düsseldorf, 1998); M. Dean, *Collaboration in the Holocaust, 1941–44*(New York, 2000).

(22) R. Hilberg, *Perpetrators Victims Bystanders: The Jewish Catastrophe, 1933–1945*(New York, 1992).

(23) O. Bartov et al., eds., *Crimes of War* (New York, 2002); H. Heer et al., eds., *War of Extermination*(New York, 2000); Hamburg Institute for Social Research, ed., *The German Army and Genocide*, trans. S. Abbott et al.(New York, 1999).

(24) B. Boll, "Złocz. w, July 1941," in Bartov, *Crimes of War*, 61–99; D. Bechtel, "De Jedwabne. Zolotchiv," in *CEC* 5: *La destruction de confines*, ed. D. Bechtel et al.(Paris, 2005), 69–92. 修正主義の見方は以下を参照．B. Musial, *Konterrevolutionäre Elemente sind zu erschießen*(Berlin, 2000)．最近の研究は以下の通り．A. Zapalec, "Złocz. w County," in Engelking, *Night without End*, 235–94. 以下も参照．K. C. Berkhoff, *Harvest of Despair*(Cambridge, MA, 2004); R. Brandon and W. Lower, eds., *The Shoah in Ukraine*(Bloomington, IN, 2008); W. Lower, *The Ravine* (Boston, MA, 2021).

(25) C. Delbo, *None of Us Will Return*, trans. J. Githens(New York, 1968[1965]); P. Levi, *The Reawakening*(La tregua), trans. S. Woolf(New York, 1995[1963]).

(26) 例えば以下を参照．Pohl, *Nationalsozialistische Judenverfolgung*, 144–7; Sandkühler,

"Endlösung" in Galizien, 150–2; E. Freundlich, *Die Ermordung einer Stadt namens Stanislau* (Vienna, 1986), 154–64; A. Liebesman, *With the Jews of Stanisławów in the Holocaust* (Tel Aviv, 1980[Hebrew]), 22–31; Bartov, *Anatomy of a Genocide*, 232–64.

(27) ユリヤ・ミハイリヴナ・トレンバフ．娘のロマ・ネストリヴナ・クリヴェンチュークが書き取り，ミコラ・コザクが収集，ソフィア・グラチョヴァが翻訳．東ガリツィア，現在の西ウクライナのブチャチについて2003年に話したもの．

(28) マリア・ミハイリヴナ・フヴォチェンコ(旧姓ドヴハンチューク)．ミコラ・コザクがインタヴュー，ソフィア・グラチョヴァが翻訳．2003年にブチャチについて話したもの．

(29) 同前．

(30) 例えば以下を参照．Eliasz Chalfen (Elijahu Chalfon), YVA, M1/E 1559 (Polish), and 03/8553 (Hebrew), October 21, 1947.

(31) Ibid.

(32) 注7参照．F. Bajohr, *"Aryanisation" in Hamburg*, trans. G. Wilkes (New York, 2002); Bajohr, *Parvenüs und Profiteure* (Frankfurt, 2001).

(33) C. Goschler, *Wiedergutmachung* (Munich, 1992); L. Herbst et al., eds., *Wiedergutmachung in der Bundesrepublik Deutschland* (Munich, 1989); C. Pross, *Paying for the Past*, trans. B. Cooper (Baltimore, MD, 1998); M. J. Bazyler, *Holocaust Justice* (New York, 2003).

(34) Gross, *Revolution from Abroad*, 187–224; B.-C. Pinchuk, *Shtetl Jews under Soviet Rule* (Oxford, 1990); B. Milch, *Can Heaven Be Void?* trans. and ed. S. Milch-Avigal et al. (Jerusalem, 1999[Hebrew]), 37–48. ブチャチの記憶，録音された証言，インタヴューは以下を参照．P. Anderman, *The Will to Life* (Tel Aviv, 2004[Hebrew]), 24–9; A. Appleman-Jurman, *Alicia* (New York, 1988), 5–12; R. Zuroff (Tabak), SFV, August 31, 1995; G. Gross, SFV, June 17, 1996; E. Grintal (Nachtigal), SFV, September 21, 1997 (Hebrew); S. Tischler, YVA, 03/10229, VT-1585, June 26, 1997 (Hebrew); interview with W. Halkiewicz by F. Grelka, April 27, 2004; J. Anczarski, *Kronikarskie zapisy z lat cierpień i grozy w Małopolsce Wschodniej 1939–1946* (Kraków, 1998), 15–176 (original document in HI, AW, II/1224); W. Janda, AW, II/1561.

(35) 全般的には以下を参照．L. Dobroszycki et al., eds., *The Holocaust in the Soviet Union* (Armonk, NY, 1993); Y. Arad, *History of the Holocaust* (Jerusalem, 2004[Hebrew]).

(36) ユダヤ人絶滅が民族ポーランド人の中産階級の登場を促す可能性があったという考え方については以下を参照．J. Tomaszewski, "The Role of Jews in Polish Commerce, 1918–1939," in Gutman, *The Jews of Poland*, 141–57; Mendelsohn, *The Jews of East Central Europe*, 11–83; G. Aly et al., *Architects of Annihilation*, trans. A. G. Blunden (Princeton, NJ, 2002).

(37) R. E. Gruber, *Virtually Jewish* (Berkeley, 2002). ユダヤ人集団墓地の略奪については以下を参照．J. T. Gross, *Golden Harvest* (New York, 2021).

(38) I. Bobyk, *The City of Butchach and Its Region* (London, 1972[Ukrainian]), 475–7.

(39) I. Gelbart, YVA, 033/640.

(40) Ibid.

(41) I. Duda, *Buchach* (Lviv, 1985[Ukrainian]).

(42) T. Pavlyshyn, "The Holocaust in Buczacz," *Nova Doba* 48 (December 1, 2000 [Ukrainian]).

(43) Ibid.

(44) Ibid.

(45)　D. Engel, *In the Shadow of Auschwitz* (Chapel Hill, NC, 1987); Engel, *Facing a Holocaust* (Chapel Hill, NC, 1993).

(46)　Pavlyshyn, "The Holocaust in Buczacz."

(47)　Ibid.

(48)　以下も参照. M. S. Mandel, *In the Aftermath of Genocide* (Durham, NC, 2003); A. Astro, ed., "Discourses of Jewish Identity in Twentieth Century France," in *YFS* 85 (New Haven, CT, 1994); E. Benbassa, *The Jews of France*, trans. M. B. DeBevoise (Princeton, NJ, 1999), 178–99; P. E. Hyman, *The Jews of Modern France* (Berkeley, CA, 1998), 193–214; H. S. Hughes, *Prisoners of Hope* (Cambridge, MA, 1983).

(49)　H. Fireberg et al., eds., *Being Jewish in 21st-Century Germany* (Berlin, 2015); M. Brenner, *After the Holocaust*, trans. B. Harshav (Princeton, NJ, 1997); Y. M. Bodemann, ed., *Jews, Germans, Memory* (Ann Arbor, MI, 1996); J. Borneman and J. M. Peck, *Sojourners* (Lincoln, NE, 1995). しかしこれも参照すること. J. Reinharz et al., eds., *Inside the Antisemitic Mind* (Waltham, MA, 2017).

(50)　注 10 参照. K. Gebert, "Revival? Rebirth? Renaissance? What Has Happened to Polish Jews over the Last Four Decades?" *NJ* 31, no. 1 (2020): 65–75; J. Michlic, " 'The Open Church' and 'the Closed Church' and the Discourse on Jews in Poland between 1989 and 2000," *CPCS* 37, no. 4 (2004): 461–79; S. Ury, "Who, What, When, Where, and Why Is Polish Jewry?" *JSS* 6, no. 3 (2000): 205–28; R. F. Scharf, Poland, *What Have I to Do with Thee*, 2nd ed. (Kraków, 1999); E. Forgács et al., eds., *Contemporary Jewish Writing in Hungary* (Lincoln, NE, 2003). 現在のポーランドのユダヤ人人口推定は以下を参照. World Jewish Congress, www.worldjewishcongress.org/en/about/communities/PL; Institute for Jewish Policy Research, www.jpr.org.uk/country?id=244.

(51)　以下を参照. Gerlach, *Extermination of the European Jews*; P. Hayes, *Why?* (New York, 2017).

(52)　しかし以下のものを参照. C. R. Browning, *Remembering Survival* (New York: W. W. Norton & Co., 2019); S. Spector, *The Holocaust of Volhynian Jews, 1941–1944*, trans. J. Michalowicz (Jerusalem, 1990 [1986]).

(53)　例えば以下を参照. H. Dreifuss, *Warsaw Ghetto–The End* (Jerusalem, 2017 [Hebrew]). 次のものは斬新である. G. J. Horwitz, *Ghettostadt* (Cambridge, MA, 2008).

(54)　例えば以下を参照. J. S. Milligan, " 'What Is an Archive?' in the History of Modern France," in *Archive Stories*, ed. A. Burton (New York, 2005), 159–83.

(55)　例えば以下を参照. R. Hilberg, *The Destruction of the European Jews*, 3 vols., 3rd ed. (New Haven, CT, 2003), 3: 1080–1104.〔ヒルバーグ『ヨーロッパ・ユダヤ人の絶滅』下巻, 238–269 頁〕

(56)　L. Douglas, *The Memory of Judgment* (New Haven, CT, 2001); H. Yablonka, *The State of Israel vs. Adolf Eichmann*, trans. O. Cummings et al. (New York, 2004); S. Meinl et al., eds., *Im Labyrinth der Schuld* (Frankfurt, 2003); D. Pendas, *The Frankfurt Auschwitz Trial, 1963–1965* (Cambridge, UK, 2006); R. Wittmann, *Beyond Justice* (Cambridge, MA, 2005).

(57)　Goldhagen, *Hitler's Willing Executioners*〔ゴールドハーゲン『普通のドイツ人とホロコースト』〕; Browning, *Ordinary Men*〔ブラウニング『普通の人びと』〕.

(58)　Douglas, *Memory of Judgment*, 65–80. さらに以下も参照. M. R. Marrus, ed., *The Nuremberg War Crimes Trial, 1945–46* (Boston, MA, 1997).

(59)　以下に概観がある．F. Bauer et al., eds., *Justiz und NS-Verbrechen*(hereafter *J. u. NS-V*), multiple vols.(Amsterdam, 1968–)．もっと辛辣なユダヤ人の観点は以下を参照．A. Gutfreund, *Our Holocaust*, trans. J. Cohen(New Milford, CT, 2006)．さらに本書第 6 章を参照．

(60)　これ以上は次を参照．O. Bartov, *The "Jew" in Cinema*(Bloomington, IN, 2005), 78–92. ハンナ・アーレントは『ニューヨーカー・マガジン』誌のために裁判を取材し，影響力のあるしかし深刻な欠点のある書物(*Eichmann in Jerusalem*, in 1963〔ハンナ・アーレント，大久保和郎訳『イェルサレムのアイヒマン』みすず書房，1969 年〕)を出版したことでよく知られている．

(61)　この点で，1967 年の六日間戦争ではアイヒマン裁判がはるかに道具化して使われたことを述べておきたい．この点について以下を参照．Novick, *The Holocaust in American Life*. さらに以下も参照．O. Bartov, "The Holocaust as Leitmotif of the Twentieth Century," in *Lessons and Legacies VII*, ed. D. Herzog(Evanston, IL, 2006), 3–25.

(62)　P. Weiss, *The Investigation*, trans. U. Grosbard et al.(New York, 1966[1965])〔ペーター・ヴァイス，岩淵達治訳『追究』白水社，1966 年〕．さらに以下も参照．D. Herzog, *Sex after Fascism*(Princeton, NJ, 2005)〔ダグマー・ヘルツォーク，川越修他訳『セックスとナチズムの記憶』岩波書店，2012 年〕．

(63)　この文脈では以下を参照．B. Schlink, *The Reader*, trans. C. B. Janeway(New York, 1997)〔ベルンハルト・シュリンク，松永美穂訳『朗読者』新潮社，2000 年／新潮文庫，2003 年〕．

(64)　J. Wulf, *Das Dritte Reich und seine Vollstrecker*(Berlin-Grunewald, 1961)．

(65)　M. Broszat, *Nationalsozialistische Polenpolitik, 1939–1945*(Stuttgart, 1961)．

(66)　N. Berg, "Die Lebenslüge vom Pathos der Nüchternheit," *SZ*(July 17, 2002); Berg, *Der Holocaust und die westdeutschen Historiker*, 337–70, 447–65, 594–615; Baldwin, *Reworking the Past*, 77–134.

(67)　さらに以下を参照．Bartov, *Mirrors of Destruction*, 129–30.

(68)　M. Broszat, *The Hitler State*, trans. J. W. Hiden(London, 1981[1969])．以下も参照．O. Bartov, "A Man without Qualities," *TNR*(March 12, 2001): 34–40.

(69)　R. Hilberg, *The Politics of Memory*(Chicago, 1996), 154–7〔ラウル・ヒルバーグ，徳留絹枝訳『記憶――ホロコーストの真実を求めて』柏書房，1998 年〕; Browning, *Origins of the Final Solution*.

(70)　以下を参照．Jewish Historical Institute, www.jhi.pl/en/about-the-institute; 初期のホロコースト証言はこちら．https://early-testimony.ehri-project.eu/exhibits/show/history-of-collections/jhi-warsaw.

(71)　Yad Vashem, www.yadvashem.org/.

(72)　Fortunoff Video Archive for Holocaust Testimonies, www.library.yale.edu/testimonies/.

(73)　D. P. Boder, *I Did Not Interview the Dead*(Urbana, IL, 1949); D. P. Boder, "Topical Autobiographies of Displaced People Recorded Verbatim in Displaced Persons Camps, with a Psychological and Anthropological Analysis"(Chicago, 1950–7[microform]); D. L. Niewyk, *Fresh Wounds*(Chapel Hill, NC, 1998); Voices of the Holocaust, https://voices.iit.edu/.

(74)　S. Miltenberger et al., eds., *Archiv der Erinnerung*, 2 vols.(Potsdam, 1998)．

(75)　USC Shoah Foundation, https://sfi.usc.edu/.

(76)　Mandel Center, USHMM, www.ushmm.org/research/about-the-mandel-center/.

(77)　Archiwum Wschodnie, https://karta.org.pl/aktualnosci/archiwum-wschodnie; Hoover In-

stitution, www.hoover.org/library-archives/collections/poland-during-world-war-ii.

(78) Z. Kovba, *Humanity in the Abyss of Hell*(Kyiv, 1998[Ukrainian]); B. Zabarko, ed., *"Nur wir haben überlebt,"* trans. M. Hegge et al.(Lutherstadt Wittenberg, 2004).

(79) R. Szporluk, *Russia, Ukraine, and the Breakup of the Soviet Union*(Stanford, CA, 2000), 109–50.

(80) 例えば以下を参照. *Pinkas Hakehillot, Poland*, vol. 2: *Eastern Galicia*, ed. D. Dąbrowska et al.(Jerusalem, 1980[Hebrew]); Y. Cohen, ed., *Sefer Buczacz*(Tel Aviv, 1956[Hebrew and Yiddish]); W. Szklarz, ed., *Głos Buczaczan*(Wrocław, 1991).

(81) J. Czaplicka, ed., *Lviv*(Cambridge, MA, 2000); S. Redlich, *Together and Apart in Brzeżany*(Bloomington, IN, 2002); K. Brown, *A Biography of No Place*(Cambridge, MA, 2004); W. W. Hagen, "The Moral Economy of Popular Violence," in Blobaum, *Antisemitism and Its Opponents*, 124–47; R. Brubaker et al., *Nationalist Politics and Everyday Ethnicity in a Transylvanian Town*(Princeton, NJ, 2006); F. Golczewski, "Shades of Grey," in Brandon and Lower, *The Shoah in Ukraine*, 114–55; H. Case, *Between States*(Stanford, CA, 2009); T. Amar, *The Paradox of Ukrainian Lviv*(Ithaca, NY, 2015); T. R. Weeks, *Vilnius between Nations, 1795–2000*(DeKalb, IL, 2015); Bartov, *Anatomy of a Genocide*; Engelking, *Night without End*.

(82) 例えば, 南カリフォルニア大学ショアー財団とロサンゼルス寛容博物館の教育プログラムを参照.

(83) W. S. Allen, *The Nazi Seizure of Power*(Chicago, 1965)〔ウィリアム・シェリダン・アレン, 西義之訳『ヒトラーが町にやってきた』番町書房, 1968年〕.

(84) 文脈は異なるが, これはブラウン大学の「奴隷制と正義」レポートの主張である. www.brown.edu/Research/Slavery_Justice/.

(85) P. Nora, ed., *Les Lieux de mémoire*, 3 vols.(Paris, 1984–92).

第II部――――

第3章

(1) Gross, *Neighbors*; Grabowski, *Hunt for the Jews*; A. Żbikowski, "Pogroms in Northeastern Poland," in Barkan, *Shared History*, 315–54; B. Engelking, "Murdering and Denouncing Jews in the Polish Countryside, 1942–1945," and A. Żbikowski, " 'Night Guard,' " *EEPS* 25, no. 3 (2011): 433–56, 512–29; Bartov, *Anatomy of a Genocide*.

(2) 犯罪者の動機についての様々の解釈は以下を参照. Goldhagen, *Hitler's Willing Executioners*〔ゴールドハーゲン『普通のドイツ人とホロコースト』〕; Browning, *Ordinary Men*〔ブラウニング『普通の人びと』〕; R. J. Lifton, *The Nazi Doctors*(New York, 1986); Waller, *Becoming Evil*(New York, 2002). 収容所長のフランツ・スタンゲルの身の毛もよだつ像は以下を参照. G. Sereny, *Into That Darkness*(New York, 1974)〔ギッタ・セレニー, 小俣和一郎訳『人間の暗闇――ナチ絶滅収容所長との対話』岩波書店, 2005年〕.

(3) D. Laor, *S. Y. Agnon*(Tel Aviv, 1998[Hebrew]), 13–48.

(4) 概観は以下にある. Pohl, *Nationalsozialistische Judenverfolgung*; Sandkühler, *"Endlösung" in Galizien*. ドイツ占領期ブチャチのウクライナ人の元市長によれば, 同市は1941年夏時点でユダヤ人8,000人, ウクライナ人3,600人, ポーランド人3,500人を数えた. 彼はまたユダヤ人生存者のイシドール・ゲルバルトの戦後の書簡を引用し, これは1939年のユダヤ人人口を8,000人と推定, ナチ統治初期にブチャチのユダヤ人の数は「かなり増加」と述べている. 他所より安全と考えられたのだ. Bobyk, *The City of Butchach*, 475–9.

(5)　町の人口に占めるユダヤ人の割合に基づいたシュテットルの定義は以下を参照．Y. Bauer, *The Death of the Shtetl*（New Haven, CT, 2009）, 3-4.

(6)　1870年にはブチャチのユダヤ人は6,077人で，総人口8,959人の67.9%を占めた．M. Bałaban, "Buchach（Buczacz）," in *Jewish Encyclopedia*, ed. L. Katznelson et al.（St. Petersburg, 1906-13［Russian］）, vol. 5, 135. 1914年にブチャチではポーランド人3,500人，ウクライナ人2,000人，ユダヤ人7,500人（57.7%）だった．M. Orłowicz et al., eds., *Ilustrowany Przewodnik po Galicyi*（Lwów, 1914）, 141.

(7)　1890年に東ガリツィアの人口は310万人で，19%がローマ・カトリック，66%がギリシア＝カトリック〔東方帰一教会．正教典礼を維持しつつローマ教皇の権威を求めた教会．東欧各地の正教会がイエズス会などの働きかけによりカトリックと合同したことで成立した．ここでの文脈では，ほとんどがウクライナ人〕，14%がユダヤ人だった．ユダヤ人は都市人口の47%を占めたが，農村民では7.26%に過ぎなかった．1849年から1910年にかけて（東・西）ガリツィアの人口は全体で500万人から800万人に上昇し，45%がポーランド人，43%がウクライナ人，11%がユダヤ人だった．P. R. Magocsi, *A History of Ukraine*（Seattle, 1996）, 424; Jit, *Stosunki narodowościowe w Galicyi wschodniej*（Krak. w, 1894）, 15-6, 38-9, 75-7.

(8)　例えば以下を参照．Longerich, *Holocaust*.

(9)　以下を参照．Bartov, *Erased*; Bartov, *Anatomy of a Genocide*; Bartov, *Tales from the Borderlands*; M. Hirsch and L. Spitzer, *Ghosts of Home*（Berkeley, CA, 2010）; D. Mendelsohn, *The Lost*（New York, 2006）.

(10)　R. Brubaker, "Aftermaths of Empire and the Unmixing of Peoples," in R. Brubaker, *Nationalism Reframed*（New York, 1996）, 148-78; M. Carynnyk, "Foes of Our Rebirth," *NP* 39, no. 3（2011）: 315-52; Aly, *Architects of Annihilation*.

(11)　Samantha Power, *"A Problem from Hell": America and the Age of Genocide*（New York, 2002）〔サマンサ・パワー，星野尚美訳『集団人間破壊の時代』ミネルヴァ書房，2010年〕.

(12)　L. Wolff, *The Idea of Galicia*（Stanford, CA, 2010）.

(13)　J.-P. Himka, "The Lviv Pogrom of 1941," *CSP* 53, nos. 2-4（2011）: 209-43; K. Struve, "Tremors in the Shatterzone of Empires," in Bartov and Weitz, *Shatterzone of Empires*, 463-84.

(14)　Bartov, *Anatomy of a Genocide*. 以下も参照．Bartov, *Tales from the Borderlands*; O. Bartov, ed., *Voices on War and Genocide*（New York, 2021）. 町の記念図書としては次のものがある．Cohen, *Sefer Buczacz*.

(15)　N. N. Hanover, *The Book of the Deep Mire*（Tel Aviv, 1944-5［Hebrew, 1653］）, trans. A. J. Mesch as *Abyss of Despair*（Yeven Metzulah）, reprint ed.（New Brunswick, NJ, 1983）. 以下も参照．J. Raba, *Between Remembrance and Denial*（New York, 1995）.

(16)　*Das Reisejournal des Ulrich von Werdum*（1670-1677）, ed. S. Kramer（Frankfurt am Main, 1990）, 210-1.

(17)　F.-P. Dalairac, *Les Anecdotes de Pologne ou Mémoires secrets du Règne de Jean Sobieski*（Paris, 1699）, 230. 以下より引用．S. Barącz, *Pamiątki Buczackie*（Lwów, 1882）, 12.

(18)　Dalairac, *Les anecdotes*, 228. 以下より引用．Barącz, *Pamiątki Buczackie*, 12.

(19)　Z. Krasiński, *Nie-Boska komedyja*（Paris, 1862）, 98; *Polski Słownik Biograficzny* 28（Kraków, 1984-5）, 113-4; C. Miłosz, *The History of Polish Literature*, 2nd ed.（Berkeley, CA, 1983）, 143-7; S. Grodziski, *Wzdłuż Wisły, Dniestru i Zbrucza*（Kraków, 1998）, 136-7; A.

Żarnowski, *Kresy Wschodnie II Rzeczypospolitej* (Kraków, 1992), 8. Wolff, *The Idea of Galicia*, 145.

(20) Barącz, *Pamiątki Buczackie*.

(21) S. Y. Agnon, *Ir u-melo'ah* (Tel Aviv, 1973[Hebrew]), 部分訳は以下の通り. *A City in Its Fullness*, A. Mintz et al., eds., multiple translators (New Milford, CT, 2016).

(22) N. Sinkoff, *Out of the Shtetl* (Providence, RI, 2004); M. Wodziński, *Haskalah and Hasidism in the Kingdom of Poland* (Portland, OR, 2005).

(23) Cohen, *Sefer Buczacz*, 212–24; P. S. Wandycz, "The Poles in the Habsburg Monarchy," in *Nationbuilding and the Politics of Nationalism*, ed. A. S. Markovits, et al. (Cambridge, MA, 1982), 75–81; J.-P. Himka, *Galician Villagers and the Ukrainian National Movement in the Nineteenth Century* (New York, 1988); K. Struve, *Bauern und Nation in Galizien* (Göttingen, 2005).

(24) A. Siewiński, "Memories of Buczacz and Jazłowiec during the Great War, 1914–1920," in Bartov, *Voices on War and Genocide*, 21–137. 原版は以下の通り. BJ, manuscript division, BJ 7367.

(25) A. Lev, "The Devastation of Galician Jewry in the Bloody World War," trans. from Yiddish by B. Aizenberg, in *Jewish Chronicle*, vol. 3, ed. L. M. Klyachko et al. (Leningrad, 1924 [Russian]), 174.

(26) S. An-Ski, *The Destruction of the Jews in Poland, Galicia, and Bukovina*, trans. from Yiddish by S. L. Zitron, 2 vols. (Berlin, 1929/Tel Aviv, 1936?[Hebrew]), vol. 2, pt. 4, 406. ノイグロシェルによる部分訳は次の通り. *The Enemy at His Pleasure* (New York, 2002). 以下も参照. *1915 Diary of S. An-sky*, trans. P. Zavadiker (Bloomington, IN, 2016); G. Safran, *Wandering Soul* (Cambridge, MA, 2010), 225–57.

(27) 1914–18年の戦時下ブチャチの写真は以下を参照. AT-OeSt/KA, BS I WK Fronten Galizien. 1918年夏には, 破壊された合計569軒の家屋のリストが作成された. TsDIAL, fond 146, op. 48, spr. 31–2.

(28) 例えば以下を参照. I. Krypiakevych et al., *History of the Ukrainian Army* (Lviv, 1936 [Ukrainian]), 502–12; W. Hupert, *Zajęcie Małopolski Wschodniej i Wołynia w roku 1919* (Lwów-Warsaw, 1928), 42–3, 96–105.

(29) 例えば以下を参照. Parliamentary Commission for the Investigation of Ukrainian Raids against Polish Civilians, testimonies from Buczacz: AAN/MSZ/Eastern Division, 5341a, 227, 233–4.

(30) 1920–1924年の東ガリツィアに関するイギリスの報告書は以下を参照. TNA, FO 688/2/3, 229–30; FO 688/2/3, 295–303; FO 688/9/2/, 553–56; FO 688/15/12, 679–88. さらに次も参照. I. Petrushevych, "L'Ukraine Occidentale," 1921, PAAA, Pol. 1, R 81428; Hagen, "The Moral Economy of Popular Violence."

(31) 例えば以下を参照. P. Shandruk, ed., *The Ukrainian-Russian War of 1920 in Documents* (Warsaw, 1933[Ukrainian]), 114–7, 120–51, 216–37; N. K. Kolesnik et al., eds., *The Civil War in Ukraine, 1918–1920* (Kyiv, 1967[Russian]), 336–9.

(32) F. Bruder, *"Den ukrainischen Staat erkämpfen oder sterben!"* (Berlin, 2007); J.-P. Himka, *Ukrainian Nationalists and the Holocaust* (Stuttgart, 2021).

(33) Hagen, "Before the 'Final Solution' "; S. Rudnicki, "Anti-Jewish Legislation in Interwar Poland," in Blobaum, *Antisemitism and Its Opponents*, 148–70; H. Michael, *Zwischen David-*

stern und Roter Fahne (Berlin-Brandenburg, 2007), 85–122.

(34) Mendelsohn, *The Jews of East Central Europe*, 68–83; M. Mishkinsky, "The Communist Party of Poland and the Jews," and A. Brumberg, "The Bund and the Polish Socialist Party in the late 1930s," both in *The Jews of Poland between the Two World Wars*, ed. Y. Gutman et al. (Hanover, NH, 1989), 56–74 and 75–94; C. S. Heller, *On the Edge of Destruction* (Detroit, MI, 1994), 249–93.

(35) 例えば以下を参照. "Ekscesy ukraińskie w Trościance," Buczacz, June 12, 1934, DATO, fond 231, op. 1, pr. 2264, 14–16; Starosta Buczacki, Nr. 9/33/Taj. "Żydowskie życie polityczne," Buczacz, January 29, 1933; "K. P. Z. U. w Buczaczu–informacje," Buczacz, June 24, 1935, DATO, fond 231, op. 1, spr. 2325.

(36) 例えば以下を参照. *Księga Adresowa Małopolski, Rocznik 1935/1936*, 12–13.

(37) T. Segev, *Simon Wiesenthal* (New York, 2010), 29–43; S. D. Kassow, *Who Will Write Our History?* (Bloomington, IN, 2007), 17–26; Cohen, *Sefer Buczacz*, 225–8.

(38) S. Y. Agnon, *Ore'ah natah lalun*, rev. ed. (Tel Aviv, 1998[1939]), 訳書は以下の通り. Trans. by M. Louvis, *A Guest for the Night* (Madison, WI, 1968).

(39) Bartov, *Anatomy of a Genocide*, 101–2.

(40) ブチャチのウクライナ人警察指揮官ヴォロディミル・カズノフスキーのソ連による裁判記録(1956–1957年)参照. 他の警察幹部の名前と戦前の政治参加の記録が付されている. HDA SBU, Ternopil, spr. 30466, vols. 1–2; 26874; 14050–P; 736; 3713; 14340; 9859–P; 8540–P; 8973–P; 14320–P; Soviet "Extraordinary State Commission" report, USHMM RG- 22-002M, Reel # 17 (Ternopil region). さらに以下も参照. Himka, *Ukrainian Nationalists and the Holocaust*; G. N. Finder and A. V. Prusin, "Collaboration in Eastern Galicia," *EEJA* 34, no. 2 (2004): 95–118.

(41) Gross, *Revolution from Abroad*; Musial, "Konterrevolutionäre Elemente." Berkhoff, *Harvest of Despair*, 14. これは, ウクライナで合計8,789人のウクライナ人・ポーランド人・ユダヤ人の囚人が内務人民委員部に殺されたことを示すソ連文書を引用している.

(42) G. Rossoliński-Liebe, "Debating, Obfuscating and Disciplining the Holocaust," *EEJA* 42, no. 3 (2012): 203. ここでは, ユダヤ人犠牲者は13,000人以上と推定. D. Pohl, "Anti-Jewish Pogroms in Western Ukraine," in Barkan, *Shared History*, 306. これの推定では殺害されたのは35,000人以下. さらに以下も参照. K. Struve, "The Explosion of Violence," in Bartov and Weitz, *Shatterzone of Empires*, 463–84; J.-P. Himka, *Ukrainians, Jews and the Holocaust: Divergent Memories* (Saskatoon, 2009).

(43) ドイツ占領初期のブチャチの出来事に関するモシェ・ヴィツィンガーの記述は第4章参照. 同じくG. Gross 1996とGelbart 1948もある. ドイツ軍は1941年7月5日にブチャチ入市. 翌日,「ウクライナ人の民警隊がドイツ軍部隊到着まで地元警察業務を引き継いだ」との報告がある. 以下を参照. BArch RH20–17/32, 5.7.41, 6.7.41; RH26–101/8, 5.7.41; RH24–52/3, KTB, Heft 2, 40–2, 55; RH20–17/38, 6.7.41, 12.7.41; RH26 257/8, KTB Nr. 5, 20.5.41–12.12.41. ブチャチの自称ウクライナ人「シチ」(民警)は以下を参照. Bartov, *Anatomy of a Genocide*, 158–69, 179–82.

(44) 2003年にヘブライ語で私のインタヴューを受けたイツハク・バウアーは, 1930年代の反ユダヤ的なポーランド人教師のことを回想した. だが, 以下にはドイツ占領下でポーランド人に守られたとの報告がある. Appleman-Jurman, *Alicia*, and M. Rosner, *I am a Witness* (Winnipeg, 1990).「ポーランド人がとても熱心にユダヤ人を助けて匿っている. ……彼らは

ユダヤ人を，ウクライナ人と闘う自然な同盟者と見なしているからだ」と不平を述べる 1943年3月のOUN-UPAの報告書を引用する例もある．Bruder, *“Den ukrainischen Staat erkämpfen oder sterben!,”* 168.

(45) 例えば以下を参照．Z. Pollak (Zonka Berkowicz), SFV, August 23, 1995.

(46) Bartov, *Anatomy of a Genocide*, 169–79. 本書第5章でさらに論じる．

(47) Bauer 2003 および本書第5章参照．

(48) 以下に証言がある．Cohen, *Sefer Buczacz*, 233–302; Bartov, *Anatomy of a Genocide*, 232–64. 西ドイツの裁判所での要旨は以下を参照．*J. u. NS-V*, 18: 658–83.

(49) Ibid., 657; BArch, MfS, ZB 827, Akte 2, and GLA Karlsruhe 309 Zug. 2001_42/881: Eisel Werner (チョルトクフのジポ分署の最後の司令官), R. u. S. Fragebogen, September 1, 1944.

(50) 注32参照．さらに以下も．T. Snyder, “The Causes of Ukrainian-Polish Ethnic Cleansing 1943,” *P&P* 179, no. 1 (2003): 198–234; G. Motyka et al., *Antypolska akcja OUN-UPA 1943–1944* (Warsaw, 2002); P. A. Rudling, “The OUN, the UPA and the Holocaust,” *REES*, no. 2107 (Pittsburgh, 2011); J.-P. Himka, “Debates in Ukraine over Nationalist Involvement in the Holocaust, 2004–2008,” *NP* 39, no. 3 (2011): 353–70.

(51) G. Motyka, *Ukraińska partyzantka 1942–1960* (Warsaw, 2006); J. Burds, *The Early Cold War in Soviet West Ukraine, 1944–1948* (Pittsburgh, PA, 2001).

(52) 例えば以下を参照．Longerich, *Holocaust*; Friedländer, *Nazi Germany and the Jews*; Gerlach, *Extermination of the European Jews*; Pohl, *Nationalsozialistische Judenverfolgung*; Sandkühler, *“Endlösung” in Galizien*.

(53) J. Dietsch, *Making Sense of Suffering* (Lund, Sweden, 2006); W. Jilge, “The Politics of History and the Second World War in Post-Communist Ukraine (1986/1991–2004/2005),” in *Divided Historical Cultures?* ed. W. Jilge et al., *JGO* 54, no. 1 (2006): 51–82.

(54) Chalfen 1947.

(55) Grintal 1997.

(56) 注32, 50, 51参照．以下も参照．T. Snyder, *The Reconstruction of Nations* (New Haven, CT, 2003), 165–78. M. J. Melnyk, *To Battle* (Solihull, UK, 2002). 同書は武装親衛隊の「ガリツィア」師団を扱うが，ユダヤ人への暴力への言及は含まない．

(57) A. Klonicki-Klonymus, *The Diary of Adam's Father* (Jerusalem, 1969 [Hebrew]), 47.

(58) *Przeżycia i rozporządzenie Joachima Mincere*. これはおそらく1943年に書かれた．YVA.

(59) Y. Katz, SFV, December 11, 1995 (Hebrew).

(60) E. Spielberg-Flitman, SFV, March 14, 1995.

(61) M. Szpigiel, USHMM, reel 37, 301/3492, March 10, 1948.

(62) Trembach 2003. ガリツィアの市場については以下にある文学的記述と比較すること．I. Franko, *Fateful Crossroads*, trans. R. Franko (Winnipeg, 2006 [1900]), 178–9, and Agnon, *Ir u-melo'ah*, 269.

(63) Khvostenko 2003.

(64) Bartov, *Voices on War and Genocide*, 209–10, 217.

(65) 解放後ブチャチに戻った9歳のアリザ・ローゼンヴァセル(グリペル)は，隣人たちが，隠された貴重品を探して彼女の家の「床板を剝がした」のを目にした．フェーディル丘で墓標もない墓が見つかったのは，森のその部分だけ「完全に剝き出し」になっていたからである．明らかに「その土地は死体だらけ」で，植物も育たないほどだった．YVA 03/10402,

VT-1612, July 17, 1997, transcript, 55. 解放4カ月後にブチャチに戻った14歳のブロニカ・カハネは，まだブチャチで暮らしていた数人のユダヤ人と同じ一軒の家で施錠して暮らした．「だって夜中に奴らに殺されないか，怖かったから」．彼女は決して自宅に行かなかったが，それは「奴らはあんたを殺すだろうから，絶対に家に行っちゃダメだとみんなが言ったから」だった．SFV, August 8, 1995.

(66) Gross, *Fear*; Gross, *Golden Harvest*; Himka & Michlic, *Bringing the Dark Past to Light*.

(67) 以下を参照．TsDIAL, fond R-1, op. 1, spr. 101, 284, 561, 871, situation reports of the Regional Committee of the Communist Party in Ternopol(Ternopil), September 3-November 3, 1944. 以下も参照．*Bartov, Anatomy of a Genocide*, 284-8.

(68) Zuroff 1995.

(69) 例えば以下を参照．Duda, *Buchach*.

(70) Sklarz, "Głos Buczaczan"; Bobyk, *Butchach*; Cohen, *Sefer Buczacz*. ボビク市長の戦間期ポーランド警察調書ファイルは，彼を「推定ではウクライナ軍事組織(UVO)メンバー」と述べている．DATO, fond 274, op. 4, spr. 78, p. 13. UVOは1920に結成され，OUNの前身にあたる．

第4章

(1) Engel, *Facing a Holocaust*, 1-14. 同書は客観的で価値自由な文書使用を呼びかけている．

(2) Pohl, *Nationalsozialistische Judenverfolgung*, 17-21; Sandkühler, *"Endlösung" in Galizien*, 15-19; R. Hilberg, *Sources of Holocaust Research: An Analysis*(Chicago, 2001), 141-2, 155-9, 161-2; Friedländer, *Nazi Germany and the Jews*, vol. 2: xxiv-xxvi.

(3) これがもっともよく当てはまるのは，Friedländer, *Nazi Germany and the Jews*, である．以下の議論も参照．Garbarini, *Numbered Days*, Goldberg, *Trauma in First Person*, and S. Gigliotti, *The Train Journey*(New York, 2009).

(4) A. Wieviorka, *The Era of the Witness*, trans. J. Stark(Ithaca, NY, 2006).

(5) さらに例えば以下を参照．L. L. Langer, *Holocaust Testimonies*(New Haven, CT, 1991); C. Caruth, ed., *Trauma* (Baltimore, MD, 1995)〔キャシー・カルース編，下河辺美知子監訳『トラウマへの探究——証言の不可能性と可能性』作品社，2000年〕; S. Felman and D. Laub, *Testimony* (New York, 1992); K. Jacobson, *Embattled Selves* (New York, 1994); E. Sicher, ed., *Breaking Crystal* (Urbana, IL, 1998). 例外的に早い時期のものでは以下がある．T. Des Pres, *The Survivor*(New York, 1976).

(6) さらに例えば以下を参照．M. Goren, *Silent Cries from the Black Forest* (Rehovot, 2009 [Hebrew]); E. Yones, *Smoke in the Sand*(Jerusalem, 2001[Hebrew]).

(7) Trembach 2003.

(8) Ibid.; Khvostenko 2003; Pavlyshyn, "The Holocaust in Buczacz."

(9) A. H. Resnik(Herzog). 著者とのインタヴュー，2002年9月11日.

(10) R. Gertner. 著者とのインタヴュー，2002年7月31日.

(11) Bauer 2003.

(12) J. Saunders. 著者とのインタヴュー，2002年7月30日.

(13) R. Barton(Bertisz). 著者とのインタヴュー，2002年7月5日.

(14) J. Heiss. 著者とのインタヴュー，2002年12月および2003年7月5日.

(15) Yitzhak Shalev(Izio Wachtel). 日付不詳の記述．彼の息子のZiki Slavより提供，2007年2月25日.

(16) S. Aberdam (Freiberg), SFV, April 28, 1998 (Hebrew).
(17) F. Kupitz (Feldman), SFV, April 25, 1994.
(18) F. Kupitz. 著者とのインタヴュー，2002 年 10 月 10 日.
(19) Kupitz 1994.
(20) Ibid.
(21) R. Brecher, YVA 033, 765, E/32–3, 1945; ŻIH 301/4911, May 20, 1945.
(22) Kupitz 1994.
(23) A. Appleman-Jurman, SFV, January 29, 1996.
(24) カズノフスキーの経歴についての弁明的記述は以下を参照. Y. Hasai, "Under a Police Uniform Beats the Heart of a Ukrainian Patriot," *Nova Doba*, no. 16 (8065), April 23, 2004 (Ukrainian), and M. Kheifetz, *Ukrainian Silhouettes* (Kharkiv, 2000 [Ukrainian]). カズノフスキー裁判については第 4 章注 40 を参照.
(25) Chalfen 1947.
(26) Katz 1995.
(27) Joe (Yekhezkiel, Jechezkiel, Olszy) Perl, SFV, October 14, 1996.
(28) Spielberg-Flitman 1995.
(29) Szpigiel 1948.
(30) I. Szwarc, ŻIH 301/327, USHMM RG–15. 084 Acc. 1997 A. 0125 1945, Reel 5, 1945.
(31) Zuroff 1995.
(32) 例えば以下を参照. Langer, *Holocaust Testimonies*, and Wieviorka, *The Era of the Witness*.
(33) R. Moses, ed., *Persistent Shadows of the Holocaust* (Madison, CT, 1993); D. Bar-On, *Legacy of Silence* (Cambridge, MA, 1989)〔ダン・バルオン，姫岡とし子訳『沈黙という名の遺産――第三帝国の子どもたちと戦後責任』時事通信社，1993 年〕; D. Bar-On, *Fear and Hope* (Cambridge, MA, 1995).
(34) S. Prüfer, USHMM, reel 49, from ŻIH 301/4581, probably given in 1945–6.
(35) Trembach 2003.
(36) E. Skamene (Kleiner), SFV, February 3, 1998.
(37) G. Weksler, USHMM, RG–15. 084 Acc. 1997 A. 0125, Reel 19, 1865, ŻIH 301/1865, 1946.
(38) B. Kahane, SFV, August 8, 1995.
(39) A. Golobov (Bernfeld), YVA 03, 10241, VT 033C/5361, April 29, 1997 (Hebrew).
(40) H. Weitz, SFV, November 4, 1998.
(41) Pollak 1995.
(42) C. Sznajder (Huss), ŻIH 301/5699, January 25, 1960.
(43) S. Rosen, USHMM, reel 20, 1935, ŻIH 301/1935, August 6, 1946.
(44) S. Rosen, YVA 03/2055, M–49/1935, December 20, 1960.
(45) H. Rosen, SFV, November 10, 1997. 以下も参照. M. Paldiel, *The Path of the Righteous* (Hoboken, *NJ*, 1993), 191–3. シュヴィエシチャクの写真が載っている.
(46) S. Rosen 1960; S. Rosen and Z. Anderman. 著者とのインタヴュー，2002 年 3 月 12 日.
(47) S. Rosen 1960; H. Rosen 1997.
(48) "Righteous Among the Nations Honored by Yad Vashem by 1 January 2020," www.yadvashem.org/yv/pdf-drupal/poland.pdf, "Swierszczak, Manko & Marynka."

(49) Bartov, *Voices on War and Genocide*, 334, 338, 343, 361–2; 421.
(50) Bauer 2003.
(51) BArch B 162/5182, January 10, 1968, 6212–14.
(52) Gross 1996.
(53) Bartov, *Voices on War and Genocide*, 292–3, 300–3, 317, 321, 331.
(54) Pollak 1995.
(55) Rosen 1960.
(56) Ibid.; Bartov, *Anatomy of a Genocide*, 229–30.
(57) Rosen and Anderman 2002.
(58) 以下の記述も参照．Y. Shikhor(Szwarc) and E. Bazan(Worman) in Cohen, *Sefer Buczacz*, 246, 288.「ユダヤ人警察官ヤネク・アンデルマン」についてコメントするシュヴァルツのもともとの1945年の証言も．Bartov, *Anatomy of a Genocide*, 176–8, 253, 347n, 348n, 360n; Z. Gerber, SFV, November 28, 1996(Russian); Wizinger in Bartov, *Voices on War and Genocide*, 332; Bauer 1968.

第Ⅲ部――――

第5章

(1) Pendas, *The Frankfurt Auschwitz Trial*; Wittmann, *Beyond Justice*.
(2) Hilberg, *The Destruction of the European Jews*(2003), 3: 1301–21〔ヒルバーグ『ヨーロッパ・ユダヤ人の絶滅』下巻，397–410頁〕.
(3) R. Gutman et al., eds., *Crimes of War*(New York, 1999), 107–8, 153–7. さらに次のものも．Marrus, *The Nuremberg War Crimes Trial*; Douglas, *Memory of Judgment*; P. Sands, *East West Street*(New York, 2016)〔フィリップ・サンズ，園部哲訳『ニュルンベルク合流――「ジェノサイド」と「人道に対する罪」の起源』白水社，2018年〕.
(4) Pendas, *The Frankfurt Auschwitz Trial*, 8–15; Wittmann, *Beyond Justice*, 17–37.
(5) Wittmann, *Beyond Justice*, 44〔法文は『法務資料 第461号 ドイツ刑法典』法務省大臣官房司法法制部司法法制課，平成19年，136頁，第211条(謀殺)〕.
(6) Pendas, *The Frankfurt Auschwitz Trial*, 53–5; *Wittmann, Beyond Justice*, 45. これはブラウニングの『普通の人びと』で使われた証言の問題点の一つである.
(7) Wittmann, *Beyond Justice*, 37.
(8) F. Buscher, " 'I know I also Share the Guilt,' " *YVS* 34(2006): 249–92; A. Rückerl, *The Investigation of Nazi Crimes, 1945–1978*, trans. D. Rutter(Hamden, CT, 1980).
(9) Wittmann, *Beyond Justice*, 46.
(10) Ibid., 271–4; Pendas, *The Frankfurt Auschwitz Trial*, 56–79.
(11) M. Roseman, *The Wannsee Conference and the Final Solution*(New York, 2002); P. Burrin, *Hitler and the Jews*, trans. P. Southgate(New York, 1994); Browning, *Origins of the Final Solution*; N. Wachsmann, *A History of the Nazi Concentration Camps*(New York, 2015); Y. Arad, *Belzec, Sobibor, Treblinka*(Bloomington, IN, 1987); Pohl, *Nationalsozialistische Judenverfolgung*; Spector, *The Holocaust of Volhynian Jews*; Aly, *'Final Solution'*〔アリー『最終解決』〕; Browning, *Ordinary Men*〔ブラウニング『普通の人びと』〕; Sereny, *Into That Darkness*〔セレニー『人間の暗闇』〕.
(12) Redlich, *Together and Apart in Brzeżany*; Gross, *Neighbors*; Y. Bauer, *The Death of the Shtetl*(New Haven, 2009); Bartov, *Anatomy of a Genocide*.

(13) この文脈では以下を参照．B. Schlink, *The Reader*, trans. C. B. Janeway (New York, 1997)〔シュリンク『朗読者』〕, and Bartov, "Germany as Victim," *NGC* 80 (2000): 29–40.
(14) この点は以下も参照．O. Bartov, "The Wehrmacht Exhibition Controversy," in *The Crimes of War*, ed. Bartov et al. (New York, 2002), 41–60.
(15) 占領者や共犯者の私生活についてのドイツ人女性の証言につき，以下を参照．Bartov, *Anatomy of a Genocide*, 213–29.
(16) Gross, *Revolution from Abroad*; Pinchuk, *Shtetl Jews under Soviet Rule*; Bauer, *The Death of the Shtetl*; A. V. Prusin, *The Lands Between* (New York, 2010); Snyder, *Bloodlands*.
(17) Pohl, *Nationalsozialistische Judenverfolgung*; Sandkühler, *"Endlösung" in Galizien*; T. Friedman, ed., *Report by SS-General Fritz Katzmann on the Killing of the Half Million Jews of Eastern Galicia* (Haifa, 1993); *J. u. NS-V*, 18: 659–60.
(18) Bartov, *Anatomy of a Genocide*, 158–231.
(19) この記述は以下に基づく．*J. u. NS-V*, 18: 658–9; Pohl, *Nationalsozialistische Judenverfolgung*, 255, 419; Sandkühler, *"Endlösung" in Galizien*, 251, 254–5, 442.
(20) この記述は以下に基づく．*J. u. NS-V*, 18: 655–8; Pohl, *Nationalsozialistische Judenverfolgung*, 226, 393, 416; Sandkühler, *"Endlösung" in Galizien*, 146, 250–3, 269.
(21) この記述は以下に基づく．*J. u. NS-V*, 16: 728–33; Pohl, *Nationalsozialistische Judenverfolgung*, 169, 340, 392, 421; Sandkühler, *"Endlösung" in Galizien*, 141–8, 194, 254–6.
(22) A. Angrick, "Annihilation and Labor," in Brandon and Lower, *The Shoah in Ukraine*, 190–223.
(23) *J. u. NS-V*, 18: 677–9, 682; Sandkühler, *"Endlösung" in Galizien*, 442.
(24) *J. u. NS-V*, 18: 656–7.
(25) Ibid., 657, 660.
(26) Ibid., 660–2.
(27) Ibid., 662.
(28) *J. u. NS-V*, 18: 662–5.
(29) *J. u. NS-V*, 16: 733.
(30) Ibid., 734–40.
(31) Ibid., 742–3. 裁判所は同様に1962年のケルナー裁判でもショール博士の証言を信頼できると見なした．それが「穏やかで正確な話し方」であり，「被告に有利な証拠も提供した」からであった．Ibid., 669–70; ŻIH 301/4682; USHMM RG–15. 084M Reel 51.
(32) *J. u. NS-V*, 16: 744.
(33) Ibid., 747–8.
(34) Ibid., 748–9.
(35) Ibid., 750–1.
(36) Ibid., 751–2.
(37) Ibid., 752–3.
(38) Ibid.
(39) Ibid., 753–4.
(40) Ibid., 754–6. 以下も参照．S. Wolkowicz, *Das Grab bei Zloczow* (Berlin, 1996).
(41) *J. u. NS-V*, 16: 756–7.
(42) *J. u. NS-V*, 18: 665–6.
(43) Ibid., 666–70.

(44)　Ibid., 676.
(45)　Ibid.
(46)　Ibid., 680.
(47)　Ibid.
(48)　Ibid.
(49)　Ibid., 682.
(50)　*J. u. NS-V*, 16: 763–4.
(51)　Ibid., 764.
(52)　Ibid.
(53)　Ibid., 764–5.
(54)　Ibid., 765.
(55)　多くの事例が以下に示されている．Goldhagen, *Hitler's Willing Executioners*〔ゴールドハーゲン『普通のドイツ人とホロコースト』〕; Browning, *Ordinary Men*〔ブラウニング『普通の人びと』〕. 特にこの場合は以下を参照．E. B. Westermann, *Drunk on Genocide*（Ithaca, NY, 2021）.
(56)　ハインリヒ・ヒムラーとアドルフ・アイヒマンはともに大量処刑を観察した際に身体に不調をきたしたと言われている．一般論として以下を参照．P. Longerich, *Heinrich Himmler*（Munich, 2008）; D. Cesarani, *Becoming Eichmann*（Cambridge, MA, 2006）.
(57)　以下を参照．Marrus, *The Nuremberg War Crimes Trial*; H. Earl, *The Nuremberg SS-Einsatzgruppen Trial, 1945–1958*（Cambridge, UK, 2009）.
(58)　*J. u. NS-V*, 16: 765–6.
(59)　Ibid., 766–7.
(60)　Ibid., 767.
(61)　Ibid., 767–8.
(62)　この点は以下を参照．Bartov, *Hitler's Army*.

第 6 章

(1)　2008 年に行われたトルコの刑法改正は以下を参照．N. Koposov, *Memory Laws, Memory Wars*（New York, 2018）, 111–2〔同書の簡略版としてニコライ・コーポソフ，橋本伸也訳「「フランス・ヴィールス」――ヨーロッパにおける刑事立法と記憶の政治」『思想』第 1157 号，2020 年，がある〕. さらに以下も参照のこと．J. Tate, "Turkey's Article 301," *GJICL* 37, no. 1（2008）: 181–217; B. Algan, "The Brand New Version of Article 301 of Turkish Penal Code and the Future of Freedom of Expression Cases in Turkey," *GLJ* 9, no. 12（2008）: 2237–52.
(2)　以下を参照．Koposov, *Memory Laws*; Himka and Michlic, *Bringing the Dark Past to Light*.
(3)　"Law of Ukraine №. 376–V 'On Holodomor of 1932–33 in Ukraine' ": https://zakon.rada.gov.ua/laws/show/376-16#Text. 以下も参照．Koposov, *Memory Laws*, 189.
(4)　The 169th session of the 17th Knesset, November 14, 2007: Special Session in Honor of the President of Ukraine, Viktor Yushchenko（Hebrew）: knesset.gov.il/tql/knesset_new/knesset17/HTML_28_03_2012_04-57-19-PM/20071114@06243107@018.html〔現在，国外からの接続は遮断〕.
(5)　"Russian envoy says Israeli bill on Ukraine's Stalin-era deaths a 'wrong step' "（February

7, 2018), www.reuters.com/article/us-israel-russia-ukraine/russian-envoy-says-israeli-bill-onukraines-stalin-era-deaths-a-wrong-step-idUSKB N1FR 1YW.

(6) 以下を参照. J. Veidlinger, *In the Midst of Civilized Europe* (New York, 2021); E. Bemporad, *Legacy of Blood* (New York, 2021); Bartov, *Tales from the Borderlands*, 36–58.

(7) K. Struve, *Deutsche Herrschaft, ukrainischer Nationalismus, antijüdische Gewalt* (Berlin, 2015); Himka, *Ukrainians, Jews and the Holocaust*; Himka, *Ukrainian Nationalists and the Holocaust*; Bartov, *Anatomy of a Genocide*, 158–264.

(8) D. R. Marples, *Heroes and Villains* (Budapest, 2007); P. A. Rudling, " 'The Honor They So Clearly Deserve,' " *JSMS* 26, no. 2 (2013): 114–37; P. A. Rudling, "The Cult of Roman Shukhevych in Ukraine," *Fascism* 5, no. 1 (2016): 26–65; Rudling, "The OUN, the UPA and the Holocaust"; Himka, "Debates in Ukraine Over Nationalist Involvement in the Holocaust"; Rossoliński-Liebe, "Debating, Obfuscating and Disciplining the Holocaust"; Carynnyk, "Foes of Our Rebirth."

(9) Bartov, *Anatomy of a Genocide*, 265–302; G. Motyka, "Der Krieg im östlichen Galizien," *Karta* 30 (2000): 36–7; Snyder, "The Causes of Ukrainian-Polish Ethnic Cleansing"; M. Terles, *Ethnic Cleansing of Poles in Volhynia and Eastern Galicia, 1942–1946* (Toronto, 1993).

(10) G. N. Arad, "Israel and the Shoah," *NGC* 90 (2003): 5–26; Stauber, *The Holocaust in Israeli Public Debate*; Y. Klar et al., "The 'Never Again' State of Israel," *JSI* 69, no. 1 (2013): 125–43. 以下も参照. B. Bashir and A. Goldberg, "Deliberating the Holocaust and the Nakba," *JGR* 16, no. 1 (2014): 77–99; B. Bashir and A. Goldberg, eds., The *Holocaust and the Nakba* (New York, 2018).

(11) 例えは以下を参照. L. Levy, " 'You just Can't Compare,' " in *Israel-Palestine*, ed. O. Bartov (New York, 2021), 58–77; S. Stav, "Nakba and Holocaust," *JSS* 18, no. 3 (2012): 85–98.

(12) 例えば以下を参照. Shore, "Conversing with Ghosts"; P. Śpiewak, *Żydokomuna* (Warsaw, 2012); A. Żbikowski, *U genezy Jedwabnego* (Warsaw, 2006); Michlic, *The Neighbors Respond*; Wierzbicki, *Polacy i Żydzi w zaborze sowieckim*; J. T. Gross, *Upiorna dekada* (Kraków, 1998).

(13) "Act of 18 December 1998 on the Institute of National Remembrance–Commission for the Prosecution of Crimes against the Polish Nation (Journal of Laws, 19 December 1998)," www.memoriaabierta.org.ar/materiales/pdf/act_Poland_1998_inr.pdf. 以下も参照. Koposov, *Memory Laws*, 161.

(14) Ibid., 161–2.

(15) "Full text of Poland's controversial Holocaust legislation," *TOI*, February 1, 2018, www.timesofisrael.com/full-text-of-polands-controversial-holocaust-legislation/〔2018 年改正法のポーランド語版原文は以下から参照可能. https://dziennikustaw.gov.pl/D2018000036901.pdf〕.

(16) 例えば以下を参照. T. John, "Poland Just Passed a Holocaust Bill That Is Causing Outrage," *Time*, February 1, 2018, time.com/5128341/poland-holocaust-law/; M. Santora, "Poland's 'Death Camp' Law Tears at Shared Bonds of Suffering with Jews," *NYT*, February 6, 2018, www.nytimes.com/2018/02/06/world/europe/poland-death-camp-law.html; B. Katz, "Poland's President Signs Highly Controversial Holocaust Bill into Law," *Smithsonian Magazine*, February 7, 2018, www.smithsonianmag.com/smart-news/poland-grants-initial-approval-controversial-death-camp-bill-180967975/; N. Koposov, "Memory Laws and Nationalist

Lies," *Project Syndicate*, March 7, 2018, www.project-syndicate.org/commentary/poland-holocaust-law-nationalist-tool-by-nikolay-koposov-2018-03; A. Valles, "Scrubbing Poland's Complicated Past," *NYREV*, March 23, 2018, www.nybooks.com/daily/2018/03/23/scrubbing-polands-complicated-past/.

(17) 注 13 参照.

(18) Grabowski, *Hunt for the Jews*; Dreifuss, *We Polish Jews*; Gross, *Fear*〔グロス『アウシュヴィッツ後の反ユダヤ主義』〕; Michlic, *Poland's Threatening Other*; N. Aleksiun, "Jewish responses to Antisemitism in Poland, 1944–1947," in Zimmerman, *Contested Memories*, 247–61; D. Engel, "Patterns of Anti-Jewish Violence in Poland, 1944–1946," *YVS* 26(1998): 43–85; Golczewski, "Der Jedwabne-Diskurs," *JGO* 50, no. 3(2002): 412–37.

(19) A. Cherviatsova, "Memory Wars," *Verfassungsblog*, February 9, 2018, verfassungsblog.de/memory-wars-the-polish-ukrainian-battle-about-history/.

(20) Ibid. 以下も参照. Koposov, *Memory Laws*, 201–3. 同法はこの容易な行為に特別の制裁を定めていなかった.

(21) Cherviatsova, "Memory Wars"; Koposov, *Memory Laws*, 205.

(22) 例えば以下を参照. R. Lyman, "Polish Parliament Approves Law Curtailing Courts' Independence," *NYT*, July 21, 2017, www.nytimes.com/2017/07/21/world/europe/poland-courts-independence.html; C. Davies, "Polish MPs Pass Judicial Bills Amid Accusations of Threat to Democracy," *The Guardian*, December 8, 2017, www.theguardian.com/world/2017/dec/08/polish-mps-pass-supreme-court-bill-criticised-as-grave-threat.

(23) 以下を参照. "Polin: Museum of the History of Polish Jews," www.polin.pl/en.

(24) O. Bartov, "The Truth and Nothing But," in *New Directions in the History of the Jews in the Polish Lands*, ed. A. Polonsky et al.(Brighton, MA, 2018), 111–8.

(25) POLIN 博物館館長の D・ストラ博士とポーランド・ユダヤ史研究所協会理事会議長の P・ヴィシュリンスキによる声明は以下を参照. "Statement of POLIN Museum concerning a proposed amendment to the Act on the Institute of National Remembrance," January 29, 2018, www.polin.pl/en/news/2018/01/29/statement-of-the-director-of-polin-museum-concerning-a-proposed; E. Hoffman, "Hearing Poland's Ghosts," *NYREV*, March 22, 2018, www.nybooks.com/articles/2018/03/22/hearing-polands-ghosts/. 2019 年 2 月にストラの POLIN 博物館長としての契約が切れて更新されることはなかった.

(26) 「メモリアルについて」(www.vvmf.org/About-The-Wall/#facts/)は, それが「合衆国史においてもっとも決定的な意味を持った戦争の一つに際して, 呼びかけに応えたすべての者の勇気・犠牲・献身をたたえることに捧げられる」と宣言している.

(27) ウクライナの記憶の政治については例えば以下を参照. C. Mick, *Lemberg, Lwów, L'viv, 1914–1947*(West Lafayette, IN, 2016); Bartov, *Erased*.

(28) モシェ・シャミルのアイコン的小説『彼自身の手で』(Merhavyah, 1951[Hebrew])は「エリクは海から生まれた」という一節で幕を開け, そのことでいわゆる「神話的サブラ〔イスラエル生まれのユダヤ人〕」のアイデンティティを確立した. 以下も参照. O. Almog, *The Sabra*, trans. H. Watzman(Berkeley, 2000); Y. Dror, "From 'Negation of the Diaspora' to 'Jewish Consciousness,' " *ISF* 18, no. 2(2003): 58–82; G. Katz, "Negation of the Diaspora from an Israeli Perspective," in *Handbook of Israel*, ed. E. Ben-Rafael et al.(Berlin, 2016), 2: 1116–1333.

(29) ナサン・アルテルマンの 1954 年の詩「想起の日――そして叛徒たち」は, 「羊の如く

屠所に」という告発を早くに批判した．以下を参照．C. Malul, “When the Separation between ‘Holocaust Victims’ and ‘Ghetto Fighters’ Collapsed,” blog.nli.org.il/eichmann_trial/. 以下も参照．A. Confino, “Miracles and Snow in Palestine and Israel,” *IS* 17, no. 2 (2012) : 25–61; A. Confino, “The Warm Sand of the Coast of Tantura,” *H&M* 27, no. 1 (2015) : 43–82.

(30) 当時の重要な例外はイジャルの小説とアヴォト・イェシュルンの詩である．S. Yizhar, *Khirbet Khizeh*, trans. N. de Lange et al. (Jerusalem, 2008［1949］) and Avot Yeshurun, “Passover on Caves,” published in 1952. 以下も参照．A. Eshel et al., eds., “History and Responsibility,” special issue, *JSS* 18, no. 3 (2012) : 1–224; H. Hever, *Hebrew Literature and the 1948 War* (Leiden, 2019).

(31) Central District 57/3/ Military Prosecutor, Defendants Major Malinki et al., Verdict XVII 90 (1958) : 211–14 (Hebrew). 以下も参照．L. Y. Bilsky, *Transformative Justice* (Ann Arbor, MI, 2004), 170; A. Parush, “Critique of the ‘Black Flag’ Test,” in *Kafr Qasim*, ed. R. Rosenthal (Tel Aviv, 2000［Hebrew］), 131–77; K. Weidberg, “Justice Dr. Benjamin Halevy” (seminar paper, Law School, Haifa University, 2009［Hebrew］), 27–36.

(32) 例えば以下を参照．Y. Kilnger, “The Most Moral Army in the World,” June 18, 2006 (Hebrew), 2jk.org/ praxis/?p=570; A. Burg, “The half-most moral army in the world,” April 5, 2016 (Hebrew), www.haaretz.co.il/opinions/.premium-1.2904314?=&ts=_1528508023351.

(33) Weidberg, “Benjamin Halevy,” 32. 1968年のヴェトナム戦争時のミライ〔ソンミ村〕虐殺という類似した事件については以下を参照．C. J. Levesque, “The Truth Behind My Lai,” *NYT*, March 16, 2018, www.nytimes.com/2018/03/16/opinion/the-truth-behind-my-lai.html; S. M. Hersh, “The Scene of the Crime,” *New Yorker*, March 23, 2015, www.newyorker.com/magazine/2015/03/30/the-scene-of-the-crime. さらに以下も参照．the US Manual for Courts-Martial’s definition of lawful and illegals orders, Article 90, 2 (a) (1), jsc.defense.gov/Portals/99/Documents/MCM2016.pdf?ver=2016-12-08-181411-957.

(34) 2015年6月14日に発表されたイスラエル国防軍とイスラエル外務省の中間報告では，作戦期間中にパレスチナ人2,125人が殺害され，その内「無関係の民間人」は761人であり，15歳以下の子ども369人，……女性284人，男性108人が含まれたと述べている．以下を参照．“Annex–Palestinian Fatality Figures in the 2014 Gaza Conflict,” mfa.gov.il/ ProtectiveEdge/Documents/PalestinianFatalities.pdf. 物的損害は以下を参照．J. Ashkenas et al., “Assessing the Damage and Destruction in Gaza,” *New York Times*, August 15, 2014, www.nytimes.com/interactive/2014/08/03/world/middleeast/assessing-the-damage-and-destruction-in-gaza.html?_r=0.

(35) 2014年のガザ紛争に関するイスラエル外務省のある報告書は，ハマースを人道の罪で非難し，他方でイスラエル国防軍は民間人被害者や建造物被害を避けるために特に努力を払ったと主張した．mfa.gov.il/ProtectiveEdge/Pages/default.aspx and “Israel’s Investigation of Alleged Violations of the Law of Armed Conflict,” mfa.gov.il/ProtectiveEdge/Documents/IsraelInvestigations.pdf. 以下も参照．D. Shulman, “Israel without Illusions,” *NYREV*, November 17, 2009, www.nybooks.com/daily/2009/11/17/israel-without-illusions-what-goldstone-got-right/.

(36) 例えば以下を参照．Segev, *The Seventh Million*, 255–322; Weidberg, “Benjamin Halevy,” 14–26.

(37) Segev, *Seventh Million*, 323–86; Weidberg, “Benjamin Halevy,” 22–6; Yablonka, *The*

State of Israel vs. Adolf Eichmann.

(38) 以下より引用. Bartov, *The "Jew" in Cinema*, 87, 91–2.

(39) 例えば以下を参照. D. Bar, "Holocaust and Heroism in the Process of Establishing Yad Vashem (1942–1970)," *Dapim* 30, no. 3 (2016): 166–90; J. C. Blutinger, "Yad Vashem and the State of Holocaust Education in Israeli Schools in the 1960s," *JSS* 21, no. 1 (2015): 123–50; A. Goldberg, "The 'Jewish Narrative' in the Yad Vashem Global Holocaust Museum," *JGR* 14, no. 2 (2012): 187–213.

(40) さらに詳しくは第8章と以下を参照. Bartov, *Erased*.

(41) 例えば以下を参照. A. Liebich and O. Myshlovska, "Bandera," *NP* 24, no. 5 (2014): 1–21; W. Jilge, "'Nationalist-Ukrainian Struggle for Liberation,'" *Osteuropa* 58, no. 6 (2008): 167–86; Jilge, "The Politics of History and the Second World War in Post-Communist Ukraine."

(42) これはスナイダーの主たる論点だった. Snyder, *Bloodlands*.

(43) 以下を参照. "Records of the Law Book," March 30, 2011, www.nevo.co.il/law_word/law14/law-2286.pdf, p. 686.

(44) ハガイ・エラド Hagai Elad とハッサン・ヤバリン Hassan Jabarin によるアピール. www.acri.org.il/he/wp-content/uploads/2011/05/nakbaletter.pdf.

(45) The Association for Civil Rights in Israel, "Abolish the Nakba Law," January 5, 2012, www.acri.org.il/he/11916; Appeal to Supreme Court of Justice, case 3429/11, May 4, 2011, www.acri.org.il/he/wp-content/uploads/2011/05/hit-4.5.11.pdf.

(46) Supreme Court of Justice ruling, case 3429/11, January 5, 2012 (Hebrew), p. 17, www.adalah.org/uploads/oldfiles/upfiles/2012/Sup%20Ct%20Nakba%20Law%20Decision%20Hebrew%205.1.2012.pdf.

(47) 例えば以下を参照. R. Schocken, "The Chilling Effect of the Nakba Law," *Haaretz*, May 16, 2012 (Hebrew), www.haaretz.co.il/opinions/1.1708904.

(48) 1948年の戦争はイスラエルでは, 通常, 独立戦争と呼ばれている. イスラエル初代首相のダヴィッド・ベン=グリオンは Milhemet Hakomemiyut という名前を鋳造したが, これは復活戦争と翻訳可能である. 1977年に首相になったメナヘム・ベギンはこれを解放戦争と呼ぶのを好んだ.

(49) ただし, ベン=アモツによる優れた, しかし大いに忘れられた小説を参照. D. Ben-Amotz, *To Remember, To Forget*, trans. Z. Shapiro (Tel-Aviv, 1979). これは, そのディアスポラ的過去に対する, かつてアイコン的であったイスラエルの著名人の関係を扱ったものである.

(50) ロシアとウクライナについては事情が異なるが, しかしながら, 例えば以下を参照. O Bartov, "Why Does Russia's Leadership Keep Saying that Ukrainians Are Nazis?" *WSJ*, May 12, 2022, www.wsj.com/articles/why-does-russias-leadership-keep-saying-that-ukrainians-are-nazis-11652361854?st=lg7a5lcq6nznbet&reflink=desktopwebshare_permalink.

第IV部————

第7章

(1) Bartov, *Anatomy of a Genocide*.

(2) 以下を参照. B. Morris, *The Birth of the Palestinian Refugee Problem, 1947–1949* (New York, 1987), trans. A. Magen (Tel Aviv, 1991). 同書のヘブライ語改訂版はイスラエルに多

大の影響をもたらした．本書でモリスは，「1948年6月までアラブ人の逃亡はまずユダヤ人の攻撃を原因として……発生した」のであり，「ハガナーとイルグン〔いずれもシオニストが組織した武装組織．第9章参照〕も定期的に，占領された村々に留まる住民(主として高齢者，寡婦，障がい者)を集めて追放した」(384)と指摘する．「生死に関わるこの闘いの中では，ユダヤ人国家内に残されるアラブ人ができるだけ少ない方が軍事的に良いとの関係者の合意があった」(386)と彼は書く．戦争後半には，「7月と10月の攻撃時にははるかに多くの追放が行われ」，「アラブ人の民間人住民への残虐な行動」も伴った．それらは，「イスラエルはアラブ人の完全浄化が可能という現実的見通しがまもなく得られるはず……という感覚」と，「イスラエル国家に留まるアラブ人が可能な限り少なくなることを望んで，同僚や副官たちにはその精神でものを言い」ながらも，明瞭な命令を発するより「将軍たちが自分の望みを「忖度」することを好んだ……ベン＝グリオン」によって動機を与えられていた(390–1)．モリスは，「英雄としての嘘つき」のなかでイラン・パペの『パレスチナの民族浄化』を激しく批判するが，この批判は実際の大量追放についてではなく，そうするための事前計画の存在と，明確な命令が発せられたのかどうかにあるに過ぎない．Ilan Pappé, *The Ethnic Cleansing of Palestine*(Oxford, 2006)〔イラン・パペ，田浪亜央江・早尾貴紀訳『パレスチナの民族浄化――イスラエル建国の暴力』法政大学出版局，2017年〕. B. Morris, “The Liar as Hero,” *TNR*, March 16, 2011, 1–11, 17, https://newrepublic.com/article/85344/ilan-pappe-sloppy-dishonest-historian.

(3) I. Zertal, *From Catastrophe to Power*(Berkeley, CA, 1998); Segev, *The Seventh Million*〔セゲフ『七番目の百万人』〕; D. Porat, The *Blue and the Yellow Stars of David*(Cambridge, MA, 1990); H. Bartov, *Shesh kenafayim le'ehad*(Each had Six Wings)(Tel Aviv, 2014[1954]); G. Daniel(B. Harshav), “Peter hagadol”(Peter the Great), in *Shirei Gabi Daniel*(Tel Aviv, 1990), 94–100.

(4) S. Robinson, *Citizen Strangers* (Stanford, CA, 2013), and R. Zreik, “Notes on the Value of Theory,” *LEHR* 2, no. 1, art. 13(2008): 1–44.

(5) イスラエル国家樹立宣言については以下のクネセトのウェッブサイトを参照．http://main.knesset.gov.il/About/Occasion/Pages/IndDeclaration.aspx.〔このURLは現在無効．独立宣言邦訳は，日本国際問題研究所，平成12年度 外務省委託研究「中東基礎資料調査―主要中東諸国の憲法―」第2章を参照．https://www2.jiia.or.jp/pdf/global_issues/h12_kenpo/02israel.pdf〕

(6) パレスチナ独立宣言は以下を参照．https://fmep.org/resource/palestinian-declaration-of-independence/.

(7) 1948年12月11日，国際連合総会は決議194を採択し，次のように述べた．「自宅に戻って，近隣の人々とともに平和裡に暮らすことを希望する難民は，実行可能なできる限り早い時点でそうすることを許可されるべきであり，帰還しないことを選択した者の財産に対して，及び，財産の喪失または損害に対しては国際法または衡平の原則に基づき責任を負う政府または当局によって補償金が支払われるべきである」．以下を参照．https://www.unrwa.org/content/resolution-194. 本件はパレスチナ解放機構(PLO)結成に続いて，特に1967年戦争におけるアラブ側の敗北後に注目されるようになった．

(8) M. Zuckermann, *Holocaust in the Sealed Room*(Tel Aviv, 1993[Hebrew]); Bashir & Goldberg, The Holocaust and the Nakba〔バシール・バシール，アモス・ゴールドバーグ編，小森謙一郎訳『ホロコーストとナクバ――歴史とトラウマについての新たな話法』水声社，2023年〕.

(9) Markovits, *Nationbuilding and the Politics of Nationalism*; Himka, *Galician Villagers*; Himka, *Religion and Nationality in Western Ukraine*; Magocsi, *The Roots of Ukrainian Nationalism*; Struve, *Bauern und Nation in Galizien*.

(10) ヨシュア・シャネスは，「1867年に完全解放されたとはいえ，ガリツィアのユダヤ人のほとんどはかなり長期にわたって……「同化」や「民族性」といった観念とは……馴染みがなかった」と論じている．だが1914年までにガリツィアのユダヤ人は，自分たちが「事実，民族的権利に値するハプスブルク帝国内の諸民族の一つを構成しており」，ガリツィアの「ますます多くのユダヤ人が自分たちをユダヤ人というネイションのコミュニティの一員だと想像していた」と記している．Shanes, *Diaspora Nationalism*, 1–5. 以下も参照．Bartov, *Anatomy of a Genocide*, 25, 82–7, 96–101.

(11) P. J. Potichnyj et al., eds., *Ukrainian-Jewish Relations in Historical Perspective*（Edmonton, 1988）; Bartov, *Anatomy of a Genocide*, 6–36.

(12) A. Zamoyski, *The Polish Way*（New York, 1988）; D. Stone, *The Polish-Lithuanian State, 1386–1795*（Seattle, 2001）. シェンキェヴィチによるきわめて人気のあるポーランド語の小説『火と剣とをもって』（原著の出版は1884年）を参照．H. Sienkiewicz, *With Fire and Sword*, trans. W. S. Kuniczak（New York, 1991）.

(13) Bartov, *Anatomy of a Genocide*, 33–6. 以下も参照．T. Snyder, *Sketches from a Secret War*（New Haven, CT, 2005）〔ティモシー・スナイダー，松井貴子訳『秘密の戦争――共産主義と東欧の20世紀』慶應義塾大学出版会，2021年〕, and Wolff, *The Idea of Galicia*.

(14) Bartov, *Anatomy of a Genocide*, 22–9. 以下も参照．B. D. *Weinryb, The Jews of Poland*（Philadelphia, PA, 1973）; G. D. Hundert, *Jews in Poland-Lithuania in the Eighteenth Century*（Berkeley, CA, 2005）; and M. J. Rosman, *The Lord's Jews*（Cambridge, MA, 1990）.

(15) ブチャチのユダヤ人創建神話については第9章参照．さらに以下も参照．Bartov, *Tales from the Borderlands*.

(16) シオニズムの多くの顔については例えば以下を参照．D. Shumsky, "Leon Pinsker and 'Autoemancipation!' " *JSS* 18, no. 1（2011）: 33–62, and A. Dubnov, " 'True Art Makes for the Integration of the Race,' " in *New Directions in Anglo-Jewish History*, ed. G. Alderman（Boston, MA, 2010）, 101–34.

(17) Bartov, *Anatomy of a Genocide*, 82–302; Bartov, *Erased*; Chapter 4. さらに以下も参照．E. Melzer, *No Way Out*（Cincinnati, OH, 1997）; K. B. Moss, *An Unchosen People*（Cambridge, MA, 2021）; J. M. Karlip, *The Tragedy of a Generation*（Cambridge, MA, 2013）; S. Rudnicki, "Anti-Jewish Legislation in Interwar Poland," in Blobaum, *Antisemitism and Its Opponents*, 148–70; S. Redlich, "Jewish-Ukrainian Relations in Inter-War Poland as Reflected in Some Ukrainian Publications," *Polin* 11（1998）: 232–46; Rudling, "The OUN, the UPA and the Holocaust"; Struve, "Tremors in the Shatterzone of Empires"; Terles, *Ethnic Cleansing of Poles in Volhynia and Eastern Galicia*; and K. Stadnik, "Ukrainian-Polish Population Transfers, 1944–46," in *Warlands*, ed. P. Gatrell et al.（Basingstoke, UK, 2009）, 165–87.

(18) U. Tal, *Christians and Jews in Germany*（Ithaca, NY, 1975）; S. L. Gilman, *Difference and Pathology*（Ithaca, NY, 1985）, 175–90; P. Reitter, *The Anti-Journalist*（Chicago, 2008）, 107–36; J. Katz, *Out of the Ghetto*（Cambridge, MA, 1973）; F. Kafka, "A Report for an Academy," in *The Metamorphosis, In the Penal Colony, and Other Stories*, trans. J. Neugroschel（New York, 2000）, 173–83〔池内紀訳「ある学会報告」，池内編訳『カフカ寓話集』岩波文庫，1998年，21–39頁〕. これらとやや似た現在の恐怖心については，例えば以下を参照．J. An-

derson and L. Rainie, "Artificial Intelligence and the Future of Humans," Pew Research Center (December 10, 2018), https://www.pewresearch.org/internet/2018/12/10/artificial-intelligence-and-the-future-of-humans/.

(19) 注 15 参照．さらに以下も参照のこと．G. Rubin, "From Federalism to Binationalism," *CEH 24*, no. 3 (2015): 393–414; Raz-Krakotzkin, "Jewish Peoplehood, 'Jewish Politics,' and Political Responsibility"; E. Chowers, "Time in Zionism," *PT* 26, no. 5 (1998): 652–85; E. Friesel, "Zionism and Jewish Nationalism," *JIH* 25, no. 2 (2006): 285–312; Y. Weiss, "Central European Ethnonationalism and Zionist Binationalism," *JSS* 11, no. 1 (2004): 93–117.

(20) Veidlinger, *In the Midst of Civilized Europe*; H. Abramson, *A Prayer for the Government* (Cambridge, MA, 1999); R. Breitman and A. M. Kraut, *American Refugee Policy and European Jewry* (Bloomington, IN, 1987); M. Tolts, "Population and Migration," *YIVO Encyclopedia of Jews in Eastern Europe*, October 12, 2010, www.yivoencyclopedia.org/article.aspx/Population_and_Migration/Migration_since_World_War_I.

(21) T. Segev, *One Palestine, Complete*, trans. H. Watzman (New York, 2001). 以下も参照. M. U. Campos, *Ottoman Brothers* (Stanford, CA, 2011); J. M. Gribetz, *Defining Neighbors* (Princeton, NJ, 2014); R. Ben-Arie and M. Svirsky, *From Shared Life to Co-Resistance in Historic Palestine* (London, 2017); A. Jacobson, *Oriental Neighbors* (Waltham, MA, 2016); and L. R. Halperin, *Babel in Zion* (New Haven, CT, 2015).

(22) 例えば，以下に引用された書簡を参照．A. Shapira, "Jerusalem in 1948," *JSS* 17, no. 3 (2011): 78–123. さらに以下も参照．H. Cohen, *Year Zero of the Arab-Israeli Conflict*, trans. H. Watzman (Waltham, MA, 2015).

(23) G. D. Cohen, *In War's Wake* (New York, 2012); A. Grossmann, *Jews, Germans, and Allies* (Princeton, NJ, 2007); Z. W. Mankowitz, Life between Memory and Hope (New York, 2002); J. T. Baumel-Schwartz, *Kibbutz Buchenwald* (New Brunswick, NJ, 1997).

(24) ホロコーストの復讐ファンタジーについては，例えば以下を参照．H. Bartov, *The Brigade*, trans. D. S. Segal (Philadelphia, PA, 1967); A. Goldberg, "Three Forms of Post-Genocidal Violence in Beni Wircberg's Memoir," in *Talking about Evil*, ed. R. Lazar (London, 2017), 50–67; and Y. Kaniuk, *1948*, trans. A. Berris (New York, 2012[2010]). さらに以下も参照．H. Hever, "The Political Theology of Eretz Israel," in Bartov, *Israel-Palestine*, 23–42. キェルツェについては以下を参照．Gross, *Fear*. デイル・ヤースィーンについては例えば以下を参照．D. A. McGowan et al., eds., *Remembering Deir Yassin* (New York, 1998); N. Masalha, "On Recent Hebrew and Israeli Sources for the Palestinian Exodus, 1947–49," *JPS* 18, no. 1 (1988): 121–37; B. Morris, "The Historiography of Deir Yassin," *JIH* 24, no. 1 (2005): 79–107; and U. Milstein, *The Birth of a Palestinian Nation* (Jerusalem, 2012).

(25) 古代ユダヤ人としてのパレスチナ人というダヴィッド・ベン＝グリオンとイツハク・ベンツヴィの理論については以下を参照．Gribetz, *Defining Neighbors*, 123–6. ルテニア人についてのポーランドの修辞については以下を参照．Bartov, *Anatomy of a Genocide*, 26–7, 116–23.

(26) H. Cohen, *Year Zero*. さらに以下を参照．A. Shapira, *Land and Power*, trans. W. Templer (New York, 1992), and T. Swedenburg, *Memories of Revolt* (Minneapolis, MN, 1995). Porat, *Blue and the Yellow Stars*; D. Ofer, *Escaping the Holocaust* (New York, 1990); H. Yablonka, *Survivors of the Holocaust*, trans. O. Cummings (New York, 1999); J. Herf, *Nazi Propaganda for the Arab World* (New Haven, CT, 2009)〔ジェフリー・ハーフ，星乃治彦他訳

『ナチのプロパガンダとアラブ世界』岩波書店，2013年〕; Ilan Pappé, *The Rise and Fall of a Palestinian Dynasty*（Berkeley, CA, 2011）.

（27） K.-M. Mallmann and M. Cüppers, *Nazi Palestine*, trans. K. Smith（New York, 2010）. 以下も参照. M. Beckman, *The Jewish Brigade*（Staplehurst, UK, 1998）, and H. Blum, *The Brigade*（New York, 2001）〔ハワード・ブラム，大久保寛訳『ナチス狩り』新潮文庫，2003年〕.

（28） 例えば以下を参照. D. Tal, "The Forgotten War," *IA* 6, nos. 3–4（2000）: 3–21; M. S. Dajani Daoudi and Z. M. Barakat, "Israelis and Palestinians," *IS* 18, no. 2（2013）: 53–69; and A. Manna', "The Palestinian Nakba and Its Continuous Repercussions," *IS* 18, no. 2（2013）: 86–99. 1948年以前のシオニストの移送という発想については以下を参照. B. Morris, *Birth of the Palestinian Refugee Problem Revisited*（New York, 2003）, 39–64; J. R. Hammond, "Benny Morris's Untenable Denial of the Ethnic Cleansing of Palestine," *FPJ*, November 14, 2016, www.foreignpolicyjournal.com/2016/11/14/benny-morriss-untenable-denial-of-the-ethnic-cleansing-of-palestine/.

（29） ここで言及しているのは以下の通りである. S. Yizhar, *Khirbet Khizeh*（1949）and A. Yeshurun, "Pesah 'al kukhim"（Passover on Caves, 1952）. 以下を参照. Eshel, "History and Responsibility" and Hever, *Hebrew Literature and the 1948 War*.

（30） 例えば以下を参照. Bartov, "Kitsch and Sadism in Ka-Tzetnik's Other Planet"; D. Laub, "An Event without a Witness," in Felman and Laub, *Testimony*, 88–92. ホロコースト生存者であるB・ヴィルツベルクの回想（B. Virtzberg's（Wircberg）, *From Death to Battle*, trans. M. Pagis et al.（Jerusalem, 2017））はもともと1967年，著者が自殺する直前にヘブライ語で出版されたものだが，これはこの結びつきへの数多くの言及を含んでいる.

第8章

（1） 「真の証人とは私たち生き残りではない. ……私たちは背信や能力や幸運によって，底にまで落ちなかったものたちである. 底まで落ちたものは，メドゥーサ〔ゴルゴン〕の顔を見たものは，語ろうにも戻って来られなかったか，戻って来ても口を閉ざしていた. だが彼らが……完全な証人であった. 彼らの証言が総合的な意味を持つはずであった.」Levi, *The Drowned and the Saved*, 83–4〔プリーモ・レーヴィ，竹山博英訳『溺れるものと救われるもの』，106頁〕.

（2） あの世代についてのもう一つの見方は次を参照. H. Yablonka, *Children by the Book*（Rishon LeZion, 2018［Hebrew］）.

（3） E. A. Shils and M. Janowitz, "Cohesion and Disintegration in the Wehrmacht in World War II," *POQ* 12（1948）: 280–315.

（4） Bartov, "The Wehrmacht Exhibition Controversy"; Hamburg Institute for Social Research, ed., *The German Army and Genocide*（New York, 1999）.

（5） Bartov, *The Eastern Front*; M. Messerschmidt, *Die Wehrmacht im NS-Staat*（Hamburg, 1969）; C. Streit, *Keine Kameraden*（Stuttgart, 1978）; H. Krausnick and H.-H. Wilhelm, *Die Truppe des Weltanschauungskrieges*（Stuttgart, 1981）.

（6） 私はラビン宛に自分の研究と危惧についてもっと長い説明を書いて返事し，彼から二通目の手紙を受け取ったが，基本的に一通目と同内容だった. ラビン書簡の原本は今も私の手元にある.

（7） Bartov, *Petihat Tsir* and *Karev Yom*.

（8） Bartov, *Hitler's Army*.

(9) O. Bartov, “An Idiot’s Tale,” *JMH* 67, no. 1(1995): 55–82.

(10) この会議での報告は，私自身のものも含めて他の多くの視点を提供する追加の寄稿とともに，以下のものとして出版された．D. Cesarani, ed., *The Final Solution*(London, 1994).

(11) Y. Bauer, *Rethinking the Holocaust*(New Haven, CT, 2001); D. Michman, *Holocaust Historiography*(London, 2003).

(12) Yablonka, *Israel vs. Adolf Eichmann*; Stauber, *The Holocaust in Israeli Public Debate*; I. Lustick, “The Holocaust in Israeli Political Culture,” *CJ* 37, no. 1(2017): 125–70.

(13) 例えば以下を参照．Dreifuss, *Warsaw Ghetto*.

(14) Bartov, *Erased*.

(15) 第 9 章も参照．

(16) Bartov, *The Butterfly and the Axe*.

第 9 章

(1) Agnon, *A City in Its Fullness*, 31–7.

(2) これに先立ってアグノンが著した，東中欧のユダヤ人全般の物語としてのこの神話の 1916 年版は以下を参照．S. Y. Agnon, “Polin,” in I. Bartal and A. Polonsky, eds., *Polin* 12 (1999), ix–x.

(3) ブチャチ，ヤッファ，ドイツにおける初期のアグノンについては以下を参照．Laor, *Agnon*, 19–168.

(4) *A City in Its Fullness*, dedication page.

(5) Ibid., 28–9. 英訳の編者はこの章を同書の冒頭に置くことを選んだ．アグノンの娘であるエムナー・ヤーロンが著者の死後に編集したヘブライ語原典では，「印」という物語の一部をなすこの一節は，全編を閉じるところにある．

(6) A. Mintz, “ ‘I am Building a City.’ ” Ibid., xx. 以下も参照．Y. (J.) Saks, “From New York to Jerusalem,” *Shabbat: Makor Rishon*(January 11, 2013[Hebrew]).

(7) 多民族都市としてのブチャチとその血塗れの終焉は以下を参照．Bartov, *Anatomy of a Genocide*.

(8) ユダヤ人・ポーランド人・ウクライナ人の関係は例えば以下を参照．Bartal and Polonsky *Polin* 12, and Bartov, *Anatomy of a Genocide*. パレスチナにおけるユダヤ人とアラブ人の出会いについて，例えば以下を参照．M. Klein, *Lives in Common*, trans. H. Watzman(New York, 2014); M. Levine et al., eds., *Struggle and Survival in Palestine/Israel*(Berkeley, CA, 2012); Y. Auron, *Israeli Identities*, trans. G. Forman(New York, 2012); H. Lazar, *Out of Palestine*(New York, 2011); M. Benvenisti, *Intimate Enemies*(Berkeley, CA, 1995). ユダヤ人シオニストの自己成形については例えば以下を参照．B. Neuman, *Land and Desire in Early Zionism*, trans. H. Watzman(Waltham, MA, 2011); A. B. Saposnik, *Becoming Hebrew* (New York, 2008); B. Kimmerling, *The Invention and Decline of Israeliness*(Berkeley, CA, 2005); E. Luz, *Wrestling with an Angel*, trans. M. Swirsky(New Haven, CT, 2003); N. Abu El-Haj, *Facts on the Ground*(Chicago, 2001); Y. Zerubavel, *Recovered Roots*(Chicago, 1995).

(9) 例えば以下を参照．Almog, *The Sabra*; D. Ohana, *Modernism and Zionism*(New York, 2012).

(10) Bartov, *Anatomy of a Genocide*, 115–6, 271, 308, 348.

(11) T. Segev, *A State at Any Cost*, trans. H. Watzman(New York, 2019), 59–60, 262, 577.

(12) パレスチナ人追放については特に以下を参照. Morris, *The Birth of the Palestinian Refugee Problem Revisited*. 以下も参照. N. Masalha, *Politics of Denial*（London, 2003）; G. Achcar, *The Arabs and the Holocaust*（New York, 2009）; I. Zertal, *Israel's Holocaust and the Politics of Nationhood*（Cambridge, UK, 2005）.

(13) N. Leshem, *Life after Ruin*（Cambridge, UK, 2017）; N. Kadman, *Erased from Space and Consciousness*, trans. D. Reider（Bloomington, IN, 2015）; T. Sorek, *Palestinian Commemoration in Israel*（Stanford, CA, 2015）; E. Ben-Ze'ev, *Remembering Palestine in 1948*（New York, 2011）; A. H. Sa'di et al., eds., *Nakba*（New York, 2007）; M. Benvenisti, *Sacred Landscape*, trans. M. Kaufman-Lacusta（Berkeley, CA, 2000）.

(14) Bartov, *Erased*; B. Paloff, "Who Owns Bruno Schulz?," *BR*（December 2004/January 2005）.

(15) M. Darwish, *Unfortunately, It Was Paradise*, trans. M. Akash et al.（Berkeley, CA, 2013）, 7〔ここでは，原著に掲載された英訳からの重訳ではなく，岡真理早稲田大学教授によるアラビア語原詩からの訳を掲載した．記して謝意に代えたい〕.

(16) Bartov & Weitz, *Shatterzone of Empires*; F. Hirsch, *Empire of Nations*（Ithaca, NY, 2005）; T. Martin, *The Affirmative Action Empire*（Ithaca, NY, 2001）〔テリー・マーチン，半谷史郎監修『アファーマティヴ・アクションの帝国――ソ連の民族とナショナリズム，1923年～1939年』明石書店，2011年〕; A. Roshwald, *Ethnic Nationalism and the Fall of Empires*（New York, 2001）; Aly, *'Final Solution'*〔アリー『最終解決』〕; M. S. Quine, *Population Politics in Twentieth-Century Europe*（New York, 1996）.

(17) P. Panayi, *An Ethnic History of Europe Since 1945*（Harlow, UK, 2000）; B. R. Rubin et al., eds., *Post-Soviet Political Order*（New York, 1998）; K. Barkey et al., eds., *After Empire*（Boulder, CO, 1997）; G. Eley et al., eds., *Becoming National*（New York, 1996）.

(18) W. Kymlicka, *Politics in the Vernacular*（New York, 2001）〔ウィル・キムリッカ，岡﨑晴輝他監訳・栗田佳泰他訳『土着語の政治――ナショナリズム・多文化主義・シティズンシップ』法政大学出版局，2012年〕.

(19) Snyder, *The Reconstruction of Nations*; B. Porter, *When Nationalism Began to Hate*（New York, 2000）; A. Lichtblau, "Jewries in Galicia and Bukovina, in Lemberg and Czernowitz," in *Jewries at the Frontier*, ed. Sander L. Gilman et al.（Urbana, IL, 1999）, 29–66.

(20) E. Barkan, *The Guilt of Nations*（New York, 2000）.

(21) ポトク・ズウォティについては以下を参照. Dąbrowska, *Pinkas Hakehillot*, 415–6; Bartov, *Erased*.

(22) 2006年3月2日にブチャチでソフィア・グラチョヴァとアンドリー・パヴルィチュクがオレスタ・シネンカと夫であるイヴァン・シネンキに行ったインタヴュー.

(23) M. Nosonovsky, *Hebrew Epitaphs and Inscriptions from Ukraine and Former Soviet Union*（Washington, DC, 2006）, 25.

(24) "The Journey to Buczacz, 2017," The Association of Jewish Galicia and Bukovina（Hebrew）; http://jgbherzog.jgaliciabukovina.net/he/node/147; "Buczacz Cemetery," The Association of Jewish Galicia and Bukovina, www.jgaliciabukovina.net/183010/cemetery/buczacz; "400-year-old Jewish cemetery in Ukraine restored," *JP*, December 11, 2018, www.jpost.com/diaspora/400-year-old-jewish-cemetery-in-ukraine-restored-574065.

(25) "Hnatiuk, Volodymyr," Internet Encyclopedia of Ukraine, www.encyclopediaofukraine.com/display.asp?linkpath=pages%5CH%5CN%5CHnatiukVolodymyr.htm.

(26) Segev, *Simon Wiesenthal*, 40–9.
(27) 2004年6月21日に著者がロマン・アントシュキフに行った聴き取り．アントシュキフは，近隣の村でドイツ人によってユダヤ人が集められ，遠くへ連れ去られた様子を覚えていた．聴き取り時に彼は，OUN指導者ステパン・バンデラの記念碑建立のためにお金を寄付したとして，地元紙で讃えられていた．
(28) F. Golczewski, “Die Kollaboration in der Ukraine,” in C. Dieckmann et al., eds., *Kooperation und Verbrechen*（Göttingen, 2003）, 151–82; D. Pohl, “Ukrainische Hilfskräfte beim Mord an den Juden,” in G. Paul, ed., *Die Täter der Shoah*（Göttingen, 2002）, 205–34; K. Berkhoff and M.Carynnyk, “The Organization of Ukrainian Nationalists and Its Attitude toward Germans and Jews,” *HUS* 23, nos. 3–4（1999）: 149–84; J.-P. Himka, “Ukrainian Collaboration in the Extermination of the Jews during the Second World War,” in J. Frankel, ed., *The Fate of the European Jews, 1939–1945*（New York, 1997）, 170–89.
(29) Paldiel, *The Path of the Righteous*, 191–3; Bartov, *Voices on War and Genocide*, 295, 427 n. 70; Bartov, *Anatomy of a Genocide*, 254, 361 n. 23.
(30) Ibid., 176–7. 以下も参照．Pohl, *Nationalsozialistische Judenverfolgung*; Sandkühler, *“Endlösung” in Galizien*.
(31) アグノンについては，さらに以下を参照．Bartov, *Tales from the Borderlands*. アグノンは実際は1887年8月8日生まれであり，明らかにヘブライ暦上の象徴的価値のためにもっと後の日が選ばれた〔アグノンはオーストリアでの軍役を逃れるために1888年を生年とした．さらに，誕生日をユダヤ／ヘブライ暦のアヴ月9日としたが，これは伝統的にエルサレムの第一神殿・第二神殿が破壊された嘆きと追悼の日であり，またメシアの来臨する日としても理解されていた〕．
(32) 例えば以下を参照．Agnon Literary Center, https://agnoncenter.org/en/main/; “A dialogue between Buchach（Ukraine）and Israel,” Ukrainian Jewish Encounter, September 9, 2019, https://ukrainianjewishencounter.org/en/a-dialogue-between-buchach-ukraine-and-israel-maryana-maksymiak/; “Buchach-Jerusalem: A Bridge of Inspiration for New Ukrainian Literature,” Ukrainian Jewish Encounter, November 16, 2018, https://ukrainianjewishencounter.org/en/buchach-jerusalem-a-bridge-of-inspiration-for-new-ukrainian-literature/. N. A. Feduschak, “Returning Agnon to Ukraine,” *The Odessa Review*, January 24, 2018, http://odessareview.com/returning-agnon-ukraine/.
(33) ウクライナ独立後最初の10年間の展開については以下を参照．Bartov, *Erased*. もっと最近の展開は例えば以下を参照．J. McBride, “Who’s Afraid of Ukrainian Nationalism?” *Kritika* 17, no. 23（2016）: 647–63; J. Dekker, “The Politics of Memory,” https://heritageandmemorystudies.humanities.uva.nl/index.php/1718-2/research-projects-lviv/stepan-bandera-monument/.
(34) 2007年6月26日に接続したところ，ブチャチ市のウェッブサイトはすでにこの情報を掲載していない．講演者には上述のバンデラ記念碑（協会）会長オレスタ・シネンカが含まれた．講演はどれも「心のこもった気持ち，祖国と地域の歴史におけるステパン・バンデラの人物像への考察，ウクライナ人の自己意識，国民精神，自由への渇望の形成における彼の巨大な役割に満たされていた」と報じられていた．
(35) 私の家族のガリツィアからパレスチナへの移り行きについては以下を参照．Bartov, *Tales from the Borderlands*, chapters 12–14.
(36) “On Ben-Gurion’s Impressive and Failed Speech to Israeli Youth,” in “This Happened …

Israeli Historical Blog," August 13, 2016(Hebrew), http://ze-kara.blogspot.com/2016/08/1954.html. 当時のニュースでは，その場に集った10代の若者はこの演説にほとんど関心を示さなかったと報じられていた.

(37) 以下を参照. S. Hochstadt, ed., *Sources of the Holocaust*(New York, 2004), 186–9.

(38) 証言と判事の反応については以下を参照. Bartov, *The "Jew" in Cinema*, 326 n. 61. さらに以下も参照. Yablonka, *Israel vs. Adolf Eichmann*; Stauber, *The Holocaust in Israeli Public Debate*; Segev, *The Seventh Million*.

(39) Blatman, "Polish Jewry, the Six-Day War, and the Crisis of 1968"; D. Blatman, "Polish Antisemitism and 'Judeo-Communism,'" *EEJA* 27, no. 1(1997): 23–43.

(40) 以下の議論を参照. A. Raz-Krakotzkin, "Historical Consciousness and Historical Responsibility," in *From Vision to Revision*, ed. Y. Weitz(Jerusalem, 1997[Hebrew]), 97–133.

(41) テル・アヴィヴ大学は公式には1956年にヤッファ近郊で設立され，1959年にはエルサレムにあるヘブライ大学の分校として認められた. シャイフ・ムワンニスの地にあるキャンパスの建築は1955年に始まった. 1964年にキャンパスが公式に落成して，1969年に同大学は独立した高等教育機関として認められた.

(42) レヒ(LHI)は「イスラエルの自由のための闘士たち」のヘブライ語の頭字語である. その初代指導者のアブラハム・シュテルンは1942年にイギリスによって殺された.

(43) The Faculty Club, Tel Aviv University, www.tau.ac.il/facultyclub.(Hebrew)

(44) Architecture on campus: Tel Aviv University, www.tau.ac.il/Campus-architecture.

(45) The Green House, https://thegreenhouse.mazaltov.walla.co.il.

(46) Hanaa Abueid, The "Green House" History(2003): www.palestineremembered.com/Jaffa/al-Shaykh-Muwannis/Story1114.html この時期についてより一般的には次を参照. Tom Segev, *One Palestine, Complete*.

(47) "Al-Shaykh Muwannis," PalestineRemembered.com, www.palestineremembered.com/Jaffa/al-Shaykh-Muwannis/.

(48) Morris, *The Birth of the Palestinian Refugee Problem Revisited*, 12–14, 34–5. 以下も参照. I. Pappé, *A History of Modern Palestine*(New York, 2004); A. Shlaim, *The Iron Wall*(New York, 2000)〔アヴィ・シュライム，神尾賢二訳『鉄の壁――イスラエルとアラブ世界』上・下，緑風出版，2013年; B. Morris, *Righteous Victims* (New York, 1999); M. Tessler, *A History of the Israeli-Palestinian Conflict*, 2nd ed.(Bloomington, IN, 2009); C. D. Smith, *Palestine and the Arab-Israeli Conflict*, 10th ed.(New York, 2020).

(49) UNRWA, www.unrwa.org/palestine-refugees; 特に以下も参照のこと，https://www.unrwa.org/sites/default/files/unrwa_in_action_2023_eng_updated.pdf. U. Shavit and J. Bana, "Everything you wanted to know about the right to return but were too afraid to ask," *Haaretz*(July 6, 2001), www.mideastweb.org/refugees3.htm; Morris, *The Birth of the Palestinian Refugee Problem Revisited*, 602–4.

(50) Ibid., 588–601.

(51) エツェル Etzel(IZL)は，国民軍事組織のヘブライ語頭字語である.

(52) Shavit and Bana, "Everything You Wanted to Know."

(53) Ibid.

(54) "Al-Shaykh Muwannis," PalestineRemembered.com, www.palestineremembered.com/Jaffa/al-Shaykh-Muwannis/. アヴラハム・シャピラ(1870–1965)と彼の世代については，以下を参照. L. R. Halperin, *The Oldest Guard* (Stanford, CA, 2021).

(55) Morris, *The Birth of the Palestinian Refugee Problem Revisited*, 91.
(56) Ibid., 127–8.
(57) Ibid., 138.
(58) Ibid., 310.
(59) G. Meir, *My Life* (New York, 1975), 11. 以下も参照. "Golda Meir," New World Encyclopedia, www.newworldencyclopedia.org/entry/Golda_Meir.
(60) Morris, *The Birth of the Palestinian Refugee Problem Revisited*, 310.
(61) Ibid.
(62) Ibid.
(63) Ibid., 318.
(64) Ibid., 342–3. 以下も参照. A. Raz, *The Looting of Arab Property in the War of Independence* (Jerusalem, 2020[Hebrew]).
(65) A. J. Toynbee, *A Study of History*, abridgement of vols. 7–10 by D. C. Somervell (New York, 1987[1957]), 267〔鈴木弥栄男訳『新解『トインビー著 歴史の研究』』丸善プラネット, 2019年〕.
(66) Laor, *Agnon*, 19–168.
(67) H. Bartov, *Ani loh hatzabar hamitologi* (I am not the Mythological Sabra) (Tel Aviv, 1995); H. Bartov, *Regel ahat bahutz* (Halfway Out) (Tel Aviv, 1994).
(68) H. Bartov, *The Brigade*.
(69) H. Bartov, *Mitom ad tom* (From Innocence to End), (Or Yehuda, 2003), 165–6.
(70) 例えば以下を参照. N. Even, *Teach "Values," Not "Shapes,"* 2nd ed. (Israel, 2016[Hebrew]), https://bleknet.net/tni/Lehanech_Learachim_Velo_Letzurot.pdf.
(71) Bartov, *The Eastern Front*.
(72) Bartov et al., introduction to Bartov, *Crimes of War*, ix–xxxiv; Bartov, "The Wehrmacht Exhibition Controversy."
(73) Bartov, *Hitler's Army*; O. Bartov, "Reception and Perception," in *The "Goldhagen Effect,"* ed. G. Eley (Ann Arbor, MI, 2000), 33–87; Bartov, *Germany's War and the Holocaust*.
(74) O. Bartov, review of Mein Krieg (film), dir. H. Eder and T. Kufus, *AHR* 97, no. 4 (October 1992): 1155–7; A. Lichtblau, "Mördervater–Vatermörder?" in *Umkämpfte Erinnerung*, ed. H. Embacher et al. (Salzburg, 1999), 133–56.
(75) 例えば以下を参照. A. Hass, "Broken Bones and Broken Hopes," *Haaretz*, November 4, 2005, www.haaretz.com/1.4880391.
(76) Y. Elkana, "In Praise of Forgetting," *Haaretz*, March 2, 1988 (Hebrew), www.haaretz.co.il/opinions/1.1841380.
(77) Bartov, *Mirrors of Destruction*, 108–11.
(78) 史料について本書第3章とあわせて, 以下を参照. Bartov, *Anatomy of a Genocide*.
(79) より詳しくは第4章を参照.
(80) さらに以下を参照. Bartov, *Tales from the Borderlands*, Chapters 12–14.
(81) Barącz, *Pamiątki Buczackie*.
(82) 例えば以下を参照. M. Golani and A. Manna, *Two Sides of the Coin*, English-Hebrew ed. (Dordrecht, Netherlands, 2011); S. Adwan et al., eds., *Side by Side* (New York, 2012); E. Khoury, *Gate of the Sun*, trans. H. Davies (London, 2006).
(83) 例えば以下を参照. R. Khalidi, *Palestinian Identity* (New York, 1997); Benvenisti, *Sa-*

cred Landscape; Kadman, *Erased from Space and Consciousness*; Almog, *The Sabra*; Zertal, *Israel's Holocaust and the Politics of Nationhood*; Segev, *The Seventh Million*〔セゲフ『七番目の百万人』〕.

(84) ナクバについてのパレスチナ人の口述記録については例えば次を参照. Ben-Ze'ev, *Remembering Palestine in 1948*; Sa'di, *Nakba*.

(85) 以下を参照. N. Leshem, *Life after Ruin*(Cambridge, UK, 2017), 177.

(86) Camus, *The First Man*〔アルベール・カミュ, 大久保敏彦訳『最初の人間』新潮社, 1996年〕.

(87) だが, 私はそれを想像してみようとはした. Bartov, *The Butterfly and the Axe*.

(88) 例えば次を参照. Bartov, *Israel-Palestine*; Bashir, *The Holocaust and the Nakba*〔バシール, ゴールドバーグ『ホロコーストとナクバ』〕; Hever, *Hebrew Literature and the 1948 War*; Auron, *Israeli Identities*; LeVine, *Struggle and Survival in Palestine/Israel*; Lazar, *Out of Palestine*; S. Tamari, *Mountain Against the Sea*(Berkeley, CA, 2009).

(89) Bartov, *Erased*; Bartov and Weitz, *Shatterzone of Empires*.

(90) 例えば以下を参照. Bartov, "Defining Enemies, Making Victims."